史志巨擘
章学诚传

王作光 著

作家出版社

中国历史文化名人传

组委会名单

主任：李　冰
委员：何建明　葛笑政

编委会名单

主任：何建明
委员：何西来　李炳银　张　陵　张水舟　黄宾堂

文史组专家成员（按姓氏笔划为序）

王春瑜　王家新　王曾瑜　孙　郁　刘彦君　李　浩　何西来
郑欣淼　陶文鹏　党圣元　袁行霈　郭启宏　黄留珠　董乃斌

文学组专家成员（按姓氏笔划为序）

工必胜　白　烨　田珍颖　刘　茵　张　陵　张水舟　李炳银
贺绍俊　黄宾堂　程步涛

出版说明

中华民族五千年文明史中，涌现了一大批杰出的文化巨匠，他们如璀璨的群星，闪耀着思想和智慧的光芒。系统和本正地记录他们的人生轨迹与文化成就，无疑是一件十分有必要的事。为此，中国作家协会于 2012 年初作出决定，用五年左右时间，集中文学界和文化界的精兵强将，创作出版《中国历史文化名人传》大型丛书。这是一项重大的国家文化出版工程，它对形象化地诠释和反映中华民族文化的基本精神，继承发扬传统文化的精髓，对公民的历史文化普及和建设社会主义文化强国都具有重要而深远的意义。

这项原创的纪实体文学工程，预计出版 120 部左右。编委会与各方专家反复会商，遴选出在中国文化发展史上产生过重大影响的 120 余位历史文化名人。在作者选择上，我们采取专家推荐、主动约请及社会选拔的方式，选择有文史功底、有创作实绩并有较大社会影响，能胜任繁重的实地采访、文献查阅及长篇创作任务，擅长传记文学创作的作家。创作的总体要求是，必须在尊重史实基础上进行文学艺术创作，力求生动传神，追求本质的真实，塑造出饱满的人物形象，具有引人入胜的故事性和可读性；反对戏说、颠覆和凭空捏造，严禁抄袭；作家对传主要有客观的价值判断和对人物精神概括与提升的独到心得，要有新颖的艺术表现形式；新传水平应当高于已有同一人物的传记作品。

为了保证丛书的高品质，我们聘请了学有专长、卓有成就的史学和文学专家，对书稿的文史真伪、价值取向、人物刻画和文学表现等方面总体把关，并建立了严格的论证机制，从传主的选择、作者的认定、写作大纲论证、书稿专项审定直至编辑、出版等，层层论证把关，力图使丛书经得起时间的检验，从而达到传承中华文明和弘扬杰出文化人物精神之目的。丛书的封面设计，以中国历史长河为概念，取层层历史文化积淀与源远流长的宏大意象，采用各个历史时期最具代表性的文化符号与雅致温润的色条进行表达，意蕴深厚，庄重大气。内文的版式设计也尽可能做到精致、别具美感。

　　中华民族文化博大精深，这百位文化名人就是杰出代表。他们的灿烂人生就是中华文明历史的缩影；他们的思想智慧、精神气脉深深融入我们民族的血液中，成为代代相袭的中华魂魄。在实现"中国梦"的历史进程中，必定成为我们再出发的精神动力。

　　感谢关心、支持我们工作的中央有关部门和各级领导及专家们，更要感谢作者们呕心沥血的创作。由于该丛书工程浩大，人数众多，时间绵延较长，疏漏在所难免，期待各界有识之士提出宝贵的建设性意见，我们会努力做得更好。

《中国历史文化名人传》丛书编委会

2013 年 11 月

章学诚

目录

引子 独有千古

　　老天爷犯糊涂了，还是怎么了？给了人一颗美好的心灵，却没有给他一个英俊的外表；给了驴那么善良的一颗心，却给了它又长又丑的驴脸。老天爷的糊涂真是不可原谅的，甚至让人恨得有点儿咬牙切齿。

　　章学诚就是这样一个人。他丑得让给他看病的郎中，都倒抽了三口冷气，晕了过去。他结婚时，揭了妻子的盖头之后，妻子一看他的丑模样，一下子就昏了过去。他曾救了一船的人，船上的人先想喊他活菩萨，但一看他的丑模样，只好喊他天王力士了。

　　他自嘲丑使其长志，成为一个真正的人。他在一个女子乞讨无路，插草自卖时，尽管自己当时穷得几乎要托钵要饭，但还是把自己的长衫卖了，毫不犹豫地救了那位命悬一线的姑娘。朋友受了文字狱牵连坐牢时，他竟然不避杀头的危险，前去探望相救。要知道当时的清朝正大兴文字狱，有人因为写了"清风不识字，何故乱翻书"两句诗，家族就有几百人被杀。在那样的形势下，对朋友如此的忠诚，是有着多么善良而又美好的一颗心啊！

　　荒原上的野马，经过日精月华，才能天然高大。如果经过人们的驯化，老实虽然老实了，却失去了天然的伟岸高大。章学诚生下来才三斤七两，而且在母亲的肚子里只有七个月就来到了世上。他既是父母独生的宝贝疙瘩，也是母亲四十一岁时作为高龄产妇生的一个"秋茄子"。他因天生体质羸弱，多灾多病是可想而知的，二十岁以前，常常高烧不退，父母只好遵从医嘱，让他自由成长。正是这种生活的自由，造就了他性格的桀骜不驯，同时也形成了他思想上的天马行空，行动上的独立不羁。在清朝那种文字狱造成的万马齐喑的思想禁锢下，他却没有被吓倒，没有钻进古书堆去考据；他强烈地批判了古文十弊，批判了古诗禁锢人的形式，批判了考证之风。他用一支又犀利又辛辣的笔，揭露了鄙陋昏庸的官员，欺世盗名的文人，随波逐流的世人。

明清鼎革巨变，使浙东学派的创始者黄宗羲、邵廷采、朱之瑜等人经受了家族被屠戮，那种刻骨铭心的人生体验，对他们创作思想的触动很大，尤其是朱之瑜的国恨家仇使他亡命日本，那种向南泣血、向北切齿的爱国思想，学则不阿、学贵不阿的人格精神，不仅使他成为日本的孔夫子，对后来的明治维新产生了重要影响，也直接影响了浙东学派后学的文史创作和人生道路，使章学诚等人既继承了从事教育和学术活动的遗风，也历练了忠实地坚持真理的政治智慧和胆量。

"怎样就能坚持对于真理的忠实态度呢？章学诚认为：'要察自然之象，而防止人心营构之象。'这是验证真理的态度。'人心营构之象，有吉有凶，宜察天地自然之象，而衷之以理。'① 反之，那些心术不可问而故意曲解真理的人，不是追求自然之理，而是追随风尚的驱使。他说：'好名之人，则务揣人情之所向，不必出于衷之所谓诚然也。且好名者，必趋一时之风尚也……必屈曲以徇之，故于心术多不可问也。'②

"由上面章学诚所讲的话看来，我们已经知道了章学诚的文史学的要点在什么地方，知道了他的代表作《文史通义》《校雠通义》二书所含主旨在什么地方，这是研究他的思想的基础知识。从这里我们也

---

① 《文史通义》内篇一《易教》下。
② 《章氏遗书》卷三《文史通义》内篇三《针名》。

就知道，研究思想史，既不是如冬烘先生们之读书，以为古人一切言行都是今人的宝筏，也不是把古人当作今人和他争辩；主要的工作是要实事求是地分析思想家的遗产在其时代的意义，批判地发掘其优良的传统。"[1]

　　这些评价是恰如其分的。章学诚的《文史通义》不仅提出了十多种修志理论，而且毫不留情地批判了种种修志理论的弊端。乾隆钦点的《四库全书》中对一些鄙陋不堪的县志大行赞颂，他却拉出来逐一进行了条分缕析的理论剖析，一点一滴、深刻而又实事求是地进行了批判；这种有理有据地敢于和《四库全书》唱反调的大无畏精神，使我们看到了中国文化人永垂不朽的人格光辉。他亲自修志达十六部之多，他的方志多元论、县设方志科等理论，至今是我国现行体制规划的理论依据。家人虽然穷得冻饿病死八人，他却写出了令全世界都刮目相看的美好文章。

　　章学诚之所以被称为中国思想大师，只要看看他写的《校雠通义》就知道这种定位是多么的准确。那种对人类文明精益求精的精神，那种对中国文化实事求是的态度，那种对时代认真负责的创新思想，就是中国方志之祖的标杆，就是成为世界公认的思想大师的缘由。有人认为，中国自春秋战国的孔子到章学诚，就没有出现过其他的思想大师。章学诚曾预言：我所处的这个时代和我的思想是多么不相称。二百年之后，人们才会和我的思想对话。

　　在中国文化史上出现了两个文化现象，一个是孔子的春秋笔法，一个就是章学诚的"笔削之义"。章学诚的《文史通义》和《校雠通义》虽是笔削之义的一家之言，但对于中国文化在世界学术史上而言有着丰富而又重要的含义，他把文史学和校雠学理论推拓得精微奇妙，也使清代的学术思想天机自呈。一切权威都是建立在自己的论据之上的。"笔削之义"的论据是什么呢？章学诚一是提出了写文章要"独出别裁"，笔削习固抄袭之文。二是提出了文章分撰述（写作）和记注（材料）两

---

[1]　侯外庐主编，《中国思想通史》第 506 页，人民出版社 1956 年版。

类。笔削训诂考证之伪。三是完善并提出了"六经皆史，六经皆器，六经皆先王政典"的理论，把六经从神圣的宝座上拉下来，笔削玄之又玄、神之又神的六经天神通号。四是提出了一系列撰修方志的完整理论体系，笔削方志堆砌叠床架屋的材料。五是在全世界首先将科学数据载入方志。六是笔削掩耳盗铃的溢美之词。七是撰写方志要亲自收集第一手材料，笔削指鹿为马的二手三手材料。八是对当时汉学（经学）考证之风和宋学（理学）杀人学说进行了最有系统性的文化抗衡和理论批判。笔削大话、废话、空话、假话、套话、不入时、不入流的古诗束缚和古文十弊。这些前无古人的创造性学说，奠定了章学诚"笔削之义"的理论基础，使他成为提倡自由诗和白话文的先驱，首先敲响了封建主义文化的丧钟。胡适称其为五四运动的先声。

在清朝，知县的头衔是光荣的头衔，不仅能够给家族带来荣耀，也能使章学诚极为贫困潦倒的生活状况从根本上得到改善。不说"一年清知府，十万雪花银"，就是想做个万分清廉的清官，也能吃穿不愁，养尊处优，而他却坚辞不做县官，去干自己所爱的纂修方志事业。在清代历史上，他是唯一一个如此轻视"官本位"的人。他的特立独行，使中国人的风骨都增色不少。清朝开设四库全书馆，也是一种考证历史方志书籍的工作。如果能进入此馆，将会荣华富贵，享受不尽。当时凭他的才学声望，他完全可以进去独当一面的。他的老师、好友、同窗几乎全都进入了此馆工作。他如果想进去，只要和他的老师说一声即可。因为他就是替他的老师朱筠代笔上奏设立四库全书馆的第一人。朱筠的开门弟子共计三百四十三人，章学诚是唯一没有进入四库全书馆的人。他对《四库全书》的编辑杜撰是不屑一顾的，那是焚毁史籍、删减正史昧良心的地方。一切不利于清朝统治者的史志都被毁灭殆尽。他颠沛流离穷困潦倒，毅然决然拒绝屈从世风，去享受那种荣华富贵。他许多有良心的师友看清了《四库全书》的真面目之后，包括发起人朱筠也退出了。他的思想让世人佩服，他的眼光让后人感叹。

章学诚以清代唯一之史学大师，而不能得所藉手以独撰一史，除著成一博大精深之《文史通义》，及造端大宏未能卒业之《史籍考》外，其创作天才，悉表现于和州、亳州、永清三志及《湖北通志》稿中。方志学之成立，实自章学诚始也。章学诚关于斯学之贡献首在改造方志之概念。……章学诚之于史，盖有天才，而学识又足以副之。其一生工作，全费于手撰各志，随处表现其创造精神。……然固已为史界独有千古之作品，不独方志之圣而已。[1]

什么最幸福？思想自由就是最幸福。就凭国子监博士这顶桂冠，足可以使人幸福如云，但他为了自己的思想不受束缚，毫无足惜地辞掉了。不少的中国史志后学和国际学者认为，正是他这些最为宝贵的个性特征和史志学说，不但是一个家族的传家宝，而且是中国史志和世界史志的传家宝。

我们这个博大的世界，一个人就如一棵大树。大树历经风吹雨打，自然而又平常。章学诚经历的人生打击是超乎寻常的。他批判时令文，批判八股文，却要考科举。当时清朝充满痼疾的科举考场，对于他的人生是何等的艰难。他从二十一岁考中秀才之后，又历经二十年，七次乡试和会试，才考中举人和进士。其间先后两次落榜，一次副榜，一次荐榜，这全得益于他的坚持。在当时广大有识之士的呼吁下，有两次考试，恰恰没有考时令文和八股文，正好考的是他有独到研究的史志。既然人生是一棵大树，就得经过生长的欢乐、成熟的甜美和飘落的痛苦，以及再生的希望。章学诚科举考试的史志策论也不是一帆风顺的，他得中副榜那次乡试，三场试卷，第一、二场得第一名，只要第三场顺利通过，他就是理所当然的清朝一代状元了，而生活往往是特别折磨人的，它不会让一个人随随便便地成功。第三场考试，竟然是他在国子监修志时观点的死对头——陆宗楷为主考官。章学诚真诚地坚持了自己的观点，他不怕黑恶作弊。结果自然可以预料，第三场试卷黜落。综合前两

---

① 梁启超著《中国近三百年学术史》第 361—366 页，商务印书馆 2011 年版。

场试卷，他仅仅得了个副榜。世界上没有比坚持真理而遭受打击报复更残酷的了，一个优秀人才，仅仅因为科举考试，差点就给埋没了。不过老天有眼，最后两次考试，终于让他如愿以偿。

我们思考章学诚的一生，既然才高八斗，又为什么非要参加科举考试呢？我们说章学诚是人，而不是神。他认为科举是一张文化人的身份证，不仅祖宗需要他这样做，也是父母人生的期许。他生长在那个时代，万事孝为先，孝是爱父母唯一的标志。当他的老父得知他因为坚持真理仅中副榜，不久就气绝人亡。后来他母亲听说他考中了进士，才心满意足地合上了双眼。科举使中国的任何父母都神魂颠倒，它可以像闪电一样击中人们的心灵，可以使英雄滚鞍落马，更可以使名流巨贾趋之若鹜。章学诚却不是能很好地利用这张身份证的人，他毅然抛弃了因为进士而获诠选的权钱之位，卓世独立地去研究学问；他青年时鼻子恶洞，中年耳朵已聋，晚年眼睛致盲，却仍然著书立说，批判流弊。贪官污吏和心术不正的人认为他是一个很难缠的人，而老百姓和文人们却认为他是一个非常奇怪的人，一个特别有趣的人，

他是一位世界文化巨人，也是一位中国的普通人。美国著名哲学家、汉学家倪德卫认为："章学诚是中国曾经出现过的最富吸引力的思想家之一。""在他的思想架构中他展示了极强的原创精神和想象力。""他必将作为中国的一个哲学家而享有重要的地位，而现在已经到了我们该认识这一点的时候了。"①

---

① 美国，倪德卫著，杨立华译《章学诚的生平及其思想》导论第1—2页，江苏人民出版社 2007 年版。

第一章

耕读齐家

有史记载"章氏始祖仔钧五代时起家于福建浦城"。[①] 浦城是一座童话般的县城，就如春天站在你的面前。它抚摸着孩子们的心灵，唤醒童心未泯的人们，尤其到了夜晚，它的春灯，把河水照亮，就像一个个渔家女儿来迎接观灯的人们。章仔钧从莲花村带领一家人，来这里生活。说起章仔钧在福建可是个人物，曾当过节度使之类的官儿，因为东征西杀耳朵聋了。四十岁时，章仔钧以耳聋为名，辞官来到浦城，过上了和平安宁的日子。事与愿违，就在第二年，南唐军队打到浦城，因为当地的军队稍微抵抗了一下，夺取胜利军队的首领南唐将军就要屠戮全城的人，章仔钧的妻子是个有勇有谋的女人，她三次向南唐将军陈说浦城老百姓热爱和平，热爱稼穑，热爱生活之情，终于感动了南唐将军，答应了她的求情。"使得城中百姓免遭屠戮"。[②] 这个女子成了福建的骄傲，也是章氏子孙的最光荣的历史。四十多年后，章仔钧也活到了八十四岁。那年冬天，他老是感到头昏眼花，就自言自语，

---

① 胡适、姚名达著《章实斋年谱》第33页，1948年6月21日，上海《申报》。

② 美国，倪德卫著，杨立华译《章学诚的生平及其思想》第20页，江苏人民出版社2007年版。

"七十三，八十四，阎王不叫自己去。"说完就笑着摆了摆手，安然地躺在被窝里，带着一肚子的心满意足，闭上了眼睛。大孙子叫了三声"爷爷！"他不答应。儿子又叫了三声"阿爹！"他还是不答应。十岁的重孙子以为老祖爷平时爱闹笑话就说："老祖爷爱演戏，可能进入戏中了吧！"二儿子说："好像不像。"一摸真的咽气了。顿时大家哭成一团。

厚葬，是中国人一生最后一次荣耀。司仪是章仔钧的兄弟章仔韵。他泣不成声地说："长兄如父，父母死得早，你拼死挣钱供我读书，给我娶妻成家。我却笨得榆木疙瘩一般，十年寒窗竟没有考取任何功名，没有为章家人挣来脸面。你却一辈子没有说我一句，总是对我亲切地笑。你为了我，直到三十七岁才完婚。你好人有好报，婚后连生三个儿子，为我们章家人续上了香火。我却婚后无子，为了使我的日子活得有滋有味，有情有义，你又将三儿子过继给我。你就如父亲一样的长兄啊，让我一辈子都羞于喊出口的。让我喊你一声'亲阿爹'吧。"他说着就背过气去。儿孙们赶快把他弄醒了，他让人做了七七四十九个道场，葬埋了长兄。

奇怪的是章家每代都是兄弟两三个，只有排行老大的能生育儿子。从章仔钧一直传了十代，代代都是如此香火不旺。到章综这一代竟然成了单传。不过，他的儿子却在十二年间，一连生了五个儿子。

北宋宣和六年（1124），章综日子难过到了极点。章综的儿子章续，是这浦城县的县丞，被人下绊得了花柳病，夫妻双双寻了短见，章综怕丢不起这个人，都没敢哭出声来。将儿子儿媳的尸体搬到自己的耕田祖墓里，埋了他们。然后带着老伴和五个孙子，到坟上大哭了一天。

北宋末年，章综根据儿子的遗嘱，将田产卖了，来到浙江山阴，找到儿子的一个朋友，帮他们买了几间草房，一处山坡，祖孙七人就这样将就着住了下来。第二年，听说有一家姓赵的人家要迁往外地，就买下了他的三十亩好水田和一座草房四合院，才算定居下来。祖孙齐心合力，他们的生活过得越来越富裕，建起了一座座房院，又购置了一块块水田。

章综人善心好，邻人家贫，养活不了老婆。老婆活不了就逃走了。

他在山阴城里置办年货，看到这邻家女人插草自卖，就将那女人劝了回来。送给邻人三亩好水田，穷夫妻感动，认作干爹。此事传遍山阴，山阴知县让他做乡里三老里正。

一阵阵读书声从章氏大院中传来，一个个孙儿努力读书的故事甜到了章综夫妇的心里，一房一房的孙媳妇接了回来，一个个孙女呱呱坠地，章家真是喜事不断。

不知老天爷有意为难人，还是怎么地，整整二十年过去了，章综已到了八十三岁，他想带着满足去见阎王爷，可是老天爷却给他留下了两大烦心事。

一是五个孙子竟然没有一个学业有长进的，连个秀才都没得中的。一次秀才三次考，就连一次登榜的都没有。

二是五个孙媳妇都生了二十八个孙女了，就是不见生一个孙子。让他们老夫妻一肚子不高兴。不说五个孙子不生儿子，就是干儿子也非要姓章，已生了五个姑娘，也不见生一个儿子。孔夫子说："不孝有三，无后为大。"他感到人生的无限压力，尤其在山阴，有女无儿的人称为断子绝孙的人。他过了八十四岁大寿的第二天，他睡晌午觉，一个呼噜打了个响声连天，接着停了下来，就去见了阎王爷。在他死后第二天，大孙子找的一个小妾就生了一个小子，总算是章综没成了绝户，让人背后戳脊梁骨。年复一年，章氏家族又经历五代都是单传。

南宋光宗年间，香火传到了章彦武这一代，他还是只有一个独生儿，整天都是提心吊胆的，他又找人算了一卦。说山阴这地方山不在阳面，姓章的人只有早晨一点儿阳气，所以姓章的人只能是单传。章彦武决定迁往萧山，就带着妻子和一子五女，把三处老宅子和五十亩好水田全卖了，迁往萧山。到了萧山一片麦田的村庄里，他找到了过去一位认识的朋友，帮着买了几十亩好田，又盖了一座四合院五间房子，就定居了下来。

在大年二十八的晚上，儿子被同村的一个青年叫走了，说是去习武散心，可是一夜未归。惊得章彦武老两口早晨起来倒抽冷气，儿媳妇也嘤嘤地哭，小孙女直哭着"要阿爹"。只有待嫁的闺女偷偷地笑着告诉他，参加村斗去了。"这是人家萧山人的规矩，每到大年二十八、二十九两天，十八到四十岁的男人都要去参加村斗。村斗还是朝廷提倡的，联防倭寇健身练体的一种活动，有什么大惊小怪的。"

"说明白点，村斗是什么，为什么我一点儿都不知道？"

"村斗就是村与村之间比赛打架。"

"这还得了，你哥能参加打架吗？"

"为什么不能，不打架能是男人吗？"

"他是独根苗，是我们家的宝贝疙瘩。参军政府都不要，只有今年才招为幕帐兵，还严禁上战场。刚回来要过个安生年，是不是让你这丫头片子鼓动去的？去干那有天没日头的事。"章彦武说着出去找儿子了。

章彦武想了一夜，一早和老婆商量说："萧山这地方海上来的盗贼多，人们习武强悍防盗贼。可是我儿子不能这样，实在陪不起他们这样要人命的村斗，听说前几年村斗都还死过人哪！"

"孟母为了儿子还三迁呢，萧山不是我们这种人待的地方。听说会稽城是个专门出师爷的地方，那儿人文雅而又谦让，我们去那儿讨生活吧。"

"就这样定了，过了年，我和儿子就去会稽寻个落脚的地方。"

儿子插话说："住在哪里都有一利一弊，我挺喜欢这个地方的，男人不打架，还有爷们儿气吗？搬家是最累的，穷折腾干什么？"

"你知道什么，人要是白白死在这村斗上，有什么意义，我是你爹，你一切都得听我的。"

儿子眼睛瞪得老大，也不敢再接嘴说下去了。

"待要走，三六九，年初三我们就去看看。"

过了年，不出正月房好买。年初六，他们就在会稽东城外一个叫东乡的村庄，买了一处房产，五十亩水田。到了年初九就从萧山移居到了这里。

这儿是个文化人住的地方，品位就是不一样。虽然离会稽几十里路，但和会稽房顶都有许多不同。会稽全是一律的瓦房，这里有茅草的，有芦苇的，有木头的，有砖的，有红瓦的，还有石头的。巷子中间是石砌的宽街，家家户户不用青砖围墙，而是用青竹围墙。把青竹固定得牢牢的，显得结实而又美丽。这里有两条河四个荷花塘，一年四季散着清香，一个小村竟然有书院，人都称这里为文化小村。刚刚修好的佛教大殿，释放着神灵的轻梦。清清的河水从十座桥下静静地流过，就像大地母亲散发着爱的亲情。全家人一下子就喜欢上了这个美丽的地方。

元至正二十八年（1368），元朝会稽知州博尔纳拉金，无好生之德，对百姓盘剥有加，又加上这年大旱，多日无雨，水田旱田颗粒无收。官府不但不给救济，反而到东乡村来抢劫百姓，甚至将饥民救命的口粮种子一应抢去。东乡村人推章彦武第五代孙章慎一为领头人，他一呼百应，率饥民一路攻城劫寨，半日就打到了会稽城下，和在江淮大地的以朱元璋为首的农民起义军遥相呼应。博尔纳拉金向元朝皇帝请兵请饷，皇帝特别担心会稽这块地方大乱，答应从福建调拨千万斤粮、百万两银子支援剿叛，但越剿反叛的百姓越多。过了半个月，章慎一带人攻下了上虞县城，愤怒的百姓将知县都杀了，还将知县的人头割下来，挂在会稽城外。让博尔纳拉金看看，这就是拒不投降的下场。博尔纳拉金听说之后，恨得牙齿咬下来两颗。叫人来商量，决定擒贼先擒工。派了十几人的精悍小分队，偷偷出城去拿章慎一的人头。

章慎一可不是一个能轻易被擒获的人物，他三十六岁，一般人很难想象。一个眯眯小眼的人，竟然那么从容不迫。一个黑粗的彪形大汉，却那么善于谋划。一个蒜头大鼻子，长得那么张牙舞爪，而他却又那么谦虚谨慎。人们说人的鼻子代表人的性情，而他人长得和他的性情，就像专门和他开玩笑似的，一点儿也不对路。

他警觉地说："今晚敌人肯定会偷袭，面对敌人的偷袭，我们要进行反偷袭，打他个措手不及。让他们为我们打开城门，先一举活捉贼首，再力争全部活捉。"

果如章慎一所料，当晚他领导的起义军就一举攻下了会稽城，一年后扫清了整个浙江全境。

明洪武元年（1368），朱元璋称帝。章慎一将浙江境内起义军人马和浙江地盘全部交迁朱元璋的部下，然后解甲归田。

朱元璋想招他为辅佐大臣，三次假惺惺地重礼聘用，他都坚辞不肯出山。朱元璋好生奇怪，问臣子："天下真有这种不愿做官的人吗？"

刘伯温道："归隐农耕的人，大概都不会有假的。他没有大儒之名，所以不求高官。他没有打出浙江半步，所以不会有吞吐天下之心。"

刘伯温的话引起了朱元璋的一颗怀疑之心，就沉思着不再说话，

胡惟庸附会着说："他人长得鼠目寸光，不像是有大眼光的人。他天生粗人一个，不会有什么大心眼。那只蠢得不能再蠢的鼻子，他也翻腾不起什么大浪来，圣上对这种人何必思挂于心哪！"

朱元璋一股狐疑涌上心头，故意装得有点儿难过地说："当年我与章慎一，'各起布衣，提剑三尺，同打天下。'[①] 我在南京，他在杭州。我们攻城略地，艰苦卓绝，现在这金銮殿上，本应有福同享，有任同担，而他却独自向隅，朝少一人。"说着又变成一副悲天悯人的嘴脸。

刘伯温深情地说："皇上，如果思友太过，不如主动亲访。一可解心头疑虑，二可解思友之情，三可解人生之愿。"又附在朱元璋耳边说，"皇上做事是给天下人看的，何不将好事做足，以治天下呢？"

朱元璋一个激灵拍了一下自己的臀部，看了刘伯温一眼说："我去杭州，再去会稽东乡，探望章慎一，以解我仁爱之情。"

皇帝出行，那架势辉煌无比。一路游山玩水，走了三十三天。朱元璋到了东乡，好像和章慎一一见如故的样子。晚上非要和他同睡一张床，两人谈心一夜，得知章慎一归隐之心已决。第二天，章慎一带领朱元璋游玩了东乡村。朱元璋一路听书声琅琅，村人耕读传家，老少知书达理。朱元璋便趁机做戏钦赐："有道之墟。"自此东乡村易名"道墟镇"。

有的后学认为章慎一的后辈章学诚誓不做知县，和祖先章慎一提前预知朱元璋"杀功臣"如出一辙，反映了其家族继承性的自知和预知的性格。

---

① 鲍永军著《史学大师章学诚传》第13页，浙江人民出版社2007年史学评论版。

　　章学诚认为："为学之人，必先自知。夫真知者必先自知，天下鲜自知之人，故真能知人者不多也。似有知而实未深知者多矣。若不能自知，则人亦难知，知人亦需先自知。"[1]

　　明朝末年，章慎一的六代孙章君信，他家住于道墟的米街。他三十岁时，曾经为明朝崇祯年间浙江布政使司衙门的文书官。仅仅干了一年，就改朝换代了。

　　清康熙十年（1671），他又被大清朝浙江布政司衙门请去做了出纳。道墟有三条街，学街，酒街，木棉街。他感觉家住在酒街人声嘈杂，就买了东南学街一处小宅。

　　这里原是一个苏姓进士的住宅，他把这里治理得风生水起，一片江南园林的味道。他老家原在江苏昆山，因他三十年考试不中，风水先生说他换一处书香门第之地就可转运。他看道墟这个地方的人聪明睿智，敏锐豁达，干事个个有成就，出口人人在道行。小小的道墟，万人以上都是章姓之人，对仅有的几家单门独姓也都是礼数有加。道墟只有田地两千亩，难以养活全部的章姓子孙，而子孙们却能自力更生自谋活路。主要干的是三种职业：种木棉，酿酒，做师爷。昆山人治理的这所院子，约一亩之多，分为前后院，美妙异常。他候选了知县搬走了，也舍不得卖这所院子，因为这里给了他仕途荣耀。但他听说省里的布政使司的文书来买，为了将来在仕途上方便，本来要卖五千两银子的，三千两就卖给了章君信。一处风水院，才卖这么点银子。章姓祠堂的族爷感到有点儿不合适，怕这位苏姓之人以后给道墟章家人留下不好的口碑，把章君信叫去旁敲侧击地说了几句。章君信心领神会族长之意，是他无意少给钱了，他回家又拿了两千两银子，让族长去劝那位苏姓进士千万收下。任族长说破了嘴皮，那进士死要面子，就是一文不收，还要拿出以前百两银子答谢道墟父老乡亲，给他带来了好运。章君信两千两银子也不好收回，要将其捐为祠堂公产。族长怕章姓的人骂他硬索死捐，两千两银

---

[1]　唐爱明著《章学诚文论思想及文学批评研究》第21页，上海古籍出版社2013年版。

子就这样半推半就又回到了章君信的腰包里。

章君信买下这处院落之后，又根据自己的随性意趣，稍微整理了一番。将原来的院子卖了三千两银子，几个酒行的掌柜争着要，算是低价出手了。别人给的价再高，他也不敢卖那么高，他怕人家戳他的脊梁骨。

道墟的学街，会稽人称为师爷之乡，当年这条街上就有三百多人在当师爷。大批的科举落榜生，还有不少科举成功成为举人进士后仕途不顺的，这些读书人，为了糊口不得不去做师爷。

也许生活的磨难使他们高贵而又坚强，也许文人的落榜使他们文明而又有爱心。章君信就是这样一个人，做师爷一直到六十三岁了才回到家乡，但他空有这所美丽而宝气的小院。他一生有七女，却没有一个儿子。大女儿希望他告老还乡后，有了闲情逸致，能生一个儿子继承家业。在元配夫人易氏说合之下，大女儿将邻村一个二十九岁的沈氏寡妇领回了家。只过了一年，果真生了一个儿子。章君信为了感谢上天的安排，领着女儿女婿跪拜了苍天大地一个时辰，磕了九个大响头，感谢这处风水宝地，使他家中兴旺起来，直到听见小儿子的笑声，才起身回房。

老来得子，这在道墟是一大稀罕事，都说章君信老成持重，德高望重修来的福气。他更加相信太上感应之道，他认为《太上感应篇》出于道家藏书，是劝汉人修道戒恶的书，是文化人的立言、立德、立功之理。一句话，其和圣人的话一模一样。为此，他六十四岁以后，闭门读书整整十年，在外边根本看不到他的身影。他将一部《资治通鉴》翻得烂熟，写了几箱子的读书笔记，想以此来教育儿子章镰，儿子却无动于衷。

章镰九岁那年，老父亲走到院子里，照着自己的老脸打了九个耳光。儿子下跪，抱着他的腿说："爹爹，你别打自己了，儿子有什么不足之处，请指出来，儿子改了就是。"

章君信说："我教育儿子九年一味溺爱，该受天罚。"从此，章镰开始发奋读书。

第二年章君信无疾而终，七个女儿女婿也因一场瘟病都去世了，易氏也早已作古。十岁的章镳和母亲相依为命。家中多年来坐吃山空，又加上两位老人作古前有病花销大，家中的银子已经不多。虽然母亲节衣缩食，仍不能维持生活。生活的艰难引起了他冥思苦想，章家的未来究竟是什么呢？

他想了几天，有一天恍然大悟，可能就是多读圣贤书罢了。尽管父亲传下来的书籍已经散失殆尽，而贫困的家庭已经没有多余的钱来买书了，更不能就近到家族书院去读，就是到亲戚家搭班跟读，也拿不出一分钱给老师交学费了。一天他看邻居族爷章贤明坐在小马扎上在门前乘凉，屁股一扭就摔倒了。他赶快过去将族爷扶了起来。族爷起来谢了他，看看已经摔坏的小马扎说："朽不可用的东西，害人不浅，扔到垃圾堆去吧。"

章镳拾起小马扎，看了看，只是铁轴坏了。他回家找了根粗铁丝，中间一插，一个完好的马扎就出现了。他试着坐了坐，又让母亲试着坐了坐，都很结实，他就拿去还给了族爷。章贤明接在手里，就隐隐地笑着说："你是个有心的孩子，有心的孩子应该干什么？"

"读书。"

"好，我这屋里有三大书架书，你可以借去读，但只能读完一本再借一本。"

"这是借书人的规矩，我能做到。"

章贤明故意唠叨，知道他这老而昏花的眼睛，今天为什么突然间明亮了？是谁给了他精神头。这个马扎原封不动地送给你，你坐着读书。章镳眨眨眼，你儿子又高中了吧！今天我什么也没给人，还要借走你这本《江表志》。马扎我们家有，我不要。章贤明好像在回忆，他儿子高中那是十年前的事，你们家可是家具都快典当完了，还有什么，马扎快拿去。章镳一脸的坚强，仿佛都是精神头，我家将来会有的。马扎犹如一棵雨后春笋，丢在章贤明的院子里，人走了，却给了章贤明一肚子高兴。

《江表志》是五代十国时的杂志，章镳看了之后，有些故事十分动人，他决定将全书重抄一本。在抄写之时，他发现，全书文不对题、词枝语蔓，字里行间繁杂不堪。他心中一激灵，索性边看边修改，边抄边增删。经过他的一番润色精改，词语精辟，内容翔实。他将整理的文本整整齐齐地装饰起来，写上《江表志》三个大字，然后在下边写上"章氏别本"。他认为中国的野史杂志，和唐宋以来的小说传记，可以说是对正史的补正；但文字枝蔓，词语杂乱，句子繁芜，体例失当。心想改正这些书的错误，不正是自己锻炼文笔的好机会吗？他就布鼓雷门，着手修改了"《五国故事》《南唐马书》《北梦琐言》凡十几种"①。

修改历史传记书籍。这种重新创作的读书方法，使他的学业突飞猛进。除了爱好节删野史，他常常用工整的小楷缮写五经。自己边撰写边注释，先后撰写了好几本。他不知疲倦地抄写，在一旁以织布为生的母亲，常常感动得泪如雨下。章镳转眼到了十五岁了，他神秘好学而独到别致的读书方法，如一条神秘的河流，静悄悄地流进了道墟的大街小巷。

章贤明被请到同窗颍州知府史义遵那儿去喝五十大寿酒时，看到史知州第九女知书达理容貌姣好，就做和亲佬，冒昧地给墟镇最神秘的小文化人、十五岁的章镳提了亲。那史知州大官人竟然不嫌弃这孤儿寡母，只重章镳的人品学问，神秘无量，当午就结了亲。婚后史义遵看这小九女婿不仅懂事孝亲，而且富有思想，独步天下，真是老丈人看女婿，越看越欢喜，竟然把家产一半都送给了章镳，这时的章镳已经在会稽城以教书为业，正好也急需一处房产以方便栖身，他就在会稽县城南门内的善发弄买了一座宅院。这宅院原是会稽知县的，他告老还乡归家安徽，就将房子卖了大满价一万两银子。章镳也不好说什么，就一口价买了下来。谁知这老知县临走得知章镳竟然是好友史义遵的爱婿，觉得房价要得太离谱，就又送回来五千两银子。章镳将这五千两买了十亩田养家糊口，因为在康乾时代，没有田地就无法过日子。

① 仓修良、叶建华著《中国思想家评传丛书·章学诚评传》第35页，南京大学出版社1996年版。

第二章

忘年交

　　章镳以后有了一个特别捣蛋的儿子叫章学诚。

　　曹娥江就像一个美丽的少女春意四溢，又如明澈天穹下典雅的线条爱流湍急。这是一条温柔活泼的江河。在寻根的源头上，耸立着一座高高山脉——青翠欲滴的会稽山。贯穿着整个浙江的壮丽，它是一个时代又一个时代最美的抒情，它是独一无二恢宏的交响。它不仅接受着曹娥江最庄重的洗礼，也把相互的憧憬，变为了快乐的生命。

　　乾隆十五年（1750）四月十三，十三岁的章学诚一下子热血沸腾起来，跳到曹娥江中一个猛子扎了十丈远，他伸出一只手拍打江流，又伸出另一只手去拍打江流。他抱着漩涡，踢着波浪，游着狗刨，喝一口清凉凉的江水，又从口中吐出来，吐得高高的，又落在他瘦弱的身上。他击走水头，又打走流头，捉住一个浪头儿，又逮住一个潮头儿。章学诚父母是不准他下河游泳的，可是他跟着表哥杜秉和，还是偷偷地学会了游泳。而且和小伙伴们比试了几次，从来没得过头名。他知道，就凭自己十分羸弱的身子骨，是永远也无法名列前茅的。因为常常游泳，他的身体好了一点儿，他认为游泳真是一个好朋友。

　　章学诚一生最突出的个性，就是顽强地搏击人生。这与他喜爱游泳搏击风浪有关。史料记载那时会稽的郎中曾预言，他活不过四十岁。正是他喜爱游泳，喜爱大风大浪，喜爱拼搏的可贵的性格，使他的身体强健起来了，活到了六十四岁，由此给闽中肆外留下了宝贵的文化遗产。

江里的章学诚浑身一激灵，看到一条官船从江中驶过，直向他小小的身体冲来。要不是他躲闪得快，早已被船所撞，葬身鱼腹了。他游到远处看了看，见船上站着一个人，一副风流倜傥的样子。

他靠船头问了一句："你是谁？"

回答他的只有江涛声和船行声。无言是最大的轻蔑。他感到这条船这么高傲不可一世。他暗想，你不回答我，但我要你记住我。章学诚心生一计。他到了广阔的江面上，所有的人都能看到他的地方，他仿佛在水中挣扎着。一点儿力气都没有了，他的头一耸一耸的，从水中顶出来，肩膀左一顶水右一顶水，犹如快要沉没下去，"啊哟"一声，好像就要溺水而亡。他胡乱地左抓一把浪花，右抓一把空气，小腿偶尔乱蹬一下。让人看着他像筋疲力尽的一个小儿，和即将淹死的孩子已没有什么两样了。船上所有人都跑出来，急切地看着这个命悬一线的孩子。

船老大喊了声："这个孩子快不行了，我们得救救他。"

船头上刚刚临风赏景的人道："船家，你看怎么救？是要人下去救，我派人下去。还是用什么物件儿救？"

"把船篙伸下去，让孩子抓住，他就有救了。"旁边的管家急急地说。

"那可不行，船篙太滑，孩子是抓不住的。"船老大说。

"那怎么办？"

"把缆绳扔下去，孩子抓住绳子就有救了。"

一会儿，人们七手八脚将小孩救了上来。孩子一上船，就"噌"的一声从船板上站起来，接着"嘭"的一声跳起来。

船上一青年书生道："小小年纪让我们太惊心了。"

"没有惊心，哪有史志呢？"

"史志就是惊心吗？"他看到这个孩子出语不凡，一个人调侃。

孩子道："历史是有眼睛的，方志是有灵魂的。"

那船头站着的颇有点儿身份的人好像对他一下子有了兴趣，对他示好，小子，你懂得还不少呢！来，来，来，到舱内喝杯香茶。来探讨一下史志吧！

章学诚乜斜着眼故意挑逗那人，意即你一副高高在上、官服豪华的官的样子，"朋友是平等的，这样人怎么敢说知心话哪？"那人再向章学诚示好，"忘年交，今天就依着你，把官衣脱了，再交心。"他对这个少年来了无限的兴趣。他换了衣服出来。对于高人的大谦逊，章学诚一点儿退路都没有了，只得道歉："对不起伯伯，为了拜访你这位好朋友，我故意装作溺水的样子，这是对朋友不讲信用的。"

那人无所谓地点点头，用浙江人的大沉默表示这是小意思，为了交朋友，使一点儿小手段是最讲信用的。

"请问伯伯尊姓大名？小的叫章学诚，字实斋，父亲是章镳。"

"章镳我久闻大名，小子，你连我的名字都不知道，就要和我交朋友，你可真有胆子。我叫全祖望，字绍衣。"

"那就是名闻天下，撰写《跋宁波简要志》①的谢山先生了，请受小子一拜。"

全祖望感到奇怪，只有文化人才称他为谢山先生，看来这是个小文化人了。朋友是平等的，我也不能坏了规矩，让一个孩子给我磕头道歉哪。全祖望一看章学诚要将自己贬低一番，说小子才疏学浅，稚鲁至极，还要下跪，一本正经地称跪的是浙江的学问和谦虚。他大手一挥制止了，章学诚看全祖望这么可敬，不过，他又不知道全伯伯可不可以信任。天下有的事，不可以给父母姐妹讲，却可以给朋友讲。哪怕这个朋友只交了一刻钟。他感到自己虽然讲的是别人的事，可骨鲠在喉，又不得不讲。好像不讲给全伯伯听，都快要憋死了。他看了全祖望半天，一脸老实相，一身骨气。他想就冒这个险吧！

全祖望看出了章学诚心里的小九九，摆出了一副不会将朋友真心话传出去的样子，"如果传了出去，就等于自己杀死自己。现在你要知道！告诉忘年交心里话，是特别安全的。"章学诚尊敬地往全祖望的杯

---

① 《中国方志大辞典》第405页，浙江人民出版社1988年版。

子里倒了一些茶。龙井茶叶漂浮起来，绿亮亮的，又慢慢地落下去，好像吃了定心丸一样地镇静下来，十三岁有点儿叛逆的热血激扬地指着乾隆御赐给全祖望的茶壶，真可惜，他们竟然杀文化人。全祖望抬了抬眼皮，眼睫毛不由得眨了一下示意，他的牙花子昨天出了点血，龙井茶一喝就好了，龙井茶是去火的。这是在给这个小朋友启示，他有坚强的一切，知道了不会上火的。章学诚挥了挥手说："一百零五年了，清朝已经历练了四代皇上，文化人已经被满族彻底征服了，可是还是不信任汉族文化人。"

全祖望老练地将门窗关紧，示意让章学诚说话时再轻一点儿，要注意，窗外有耳，门外有狗。

章学诚问道："全伯伯，你害怕了？"

"关系到人脑袋的事，谁不怕呢？但思想和语言，却是门窗关不住的。"

"这是为什么？"

"因为有春风。"

"还有什么？"

"还有人心。"

"还有什么？"

"还有钱塘江，还有浙江。"

"我是想请你证明一点，会稽说史馆的人讲，当今考据之风大盛。听说咱们大清皇上让你们篡改了二十三史，有这种事吗？"

"据我所知，有人这样做。有人进行了改写，但不为文人所肯定。如周济用编年体改写《晋书》，称为《晋略》，有人称之为'鸡肋'，被人否定了。因为文人们知道，他们可以考证历史，但不能坏了良心，去伪造历史。为此他们还揭发出了梅颐所献的《古文简书》全系伪作。"

"听说他们在史书中标榜杀人为正常，灭族为光荣。他们这种思想不仅想浸入到我们的灵魂里，还要写进书里，你能证明这一点吗？"

"我不能证明这点，因为我不了解这种可怕的事情。我也从来没有敢怀疑这些事情的真伪。我只听说：翰林院庶吉士徐骏因诗中有：'清风不识字，何故乱翻书'之句，被指为有意讥讽大清朝而遭惨杀。"

"全伯伯，说史馆的人说，他们对待古书和对待人是一样的，他们先杀了那些无辜的人，然后再找出理由来说明他们是如何的正确，如何的英明。他们销毁的书将近三千多种，六七万部之多，他们全部篡改了古人的文章，搞乱了古书的格式。他们藏之于内庭，颁之于文坛。让中国读书人阅读，永远不会觉得我们中国还有一个曾经有骨气的人。将来外国人打进来，我们还有一个硬骨头的人能打败人家。他们那么做，你们文化人为什么还要大兴考据之风？"

"文人没有出路啊。"

"文化人这样走路行吗？"

"动辄触犯刑律，笼罩着担忧可怕，万马齐喑，何况人呢？"

"你们没有奋争吗？"

"我怕，我只有喝酒消愁。"

"只有酒，没有冤枉。是吧？"

"数字是没有冤枉。"

"我听不明白。"

"到处浸透着文人的懦弱，谁能奈何他们？如果文化没有风骨了，数字就能平衡了。"

"是皇上逼着文化人走上考据之风的吗？"

"也是我们文人自己，我们博古，求古，存古，尊古，最后是舍古无生，泥古不化了。我们没有对现实揭露与批判，更没有对未来的憧憬与追求。我们只是高呼着口号，回到古代去了。"

"历史成了空言，思想成了空心。"

"只有皓首穷经，埋头故纸堆考据古书、古字、古言。我们考据了三千六百多种古书，五万卷之多，使两千多年的句读都搞清楚了。成绩巨大，但文人大部分死了，许多三四十岁都不治而亡了。这是真正的康乾盛世啊！"

"文字狱盛世。"

当代史学家王春瑜先生认为："乾隆时期的特征，一方面依然闭关锁国，脱离了世界文明的大趋势——这时的西方世界，轮船可以横渡大洋，已经掀起了全球化的新浪潮。而乾隆仍以天朝天子自居，操舟弄伐，山涧射虎，乐此不疲。经过顺治、康熙、雍正以来生产的发展，阶级关系的调整缓和，国力大力增强，所谓盛世修志，历朝统治者无不如此。另一方面，乾隆认为清朝已是铁打的江山。通过修志、修史，粉饰祖先在关外及入关后的历史，毁灭不利于自己的历史证据，歪曲历史真相。"

当时章学诚虽还并不能掂量出全祖望说话的分量，但从全伯伯的表情上知道了一个人的真诚，他不得不给全祖望兜底了：你知道吗？会稽有个会，他们不进行什么活动，他们不埋怨人，也不愤恨人。他们决心不搅和什么，也不掺和自己的感情。只是他们要搞平衡，要扯平这世界的一切。只有一个汉人的孩子、女人、老人因为文字狱被无缘无故地连坐杀害了，或者赐死自杀了。像法堂公案的人一样，也把满人杀死一个，也让满人自杀一个。如果汉人是吊在屋梁中央死的，他们也把满人吊在屋梁中央让其自杀。如果他们把汉人掌天灯了，他们也把满族人掌天灯。他们只有三个人，他们称自己为三人行。他们计划在千日内一定扯平这件事，所以又叫千日蚀。如果一个人今天干不了，明天另一个人过上些日子一定会干利索。如果一个人被逮住了，或家中有事不能干了，会挑选另一个人参加。这另一个人要极为勇敢忠诚，他们总是慢慢等待另一个人的成熟共同行动。因为忠诚和勇敢也需要时间，另外他们还有一套散打功夫，因为学会散打功夫也需要时间。他们从来都是从容不迫，永远只有三个人，不多用一个人，也不少用一个人。他们非常保密，因为保密就是他们的生命。官府花了几万两银子，几万人寻找他们，三十年没有寻见一次。因为他们从来不吹牛，他们喜欢默默无闻。秘密和沉默是他们的武器，义气和公平是他们的道路。

全祖望坐在椅子上听了直出冷汗，惊讶地张着嘴，诧异地睁着眼，脚底子直抽风地质疑这事为什么这么吓人，他听人说过，庄廷龙组织人编的《明史》称，努尔哈赤为建州都督，不称皇帝。"被落职回乡的归安知县吴之荣告发，遂兴大狱。当时庄廷龙已死，仍被剖棺戮尸，其父兄弟侄等家属亦处极刑。凡是作序、校补、刻印甚至售书、买书者都惨遭杀戮，共杀了七十二人"。[1] 流放盛京充军为奴的家族之人达七百六十三人，为此案入狱审查被杖打者两千五百八十八人。

章学诚作为一个少年对庄廷龙一案的思维保持着中立，就连一瞬即逝的回忆都闪着无动于衷的眼神，好像华夏都进入了最寒冷的冬天。而心又使他不得不讲实话：庄廷龙大冤案却激怒了吴赤溟、潘圣章的两个书童，两个马弁。一个马弁和福瑞当即要拼命，被命拿下当即剐千刀处死。两个书童，一个马弁为了主人，为了好友当即就成立了三人行。他们在短短的三年时间里，竟然在北京、盛京也杀了制造文字狱的七十二个人。从康熙二年（1663）五月，已经过去八十五年了，三人行一代又一代人从来没有停止过行动。从那时到今日，奸佞酷吏已制造了一百六十八起文字狱大冤案，他们一次也没叫这些恶人占一点儿便宜。

"小子，你今天给我说这些是为了什么呢？我只是一介书生，手不能提，肩不能挑。要人根本就不能如他们所愿啊！"

"只要你的心。"

"我只有一颗愚不可及之心。"

"你是大智若愚，全伯伯，我只是想让你给我拿个主意。"

"什么主意？"

"他们要我长大了准备参加他们三人行。"

"要你去杀人？"

"是去做公平正义的事，不是去杀人，这是为了维持平衡。佛家不是还讲因果报应吗？"

"你不行。"

"为什么？"

---

[1] 仓修良、叶建华著《中国思想家评传丛书·章学诚评传》第4页，南京大学出版社1996年版。

"因为你的家世世代代是读书人。读书人是什么？是光明之人，是太阳一样的人，月亮一样的人，星星一样的人，不会干黑暗的事情。"

"你认为他们平衡就不是光明，就不是太阳、月亮、星星一样的人吗？"

全祖望给自己下了个大赌注，要将这个野小子疏导一番。那些人是暗地里杀人的。如果你参加了，人们一定以为你是疯了，你的父母也疯了。你是读书人，还要为国为民干更大的事。这些事让那些游侠、书童、马弁、武士干去吧！这可能是上苍的安排。你的任务就是读书明理。这才是你的道路。全祖望认真看了看章学诚的相貌后又劝导，你的鼻子中空，两耳招风是个大文化人之相。那些人是喝醉酒恶作剧的人。说得更中肯一些，全部的人都发疯了，你都是最冷静的人。小子，你不能走那条路！

章学诚请教：全伯伯，如果皇上和奸佞酷吏不兴文字狱，就是遇见多大的事，我们也都得忍耐，这种忍耐不是一种大精神吗？让那些把文化人不放在眼中的人，把文化人制服成一群老鼠。他们不能看着不管，让那些人大兴文字狱，要奋起抗争。那种制止不也是一种大文化吗？

全祖望再以拳拳之意，表淳淳之心。他是深读《易经》的人，让章学诚以后也要读。他疑惑地一看，知道了章学诚是什么时间出生的，出生在什么地方，便给章学诚的未来之路点拨起来。凡是在那年那天那个时辰那个地点出生的人都是文人，没有一个武人。你既然命中注定了要做文人，就好好做你的文人吧！你的百会穴有一颗痣。《易经》告诉我的，那颗痣也告诉我，你一生要特别注意的道。

"什么道？"

"谨言慎行！因为你妙不可言，所以有此道告诉你。"

章学诚感到大人总是拿些故弄玄虚的话吓唬小孩子。我父母认为只有我吓唬不了的人。

全祖望俯瞰江水千古一叹，你看曹娥江像吓唬人的江流吗？

船老大喊了一声："被救的小子，快下船！会稽码头到了，我们要回鄞县了。"

全祖望向章学诚点点头，章学诚向全祖望鞠了三躬，下蹲着跳下船去，"全伯伯，后会有期。"全祖望笑着摆手，忘年交，以后见！

章学诚刚上岸，看到父母、姑姑、舅舅、从叔几个人正在江边忙活着什么。

他好生奇怪喊了一声："爹爹、嗯姆，你们在干什么呢？要我帮忙吗？"

"黑蟒子，你是鬼是人？"从叔吓得瞪着大眼战战兢兢地说。

"怎么了，发生了什么事吗？"章学诚不解地问道。

"不是说你被淹死了吗？"嗯姆跑过来一把搂住他，"你表哥报信说你掉进江里去了，再也没有上来。大家是来救你的，你还不快谢谢咱们这些亲人。"

他向大家鞠了一躬，说他是被全祖望老师救出水的，其实他是为结交朋友故意溺水的。母亲沉下脸责怪他，你的恶作剧把你老实的表哥吓得直哭。你姑姑、你舅母、你姐姐妹妹都没有止住过泪。儿子，你以后可别这样了。父亲好一个疑惑，那个全翰林，就是因受权贵排斥，辞官归家，读书著述，教书育人的谢山先生吗？真了不起啊。姑父杜鉴湄不屑一顾，没啥了不起的，只会考据文章，没有半点创见。胆小如鼠，别人打骂他，也不敢放半个屁。

姑姑欢悲交流，黑蟒子，再别这么调皮了，都吓死人了！舅舅史孺牛好笑地说："小孩子不调皮没有大出息，外甥不搞恶作剧怎显出舅舅的大灵气。"

第三章 稚鲁与骏滞

这个爱搞恶作剧可爱至极的小家伙章学诚，我们就从他出生的时候说起吧！

乾隆三年（1738）六月二十八，[1] 章镳已经四十一岁了，老丈人颍州知州史义遵特意从颍州赶过来。听人说，有一条黑巨蟒爬到了女婿章镳家，看看有什么兆头。

章镳尊重有加地说："老泰山，我乡试落第好几次了，哪有什么好兆头，黑巨蟒蒙古人以为是魔鬼呢，说不定有什么不祥之兆。"

这时只见十五岁的女儿满脸喜悦，嗯姆又要生小妹妹了。史义遵脸一沉，又生了一个赔钱的。[2] 章镳不以为然，老泰山，别在意，儿子女儿我都喜欢。

一会儿丈母娘乐呵呵来到大家身边："今天是大喜啊，龙盘虎踞的黄道吉日生了个男伢子呀！"

章镳惊奇地问道："还不足月，只有七个月呀。"

---

① 鲍永军著《史学大师章学诚传》第 16 页，浙江人民出版社 2007 年史学评论版。

② 中国封建时代，妇女社会地位极为低下，最主要的是没有财产继承权，出嫁时父母还要陪嫁很大一笔财产，所以清代会稽生女孩子俗称"赔钱的"。

"七活八不活的，看着弱小，尽管只有三斤七两，但骨头挺硬的，至今还没有哭出声来。"

"那你赶紧倒提一下，不行屁股上打两下，先让他哭两声再说。"史义遵着急地说。

翁婿两人在院子里来回走着，等着听哭声。章镳感到也许黑巨蟒就是鬼胎，生下来就是折腾人的，半天也不肯哭一声。妻子四十一岁生的秋茄子，能有什么念想。史义遵有些特别地想，我知道你不信他能活下来，因为以前你的几个儿子，刚生下来都死了，都没有这种黑疑蟒进家，因他们都是凡人。这个黑疑蟒，悬疑不尽。而一疑必有一明，不信咱翁婿就斗斗心机看看。

两人斗心眼刚刚落到肚内，就传来了一个男孩子的哭声，声音很微弱。章镳对捕风捉影的事向来是不信的，就不由得想都没个惊天动地声，还巨蟒哪！老岳父向他点点头，好像告诉他，我知道你只信诗笔有风雷，词墨有灵音。不过我听他的哭声，细而坚韧，有股子后劲。你们家要出个人了。老翁不与你争，日后他若轰轰烈烈了，你们章氏子孙，到我坟头上栽几株青草，报个喜讯就行啦，我史义遵会保佑你们祖祖辈辈的。

章镳深懂其意，老岳父有点儿恼了，他不好意思地赶紧走进了妻子产房。妻子刚刚生产，脸上全是虚汗，面容憔悴，小髻儿散落开了。对于一个大龄产妇来说，这次生产是一次要命的历练。尽管如此，她还是保持大家闺秀的本色，不好意思笑眯眯地说："孩子不足月就出生了。早上我去井上提水，一不小心，肚子扭了一下，他就来到了世间。"她看到丈夫只是微笑，根本就没有听她说什么，她只好笑着不说了。

"我用心听着哪，你吃苦了。从井中提水，那么重的活，你不该干的，我不是说，由我来干吗，对不起了。"章镳说着一滴泪珠落在了妻子的脸上。

"我怕再生一个嫁给人的，所以就不在乎自己的身子骨了。你别难过，这事全怪我。没听你的话，我好愧好愧噢，让儿子跟着也要吃亏了。"章镳妻子说着抽泣起来。

"伤悲会把人送入黑夜。快别这样，月子来不得半点伤悲，以后会坐病的。"

"我听你的，我特别想吃蜂蜜荷包蛋。"岳母一碗蜜蛋端了过来。

章镳握着妻子的手好像在暗示妻子没有儿子，我就是一个深渊，有了儿子，你就是一座高山，章家有奔头了，你是有大功的，然后将碗递给了妻子。章镳一步跨出产房，看到丈人还焦急地在院子里踱来踱去。他心头一热，泪含在眼眶跪下磕了三个大响头。章镳知道岳父生孙子都没有专门探望，而对这个外孙却如此大爱无前，其情其景，催人泪下，"爹爹，儿向你报喜了，托你的福，母子平安。"

史义遵拉起女婿道："小儿名字起好了吗？"

"早已起好，我想让他学习真诚，就叫'章学诚'吧。"

"这个名字好，学而盛大，诚为大地。字号有了吗？"

"愿爹爹赐与。"

"我昨晚梦醒后睡不着，一直想到天亮。我给他起名'文敩'，字'实斋'，号'少岩'。文敩就是愿他学习要觉要悟，才能成大器。字'实斋'就是人老老实实做学问，就像斋戒那样虔而有戒，戒而实在，和你给他起的名字不谋而合。号'少岩'就是愿他的学习精神就如新生岩石一样坚强。"

"爹爹，这名、字、号都很好，俗话说：外祖赐名，三生有幸，一切都按你说的办。"

这时老岳母也凑上前来说：我也凑个趣，给他起个小名，就叫黑蟒子吧，你看他生得奇丑无比，就和条黑蟒子一样。

史义遵一副不以为然的样子想，这老伴儿，胡说什么，我女婿相貌堂堂，你女儿貌若天仙，他们的孩子怎么会丑呢？孩子一长大，一天一俊华。不信你等着瞧，我的外孙绝不会有半点丑模样的。丈母娘看了史义遵那自以为是的样子，背后给了一个大撇嘴。

大家正在兴头上，外孙女学珍却急切地跑出来："我小弟发高烧了，快请郎中来救他。"

丈母娘一听就朝女儿的房子跑去，老岳父突然脚一跺："怎么会有这种事儿？"

章镳看看大家忙乱的样子，反而从容不迫地说："大家不要急，自古早产儿都会发烧，都会得脐带风。我先开一服三黄汤，让他服上三天。先将肚内之污排出来，再治脐带风。"

"小婿是郎中，我倒忘了。只是郎中往往看不了亲人的病，还是到外边请个郎中吧。"

章镳知道岳父的大脾气，他认准了的事儿，很难改变。他也不敢再顶撞半句，故意到外边转了一圈，去药房抓回一服三黄汤，给儿子喝了。孩子一夜平安，可是第二天一早又发起高烧来了。章镳感到自己的医术属于野路子，功夫还不到家。妻子也急得大哭起来，又怕哭叫吓着孩子，只是泪如雨下。章镳一看也没了辙，只好不等天明，就穿上衣服，往会稽城有名的郎中俞子敬家中跑去。

俞子敬来到章宅，史义遵和妻子已在中堂大厅站着迎接。

这时只听大厅边，一个小童一声喊叫："俞子敬老爷到。"

俞子敬摆了摆手走到史孺华面前，一看章家小公子，丑得怎么这个德行，十足一只小癞蛤蟆！顿时惊了一跳，倒抽三口冷气，晕了过去。大家不知郎中这是怎么了，都手忙脚乱起来，章镳赶紧掐了俞子敬的人中，他才缓过来。他醒来深表歉意，大家心里头不免犯嘀咕，转而一想，郎中可能有晕病，也就不好意思问了。

俞子敬拿过小手摸了摸脉，他心中有一喜，福在丑儿中，天治丑儿病，这个小儿有救了。初摸是孺脉，深按是洪脉，说明这个小子的确生命力极强。他又看看脐眼和脐带，刚刚红肿微微。他随身将带来的驱风膏，抹在小儿脐眼周围，又开了一剂驱风散。苏叶三钱，防风三钱，厚朴三钱，枳壳三钱，木香三钱，僵蚕二钱，钩藤三钱，甘草一钱，水煎服，最后又加全荆三钱，全蝎两个。章镳拿过方子一看，佩服俞子敬医术高明，尤其最后加这两味，一定能妙手回春，儿子真是有救了。俞子敬毕竟是医道老手，很自然地闪过一丝余光，斜视了一下章镳，老成持重地一笑说："先生莫非也懂医道，审我老夫医案怎样？"

章镳用会说话的眼神赞誉："妙啊，你这大善之方的华佗医法，让人佩服得五体投地。"笑着将三两银子送了过去。

俞子敬笑道："再加三两，我用膏用药，双管齐下，保小儿三天就好。"

说着将一个枣儿大的小纸盒，递给了史义遵。史义遵拿出十两银子又送了过去，俞子敬将七两银子退了回来，那意思表明，我敢多收你史义遵的银子吗？医道复杂，不得不小心。多收了银子，会稽县令会找麻烦的。何况你家女婿一向待人不薄。我公平收银，不会漫天要价的，请史大人别把人往班房里边送。这时章镶的女儿学珍，一碗蜜花蛋已经端在俞子敬面前，用会稽女孩子特有的羞涩眼神说话，子敬叔叔，我有了弟弟，这是多大的喜事，而且你是救命菩萨。这碗喜蛋，你不吃了走，我是不依的。俞子敬也是她的救命恩人。趁学珍递碗的当儿，史义遵妻子把一封十两银子的红包悄悄地放进了他的搭盒里。俞子敬吃完喜蛋抬脚就走，感到搭盒里重了不少分量。摸出红包，往中堂桌上一放道："咱会稽人不兴这个，这是颖州人的喜好吧，这不是颖州是会稽。"说完噔噔地走了。

刚走出章家大门三步，又跑回来对史义遵道："小儿不要吃奶太多，穿得太厚。注意：要想小儿安，三分饥和寒。"史义遵向他深深地鞠了一躬，这次他才头也不回地走了。

说来也真是奇了，孩子吃了俞子敬的药，抹了俞子敬给的药膏，当天下午，烧就退了。又照俞子敬说的，连吃三天，就好利索了。老丈母娘高兴地对章镶说："真是条黑蟒子，一天除了吃就知道睡。"

"嗯姆，莫不要睡傻了吧？"女儿提心吊胆地说。

母亲一听想人家不足月生下来，在你娘的肚子里没睡够呢，你还不让人家睡足月呀，哪有你这样当娘的。史孺华看看母亲只是默然，就又说："他头上怎么这样凉呢？娘，你快来看看，怕不是有什么症候吧？"

母亲还是不理她，心里想月子里孩子头上凉怎么了，只要身上不凉就行了。头是三年冷灶，身是四年热灶，这叫时来运转，鲤鱼跳龙门。说不定是个有运数的好小子哪，别一惊一乍的。叫老娘来给你伺候月子，成了跳蚂蚱的一样。

女儿又撒娇乞求道："嗯姆，你外孙身上也是凉的，这五黄六月天，自从生下他来，我一挨近他就凉快了。我总感到这事不踏实，你还是去问问爹爹，看看到底是怎么回事。"

母亲仍然一言不发，还是想自己的，别叫我去问这些有天没日头的话，孩子只要能吃能睡，就是没病没灾，就是福气。这会稽城里十好几万人，都像你这样，一天总是没事还找事，好事还问事，那还得了。你就好好地给我坐月子，叫我也安生安生吧。像故意卖个关子给女儿，还有意地沉默坐下来不理女儿了。母亲一会儿突然眨了眨眼皮，又提了提眼袋想，算了，算了，我还是去问一问吧。我的宝贝女儿心里得了病，坐下症候怎么办呢，对这件事我也是满肚子狐疑，你怎么给我生了这么个黑蟒子外孙呢。

史义遵神情矜持地进来了说："人生七日，是人从此平安日，也是外公探望日，我看看我的实斋长得实不实呀。"

母女俩有好多话正好要问，女儿先打破话头问道："爹爹，你外孙为什么全身烧冷灶？"女儿将心中的疑问说了出来。

史义遵道："孔夫子身冷七十年方修《春秋》，司马迁身冷四十年方修《史记》，李太白身冷三十年方仰天大笑出门去，一诗成名天下知。说不定我这外孙是个大文人呢。"

史王氏趁势说："龙在海中不是天生是冷的吗？"

史义遵的脸突然冷若冰霜，他让老伴儿快闭嘴，今天这话到此为止。他作为知州，非常理解天下大势，卓长龄因为写诗写了"忆鸣"两字，有人告他回忆明朝，全家族一百多口人被杀。还有一位大臣问什么是"异种"，有人告他说是侮辱了满族皇上，全家族五百多口人被杀。他来自清苦耕读之家，时刻把老百姓的生死攸关大事放在心头，他总是暗示人们，不该说的不说，不该问的别问。他知道人们总是不以为然反问，自古学问，学问，不学不问，人们还有脑子吗？那要文化人干什么？人有脑子不想天下事，人有手不写心里话，那还有天下文章吗？他只有稳操胜券用大道理劝解，文人的脑子是干什么的，就是考证四书五经《史记》《汉书》的句读，词字来源，删除有损于皇上的文字。文人干这些可是得心应手的。今天他提醒老伴儿，这些不是女人家想的事，还是想想怎么办小外孙的百日宴吧。

提到百日宴，老伴儿拉着史义遵到了另一间房子的中堂，喜气洋洋过年一般，拐弯抹角地说，全真道丘处机到新疆楼兰的时候，去拜见元朝大皇帝铁木真，给他讲了人生乐和的妙趣。讲到兴头处，这位大皇上就赠给他一块楼兰玉黑蟒子。这块玉曾被铁木真奉为国宝，而丘处机得到此宝之后，就定武当山为全真道的道庙。可是有一天刮大风，将这宝蟒子刮到一个河南种田大哥的田中。有人花三千两银子买来，想卖给他们。她那天看了，雕得就和一条真蟒子一样。尤其和他们老两口所看到的女婿家那只黑蟒子一模一样，她只想把它买下来送给外孙。

史义遵一听来了个三摇头，心想一个百日的孩子送他那么贵重的东西干吗，他想好了，明日他到店里给孩子买一个"玉小心""石谨慎"就行了。外孙将来要做官，这两件物必不可少。史王氏脸一沉，好像极其厌恶地表示，小气呀，小气。没脸呀，没脸。一个堂堂的大知州，朝廷封的赠仪大夫，送这么点小巴拉眼子的东西。她都替当丈夫的害臊。她透底给史义遵，这个玉蟒，她分文没掏，人家就送给她了。只求她给丈夫美言几句，将那颍河治理的事交给人家干，事成还有大犒劳。史义遵突然变了脸大惊，这是想让他们全家杀头掌天灯的事！河淮受贿案，一下子就杀了十几人，云南金炉案也杀了几十人。老伴儿，快别糊涂，将那玉蟒赶紧退给别人。说不定是朝廷派人来试探咱们的，还有可能故意钓鱼。我们这鱼儿一旦上了钩，就成了人家案板上的刀下物了。

"老伴儿，还是你心眼子多，我听你的，将那东西退给人家。"

十月初八会稽塔山之下，章氏三开间门面张灯结彩。秋风和煦，古树擎天，斑竹苍翠。章镳放眼望去，漫山红叶，山林尽染。田野飘来一阵阵爽意，荷塘吹来一缕缕藕香。他莞尔倾听小河在门前弹琴，游船在水中歌唱。鱼鹰拍着船舷合奏，红鸭和鸳鸯游向对岸妙语，好一幅江南水乡乐。

在章镳家正厅宴席上，章镳好像喝醉了一样，轻轻叫了一声："臭小子！"然后默默地亲着百日的儿子，仿佛说在这高朋满座之时，你得用心记住今天是你章学诚的百日宴。人生就是日头，日出是美丽的颂歌，日中是雄壮的史诗，日落就是血与火生死的正剧，你和别人没有什么不同。只有相同的，你的身子得劳动，你的手脚得勤快，你的心儿得思索。我不希望你捞金抓银，但得人生有新意。他亲完儿子，泪流满面。夫人看他已有几分醉意，拿起了女红、金子、银锭、经书和《江表志》放到桌子上给儿子看，示意儿子，抓一样东西，让大家看看你的志气。

小小的章学诚，竟然拨开红红的盖头，黑黑的官帽，闪闪的金戒指，亮亮的银镯子，蓝皮的经书，灰皮的史书，却抓起了土里土气的志书，最后将许多各色杂书拨拉了一地。史义遵感到有点儿丢了外公的面子，他又亲自抱着章学诚重抓了一次，而抓起的还是志书。他好像叹气地想，"古谓卢家儿，案上翻墨，涂抹新诗"，今有章家子，只来桌上猎志书，推倒经典似残羹。[①] 俞子敬作为救命恩人，他被认作章学诚的干爹。他若有所悟地又抱起章学诚重抓了一次，抓起的还是那部最不起眼的志书。他恍然大悟地想谁能让这小子脑袋去想好事，谁能让这小子双手挣来生活，其他都不算什么，只有志书，这小子有眼光啊。人生有两种生命，一种是走向生活，一种是走向死亡，志书就是生活啊！

章学诚一生的性格刚毅占据了一大半，他要认定的事，无论什么人都无法改变，在他的百日宴上，就可以看出他在婴儿时，就是多么奇怪和任性。有人认为恪守不渝是他一生的"看家武器"。他使用得巧妙而又精准，就像他把枯燥的数字写进了中国史志一样。

章学诚曾经论述人天然的质性：是尧舜而非桀纣，尊孔孟而拒杨墨……求其所以为言者，宗旨茫然也。譬如彤弓湛露，奏于宾筵，闻者以谓肄业及之也，或宜若无罪焉，然而子莫于焉执中，乡愿于焉无刺也！惠子曰："走者东走，逐者亦东走，东走虽同，其东走之情则异。"观斯人之所言，其为走之东欤？逐之东欤？[②]

---

① 卢家儿，唐朝诗人卢仝的儿子，卢仝著名的示儿诗：忽来案上翻墨汁，涂抹诗书如老鸦。

② 《章氏遗书》卷三《文史通义》内篇三《质性》。

这就是章学诚自己个性的大写真，他就像费密论学术流变一样，还原了人类质性的变化。他重视个性的自我发展，也有助于促成他的学术成就，这是有其时代意义的。在当时说来其思想语出惊人，是很有进步性的。

两年后的寒食节，章镳和史孺华夫妻两人去了一趟偶山，给父母上坟。清明最亲密的朋友就是春天，新太阳把人们的胸怀照亮。初醒的会稽都在绽放着生命，把一年的计划在血液里流动。人都说会稽人聪明，其实就是比春天还有梦。

上虞道墟偶山，春秋时越王勾践曾在此卧薪尝胆，东晋谢安在会稽偶山"东山再起"，[①] 这儿以后就成了章氏祖坟，章镳和史孺华在坟前烧了三把高香，磕了九个大响头。章镳在父母去世后，他年年来祭扫。这几个月，他做梦父母坟头老起大火。而且他也听人特意转告他，父母坟上老是有火。过去父母坟头一直光秃秃的，今日真没想到，古语说的："父母彰运妙，坟头长青草。"尤其是去年他已四十一岁，父母给他送来了一个儿子，他想着祖宗对他的恩泽，忍不住号啕大哭起来。高兴的哭声，总是有高兴的行动，高兴的行动又总有点儿不近人情，他叫儿子黑蟒子围着爷爷奶奶的坟地爬了三圈。而儿子只爬了小半圈，就有气无力地爬不动了，他教儿子喊爷爷奶奶，儿子就是学不会，在祖宗的坟前，他满含热泪歉疚地抱起儿子说："真是个半精不傻的稚鲁子，羸弱多舛的骏滞子啊！"

女儿学珍说："爹爹、妈妈，你们也不能光顾及爷爷奶奶，不顾及我弟弟。坟地里阴气重，别让弟弟染上了病。"

章镳用眼白回了女儿，男子汉阳刚之气能避阴气，乖女儿，你就放心吧。章镳想想女儿的话也有道理，就将儿子跨在自己的脖子上，那我们父子就先走一步，你们母女俩收拾完祭物也快点走。男人走得快，一会儿父子俩就没了影儿，缠脚的母女俩在后边紧追慢赶说着亲不够的话

---

① 夏正农主编《辞海》第 55 页，上海辞书出版社 1989 年版。

儿。这时道墟妇女们对他们指指点点，不时上来搭话茬儿议论纷纷。

一个丰臀细腰生了九个女儿、还誓死行善要生个儿子，叫"观音嫂"的女人唠叨，章镳都考了五六次了，该考中了吧。人家真是才子，光书都抄了一千多本，这样的男人有几个不中功名的。怕是双喜临门了吧，去年又有了儿子，儿子将来也要读书考中了吧，他都快五十了吧。我将来有了儿子，我也叫他多看那井中的书，树中的书，得中状元郎啊。

一个泪堂丰满眼袋富垂，有三儿两闺女，人说她家积了阴德，所以叫她"阴德妈"，她中气十足目空一切地说，经是五经的经，书是四书的书，"经"可不是"井"，"书"也不是"树"。你们说了辱没经书的话是要遭罪的。听说章镳他父母坟头白天晚上老走鬼火，怕是他们家要有鬼了吧！

一个眉隆眼凹，长了一张玛雅人的脸，已经生了六个儿子，声大气粗，人称"亮嗓婶"的搭上了话茬，人就是一咒三年旺，你这样咒人家，人家就要兴旺了。你们这些嚼舌头根子的女人，章镳是我们那么好的乡邻，你们都要糟蹋他，要遭报应的。古人说：坟头有火光，是这家的好兆头，他们家要出人了。

"阴德妈"也响亮回了句，我身正不怕影子斜，我说的是他的好话，也不是坏话，我才不理遭罪遭报应的事。不是听人说：章镳又做生意又教书，发了呢。

"亮嗓婶"接了句，有他老丈人，颍州知州的大靠山，哪有不发的。那他发了，还走着路来上坟。从会稽到道墟可是二十四里路，他老婆的脚那么小，怎么不套辆大马车来呢？

"观音嫂"小声嘀咕，人家有文化的人都喜欢节俭。

史孺华母女俩听着这些并非恶意的哜哜嘈嘈，快步向章镳追去。

史孺华突然悟出了什么，瞧着女儿委屈不语的样子。她知道这些再简单不过说三道四的议论，可能隐藏着很深的杀机，使她对这些话有了更深的认识。她拉着女儿的手说："学珍，你别走得太快，嗯姆有话对你讲。"

"千万别给你爹爹说这些路上不咸不淡的话。如果他听了这些话，就会除了吃饭睡觉之外，几乎什么事情都不干，一天读读写写准备乡试。你又不是不知道，每次乡试前，他都先把自己关在书房里，时而凝神静思，时而奋笔疾书，时而书声琅琅。这些乡下女人的话，可能使他半个月都通宵发奋。假如他把身子累垮了，那不是罪大了。道墟是故乡，故乡人的话都是为了人好，何必让高贵付出可笑的代价。"

"嗯姆，你的心真好，你事事处处时时都为我们三人着想，就是老忘了你自己，你真是一位菩萨一样的女人。"

"天下的女人都是这样的，你现在是姑娘，你将来出嫁当了女人，也是这样的，这是女人的本分。"

第四章

长而善饮

　　乾隆五年（1740）十月，又是一个忙碌的秋天，史孺华正在织布。两年多来，早产多病的儿子没少让史孺华操心，她几乎没睡过一个囫囵觉。儿子身子骨弱，菜里要是多放了一滴油，可能一天都不吃饭了。他自从学会吃饭就特别爱挑食，不吃大肉，不吃鸡鸭肉。别的孩子总是蹦蹦跳跳、虎头虎脑，而他却清清瘦瘦、孱孱弱弱。不过他爱吃清蒸鱼，爱喝羊肉汤，还爱听故事。每天晚上睡觉前，总要缠着母亲给他讲一个故事。听父亲讲：有个知县的妻子，给儿子讲了《三国演义》和《水浒传》，儿子出去讲给别人听，说是有反对大清朝皇帝的意思，全家十几口人就被杀了头。她吓得直吐舌头，不过听说可以给小孩们讲《西游记》的故事。她就细细读了一遍，她又有过目不忘的记性，就每天给儿子在睡前讲一段，已经断断续续讲了近一年了，还没有讲完，竟然讲得儿子越来越胆大。

　　她刚想到这儿，外边章学诚的从叔章衡一就在堂屋外边大声叫起来："黑蟒子，今天还跟不跟我去了，你要跟我去，就赶紧走。"

　　章学诚从堂屋的门槛内跑了出来："我去，我去，我一定跟你去。"

　　章衡一家里虽然殷实，但日子却过得不舒坦。家世五代单传，到了他这一代，已经找了一妻两妾，都没有解怀。郎中说他没有病，可以生育，就是不见妻妾的肚子有丝毫动静。为了能有个儿女，他借种生子的心都有。他的三个女人却正经得不得了，坚守从一而终。他感谢女人们的真心，心想怎么都是一辈子，无儿女人说是九辈子修来的福分。不过他喜爱小孩子的那颗心却从来没有放下过，所以他特喜欢章镰这个可爱的儿子。

史孺华将堂屋收拾好赶紧出来说："衡一老弟，进屋喝杯茶再走吧，你们爷俩儿去哪儿？"

"嗯姆，你不是对我说，男子汉说话一定要算数。这是我和从叔的秘密，我已经发誓过，就不能告诉你了。"

"什么了不起的事，搞得还和皇帝的诏书一样神秘。我也不稀罕听，你们走吧。从叔老弟，看好他，别叫人拐抱走了。"

"放心吧，你不看我们爷儿俩长得都有点儿恶，你们夫妇又说他稚鲁骏滞的，人拐子见了都害怕我们的。"从叔抱着黑蟒子，慢慢腾腾地坐船到了对岸。

他们来到章镰家对面的"善发弄酒家"，店老板亲自出来迎接。直巴结不尽地套近乎，衡一叔叔，你带少东家来了。章衡一点点头。他们被引到一间罗绮江南、璀璨满堂的雅间，洗手净面之后，四碟小菜，一碗黄酒就摆上了桌。章学诚耸了耸小鼻子，从叔，酒好香啊。章衡一站起来走了两步。店老板五十多岁，个子中等，却透着一身的精悍。脸不很大，却显得一脸的精明，是典型的会稽生意人的标志。走路总是轻手轻脚，小步小跑。

"从叔叔，有什么吩咐？"

"朱老板，为什么只摆一碗酒？"

"我真糊涂，从叔叔要来几位朋友。"

"没有朋友来，只有我们爷儿两个。"

店老板摸摸后脑勺，不好意思地笑问，还有第二个人吗？章学诚指着自己的鼻子表示，难道我不是人吗？朱爷爷？

"你也喝我的酒，真是天大的喜事，你喝酒我不要钱。"

章衡一笑着说："掌柜的，你说话算话。我妻子打回你的几斤黄酒，我侄儿喝了，直说好喝。我嫂子说：'他吃饭都开胃了。'我就冲你这热黄酒，到你酒馆里直接喝的。"又一碗黄酒摆上了桌。

"从叔，我的酒怎么不香？"

章衡一闻了闻也感到不对味，就站起来，掌柜的赶快跑来。

"从叔叔，有何吩咐？"

"为什么给我侄儿的酒和我的不一样，怎么我侄儿的酒一点儿也不香，你要童叟无欺啊。"

"从叔叔，虽然说会稽黄酒喝不醉人，但也有点儿后劲朦胧人的。给你喝的酒，酒劲要大一点儿。少东家喝的酒劲要小一点儿，是专供女客喝的。"

"朱爷爷，你太看不起人了，你将女人喝的酒给我。我是男客，我是有小鸡鸡的。"

"哈哈哈！"

整个酒馆哄堂大笑。

"好，少东家，我有眼不识泰山。我有罪，我该死。我完全彻底认真看清楚了，你是有小鸡鸡的。你是真正的会稽大男人。"

店老板又大喊一声："现在正式上大男人酒了。"

全酒馆的人又一齐大笑起来。

章学诚说："你们笑什么笑，小心笑掉了大牙，喝不了酒吃不了肉了，看你们怎么办？"

大家笑得更厉害了。

从叔这时取了一颗茴香豆，放在口中嚼了半天，感到这茴香豆别有味，回味无穷。他又站起来。店老板跑来满脸是笑，章衡一点点头，这茴香豆怎么这么有味？我想各买几两带回家去。

店老板笑了，小人真不枉开这么一个小店，能得到从叔叔的夸奖，真是肝脑涂地，涌泉难报，店里的茴香豆都是熏制的。其实也没有什么秘方，就是先在水中浸泡上三天。这水中放上黄芪、草果、茯苓、茴香、花椒五种药材，然后取出来挂在风口让风吹一天，看看豆已收水，风干了就放在蒸笼里，用轻烟微火的药材渣儿熏个三两天。一次要熏好几笼茴香豆，得费工半个月呢。每一笼的配料都不同，每一笼的味道也就不同。前几日，小的生意越来越差。突然想起来父亲以前做茴香豆的手艺，就试着恢复了老样子，现在客人也就多了。这茴香豆一共有十六样。只是对不起从叔叔，这茴香豆只供店里酒客喝酒用的，不外卖。不过今天看在对门邻居的分儿上，一会儿给你各来三两，我亲自包好了，让店小二悄悄给你送过去。章衡一表示，怪不得会稽的茴香豆天下有名，原来你这掌柜的心眼太多了，喝你的酒竟然也不外卖。会稽人是最讲规矩的，不要了。对门邻居也不能坏了你店里的规矩。

店老板突然睁大了眼睛，惊奇地说："从叔叔，少东家把一碗酒这么快就喝完了。"

"别大惊小怪的，他在我家能喝两碗呢。"

章学诚跑到从叔的耳边说："从叔，我今天就喝一碗酒吧，喝多了，守着这么多人，人家会叫我小酒鬼的。"

从叔点点头，忍不住笑着喷出了一口酒，"你个小刺脑，我真喜欢你。"

母亲忙着在几亩薄田打猪菜，章学诚就跟在后面拾菜，茵茵的绿菜打下，清清的河水洗净，小猪儿在圈里哼哼着等吃，他干了半个小时，突然闻到了善发弄的酒香，他迈着大人一样的步子，乘船至对岸，摆船的吴阿婆拦住他问，少东家，你这是到哪儿去？他向善发弄酒家朱爷爷那儿努努嘴。吴阿婆又拦住他再问，没有大人跟着，你被人拐子牵跑了怎么办？

章学诚说："我外公说，你们都是好人，有你们在我是不会被拐跑的。"

章学诚递给她一个小制钱。她感动得一句话也说不出来，只是摆手示意，十岁以下的小孩，乘船是不要钱的。章学诚认真起来，只摆渡他一个小孩，外公认为，也要给钱。吴阿婆乐了，你们家的人，真知书达理，那你把这一文钱丢在河里敬河神吧，你们家人的钱有灵验，让河神保护人们。章学诚感到阿婆心真好。吴阿婆看看摆渡口无人，就将章学诚送到了善发弄酒家，把他送到了店小二跟前反复啰唆，看好少东家，别让人拐子看上眼，少东家要走时，你再去送到船上，你要是让那些二流子把他拐跑了，那可就要了你的小命。店小二讨嫌地摇摇头，吴阿婆你是摆渡利索人，怎么今天这么唠叨。吴阿婆直起了眼，你知道史义遵大老爷怎么说他们这些人的。她将刚才章学诚的话又给店小二说了一遍。

店小二不耐烦地说："你放心吧，待会儿我会把少东家送给你的。"转过身来自言自语地说，"当官的放个屁，能香上五百里地，史大老爷在安徽颍州说句话，这个老婆子还当真了，真是放屁烧香，叮叮当当。"

店小二将章学诚还是安排在昨天的雅间里，以为一会儿大人要来，就要出去。

章学诚站起来说，给我一盘茴香豆，两碗酒。

店小二一下子惊了说："你家的人呢？"

"我不是人吗？"

"你算人吗？"

"我为什么不算人？"

"好，你是人，少东家，我说错了。"

这时掌柜的朱世明进来说道："少东家，欢迎你光临啊。从叔怎么没陪你来？"

"他说搬敲门砖乡试去了。你不是说，只要我来喝酒，你不要钱吗？"

"好、好、好，我说过的，你来我的店，我三生有幸，少东家，我亲自来给少东家上酒。"

人们纷纷议论："两岁小儿索酒喝，会稽真是出奇人了。"

"会稽大男人，好酒来啦，四盘菜，两碗酒，齐啦。"

"善发弄的酒好，两岁小儿都爱喝。"

一时间看的人越来越多，喝酒的人也越来越多。朱世明突然脑子轰然一亮，这少东家能索要我的酒喝，我的酒就卖得多了，他不就是最好的金字招牌吗？"少东家，你天天都要来喝酒啊！"

"我长而善饮。"①

章学诚一生在饮品上，有两大嗜好，一是爱喝羊肉汤，一是爱饮绍兴黄酒。他一见这两样，就会高兴。情绪就会高涨，挥毫泼墨，思潮滚滚。很多文章的激浊扬清，都与这两样有关。

侯外庐先生研究了章学诚个性中的酒文化与教育的思想，对教育子女特有启发："章学诚说：'富贵公子，虽醉梦中不能作寒酸求乞语。疾痛患难之人，虽置之丝竹华宴之场，不能易其呻吟而作欢笑。'②因为如此，章学诚特别着重于'践形'，着重于'功力'，换言之，即着重于教育。他认为有好的教育，人们方可以为善。荀子相信人性是恶的，主张人性的积习是需要教育的，所谓'伪'即指人为的功夫。章学诚也说：'荀子著性恶，以谓圣人为之化性而起伪，伪于六书，人为之正名也。荀卿之意，盖言天质不可恃，而学问必藉于人为，非谓虚诳欺罔之伪也。而世之罪荀卿者，以谓诬圣为欺诳，是不察古人之所谓，而遽断其是非也。'③章学诚认为人性是由环境所决定的，但又最后以为人需要加上人为的功大。④

"少东家，你要是每天来不了呢？"

"一定能来，刮风下雨你去接我，有病有灾你去看我。"

店小二道："两岁小儿，红口白牙，专说疯话。为什么这样？我们疯啦！老板就是你答应，我可不答应的，他每天要来，接送还得是我的活，那不把我累死了，我们不能听这黄口小儿胡说八道。"

"小二，不要你接，我接。"

章学诚道："店小二哥哥，朱爷爷是老板，还是你是老板，照照镜子，看看自己的牙，看看自己的眼，看看自己的脸吧。你比我大不了多

---

① 胡适、姚名达著《章实斋年谱》第33页，1948年6月21日，上海《申报》。

② 《章氏遗书》卷二《文史通义》内篇二《文理》。

③ 《章氏遗书》卷四《文史通义》内篇四《说林》。

④ 侯外庐主编，《中国思想通史》第539页，人民出版社1956年版。

少的！"

善发弄酒馆里又哄堂大笑了。

会稽城就像一个思想者，它的江河，有着王充论衡天下，宏论滔滔的思考。它的群山有着王羲之山舞龙蛇，笔走天地的挥毫。就连它的田野也带着一种播种，一种成熟，在大地上摇曳生姿，潇洒曼妙。这会稽城，不管大人还是小孩，都带着一种智慧和热情，真诚又多疑，放达而善辩，猜忌且友好。街上描摹的一幅画可能就是这个人的人生，墙上写出的一个字可能就是这个城市的灵魂。

章学诚由表哥杜秉和带着看年画，他神情专注地看这花画得多么水灵，心想千万不能惊动它，一惊动它，花死了怎么办？两个孩子的脸绽开如花：这是多美的一朵荷花，秉和要采一朵，章学诚赶紧制止，我听嗯姆教诲，荷花是神花，母亲的花，人都是荷花生的，你采不得。秉和一本正经地回忆：我爷爷的意思，荷花是漂亮妻子花，采一朵吧。将来你就找个漂亮老婆，就不要我常陪着表弟你玩了。章学诚摇头，表哥，你这么小就想媳妇，臊不臊，你要是采了这朵荷花，就不认你表哥了，也别在一起玩了，你要知道荷花是妹妹。表哥很随和地表示，你的想法对，荷花就是妹妹，它早上醒来开放叫荷，晚上睡觉闭合称莲，和妹妹是一样的。章学诚故意问表哥，你看这朵秋水仙画得像什么，好像是一条活蹦乱跳的小鱼儿，特别想采一朵。

"黑蟒子，你可别碰它，我爷爷说，它是有毒的，它的绰号叫天涯魔女，还有一个外号叫送命美丽。"

"要过年了，年画上怎么还画这么毒的花，大人们这么傻，好多大人都是糊涂人。"

"黑蟒子，你想得不对，大人们是对的。听我爷爷讲，这种花毒死人，也能毒死鬼，还能毒死神呢！过年了往门上一贴，往房里一挂，鬼就不敢来了。"

"好，为什么毒神呢？神不是最好的吗？过年我们都敬拜他们呢？"

"过年了，穷人还不起账，不但人来讨账，神也来帮着讨账。穷人为了躲避讨账的人和神，就在门窗上贴些秋水仙画。"

"穷人真可怜，神也不同情穷人了，穷人不能逼，把穷人逼急了，他们会造反的。"

"穷人造反是什么？"

"表哥，穷人造反你都不懂吗？就是杀富人的头，杀当官的头，杀皇帝的头。"

"这些话都是谁讲的？"

"街上说书的讲的，那《水浒传》讲得才叫好听呢。"

"黑蟒子，你快别讲这些事，我听了好害怕。我听爷爷讲，皇上让读书人以后读书，再也不能看闲书了。只能看画赏花了，不听的话要坐牢的，再不听要掌天灯的。"

章学诚不看这些画的花了，要去看真花，采几朵真菊花才过瘾呢。他有三文钱，只能采一朵，送给他刚生的小妹妹，她的名字就叫学菊。表哥认为菊花是长生的花，是登高的花，是好朋友长久的花，他也买一朵送给章学诚，愿他们做一生一世的朋友。章学诚感到人家那么多亲戚，他只有一个姑妈，表哥是姑妈的儿子，又对他这么好，上次他差点淹死，不是表哥救了他吗，他们早就是永久之花了。想到这里他眼泪下来了。表哥只有五文钱，他还想买一朵送给他的爷爷，菊花还是长寿的花呢。章学诚出了个点子，要去和人们讲价钱，多叫几声阿叔、阿婆，八文钱会给他们三朵好菊花的。表哥比他大两岁，却特服气他的心劲儿。

表兄弟两个，在卖菊花的小道上跳跃着，奔跑着，满路的菊花，仔细地看了又看，他们看花了眼。一路上，表哥跑得快，表弟在后边追，"表哥，你眼睛太贼太亮了，像小偷一样跑得快，怎么练的？"

"我给逼的，我妈脚缠得太小，爷爷老了，爹爹天天种田累得东倒西歪，我是家里老大，我跑得不快能行吗？打酱油我都是来回跑的。小表弟，以后说人别说像贼像小偷一样的话，这样说不好听。"章学诚点点头。他听母亲说，会稽教堂的神父大卫布道：以色列育人三大真理之一，"要想人学好，必须有一个好朋友"。表哥真是我的好朋友啊！

"南边那一枝黄的，好像昨天才开放的，就像嗯姆的早饭，我都闻见香了。"

"上边还飞着两匹蝴蝶，两匹蜜蜂，它们的叫声就像四匹羊羔在喊妈妈，咩！咩！咩！咩！我要吃奶。"

"我看到了，那朵菊花可真大，送给我爷爷，他保证喜欢。表弟，以后要说两只蝴蝶，两只蜜蜂，四只羊羔。'只'，不能说成'匹'，如果这样人家会笑你的。"

章学诚高兴地说："我特别愿意和你一起玩，你总是教给我好多好多知识。"会稽的大街就像一个神明的主题，美丽和繁荣从天而降，自然的静谧和人为的喧闹交织，交易的欢乐和文明的沉醉组成了市场的狂欢。

小章学诚指着一个店面上方的牌匾，念着"老发祥鞋店"，你认识吗？表哥好奇地问他，你怎么认识那五个字的？我不认识呀！从叔带章学诚逛了一次街，给他指了那些店面牌匾上的字，他就都认识了。你不认识是没人教你，教了你，你也会认识的，你也是很聪明的。母亲老说他还是稚鲁的小傻瓜呢。表哥很自卑地认为，他不行，很笨，父亲常常骂他笨得像头猪。为此他爷爷还训了他父亲一顿，他觉得父亲骂得对，他就是笨，笨极了。章学诚给表哥打气说，我爹爹是塾师，教了三十多个学生，说学生个个都聪明，就看老师教得怎么样了，还说你是聪明人呢。杜秉和竭尽全力才控制住眼泪，他仿佛看到舅舅智慧的眼神里有着那么多对他的爱，想起舅舅火热的眉毛，最冷的冬天都让人暖和。他郑重地谢谢舅舅的夸奖，让章学诚教他牌匾上的字。

"第一个字我记住了叫老，第二个呢，念发。"

"那要漏着念，第四个字呢。"

"是鞋。"

店老板跑过来说："这不是章镳先生的公子吗？你只有三岁，竟然认识我牌匾上的字，而且还教大孩子，真了不起呀。"

"这算什么呀，这条街牌匾上的字我全认识。"

"哎哟，这可了不得了，我们会稽要出能人了。"他顺手将章学诚抱起来让他坐到了肩上。

"自古会稽能人多，我算不上。"

"哎哟，还谦虚了。今天你读出了我店招牌上的字，我给你一个十两银子的大红包，以谢你给我们店带来开张的喜庆。"

"掌柜的，钱我不要，我要钱，爹爹会打我屁股的。我答应你，只要不给银子，我给你读三遍。"

"你先读吧。"

店老板放下他，让出一片开阔地。他手指牌匾，连念了三遍"老发祥鞋店"。人们很快围拢过来，争着要看这个聪明的小孩子。店老板害怕伤着孩子，就抱着他从人缝里钻出去。他站在店门口台阶上大声显摆，店小二将十两银子送到章镳家去，奖励他教子有方，他儿子被老发祥鞋店留下了，今天中午当贵客吃顿饭。店小二故意趁机借花献佛，店老板，这孩子说这条街上的牌匾字额都认得，看看是不是吹牛，会不会读错。老板故意卖关子，不要一条街的都认。两百多个店铺认下来，孩子不累坏了？中午还怎么喝喜酒！人们喊着那就让孩子认十个牌匾的字吧！店老板让章学诚坐到他的肩膀上，章学诚前后左右一看。

"我给你们读，咸亨酒店、宝应法书局、修国彩泥作、天行健药铺、宝贝商家、马山家画坊、干大事典当、江宝瑞钱庄、吃不够肉屠、刘活城杂货、天天鲜菜店、龙井茶坊、天安处客栈、无厘头话场、丹阳鱼铺、老家人粉店、春秋制衣。"

店老板激动地说："孩子，别念了，都念了十几个了，可怜见的。他们让你念，又不给钱。"

这些人章学诚认识，是他父亲的朋友。以前到他家去过，这些人和他父亲说的都是考中不发急，考不中不气馁，要不屈不挠地过日子。小家伙眼力真好，他们只到章学诚家去一次，这孩子就把他们记下了。小伙子，一会儿你就可以见到你爹爹了。话音刚落，就听章镳喊，章学诚，你怎么这样放肆！坐到掌柜的肩膀上去了，快下来，回家去！

店掌柜一看，是赶考的人赴京半年多刚刚回来，把孩子交给了章镳，你儿子可真了不起，替老发祥鞋店招揽了这么多开张迎喜的客人。

章镳走到家门口，道墟东灵寺慧空和尚拦住他说，我得知你今日到家，一不让你施舍，二不要你解文，只让你抽一签，记住签语就行了。

章镰抽了一支，签语是：

> 日日月月伴天稿，
> 越挫越勇拱桥挠。
> 朝朝暮暮依门砖，
> 可长可短心里宝。

"签语怎讲？"章镰问道。

"签语怎可说，天语怎么讲，要想知签语，还需心平常。"和尚说了这些不清不明的就话走了，妻子抱着还未晤面的小女儿迎出门来，珠泪横流，说，黑蟒子他爹，你可是瘦多了，这乡试可真是折腾人呀。章镰看着妻子，也心中无限酸楚，到中年，又生一女，那得遭多大的罪啊。

他在中堂坐下刚一回头，就看到天上一个火球翻滚，伴随着一道闪电，发出了飞天的光芒。

第五章

爱母问孔丘

乾隆七年（1742）三月三，章学诚抱着一个包回到家中："这是门口一个人给我的一包东西，他放下就走了。我有点儿拿不动，就抱着回来了。爹爹嗯姆，你们看看是啥？"

章镳拿到中堂之上，打开一看，竟然是一百两白花花的银子！里边有一张小纸条，上面写着："你岳父已解职十年，你的靠山倒了。人家赴京赶考的人都走了，就剩下你一个人了，再不走就来不及了。你囊中羞涩我知道，如你不赶考用作他处，就权当报一箭之仇了。你的一个仇人。"章镳想想，这一辈子也没结交一个仇人。又对妻子默默发疑，孺华，你可有在街上和人相急，失礼于人之处？妻子也摇摇头。他带着一肚子疑惑，将女儿女婿也叫了来质询，是不是你们少年气盛，和人相争结下冤仇？女儿女婿也摇摇头。章镳感到这事没有道理，吓得直打哆嗦。

章学诚说："没有仇人，那就是黑道上人给的。不管黑道白道，赴京赶考就是正道。"章镳点点头。

艰难的日子和酷热的夏天像孪生兄弟一样过去了，清凉而又纯洁的星星一瞬间辉煌着美丽的天际。八个参加赴京会试的人互相切磋，七个人都感到章镳这一次是稳稳考中的，都认为自己最不靠谱，就拼命拉关系，送礼物。章镛却没有多余的一文钱送给考官大人，他想，我要是考不中，是要加倍还这来路不明的银子。他每天都在一种发奋中，对这一百两银子，是既恐惧又有压力，但他又一想，如果考不中，钱已花了人家的，就拿善发弄的房子抵押给别人吧！他们全家再搬到道墟村住，这样一想，心里反而放松下来。对三十多年所学的知识全部梳理了一遍，感到所有的知识都要综合使用，尤其将二十三史全部分析综合了几遍，对他启发很大。他沉着冷静地坐到考场里。这次监考很严，座位之间隔得很宽，从根本上杜绝了作弊的可能性。他想自己就要实现美好之梦了。这次考的是十二篇策论，六首词，六首诗，根本没考死记硬背的那些老套子。他手里大笔一挥，万里江河，灵机一动，下笔如神。一考十五天，距考试完场时间还有一个时辰，他已经全部做完了。他反复检查了三遍，感到精确无误非常满意。当考官宣布考试时间已到时，他从容不迫地退出了考场。会稽会馆的七大金刚个个垂头丧气，三个人根本没有做完题，四个人做最后一个题目是下笔千言，离题万里，只好提前打道回府了。发榜那天，他最后赶到金榜那儿，只剩下两三个人了。有两个人难过地哭着走了，还有一人懊悔地打了自己两个耳光，在地上写了"吾白活了八十年"，气哼哼地走了。章镛看到了自己的名字在二十五位，他终于"成进士"。[1] 他想喊两声，想着自己来路不明的银子，要是考不中了，这个仇人会怎么收拾他。他满腹心事回到了会馆。老板说有十几个人请他吃饭，游燕山，他一一答应下来。在京城忙活了十几天，总算应酬完了，把人们的恩典都一一记在本子上。看到这本人情账，又想到那一百两莫名其妙的银子，想起儿子的话："没有仇人，那就是黑道上人给的。"他顿时打了个寒战。过了一个月，终于回到了家。他要将银子还人家。可是两年了，始终找不到银主。儿子说这可能就是浙江对待人才的心，别找了。史孺华感到儿子的思想不对头，找不到银主，怎么就别找了？于是母亲"自幼诫之，自《百家姓》"(《朱筠〈祭

① 胡适、姚名达著《章实斋先生年谱》第 33 页。1948 年 6 月 12 日，上海《申报》。

章学诚之母史孺人文〉》[①]）。

乾隆十年（1745）三月三。史孺华带着儿子章学诚身着素服急急地坐车往娘家奔丧。史孺华母亲去世，是昨天发生的事情。昨儿一早这事儿就搅得史孺华方寸大乱。本来外祖母最喜欢章学诚的天真可爱，说是人老了，只有这个小外孙能给她带来无数的欢乐，所以就一直住在章家。黎明起床，老人突然感到身体不适，执意要回家中去。女人的辛苦在早晨，七七八八的事情特别多，史孺华让儿子去送母亲回家。祖孙俩只走出几百步远，离外公家不到三丈之时，外婆突然摔倒在地。吓得送她的章学诚赶紧叫了一乘小轿，将外婆送到家中。在路上之时，外婆握着章学诚的手，咕咕噜噜几句就咽了气。章学诚到外公家一说，一时惊得史义遵目瞪口呆，两个儿子也手忙脚乱。

外婆的死，两个舅舅深感蹊跷，直问章学诚："你嗯姆给外婆吃了什么？喝了什么？才六十多岁的人，身子骨看着那么硬朗，究竟是怎么死的？"

章学诚给问得不耐烦，就用一双怒眼对着舅舅：外婆在他家和他们吃的一样的饭，喝的一样的茶。人老要死，天难阻拦。还能问罪在衙？说是会稽城僭害老人，外婆死了就死了，难道还让善发弄大街落下千秋骂名吗？舅舅听了一个八岁小儿的抢白，羞愧难言地走了。不一会儿，会稽城流言四起，说是史孺华害死了母亲，图的是母亲头上的银器、手上和腕上的金器，以及脖子上挂的玉器。直到黄昏章学诚回到家，讲起了这些事，史孺华心里像堵上一个茄子，好不难受。心想她一向和小弟相敬如宾，关系很好，怎么成了这样呢？这实在叫她放心不下。一波未平一波又起。一会儿三姐又来传话。在会稽城我们九个姐妹，五个姐姐家小弟都去报了丧，不知小弟给你报丧了没有？她只有搪塞过去，说是也报了。一直等到一更天，也不见小弟来报丧。这究竟是谁这么恶毒？使他们姐弟有了这么大的嫌隙。她特想和小弟去说清楚，她没有半点歪心眼儿，一时有了如鲠在喉不吐不快的感觉，决定明天好好向小弟说说。

---

① 胡适、姚名达著《章实斋先生年谱》第33页，1948年6月12日，上海《申报》。

史孺华进了娘家大门，哭娘的声音撼天动地，足有两刻钟。后来的二姐、三姐都被人劝起来，请坐在椅子上。而独她和儿子长跪那儿痛苦不已，却没人相劝。她怕体弱多病的章学诚有什么闪失，就拉着儿子站了起来。看了母亲的遗容，送上报丧祭礼：七尺白布，七尺黑布，七尺黑缎，七尺白绸，七斤点心，七把香，七道纸。

这时史义遵突然发难，孺华，母亲自小是最疼你的，这你是知道的。你该把母亲的金银玉器拿出来，让她带到阴间去吧！这时史孺华跪到父亲面前略表心迹，这实在是冤煞她。母亲突然跌倒，章学诚喊人叫轿之时，几个泼皮上去勒走了母亲贵重饰物。女儿从小是何种人，难道父亲不知道自己女儿的人格吗？章学诚感到好生奇怪，一向对母亲爱之有加的外公，竟然也怀疑起母亲来了。他感到怒不可遏。这时八姨又大吵大闹起来。她一副疾言厉色的样子指责史孺华，你装什么洋蒜！你说几个泼皮勒走的，可是县官遍访周围人等，竟然无一看到泼皮出现！你分明巧舌如簧，见财弃义而已，还抵赖什么？章学诚看到八姨如此无礼，竟然诬母清白，心中怒火中烧，再难平息。

这时在家中守孝丁忧的朝中侍郎刘元忠进来吊唁，章学诚不等侍郎和外公搭讪，磕头高喊："侍郎大人，小儿有三大疑问，可否向大人请求赐教？"

侍郎怔了一下道："你不就是进士章镳八岁的儿子章实斋吗，素闻你少儿奇人，你有话尽管问吧。"

"请问侍郎大人，秦朝的灭亡是秦始皇的残暴造成的，还是秦二世的无道造成的，还是赵高的指鹿为马造成的？"

"我看都不是，是没有人敢说真话造成的。孔夫子不是说：'忠焉，能勿诲争？'就是说，忠于皇上，能不劝告他吗？你小小年纪，问这些干什么？实在叫我迷惑不解，说说，让我给你疏导疏导。"

"我外婆离开我家几百步之后，在大街上突然跌倒，首饰为泼皮所勒去，回来当晚去世。我外公、我舅舅、我八姨竟然诬我嗯姆清白，对如此之事，我外公是朝议大夫，你是朝中侍郎，你又是忠诚他们的友人。你应当劝劝他们这种糊涂的脑子！还我嗯姆清白！还我小儿清白！"

"从你娓娓道来之事来看，你外公只是怀疑。我清官难断家务事啊！我怎么好相劝呢？"

"自古捉贼捉赃，没有真凭实据，怀疑可以随便说出口的吗？而且怀疑的是亲人，这是对亲人多大的伤害啊！"

"可是你小小年纪，也不该将你外公亲戚比作指鹿为马的千古恶人。这是不是太过分了一点儿呢？"

"侍郎大人，他们先有其行，我才有其言。他们诬我母清白是行在先，我只是用了一个比喻而已，并非实指我外公等人。而且我这个小小的比喻，只是为了振聋发聩，以达到矫枉过正的目的。另外我是请你相劝他们，我一点儿也不过分啊！"

这时史孺华扑通一下子跪到侍郎大人面前道："我这小儿因自小体弱多病，固少家教。使之今日在大人面前，口出狂言，还望大人海涵。"

"孺华小女，你真是养了一个好儿子啊，小小年纪为母辩诬。出语条分缕析，说话有板有眼，如此小儿实属罕见。以前只是听说他两岁索酒，长而善饮。四岁指牌，市称奇人。六岁劝父，人才得金。今天终于亲自看到这个小把戏，可谓会稽光荣啊！"

这时史义遵点点头道："小外孙章学诚，你知道吗？你外婆的首饰，会稽衙门现已破案了。是邻人怕不逞之徒，有恶念乘机偷窃，主动勒下，交给官府。今天外公、舅舅、姨姨是为了试你肝胆，你可知道？"

"幸亏外公、舅舅、姨姨是为了试我坦荡之心。如果真是诬我嗯姆是贼，那就是诬我是贼，那我就一辈子不来舅舅家尽外甥之礼了。今天我能在大庭广众面前向外公问话吗？"

外祖父道："有话尽管大胆问。"

章学诚问："外公，董仲舒罢黜百家，独尊儒术，这样中国两千年还有思想吗？"

外祖父听后大惊，吓得掩其口道："黄口小儿，胡乱狂问是要全族杀头的。"

侍郎笑道："小孩子问话，没有涉及皇上和朝廷的事儿，没事儿的，不必大惊小怪。我倒感叹：谁肯问孔独千章，荒芜华夏尊一堂。这小子问得好啊！"

在这会稽小城吊唁祭祀之堂，人们赞又不敢赞，笑又不敢笑，都默默地对章学诚点点头。这时会稽县令说，小小章学诚，你刚刚为母辩诬之事，吾已令会稽的方志官详尽地记下，将为千古佳话，留存后世。这真是会稽的传奇。史义遵认为这使不得，古有伤仲永，招摇过市废其才。今不能将章学诚不足挂齿之事记录史志，那将成为千古笑柄，他章家又有何面目还立于世也。侍郎慢慢地分析其因，这件事他看史志记录在案就定了，史太公也不必谦让了。古有诸葛小儿，将辱父之驴牵走。今有章氏小子，为辩母之诬比秦。会稽自古师爷之多，大多师爷成才之美誉满天下，而独缺小儿之迹。史迹渺渺，今日之记，可填千古了。妙哉！妙哉！

章学诚曾经撰文："孔子仅论三代之损益，而未及史之因。墨子仅论及三表之所本，而未及所本史之源。……道有自然……道无所为而自然。道之大原出于天。'易'曰：'一阴一阳之谓道。'是未有人而道已具矣。'继之者善，成之者性'。是天著于人，而理附于气，故可形其形，而名其名者，皆道之故而非道也。道者，万事万物之所以然，而非万事万物之当然也。"[①]

章学诚以上的话，质疑了尊孔的思想，是鲜明的唯物主义的自然史观，这一思想是糅合老子、庄子、荀子的学说而成的。他继承了老庄，作为孔墨二家思想的批判者，又发展了老庄的自然天道观。他说的都是本于古代的自然哲学真知灼见，一望而知。最重要的是他对于老子哲学进行了扬弃，删去了唯心主义"道"的不可认识性，把"道"规定为有实体性的朴素的自然法则。

自从外祖母去世之后，章学诚除了用上半个时辰读《弟子规》，就让表哥杜秉和陪着去说书馆。近日有个说书的专讲二十三史和《三国

---

① 《章氏遗书》卷二《文史通义》内篇二《原道》上。

志》。尤其听着《三国志》他简直入了迷，那一是一，二是二，实打实的写法，他认为写史写志就应当那样，有啥就写啥，这样天下人才能了解真情，只有了解了真情，才能推动历史的车轮。

乾隆十二年（1747）章学诚像个小大人了，常说大人话，常办大人事。史孺华感到儿子已经十岁多了，她认为男人一懂事，就应该是家中主事的，三从四德在她的脑子里已经深深扎下了根。她和儿子商量，你爹爹要回到会稽办私塾，你和你表哥就不用专门费钱请老师，而且开私塾不比在书院挣的银子少。章学诚觉得事情有点儿不对。这话要是出自别人之口，章学诚可能还信，然而出自母亲之口，他既不反感，也不反驳，只好表态了。依他看，父亲在会稽招的学生，家境都不会太富裕，而且父亲心肠软，人儿善，肯定不会开口问人要学费、只会给人免学费。如有几家泼皮再赖账，说不定他父亲一分钱也收不上来，还要倒贴钱办学呢！他看不如在书院教学，那儿都是殷实人家的子弟，出得起学费。即使有个别学生遇到天灾人祸，成了穷学生，父亲靠着工薪接济一点儿，手头也拿得出来。不知父亲为什么不愿在书院干了？怕不是与山长和同事们闹小脾气了吧？母亲想不会的，章镳是个厚道的人，是个正人君子，时时敬人。敬人者，人恒敬之。章学诚看母亲思索的样子，便投去深情赞许的目光，他理解父母的为人行事。母亲又想到书院放寒假得有三个多月，章镳是熬不住的。

"章学诚，那你就去书院一趟，劝劝你父亲，别断了过日子的财源！"

"我小孩去顶什么用，嗯姆我们一起去吧！"

"儿啊，你自己去。你爹爹喜欢听你的话，他总说你是个有主见的孩子。"

让他去老家道墟书院探望父亲，章学诚尽管体弱多病，但他想让自己作为真正的人，进行男子汉的尝试。没有用母亲给的车马钱，他花了一整天的时间走到了道墟。父亲一见到他，就高兴地将他举了起来。

父亲带他和几位先生讨论唐朝之事。父亲提出："贞观之治的动力，来自唐太宗一大批有才能的诤臣，所以唐朝才出现了初唐盛世。"

一位李姓老师讲："唐太宗治世的动力，来自他的才能，他平定内乱，对外战争无一不胜，使唐朝版图达到空前广阔。"

一位刘姓老师说："李世民的文治武功，来自于外部条件普遍的弱势，北方匈奴已经衰竭，西边的外部势力还没有抬头，西南的土司信仰了佛教比较平和，他获得了天下最顺利的局面，是时势造英雄。"

章学诚却笑着说："各位恩师，我向你们请教：唐太宗囚父禁母，杀兄灭弟，他做了天下最大不孝的事，最大不悌的事，为什么成了中国最好的皇帝呢？"

往往一个孩子提出的问题，一百个学者都难回答。因为孩子提出的问题太真实，太一反常态了。

章学诚笑着自答道："唐太宗怕后人骂他，所以努力把中国治理得特别好，以表明他大不孝、大不悌是对的。"

各位老师听了小章学诚说的话，个个惊奇不已，直问章镳："你是怎么教的？"

章镳摇摇头说："我从来没有给他讲过历史。"

"那史孺人① 会讲史了？"

"她也不懂历史呀。"

父亲问道："章学诚，你是哪儿学来的这些奇奇怪怪说法？"

"爹爹，我哪儿也没学，哪有老师这样讲呀！会稽城有说史馆！是我听了二十三史悟出的理呀！爹爹，难道少年不可以悟出道理来吗？"

"儿子，你这些奇谈怪论，以后可不兴对其他人讲了，否则父母要和你一起坐牢的。"

李姓老师阴阴地瞄了一下章学诚，装腔作势地说，章老师，没有你说得那么严重，皇上并没有禁止说这种史话。我和刘先生也不是小人。即便小孩子说话出了格，我们也不能昧着良心告发你。把我们看成什么人了？放心吧！章大哥。坐在竹椅上的章镳，看到人们这种状态，仿佛

---

① 孺人：清代进士和当过七品官以上官员的母亲或妻子，都称为"孺人"，是一种敬称。

感到了一种莫大的恐怖。他将体弱多病的儿子一把搂在怀里，大滴的两滴眼泪落在了儿子的身上。两位先生看着他，一句相劝的话也说不出来。

父亲将章学诚领到了自己的住室说："爹爹的书院，新近换了山长，老师也换了不少。"

"走了哪些老师，他们为什么要离开这么好的书院呢？"

"许多像爹爹一样教书认真，老实厚道的人都走了。山长来了之后，谁说错一句话，写错一个字，就可能送到县衙门打板子坐牢。这还是轻的，有的还要杀头啊！"

"因为说话就杀头，写字也杀头，老师就是说话写字的人，这太可怕了吧！"

章镳给儿子叙其因，他活得艰难啊！那位李姓老师口蜜腹剑。他刚到书院才半年，因为和一个姓王的老师争论一字，他将湖南"郴"州，说成是湖南"彬"州，他出乖露丑了，便怀恨在心。上个月他汇报说该师写了"一阵清风万里吹，吹得荒沙遍地飞"的诗句，是影射大清政府。王姓老师八年前已考中进士，明后年就能选为知县了，竟然被抓进大牢活生生打死了。他的两位学生替他讲话也被抓走打死了。现在学生中也有奏报加害老师者更可怕了，他活得如同在刀尖上走路一般啊！所以才有去教私塾的念头。

章学诚摇摇头，这书院以后他来了就不讲话了，免得给父亲惹是非。刚刚他讲的不知会不会连累父亲，他知道父亲流泪的真意了。章镳想儿子说的不涉及大清政府，只是说几句古人杀兄灭弟之事，而正合李老师最近的大恶；而学生们恨不得杀了这个家伙，老师们的唾沫也恨不得唾死此人，李老师和师生们貌合神离已到了极点。再拿一个黄口小儿无关紧要的话去邀功请赏不大可能。他一向对李老师不薄，此人只会拍马溜须，没有真才实学，而且是用钱捐的贡生来书院混日子的，因此常在师生面前出洋相，他常帮李老师下台阶。他还不会恶意对待他这个善心之人的。章学诚趁着父亲真情涌入之机相劝，不要离开书院去教私塾。这不仅身份会掉价，而且可能会断了家中的财源。

父亲质疑，这是你的主意，还是你母亲的主意？你母亲女人家，头发长，见识短，不可能想出这么好的点子。章学诚反驳爹爹，你这是偏见。我《三字经》《弟子规》的知识是你教的吗？母亲让我一定要有思想，这种育儿方式是你提出来的吗？母亲让我去说书馆、说史馆长见识，这是你让这样做的吗？母亲阅历丰富，懂得过日子的道理，所以才让我来劝父亲。我年纪太小不懂过日子的艰辛，是不可能想出这些主意的。父亲不可对母亲如此偏见，而对儿子又如此地偏爱。父亲笑着向儿子道歉，你长大就知道了，这是中国男人的通病，父亲被你点化了不少，就依你母亲的吧！章学诚依然不依不饶：儿子问爹爹一个问题。如果冒犯了祖宗，你会大发雷霆吗？母亲最近给他讲完了《论语》，他全会背诵了。知道孔夫子是读书人的千古宗师，可是学诚认为他说的话有的不对。

父亲问："你认为孔夫子哪些话说得不对？"

他说："'唯女子和小人难养也'，孔夫子的嗯姆不是女人吗？他不是嗯姆生的吗？他的姐妹不是女人吗？他的女儿不是女人吗？女人生性温柔善良，有哪一点儿难养呢，这话不是偏见吗？"

只有大质疑，才有大学问，这是章学诚一生的信条，章学诚是个对事物极为敏感的人，他把质疑当作了一生做学问的日月经天，江河行地。他不少的辉煌论著，都是质疑后写出来的，他的方志著作之所以写得铁树开花，是因为采访时刨根问底的扎实。在那个不能质疑的千年封建社会，他少年时代天真的反问是多么难能可贵，这是一种多么可爱的个性。

咚、咚、咚！三声敲门的声音传来。章镳一听，就知道谁在敲门。他赶紧捂住儿子的口，不让他再讲下去。章学诚扒开父亲的手，点点头。来人正是李老师，还送来了两斤点心，说是太喜欢这个聪明伶俐的英俊少年了。真是听君一席话，胜读十年书云云。又说山长请章老师到书院教案堂去一趟。章镳一到教案堂，山长十分亲切，说，章教习，听说你儿子来咱们书院，还是走来的，真是钦佩之至！章镳点点头，不敢多说半句话的样子，让人感到他是个很虔诚听别人讲话的人。山长又变了一副正颜厉色的样子，今天叫你来，只是好心提醒你。叫你的儿子说话时嘴里要立个保护神，保护神就是你这个父亲。否则有人怪罪可不好，他们都得吃不了兜着走。章镳发誓，山长放心，我一定多加管教，让儿子成为一个谦虚谨慎的人。谢谢山长对他恩爱有加，多多提醒！回到教习馆舍，看到儿子正在吃点心，也就不说什么，怕影响了儿子的食欲。体弱多病的儿子的每一顿饭，简直就是一道父亲最小心的圣餐。章学诚边吃边套爹爹的心里话，章镳委婉地将来龙去脉告诉了儿子。章学诚听了，要把那包点心扔到茅房里去。

这是最艰难的一包点心，此刻章镳同儿子的心情一样，百感交集。章镳心平气和地说："点心是一种好饭，李老师和山长也是一片好意，但可以看出来，李老师却这么快告发了我儿。儿子，你看，爹爹的处境是多么的险恶啊！"

"爹爹，我认为你去教私塾的想法是对的，不行就走吧！你不是常说，惹不起，我们还躲不起吗？"

章镳对儿子心照不宣点点头，有你这句话，知道父亲的心，看到了父亲的境遇就够了。他们父子俩是男子汉大丈夫，已经商定的事怎么能轻易改变呢！

章学诚临走时，趴到父亲耳边道："爹爹，你还没有回答我那问题呢？"

"章学诚，你的问题父亲想了一夜。你问得好！孔夫子说的话绝大部分是真理，而他这句话是不对的。女子聪明睿智，温柔善良，可爱可敬，和我们男的都是一样的人。有哪一点儿难养呢？而批判他的这句话，我们父子不能说，说了是要杀头的，让后人去评判他这句话吧！你记住，今后不可再问任何人了，这可是全家人掉脑袋的问题。"

章学诚眼含着热泪，听完了父亲的悄悄话，向父亲磕了三个大响头，爹爹请放心，儿子记住了。我们处在一个问话都不能问，说话都不能说的时代。章学诚回去之后，章镳感到儿子的思想乖张得可怕，就给儿子写了一幅条幅寄回家去。（章学诚中年之时教育儿子又专门写过这一条幅，叙述了父亲谆谆教导，极重对于乡党郡邸思复的景仰，他以后对于恩师朱筠真诚的敬重，都与这种家族学风分不开的。）

> 祖父（即章镳）生平极重邵思复文，吾实景仰邵氏而愧未能及者也，盖马、班之史，韩、欧之文，程、朱之理，陆、王之学，萃合以成一子之书，自有宋欧，曾以还，未有若是之立言者也；而其言不出于乡党，祖父独深爱之。吾由是定所趋向；其讨论修饰，得之于朱先生，则后起之功也，而根柢则出邵氏。吾于史学，贵其著述成家，不取方圆求备，有同类纂。祖父尝辩《史记索隐》，谓"十二本纪法十二月，十表法十干"诸语，斥其支离附会，吾时年未弱冠，即觉邓氏《函史》上下篇，分配阴阳老少为非，特未能遽笔为说耳。
>
> 《文史通义新编新注·外篇三》

　　章学诚从道墟书院回到会稽之后，连着大病了三场。出了一个月黄疸，又生疟疾，闹了一个月打摆子，又得了百日咳。病是一次比一次重，得了百日咳以后就卧床不起了。章学诚每天还是想挣扎着坐起来一会儿，一坐起来又大汗淋漓，大喘不已。史孺华每每看到儿子这样痛苦，就偷偷地哭天抹泪，哀告苍天。幸好章学诚还有个好干爹俞子敬，真可谓妙手回春，一次又一次地将章学诚从死亡的边缘拉了回来。

　　有一天，一位从关外来的和尚来章家化缘，史孺华布施了半吊钱。和尚说："你家是否有一小儿卧床不起？"

　　史孺华道："师父怎知？"

　　"如果不是儿子，谁舍得用这么多药救儿子，我一闻你家的药香就知道了。"

　　"师父看怎样相救吾儿？"

　　"你家儿女至少已有三个，可买一头黄牛，挤奶哺育。"

　　"黄牛野蛮至极，我小女子养得了吗？"

　　"牛有千斤之力，人有驯牛之方。黄牛最好养，多在草场放。"

　　史孺华愣怔一下，还想着再多问几句养牛之方的话，和尚却走了。

她到牛集上特意买了一头小点儿的母黄牛。谁知小黄牛生下牛犊后，奶水特别旺。三个儿女养头奶牛确实够划算的，兄妹三人喝了只一个月，身体都渐渐好了起来，章学诚又到处走动了。黄牛奶他们全家实在喝不完，史孺华就每天让章学诚送一大壶给舅家，又送一大壶给姑家，尤其是外公特别爱喝牛奶，一日三餐必饮。有一天他给舅家送完奶后，外公特意为他手书骙、骈、骅、骝、太牢、太武八个大字，他请教外公是什么意思。

"骙、骈、骅、骝，良马之号。太牢、太武，犍牛之称。古代三牲为祭品，牛为太牢，羊为少牢，以后太牢专称牛。太武即半步为武，因牛肥则蹄迹大，故称太武。"[1]

章学诚听了外公的解释极为兴奋，故意凑趣儿地说道："我有问题要问外公。"

外公点点头。

章学诚摸了摸后脑勺："元太祖成吉思汗一日三饮牛奶，身体康健英武。所以带领喝牛奶的精兵强将，一举占领了半个天下，成立了强大的元朝。是不是以后他的子孙，不喝牛奶了，就不强壮了，就失去了天下？"

外公笑着说："元太祖子孙的失败，在于他的子孙丢掉了喝牛奶的好习惯，又没有学会喝茶的中华文化，反而去学洋人喝甜水的习惯。什么也没有学会，什么也丢掉了，所以他的子孙失败了。"

---

[1] 胡云富、李春梅、傅德林注《幼学琼林新注》第540页，北京师范大学出版社1992年版。

第六章

随父赴应城

乾隆十六年（1751）立春，月光照在窗子的木椽格上，偏房里传来章学诚的梦话，"我身子骨一身是病，我不结婚！"史孺华听着儿子的呓语，泪水暗暗流了下来。章镳赶紧下床到了儿子的床前，推了儿子一下问，昨天是不是游塔山累了。儿子醒了摇摇头，我感到我全身特别难受，活着真没有什么意思。章镳给儿子打气，别把你的身子骨看成病。你白天精神很好，已经不像生病的孩子，倒像一个健康的大人了。你和别人一样，有会稽人坚强的血脉。会稽就像你一样，是个真正的男子汉了。章镳握着儿子的手，章学诚的另一只手也握住了父亲的手。看着父亲被月光映照的那和善的脸，他突然萌生了新的想法：姑父请了私塾老师，后天杜家"凌风书屋"就要开学了，听说有十几家的孩子报名呢！

"你想报名上学吗？"

"想。"

"想上学是好事，我明天给你姑父说一声，把学费送过去。想上学不能成为不结婚的理由，男子汉结婚，冲冲红喜，什么病就都没有了。两个人的力量战胜疾病更加坚强，就把病赶跑了。"

"对门善发弄酒馆的朱老板，结婚冲冲红喜，呜呼哀哉见阎王了。"

"他是老年，你是青年，不一样的，别想那么多！"

"可是我老想。"

章镳看着瘦骨嶙峋，一副病容的儿子，在月光中脸上摇晃着阴霾。他痉挛般地抽开手，抚摸着儿子。突然他又不在乎地打了一个哈欠："那就先上学，不结婚了。"

他看到儿子的脸上一下子就变得如月亮一样好看，心满意足地睡着了。

七天后的早上，章学诚慢慢腾腾地走到凌风书屋。看到表哥杜秉和正被罚站在屋子中间，其余十几个学生挨个排着队等老师抽查背诵课文《弟子规》。章学诚七岁就全会背了，这真是小菜一碟。老师点点头，让章学诚坐到座位上去。大部分学生都背过了，只有三个学生和表哥没背过。老师毫不手软地在四个人的头上各敲一棍子，又叫四人温习了一遍。三个人背过了，只有表哥没背过，章学诚真想去替表哥背。表哥对老先生敬畏有加，而老师却对这位东家少爷"独不稍假颜色，课业不如法，夏楚严厉，如风雨骤至"。①

表哥头上又挨了一棍子，老师问道："你昨晚干什么去了？"

"不好意思说。"表哥憨厚地说。

"必须老实说，不老实说打死你这不思进取的小子。"

"实在不好意思说，老师饶了我吧。"表哥真诚如天一样地说。

"必须说，不说出来，赶出教室。"

"我说出来，大家会笑的，我太难为情了。"表哥窘得快哭了。

老师高高举起棍子，声嘶力竭地说："再不说，我就要打了。"

表哥无可奈何，战战兢兢地说："我昨天晚上和老婆温存了一回，把背书的事忘了。"

"哗！"同学们大笑起来，只有章学诚没有笑，老师也没有笑，大喊着："你这淫棍。"

王老师说着雨点般的教棍打了下去，连打了七八下。表哥的头突然

① 《章氏遗书》卷一七《杜燮均家传》。

血花直蹿，一下子喷溅在屋梁上，表哥像一座山一样一下子倒了下去。章学诚大叫着：表哥！跑到表哥身旁，拿出雪白的手帕按在表哥的头上。五六个大一点儿的孩子对老师怒目而视，八九个小一点儿的孩子吓哭了。只有章学诚对老师没有瞪眼，更没有哭。他大声叫着，表哥，表哥，你醒醒，你醒醒啊！几个大点的孩子想跑来帮章学诚一把。老师喊着：有什么大惊小怪的，不准动也不准哭。要大家跟他一起读《弟子规》。老师读了一句，学生们读了起来。表哥听见朗朗的读书声，突然醒了，他爬起来，一手按着头上的手帕，一手拉着章学诚，坐到座位上，也读了起来。血顺着他的脖子流进了衣服里，一会儿自行止住了。一个时辰后下课，表哥头肿得像猪头一样大，蹒跚着走回了家。章学诚看了看课堂，多么像战场。我们是为寻找人生才到凌风书屋来的，不是来寻死的。

老师过来拍了拍章学诚的肩膀说："你背诵得真流利，好样的，状元的料！"

章学诚鄙视地看了他一眼。老师大名叫王浩，字百年，取自他百年树人之梦。读书较多，除四书五经，响应朝廷号召，特别爱读宋朝理学家的书，据说《资治通鉴》能倒背如流。在杭州教出了一个状元，三个进士，他是凭着好名声应聘杜家私塾凌风书屋当老师的。他认为现在不是思想的年代，而是学习八股文的年代。人学习就是以利于自己为目的，人要成为天下之人，就得有才能，有才能就得学习，学习就得吃苦，吃苦就得挨打，棍棒底下出天才。

章学诚领着表哥去见姑父姑母的时候，说是因为背书不过挨打的。姑父吓得全身直哆嗦，一句话也说不出来，直揉自己的心肝，说是心痛得受不了。姑母放声大哭起来问老天爷，我秉和是天下最好、最听话的孩子，怎么给打成这样？表嫂一边哭，一边说要去官府去告王老师。表哥的小儿子也扯天动地哭了起来，一家人都在哭，哭成了一锅粥。姑姑用缠得三寸金莲的小脚，猛跺了一下木地板。那竹木屐咯吱一声，发出了惊天动地的声音，让所有人都不敢哭了。

"哭！哭！哭！哭有什么用，秉和已经是大男子汉了，也应当顶天立地，当家理事了。你说这件事应当怎么办？"

杜秉和好像被打得茫然无措，一时不知道北了。突然对章学诚说："表弟，你脑子好用，你说呢？我们全家听你的。"

"先去给你请郎中，看看伤得怎么样。"

姑父好像突然醒过来一样，擦干了眼泪，洗了把脸，飞一样向天行健大药房跑去。郎中俞子敬来了一诊断，头顶的骨头被打成了十三块，所幸没有把脑浆打出来，由于医治不及时，已经窝发①了。不过离心远着哪，能治好的。就是每天换药，痛一点儿。只是他当郎中三十年了，没见过打人这么毒的！杜秉和点点头，他不怕痛，俞大伯，放心吧！姑父摇摇头，家里花钱请狼来吃人吗？赶这狼走。姑姑发毒誓，赶狼走，便宜了狼，一定得到官府告。表哥一副无所谓淡化从容的样子，背不过，该挨打，你们别管。表嫂惊诧不已，你真好脾气，这事要告到底。她是表哥的老婆，这回非要说了算。俞子敬像个和事佬，这件事都别争了，也先不忙告官府。等把秉和的伤治好了再说吧！章镳和史孺华听说外甥被打伤了，拿了大包小包的礼物来看。章镳一看都怔住了，这太残忍了！史孺华摸了摸外甥的头，泪就下来了，心想章镳打学生可别这样。

章学诚忙给母亲吃定心丸：老师这种职业，使父亲变得伟大，父亲有一种大气的精神。母亲摇摇头，人这荦荦大端的精气神，不是因为职业，而是人格。王浩使这种职业变成了迂阔，不是把你表哥打坏了吗？你父亲干没干把学生打残那些事儿，今后说不定会有。你去买瓶黄酒去，给你们爷儿俩警警心！儿子刚出去，章镳向妻子点点头，人们自古以来对恶的抗议，莫过于用仁爱的教育表现，王浩把仁爱糟蹋了。你放心，章镳是个知道掂斤摸两的人。

"从这件事上看，我们得赶紧给黑蟒子成婚吧！你们家已经五世单传，黑蟒子如果像秉和一样有个三长两短，我们还不如他姑姑呢！人家都有个孙子传家，我们有什么呢？"

"俞子敬愿意吗？"

"已经把订婚酒喝了，他不是挺高兴的吗？"

---

① 窝发，会稽土话，即严重的细菌感染。

"两个孩子知道吗？"

"自古父母之命，媒妁之言，让他们知道干什么？结婚就是亲近身边活生生的人，结婚就是一剂人生快乐的良药，双方只要把亲亲密密沁入到心里去。他们过上几个月热乎起来就行了。我和你不是这样的吗！我们结婚四年后有了孩子。"

第二天上午，史孺华就带了一大包彩礼给俞子敬送了去。

俞子敬说："男孩子一结婚，生命更强。好像看到世界就醒了，亲家你们选日子吧。"

史孺华询问，她外甥秉和的伤怎么样了，那可是个好孩子，你可得下功夫给他治好。黑蟒子把他看成亲兄弟一样，他不能没有秉和。俞子敬直叹气，杜秉和情况不太好，一直发高烧，死过去好几次了，小命几乎没了。棺材寿衣都备好了，他从阎王爷那里又把人要回来了。他昨天一夜都没回来，一直守着她大外甥。他们全家十几口人，一天多都没吃饭，光哭！史孺华立马跑去杜家，要给做顿饭。不能因为一个人的伤，全家都不活了。人还有超过死的东西，还得活下去，人的命比啥都重要！史孺华看到秉和在呼呼大睡，她感到秉和有希望了。

"妗子，我想喝粥，我也想吃饼。"杜秉和好像有人把生命给了他一样，阳光地醒来了。

俞子敬说："秉和醒了，以后就好了。你得先喝点稀的，慢慢进食。大家别担心他了，快去吃饭。"

史孺华一勺一勺地给秉和喂米汤说："你快好起来吧！好了给黑蟒子做伴郎。"

"表弟要大喜了。"他的脸像一个憨厚的春天。

史孺华点点头，杜秉和想着两个人成了一家人，两个人成了一个人，活着才有意思。

一家人又恢复了往昔的好日子，天突然冷起来了，天黑得总是那么快。抽芽儿的冬麦田，笼罩在秋日的大雾中。红丝绒般的雾气和乳黄色的月光糅合在一起，就像发酵的美酒一样芳香。九月十五，是个黄道吉日，章学诚"与俞夫人结婚。四子书尚未卒业"。[1] 从章君信去世以后，章镳家举行了从未有过的盛大宴会。章氏家族的人都很守祖传的规矩，见本家有人结婚或诞生的时候，各家的人都要穿戴一新盛礼而到。本来章镳的亲戚少，只有一个亲姐姐，但家族的人都不少，七堂八表有五十多家。他们的族长，八十五岁的章世信，一副尊荣使所有的人对他礼敬磕头。因为他代表道墟章氏大祠堂里牢不可破的祖宗的亲情。这次章镳儿子结婚，他要求各门弟子要有钱的出钱，有力的出力，一定要办出章学诚的脸面来，因为他听说这后生鼻子都有中洞。章学诚的从叔章衡一也来了，还带着他十岁的儿子。偷着看宴会上所有可能到来的女孩子，然而一个姑娘也没有。只有一些大老爷们儿和一些中老年妇女，他听到了女孩子们在偏房里另设一桌，他就跑到那儿去凑热闹了。这么多人来庆贺，他们知道章镳要竞选县官了。本家人要当官，不来庆贺，将来有难事再去求人家，就有点儿不好办了。他们也是看着史义遵曾是颍州知府那张老脸，这块招牌的面子还是要给的。当然主要是听说章学诚虽然长得丑一点儿，却满腹经纶，常说些大人话，震倒了不少会稽人和浙江人。他们想来看看这个后生小子，长得有多么丑，人又多么会说话，脑袋又是多么的活络。

只有一位亲戚没有参加，那就是章双柳的公公。这位老秀才好像孙子因为背书不过，差点让老师打死，感到太丢人，已经去不了大庭广众的场合了。再就是他要等着王浩老师到他家，谈妥解聘的事。他是坚决不能让这位如虎似狼的老师在他家的私塾里为所欲为。不过王浩老师把杜润玉老人要和他谈话的事忘了，带着他徐娘半老的妻子和三个让他唉声叹气的女儿来喝喜酒了。学生结婚，请老师来喝喜酒，那是天经地义的。

"新娘子到了。"章学诚看到新娘子比他高大，他有点儿毛了，急中生智，他背起新娘子就去拜堂。新娘子的盖头捂得很严，在"一拜天地，二拜高堂，夫妻对拜"的高喊声中，章学诚一直没看见新娘的脸，不知

---

[1] 　胡适、姚名达著《章实斋先生年谱》第 34 页，1948 年 6 月 12 日，上海《申报》。

她长得什么样。杜秉和的伤已经全好了，只是有两块头盖骨隆起来，不过他戴着伴郎帽，谁也看不到他的骨伤。他依着司仪的指挥，牵着新郎做着各种喜彩。表弟抱不动新娘时，他想帮着抱。司仪在背后戳了他一下，他才觉醒，他是不能抱的。司仪高喊一声"将新娘送入洞房"，章学诚背起新娘一溜小跑放到婚床上。

月亮好像来了灵感，半下午就走到天上。章学诚给喜客们敬完了酒，表哥把他送入洞房。将门轻轻关上，躲到窗子下去听喜语，那也是一种美意。

章学诚从红喜包中抽出两根筷子，他的手微微地出了些汗。他在红绸纱上擦了擦，大大方方地走到新娘的跟前，用两根筷子挑开了盖头。新娘子俞中秀看到了一个小个子男孩站到面前。她仔细端详着这张脸，下垂眉，挖胯眼，而且又小又深，发着一种从来没有见过的寒光。一只鼻子从天灵盖长到上嘴唇上，塌鼻子中间还有一个洞，就像一个炸雷，把人炸成了鬼一样。一张嘴凸着，两只老鼠眼闪着。她长这么大，从没有见过这么丑的人，这是碰到鬼了，手指指着章学诚："你！你！你！"大叫一声，一下子就昏了过去。

章学诚看着俞中秀竟是一个美如天仙的女子，像花儿一样，尤其两个小酒窝，在满漾着美酒，他闻着是如此香气四溢，他仿佛一下子就醉了。他正十分欣慰地发呆，一下子看到新娘子昏倒了，马上镇静下来，掐了新娘子三下人中，俞中秀醒了过来。

问道："你真是我男人吗？"

"当然。"

俞中秀哭了起来。章学诚想妻子就是身体的一部分，我一定要善待她。他拿出手帕一次又一次给她擦泪，你是喜极而泣吗？俞中秀没有回答。他擦累了，到红被窝中去睡了。新娘子却哭了一夜。

第四天早上，他到"凌风书屋"去上学。一进姑姑家的院子，看到表哥跪到院子里，听说已经跪了三天三夜都没有起来。地上摆着很多好吃的饭菜，他一口也没有吃。

他上前问："表哥，你为什么要跪？"

"表弟，你去帮咱们王浩老师说说情吧！别让我爷爷、我爹爹嗯姆赶走他！"

"为什么替他说情？""章学诚笑话他挨揍还没有挨够"。[1]

"表弟，不能这么看。一日之师，一生为父。如果我家把王浩老师解聘了，就会再也没有人聘他教书了。他会饿肚子的，一家十几口人全仰仗着他教书过生活呢！"

"是的，王老师的日子也实在太苦了。"

"他说是我对他最好，为了回报我对他的仁厚，打我是为了督责我学习，又没有什么坏心眼。"

"倒也是这个理。"

杜秉和透了个底，他父母把王老师赶走了，让你父亲来接替教学生。这样对舅舅名声也不好，好像专拣肥缺来踢蹬别人。章学诚悻悻地想，这是陷他父亲于不义。表哥紧锁眉头，让章学诚和他父母说，不管谁来，学生都不接受，非要王老师教！章学诚到姑父姑母的堂屋，以三寸不烂之舌游说了一番，又去说动了表哥的祖父，他们答应了全体学生的要求，让王浩先生继续当老师。

王浩老师从教室里走出来，感动得长哭起来，紧紧地抱着杜秉和，你们的心是多善啊！我今后再也不打你们了。说完十七八个孩子和老师抱头大哭了一场。章学诚没有哭，用心记下了这一切，他要叫这华夏师生的大善大爱千古流传。

章学诚的一支笔，之所以能感动人，就在于他真实记录了人间的大善。特别难能可贵的是，像这种无比庄重的历史记录，他却写得风生水起，趣味无限，让人忍俊不禁，如"章学诚笑话杜秉和挨揍还没有挨够"。真正写出了中国人间的大历史，宛而多风，美丽善良。这就是章学诚深中肯綮的文风品格。

章学诚在三十五岁以后对天下风气曾撰文论述："天下不能无风气，

---

① 鲍永军著《史学大师章学诚传》第17页，浙江人民出版社2007年史学评论版。

风气不能无循环。……所贵君子之学术，为能持世而救偏。风气之开也，必有所以取，学问、文辞与义理，所以不无偏重畸轻之故也。风气之成也，必有所以敝，人情趋时而好名，徇末而不知本也。是故开者虽不免于偏，必取其精者为新气之迎，敝者纵名为正，必袭其伪者为末流之托，此亦自然之势也。而世之言学者，不知持风气，而惟知徇风气，且谓非是不足邀誉焉，则亦弗思而已矣！"[1]

"章学诚曾论证：'君子之学，贵辟风气，而不贵趋风气。'因此为了救正一时风气，在从事《文史通义》撰述之始，他即坚定地表示：即使'逆于时趋'，'乖时人好恶'，也在所不惜。"[2]

会稽像喝醉了酒的女人，看不清事物的本身，也不了解善良的所在。只要见到一滴血，它就会爆炸。章学诚放学了边匆匆地往家中赶边这样想着，发现两匹高头大马在家门口，马威风得很，马鞍子更威风，金光闪闪的。

从叔迎面走过来说："黑蟒子，你家有大喜了。"

"我结婚最多大喜三天，都五天了还大喜吗？"

"是你爹爹的大喜。书院给他加薪准了。你爹爹又选为知县了。"

"那是什么大喜？置官十年才为官，无官一身轻哪。"[3]

"京城来报喜的，还是满人，皇上的侍卫，穿黄马褂的，真是光宗耀祖了。"

"那得要多少银子才能打发？"

"五十两。"

"去年咸亨酒店对门的周悉华他爹爹选了知县，不是才要二十两吗？"

"那是省里来报喜的。你爹爹文章好，皇上喜欢，所以京城的官儿直接来报喜。"

---

① 《文史通义》内篇二《原学》下。
② 陈祖武著《清代学术源流》第 292 页，北京师范大学出版社 2012 年版。
③ 置官，清代进士等待选官的过程。

"我爹爹教书一年才二十两银子。"

"你嗯姆给你外公说了，你外公说一会儿送来二十两就够了，你外公正在筹钱呢！"

"这些钱我爹妈是要还的。"

"还什么还？你外公是朝仪大夫，这点礼钱还不相送。"

章学诚难过得红了眼圈，外公辞官回乡都十多年了，坐吃山空，钱老早都用完了，那是他舅舅做生意挣的钱。天下的舅舅，只有浙江人的舅舅最涩皮^①，他爹妈少还一个铜板都不行。从叔也恼兮兮的，天下的叔叔，浙江人的叔叔也最涩皮了。今天上午他去道墟一趟，他和你父亲这一辈，二十三个堂兄弟，哪怕一人出一两也就够了。只有他出了十两银子，其他人一个铜板子儿都没出。真把他气得一佛升天，二佛出世的。章学诚大度一挥手，别说他们了，人活得都不容易，可能他们手头紧。从叔反而来了大火气，什么呀，除了一家日子稍紧巴一点儿外，其余都吃香的喝辣的，日子殷实得不得了。有几家还是大富户呢！天下进行良心大审查，道墟人的良心首先得进行大检讨。过去，他总认为他们的故乡是最美丽的土地，现在，看到它道德沦丧，让人寒心的时候来了。两个侍卫大概拿到了赏钱，吃得满嘴流油的，从章学诚家里出来。一个头一晃闪一晃闪的，得意扬扬的样子。一个打了一个饱嗝，喷出一口酒气来，熏得狗都叫了三声。

然后回头对欢送的人们说："章镳大人，赶快收拾一下，得早点去报到。老知县已经告老还乡，应城百姓不能一日无主啊！这是吏部让我们嘱咐的。"

"放心吧！我三天后就起程前往，不耽误的。"

"三天后怎么行，明天就去吧，见官莫向前，做官莫向后噢，可要记住了。"

说完了，两人跨上马去。两匹马都长嘶一声，先是慢走了几步，接着就像两条红色的闪电，在浙江平原上跑远了。从叔特别羡慕，真是两

---

① 涩皮，小气之意，浙江方言。

匹好马。章学诚不以为然，两匹枣红马给会稽带来的骚动结束了，说不定明天一早，来不及打招呼他就走了，他知道父亲的性子。从叔沉默着，把章学诚一下子抱了起来。他眼含着泪水，脸苍白颤抖着，无限悲哀。把侄儿一直抱了几十步，抱到善发弄黄酒馆面前，你不是长而善饮吗？今晚咱俩喝个够，让无情的人变为死尸吧，让活着的人为会稽恢复光荣。叔侄抱头长哭，声音很大，哽哽咽咽。章学诚突然从友情中抬起头，明日全家起程去湖北应城，他得把俞中秀叫回来。

"听说她为找了你这个丑男人哭了？"

"她已经对我发誓了，决心一辈子嫁鸡随鸡，嫁狗随狗了，她认为郎才女貌，丑夫有志。"

"她怎么回娘家还不回来？"

"昨天回去的，她说闻不惯我们家的墨味，特别思念她娘家的药味。"从叔心情沉重，天底下只有咱们华夏这种男女婚礼，从未见面就上了血与火的婚床，是多么的残酷而美丽，直接而荒唐。章学诚认为，确实够野的，所以他得赶快把她叫回来。从叔点点头，去吧！去吧！她现在是圣火，你现在是一座神圣的火炉。

京城来的圣旨，就如催命的神佛。章镳一家天不明就准备起程了，他们将善发弄的房屋交给从叔出租。尽管天还没有亮，前来欢送的人却不少。道墟来了一百多人，二十三个堂兄弟包了二百三十两银子给章镳。老大章双河激动地耸动着肩膀哭天抹泪，每家凑了十两，给你做个路上的盘缠。昨天上午章衡一去敛他们一人一两银子。有人说此人是酒鬼，来骗钱买酒喝，他们就打了呱话①，没将钱给此人。道墟人最讲兄弟情，二十三人永远是你的亲兄热弟。章镳坚决不收，他认为有几家兄弟也不宽裕，还有拉短工②的。他怎能昧着良心干这种事！章双河急了眼，你要是不收，我们二十三个兄弟不让你走。几个日子紧巴的兄弟，几个大户兄弟就没让他往外拿。一切你都放心吧！只要记住兄弟的心就行

---

① 呱话，谎话。浙江道墟方言。
② 拉短工，被人雇为短期工。浙江道墟古方言。

了。外祖父家的，姑姑家的，邻里百舍的人都来相送。

章学诚问父亲："如果你不去当知县，有那么多人来送吗？"

"没有，儿子，你现在是知县的儿子了，你一身的负荷已不允许你问这些话了。"

章学诚点点头，直感告诉他，中国就是一个不准问的千年社会。

今天是一个晴朗的日子。真实的光芒照耀在会稽山上，和谐的曹娥江没有一点儿波浪。只有快乐在江面上，真实的力量是那么坚强。人们屈服于离开故乡的心灵，故乡是人类唯一的人生礼物。它的血液丰富了儿女的血脉和灵魂，人们最后离开它时，是那样热血奔涌，全家成了一个思乡集团。只有章学诚没有哭，父亲昂贵的眼泪也流了下来，他好像感到这一辈子再也回不到这善发弄来了。他们沿长江而上，到了武汉。章学诚六天一直望着长江。多么感人的水路，长江把所有的文明展现在它的清澈温柔里。它把广阔权威施放在每一条小船上。它的涌流，好像涌出的是中国心。月亮带着它的潮流，使两岸的青山绿树都成了历史。

应城衙门离武昌很近，只有二百来里地。章镳找到驿站，叫来了车，第三天·早就搬进了原来县令住的内院。几个衙役急忙起来要帮忙，史孺华全部谢绝了。衙门沸腾了，新县令的行为好像震撼了所有的人。

第七章

《东周书》

　　乾隆十七年（1752）二月二，龙抬头的日子，章学诚写下了来应城的一篇日记：当官的只要干一点儿好事，老百姓就会激动，中国老百姓全是激动的血。

　　漳河涨水，应城防洪成为第一要务。章镳得到衙役报告，洪水今年特别大，可能淹没应城。他要了一辆马车，到堤防上去。赶车的衙役鞭子一挥，幼马受惊，惊动其他两匹马，马车如箭一样地奔驰而去，一下子撞翻了迎面而来的一辆马车。受惊的马车停了下来，他让衙役们把老百姓的马车翻过来。马车虽无大碍，人却给撞伤了，伤者摸摸右臂说骨头断了，吓得脸色苍白，仆倒在地下。章镳把他拉起来，他的脸突然抽搐了一下，蓦地上下嘴唇中出现了转动飞快的舌头。叫了一声："掌柜的，救救我吧！我不能死，我还有老母妻儿。"

　　章镳摸了摸他的脉搏说："你没有事，站起来走一走！"

　　那人站起，走了几步，步子还算稳健，但喊着："我痛啊！我还活着吗？我不放心我自己。"

　　章镳让衙役班头儿给他二两银子，让他治伤去。班头儿对章镳直摇头，他撞了县太爷，要赔钱的。反而县太爷掏钱给他治伤，这不是天翻地覆了吗？而且治一点儿胳膊伤，一两银子都用不了。他撞县太爷，还让他赚钱。

章镳脸色庄重："班头儿，立即给银子，否则你要挨板子的！"

班头儿掏出来二两银子给了受伤的人，一句话也不敢说了。

章镳对受伤人点点头："治伤钱不够，去找知县章镳。"说完直奔漳河大堤。

大堤上站满了人，他走上大堤，人们前呼后拥。他在堤岸一个高点的地方站定，向防洪的人群致意，应城的父老乡亲，你们十万多人全在这里。因为这里是应城的命根子，据治水的先生讲，今年堤岸再加高三尺，应城就会安然无恙。大家现在只能这么干，明白了吗？人们发誓，拼命干，保家园。章镳脱下长袍官服，也同老百姓干了起来。师爷激动得直结巴，大老爷，这些粗活，你不能干。章镳眉眼拧到了一起，谁说不能干，你也脱下长衫和大家一起干吧！今晚有大洪峰要来，考验人的时候到了。大家要让全湖北人说：应城人不是囊包！①

章镳不再说话，带着十万多人，挑土的挑土，垒坝的垒坝，他看到人们干得正欢，他叫来了水官，听其报告了险情。怎么办？章镳瞬间决定首先要带着一百多个治水人员走一走十里防汛大坝。他仔细观察水势，看见南部的水头如龙蜿蜒逼来，北边的洪水黑咕隆咚地咆哮着一泻数里，洪峰一明一灭，吼声忽高忽低，离应城越来越近了。

他想眼前最安全的莫过于加强南部的厮守，这也是应城水官保住乌纱帽的一条妙计，也是他升官发财的一个高招。他却认为不能这么做，如果这样，北边的几千老百姓就有可能被淹。虽然为了以防万一，已经让老百姓转移了，但一千多座房院还在威胁之中。他当即拍板，调一万防汛青壮年，立即在北边加筑一条拦洪坝。这样虽然看起来劳而无功，但对老百姓万分有利。从此他将得不到那些借机中饱私囊高官的青睐，也失去了升迁的希望。为官为民两条路，他选择了为民之路。

---

① 囊包，草包。湖北应城方言。

第二天早上，咆哮的大洪峰过去了。

当章镳回到县衙门的时候，看到公案上放了二十二两银子。他好生奇怪，看到银子下面压了一张纸条。写着：

知县大老爷：我的马车把您撞了，我理应赔您银子。我是个财主，我有的是银子，您一颗对我的仁爱之心就足够了。另赔上二十两银子，请您养养身子。我感到您的二两银子还有热度，在暖着我的心。这就是我反给您银子的原因。应城小财主：赵敏人壬申年，乾隆十七年二月初二

这封信，章镳看了三遍，他满意地点点头。又看了看公案上似乎少了主要的东西，仔细一看，十卷《应城县志》不见了。是谁拿走了呢？他叫来守门人质询，守门人忸忸怩怩地说，你走后那个财主放下二十二两银子后，少爷来过一次，拿走了好几本书，他想看书是高贵的人干的事，他也就没拦。章镳想和这看门人也讲不到一起，拍了一下惊堂木。那也不能把公案用书让他拿走，这成什么体统？记住了，下不为例。章镳找儿子一圈也没见人影子，他想起，这衙门里还有一间大牢房，到那里去看看。儿子果然坐在牢卒椅上看书，看的就是《应城县志》。他在旁边坐下来，儿子根本就没有发现他的到来，看书都着迷了。

他一阵惊喜，又一阵悲凉，他怕吓着儿子，轻轻地喊了一声："实斋！"

章学诚赶快站起来，向章镳鞠了一躬说："爹爹，儿子看书看闷了，没看到你来，失礼了！"

"随便拿公案之书，何止是失礼啊！"

"违法啊，儿有罪！"

"以后公是公，私是私，公私要分清，这可不是小事情。"

"儿子知道了。"

章镳一脸的冷静："儿子啊，你要知道问题的严重性，你知识渐多，而童心未泯。只把读书当作一种兴趣，合自己意的书就爱不释手，拼命

大读特读。不合意的书，就读一读应付父母。人生最大的盲目是什么？就是自己该干的主业不精，你的主业是什么？就是读四书五经，就是举子业，写时令文，学八股文。以后像这些地方志之类的杂书，再也不要阅读。《应城县志》我拿走了。"

"爹爹，儿有句话对你说。"

"说吧。"

"《应城县志》我还有三页就看完了，你何必不好人做到底，让我看完？"

"你真的那么喜爱地方志？"

"是！"

"好吧，父亲就依你一回吧！"

方志被父亲收走了，方志留给他的感觉是那样地崩山摧，转石壑雷，飞湍瀑流，峥嵘崔嵬。真实可爱的方志，是那样使他激情澎湃，热泪盈眶，他不知为什么。他不由得抬起头来，仰望一下头顶上的星空。他感到一个人只有常常仰望天空，才有未来。一个人只关心自己脚下的几步路，那是没有出息的。他悟出来了，这就是方志带给他的思想的力量。

静悄悄的夜晚，应城好像睁开了冬天的眼睛，章学诚手捧中国最早的方志《春秋》读了起来，一读就是一个时辰，才读了三百多字。他读得很慢很慢，好像把每个字吃进去一样。读了两遍，就把这一段背过了。冬天的夜晚是绵长无尽的，当黄昏的第一缕黑暗吞噬了窗外的风景的时候，他拿起《春秋》看着黑夜，有一种感觉，好像这一辈子离不开方志了。

章学诚中年后对一些错误的思想曾撰文批判："学问之始，未能记诵。博涉既深，将超记诵。故记诵者，学问之舟车也。人有所适也，必资乎舟车，至其地，则舍舟车矣。一步不行者，则亦不用舟车矣。不用舟车之人，乃托舍舟车者为同调焉，故君子恶夫似之而非者也。"（程子

见谢上蔡多识经传，便谓玩物丧志，毕竟与孔门一贯不似）[①]

在这段叙述中，章学诚给我们风趣地作了几个比喻，学问启蒙的时候，还不能记诵，广泛涉猎之后，人就超越记诵，所以记诵是学习的车船，人一到了目的地，就舍弃车船不用了，一步路都不走的人也不用车船，于是有人就把这两种人视为志趣相投。所以君子要憎恶这种似是而非的见解，以使我们永远保持学问启蒙状态，那种无限求知的兴趣。

第二天一早，章镳的师爷禀报：德安知府施廷龙给黑蟒子请的老师柯绍庚不肯来！

"那我亲自去请。"

章镳为了能让儿子系统地学习四书五经和八股文，以便和自己一样，将来可以通过科举的路子，谋得一官半职。上可以光宗耀祖，下可以养家糊口。就给好友施廷龙说了，想请一个名师大儒，专门教导胡乱读书的儿子。施廷龙搜肠刮肚了三天，才想起江夏生员柯绍庚。此人精通科举之业，工于八股文，尤其写得一手好字，笔笔有江山万里之气。其世居金沙洲，自号金沙居上，字公望。施廷龙特别看重他，认为此人将来必成大器，说他一肚子都是学问。

章镳第一次去请柯绍庚，明明说他在家，他儿子却说父亲去武昌了。过了两天，章镳第二次带着师爷又去请，他妻子又说去天门山拜佛去了，师爷说他不识抬举，要衙役抓了去，章镳坚决制止了。过了十来天，章镳第三次又约施廷龙一起去请。在施廷龙百般说情之下，柯绍庚才答应明日去应城应聘。

在回来的路上，章镳语重心长地对儿子说："有才华的人总是傲慢的，给你请了个好老师。"

"愚蠢的人才傲慢，聪明的人才谦虚。他想模仿诸葛亮三顾茅庐，实则有点儿故弄玄虚。好像叫施伯伯去请，他才有了面子。"

"儿子，嘴巴快不要这么没遮没掩的。可不能这样来看你的恩师啊！"

[①] 《文史通义》内篇三《辨似》。

章学诚看了看急眼犟鼻子的父亲，一丝感恩之情涌上心来，真诚地向父亲点了点头。

柯绍庚来后，兢兢业业地传授经义时文，却不料章学诚极为讨厌学习八股文。认为八股文规矩多如牛毛，实在太折腾人了，干脆就故意推说头痛，学了点皮毛就学其他的。他这时又模仿古人，学习诗词歌赋，但平仄格律、对仗押韵他又不屑一顾。他竟然试着写了一些，这些幼稚至极的作品，跟古人作品相比，不要说形似离题万里，就是神似也是使人感到谈不上一点儿文采真意。又加上一日三病，神情呆滞，对学问又没有什么目标，又不屑与这些俗学为伍，只是凭着自己的灵感，每日完成老师布置的作业而已。比起其他十几个孩子来，还算学到了一点儿东西。那些师爷衙役的孩子，在章学诚眼色指挥下，往往老师教时食古不化，老师不在时又大闹天宫。

柯绍庚由此经常骂他们："朽木不可雕也，粪土不可污也！"

柯绍庚每次骂学生的时候，首先看着章学诚骂，骂得他一肚子全是火。他有一天上厕所，看到老师栽的抓棍。那是柯老师家贫少吃蔬菜水果，时常便秘，抓棍是为大通而用的。章学诚想起老师对他的怒骂，一阵恼恨计上心来。就将抓棍根部扒开，找来斧头，将根部砍细。只要老师一用劲抓，就会掉到大茅坑里去，就成真正的粪水可污之人了。可是谁也没想到，他刚做完这件大坏特坏的事，衙役班头儿去大解，一抓厕棍就摔了下去，弄得一身粪尿不说，还差点被淹死。衙役们都是查案的老手，很快查明是章学诚干的缺德事。就向章镳告了一状，章镳将儿子叫来训了一晚上。史孺华在旁边哭了一晚上，哭他良心坏了，怎么能干出这种伤天害理的事儿。妻子俞中秀陪着跪听了一晚上，父训母哭打动了章学诚，他发誓这一辈子再也不会干一件昧良心的事，再不会心存一点儿伤天害理的邪念。父母看看体弱多病的儿子服了软，也就不说什么了。

章学诚以后就跟着柯绍庚学了不少真本事，看书已离不开笔，学习已离不开纸，特别对史学尤为感兴趣。柯绍庚看看章学诚尤爱史学，意不在八股文，又要走到歪门邪道上去，心里真是有点儿急不得火不得。

他知道只有当章学诚犯了明显的过错时，才能敲打他。抓不住学生的小辫子，就没法进行大手术。他等待着时机，好好教训一下，那将是一场"治病救人"的好戏。

章学诚在学校里的课程，别的学生一天还学不会，他半天就全学会了。他就去看杂书别籍，县衙馆舍的史书毕竟有限，他很快就看完了。有一天中午他看到街上有一人在卖《春秋外传》《左传》《国语》，他身上只有父亲每月给他们小两口的二十个小制钱当零花钱。小两口舍不得花，两年才攒了四两银子，卖书的却要十五两银子，他急得回家直在屋里转圈圈。俞中秀问他何事，他对俞中秀说了原委。俞中秀是识大义的女子，马上将自己头上的银簪子、耳朵上的金耳环、手上的琥珀戒指摘下来给丈夫说："你读书我支持你。你把这些典当了，能值十余两银子，足够你买书了。"

章学诚对妻子拜了拜说："这是我借你的，将来一定给你买更好的。"

他到当铺当了十五两银子，买了那五本书，有一天他正在读《左传》，读着读着来了一阵灵感。他感到历史是残酷的，不是公正的，而又是支离破碎的。只有创造的美丽才会在现实中奔涌而出，他相信自己认识真理的力量，这力量是任何力量都无法阻挡的。他感到一味读经，好像是一种欺骗性的读书。他要创造一种新读书法，他弄来纸笔私自将编年体史书《左传》加以删节改写成方志。他感到编纂量太大，去买了十支笔，十道纸。父亲正好下乡办案去了，他就让县衙门的小官吏帮着日夜赶抄。父亲回来了，他又不敢用那些人抄了。他只好自己抄写。父亲看到儿子这样大胆，心中一阵惊喜。看后又摇摇头，他心中想，儿子已经长大，都十五岁了。十五而志于学，至于学什么，做父亲的只能加以引导，不能再过多地干涉了，否则儿子将恨自己一辈子，这一次他一反常态。

他反而支持儿子说："编年体史书仍按编年体来删节，无所取裁，这样做价值不大，不如按照纪传体重新编纂。"

父亲的启发使章学诚心中有了一个大计划。他想用《左传》《史记》《春秋内外传》改编成一部纪传体的《东周书》。司马迁的《史记》将人物记叙得栩栩如生，纪传体是那样悲壮，普遍地引起了人们兴趣。把整个的历史文明都记叙其中。一边是检讨过去，一边是推理未来，不但蔑视一切，而且鞭策偏见，他下定了决心，要将三本书编成纪、表、志、传的纪传体《东周书》，决心给新时代带来新思想。他到父亲好友家中选取史料，到德安府抄录史料。经过两年多的苦心编纂，书已经有一百多卷，二百多个人物传记，其规模巨大，卷帙浩瀚，"经营凡三年"。[①]父母对他这种大志虽是心中窃喜，但不予以言表。抄书的小吏也是兴趣盎然，虽然拿不到一文钱，但帮县太爷的公子实现了一个大志向，中国人成人之美的心得到了满足。

突发奇想，把平庸的事物发展成为最新奇的事物，美好的事物，将丑化美，将旧变新。这是章学诚一生最重要的性格，只要章学诚较真起来，他还真有那么一股子劲，一定能将腐朽化神奇。编纂《东周书》的独创性，极其真实地表现了一个古代少年璞玉浑金的品格。

有一天，章镳正在处理公案。柯绍庚从旁门进来，章镳赶紧让衙役敬茶，然后亲热地说："绍庚兄，你这几年受累了。"

"知县老爷，我唐突地造访，实乃事出有因。你的衙役说你太忙，不想传达。我对他说，我在这里，哪怕等到天黑，也要见到你！"

"手下的人不知高低轻重！多有怠慢，望绍庚兄多多见谅！"

柯绍庚一看章镳一脸的疲累，两只眼中全是血丝，才五十六岁的人，胡子白了，头也秃了，失去了两年前的神采奕奕。他肚子里的火顿时消了大半，而换成了一种敬佩和怜惜之情，一时有点儿眼热。

"知县老爷，我知道你当个县太爷不易，每天抗洪救灾，诉讼冤狱，百姓温饱冷暖，天地风雨都要你尽心尽意经营，真是太辛苦了。"

"绍庚兄，你今日来可是为明年聘师银来的？明年的银子二十五两，我已经让师爷送往你家了，这你就放心吧！师爷是个有令就行的人。"

"我不是为这点小钱折腰的。我把银子带来想还给你。"

"绍庚兄，到底是为了什么？我们不是合作得好好的，莫非你要退

---

① 胡适、姚名达著《章实斋先生年谱》第 34 页，1948 年 6 月 12 日，上海《申报》。

聘吗？"

"的确是这样。"

柯绍庚回答得这样坚决，使章镰十分吃惊。他知道面对一个衙役或师爷，你可以训斥。面对县丞和县尉可以教导。而面对文人，你只能毕恭毕敬。他对柯绍庚说："你可知道前几年县丞家请塾师的事吗？"

"张元直的事。"

章镰静静看着衙门一句话也不说。他们都在回忆，原来这是衙门的馆学，请的塾师张元直每年只十五两银子，张元直了解后知道湖北各县聘请塾师的银子最少是二十两。广大塾师面对这么低的薪俸，纷纷远走他乡。应城馆学是县丞刘仁成办的。依靠着他主管地方治安的权力，不经县令同意，就抓人打人。又仗着是张元直的同学关系，就是不加半分俸银。县丞还把要辞职的张元直抓进大牢，没想到引起张元直的学生半夜劫狱。后钦差大臣查明属实，竟然将张元直砍了头，县丞流放新疆，县令免官。

柯绍庚站起来说："县太爷，我不是为钱而来的。别的县塾师给的二十两，你给二十五两已经可以了。我是为你的公子哥儿来的，我教不起你的宝贝儿子。"

"我的儿子，冒犯师尊，你尽管打，尽管骂。一日为师，终身为父嘛！这些小事还要我操心吗？我将儿子交给你，就没有半点护犊子的意思，你就放心吧！"

"这不是我能打得了的。"

"那又是什么事？"

"不是我教学上的事，是你支持他的事。"

章镰听到这里，站起来向柯绍庚鞠了一躬，他有什么不恭之事，绍庚兄就把他看成小弟，赐教由你，你要是在这大堂不便，就到他家，愿意怎么着就怎么着。他叫一声大哥，一切由你！

柯绍庚终于感动了，说出了真心话，你儿子竟毁县衙馆舍的史书，自编成一部所谓《东周书》。这不是你幕后做推手的吗，这样的学生怎么教？德庆府馆舍之书是公还是私，你私自让你儿毁编祸乱，是何种大逆不道，这种异端之事，引得学生们想入非非，不思读书。教书的教不了，读书的读不了，你们父子把举子之业都毁了，这是什么样的一种罪。你能担当得起吗？如果你儿子办的事，说不出一个正当的理由，叫天下人怎么看待这件事？

章镰向柯绍庚求饶，说他支持儿子也好，推手也好，反正是他儿子，他都得担着。他在老兄面前，也不做辩白了。既然绍庚兄真心帮他，怎么又离他而去呢？世上多少朋友，得一诤友至难。今晚上交你这个诤友交定了，咱们就去你家温酒畅谈一番。

柯绍庚平素是有名的和事佬，遇事从不与人争执。今晚上虽没有喝酒，却大脾气上来了，存心要跟章镰过不去。当县太爷的也不要和他这小民百姓套近乎，只要让你的宝贝儿子把那《东周书》全部拿来，放到这衙门大院里，当众烧了，他就服了。否则说一千道一万都是假的。

这执拗的老夫子，使章镰感到特别扭。放在别人身上，他就会来一阵急风暴雨的发作了。看看这个六旬多的老塾师，心中还是隐忍了又隐忍。章镰喊来了衙役班头儿李明瀚。章镰知道儿子用馆舍之书编《东周书》的事，肯定是他向柯绍庚告的恶状。因为那次掉在茅厕里差点淹死，他一直耿耿于怀。要不是黑蟒子渐渐长成了男子汉一样了，他几次都想揍他一顿解恨。他知道章学诚全部编书的底细，查得肯定很细。章镰为解柯绍庚一肚子气，就叫李明瀚去搜查全部抄写的《东周书》以及所用馆舍之书。

一会儿抄写的《东周书》全部堆在院子里，大概有一座小山那么大。馆舍之书却一本也没搜着，原来柯绍庚向章镰发难的时候，师爷赶快叫黑蟒子将衙门馆舍之书全部还了去。借德庆知府的东周战国子史资料，史孺华赶紧藏在了自己的私房里。章镰叫来了儿子，向柯绍庚磕头请罪，柯绍庚头仰得高高的，一副不理不睬的样子。

章镰问道："绍庚兄，你看这些手抄书怎么处理合适？"

"县太爷，是你说了算，不是我说了算。"

章镰说一声："烧。"

熊熊大火一会儿冲天而起，纸火烧起来一股草香味。章学诚看着自己辛辛苦苦将近三年的成就，如此化为一炬，想扑上去留下几本，看着父亲的威严，他又悄悄地跪在地上，看着这愚蠢至极的焚书火堆。

师爷愤愤不平地说："柯绍庚，你不过一塾师，怎么敢如此作恶作耗？辱文欺主。黑蟒子还是个十几岁的孩子啊！你当老师如此人面兽心。"

柯绍庚眼都没瞟师爷一眼。章镳赶紧下令，师爷，这里没有你说话的地方，你回公堂，处理你的公案去。

"绍庚兄，今天承蒙你的教诲，焚毁杂书，也就焚毁了章学诚的杂念，你对他说几句吧！"

柯绍庚轻轻走到章学诚面前说："章实斋，你有什么想法吗？"

"天生史才，应遇天生史师，才能为天地师生。"他大言不惭地说道。

柯绍庚一听来了气道："孺子呀，文章不通难为才。"

"天不负我生，地不负我用，世上哪一个千岁之神仙，能胜过百岁之人哪。"

"文章无古今，全在于通顺，八股文你都不懂，诗词古文你怎么能通呢？你还不谦虚，你文字起承转合，修辞造句，你还没有一句话写得恰当的呢，怎么如此狂妄？"

章学诚想想自己也确实如此，只好在真理面前低下了头。

章学诚中年后对一些狂妄而不可一世的思想曾撰文："今不知为己，而骛博以炫人，天下闻见不可尽，而人之好尚不可同。以有尽之生，而逐无穷之闻见，以一人之身，而逐无端之好尚，尧舜有所不能也。孟子曰：'尧舜之智，而不遍物'，今以凡猥之资，而欲穷尧舜之所不遍，且欲假天年于五百焉，幸而不可能也；如其能之，是妖孽而已矣。"[1]

章学诚对人对己都进行了讽喻式的批判：求学的人不是为了充实自己，而是为了追求渊博向人炫耀，天下见闻不可穷尽，人的爱好也不能

---

[1] 《文史通义》内篇三《假年》。

一致，以有限的人生，去追求无限的见闻和爱好，就连尧舜也办不到，有人以短暂的人生，想去穷尽尧舜的事业，还想借天的力量活上五百岁，幸亏这不可能，如果他能做到，他不过是个妖怪而已。

　　章镳看着柯绍庚教育儿子的确是有一套办法的，他收起折扇一捣手心，乾隆皇上隆固大清基业，讲的就是孝治天下。柯先生一番苦心，也是出于孝道，为人师者最无私，一生都献给了学生。大道通人心，犬子已服气，令他们夫妻感激不尽啊！章学诚欲言且说的样子，章镳有心打住他的话头。章学诚看到父亲向他使个眼色，他爬起来，如释重负地叹了口气，拉着妻子俞中秀赶紧走了。柯绍庚亮出了自己的心境，"你们县太爷夫妇，为了宝贝儿子，可谓用心良苦，'尽管年轻的章学诚看起来有点儿野，但至少在思想上是充满活力的'。[①]虽然我说章学诚是个朽木不可雕之人，而实际上章学诚是一世人才，前途不可限量。自编《东周书》虽属少年儿戏，但的确很不简单。我心中佩服得不得了，显示少年异于常人史学才华大创见。老师今日之举，也是为了让学生先打好基础，不得已而为之。你们夫妻多多见谅啊！"说完这一番话柯绍庚老泪纵横。章镳夫妇听了这一番肺腑之言，也泪眼婆娑。
　　俞中秀前来嗫嚅着："特来请你们三位老人去用餐，我把饭已经做好了。黑蟒子专门要做他唯一会做的菜，青葱炒蛋，谢老师和父母的培育之恩哪！"
　　"他下厨了？"柯绍庚惊喜地问。
　　"他还特意暖了一壶酒，请三老品尝呢。"

---

① 美国，倪德卫著，杨立华译《章学诚的生平及其思想》第19页，江苏人民出版社2007年版。

第八章

父亲罢官

乾隆二十一年（1756）冬天的雪花，没有向雾霾低头，依然保持着一尘不染的光明。

有一天，章学诚在街上看到有人卖朱崇沐的《韩文考异》一书，竟然要三两银子。他回家找俞中秀要钱，俞中秀将这几年的体己钱、父亲发的零花钱全拿出来，还差一两银子。又去街上鞋铺揽了二十双鞋底纳，让鞋店掌柜的先支付一两银子，才算凑够书钱。他看着身怀六甲的妻子为了支持自己学习，真是倾尽所能。俞中秀虽说买了这本丈夫喜欢的书，但她看看书名起了疑惑。因她自小在父亲耳濡目染下识得几千字，微知大义。知道丈夫买的这本书，不是正规学业的书，就笑了，别叫老师和父母看到了，你受诘责不说，她还得下跪落埋怨。

章学诚点点头："真是辛苦你啊！一双鞋底得纳多少天？"

"这是大脚鞋底，要按人家的规矩纳，一双得两天。要是不怀孩子，一天一夜就纳完了。"

这时，小妹来叫小两口吃饭，虽然是去吃饭，但章学诚没吃先自倒了胃口，一则身子骨弱，本来就纳差至极。二则听了朱筠一番高论之后，读杂书热情倍增，他一累都不大想吃了。

史孺华察言观色地道："黑蟒子，今晚上这儿要举行迎春庙会，我和你爹爹要去游玩，当地要举行官民同乐，你也去散散心。"

"嗯姆，我这几日功课紧，就叫中秀陪二老去吧！"

"中秀去城隍庙给你抽了一签，没告知你吗？"

"什么签？"

俞中秀解释："小鸟黄鹂叨出来的，应城人都说特别准，是宝应大师专门擎瓶的。全家舍不得都掷，只给你一人掷了一支。签文我是记得，我怕你学习分心，就没有告知你。你那点儿知识，对那些话未必能领会。"

> 玲珑剔透镂未成，
> 柳岸花明正五生。
> 是谁指与游仙路，
> 龙腾蓬莱隔岸行。

这时他们都已经到了厨房坐下，章镳正在喝餐前茶，慢慢品尝着，一副疲劳不堪，先行歇息一会儿的样子。他听了解签便说，今年就要有孙子了。五生五生，他们五人中又要加一个人的。只是儿子你要走歪门邪道上去了，你要时时注意啊！就是神仙都有点儿对你不满意了。父母说不了你，妻子劝不了你，老师也教不了你，全凭着你自己走你自己的路。而且要和大家隔岸而行了，不过这是正确的阳隔，这是人的命运自然隔，谁也管不了你啊！你要好自为之啊！

一家人吃了愉快的一顿饭。饭后父母妻子都去参加庙会了。章学诚对《韩文考异》这本书爱不释手，在书中他看到了"伟大的唐代作家不满于糜烂沉醉的文风的崇高精神"。[①]他很快将这本《韩文考异》看完，累得也睡着了。

---

① 美国，倪德卫著，杨立华译《章学诚的生平及其思想》第18页，江苏人民出版社2007年版

章学诚启蒙后学有一段论述，说明了章学诚青年时代的读书思想，他在"言情达志，敷陈讽谕"八字上看出韵诗与诸子百家的关系，指出了诸子创作源流的大见识。他可以说是十八世纪研究诸子的最有成绩者，是清初王船山学术传统的优秀继承者。可贵的是章学诚坚持着客观的分析态度，而与从前的道统之论是背道而驰的。

因此章学诚积极地主张："学必求其心得，业必贵于专精，类必要于扩充，道必抵于全量，性情喻于忧喜愤乐，理势达于穷变通久。……圣门身通六艺者七十二人，然自颜、曾、赐、商，所由不能一辙。再传而后，荀卿言'礼'，孟子长于'诗''书'，或疏或密，途径不同，而同归于道也。……徇于一偏，而谓天下莫能尚，则出奴入主，交相胜负，所谓物而不化者也。"①

这些振聋发聩的论述，在客观上便给了"道"学家们以严厉的教训。他批判后世的史家都是肤浅的作者，但也并不抹杀他们的劳动，所谓"作者甚浅，而观者甚深"，也"可就其纂辑，以通其流变"。他把中古庸俗的史书，当作重复朝代更替的记载，没有史实以为之通变，这些书只有当作一堆材料，"待后人论定可矣"。他的书中极其鲜明准确地引证了孟荀墨庄法名诸家的甚多言论，认为他们都是和六经一样地公言其理而非私意，他用无可辩驳的事实，不但打破了中古以来异端和正宗的区分，而且打破了孟子继承孔子的谬论。这说明了他的读书生活，是多么认真思考而又生动活泼。

父母回来一看儿子累成这样，再看他看的书，不由得大吃一惊。章镳怎么也不会想到，儿子竟然看这本朱崇沐校刊的《韩文考异》给累得睡着了。这个朱崇沐何许人也？曾担任过国子监的司业，与他共过事的人都知道，他是空有一肚子诗书，为人迂腐至极。说话不仅结巴，要是有点儿是非曲直的话，他都吓得不敢表态，又称自己耳聋，在朝中人

---

① 《章氏遗书》卷二《文史通义》内篇二《博约》下。

称他为"朱耳聋"。他一肚子学问却很大胆，竟然考证韩愈的文章风骨。写得三山五岳，校得五湖四海，让时人读了拍案叫好，一时有洛阳书贵之称。

柯绍庚也去参加了这官民同乐的庙会，他领县衙馆学的十七名子弟都参加了，唯独不见他又恨又爱的学生章学诚。他想着章镳夫妇对自己不薄，章学诚今晚不来，可能是有什么头痛脑热的，就顺便来看看。他看到章镳夫妇和学生的小媳妇俞中秀都到偏房中去了，肯定是章学诚真的病了。因常到章镳家中来，也没讲什么客套，跟着章家一家三口，走到了章学诚所住偏房的门口。

章镳拿着《韩文考异》道："孺子难教矣，竟然看这种上不着天、下不着地的书，对所学有何裨益呢？"

俞中秀这时扑通一声跪下道："父亲息怒，父亲说得特别有道理。我也不敢说这本书怎么样，请父亲看看此书再细详其理。那天我也不知怎么昏了头，看着包装工整，印刷考究，装帧大方，我只认为是本好书，当时我并没有钱买下这本书，还专门到街上揽了纳鞋底一两银的工，才买回来，计你儿子读。章学诚也不是不懂天下之理，这劳什子之书，只是今晚上睡前，当作消遣看上几页。听人说这本书也不是什么淫书海盗之书，看着有'考'一字，我听人说也是讲考试学问的书，就让拿来做举子业参考书来读。我纵然有买了这书让他分心的想法，也是想让他休息休息脑子，也不敢买书让他上不着天、下不着地胡思乱想。这件事就是有一万个不是，全担待在我的身上，与章学诚没有半点事儿。从今以后，儿媳向父母保证，再也不敢给章学诚买书。父亲是县太爷，我买了这本书，有杀头的罪全在我一人，我也认了。"

俞中秀这一番大义担当的话，章学诚装着在睡，眯着眼，全听得清清楚楚。人心都是肉长的，想着妻子为买这本书，殚精竭虑地筹钱，为了让丈夫好好读这本书，又将窗纱捂得紧紧的。谁知父母竟然到自己房内，瞧自己的病。看《韩文考异》露馅了，妻子怀着六个月的身孕，跪在潮湿的地上，为自己苦口婆心给父母求情。其实，这也不是什么皇家禁书，父亲是不会说自己看书犯了王法的，只是认为这是一本不合时宜的书，不合举子业的书，所以父亲才变了脸色，话说重了些。叫自己的妻子吓成这样，一时心痛得如刀绞一般。心中暗暗发誓："好妻子，我这一辈子永远心里有你。白天看着你，晚上等着你，就是我成了道，化成风，你也在我心中。我一百辈子还做你的丈夫。中秀，中秀，我活着是你的夫，死了还是你的夫。咱们生生死死永远在一起，就算天打雷劈也绝不分手。我们少年夫妻成婚，三年少言语，四年合身子，五年将生育。我们生育的不仅是儿女，而是标志着我们成了真夫妻了。今晚，你为我长跪，就是跪咱们的长婚。人活在世上，认识一个妻子的心是容易的，而知道一个妻子的爱是多么艰难。今天我才知道你是为我风来为墙，雨来为房。"

章学诚想着想着泪就默默地流下来了，而那泪流得根本止都止不住。在红亮的灯光下，如血一般。史孺华看了大吃一惊道："你们再不要说话了，你们看黑蟒子眼中流出的是什么？儿媳，你快起来拿块白绫绢，擦了看黑蟒子眼中是泪，还是血？"

俞中秀看了也慌了神，赶忙去拿白绸绢。章镳一看，好像自己闯了祸了，心想自己三句对儿子恨铁不成钢的话，竟然让即将孕育孙子的儿媳妇跪地求情，儿子又默默地流出了那么红的劳什子，着实让他吓了一大跳。心想举子业又算什么东西，八股文又算什么东西，都没有我儿子的命重要。我家五代单传，我就这么一个宝贝儿子，就是中了进士，封了翰林又怎么样？儿子没有了好身体也等于白搭，儿子的好身体才是天下第一的大事，今后他愿意干什么就干什么吧！我这做父亲的再也不会说半个不字，就是他柯绍庚多么厉害，再有施廷龙知府的大后台，也不能给我赔上儿。若依照他的意见来逼迫我的儿子，我儿子还有小命吗？他看着儿子的脸特别白皙，好像有什么不测似的，一股父子慈爱之情涌上心来，想想儿子从小多病而又乖巧，实在让人可怜，就是有十个儿子，我这做父亲的都会偏爱他一个人。正是儿子出生才给他带来了好运，儿子出生第二年，自己就成了举人，三年后就得中进士。他想着好像没有儿子就没有他的一切，儿子就像他的领路人一样。儿子才是这个家庭的一切，想到这里，他自责，究竟给了儿子多少慈爱？

史孺华回头一看，看见章镳眼中也落下了丝丝的几滴什么，她一时惊慌起来。这时，俞中秀正好拿来了白绸绢。史孺华接过来，先往丈夫眼上擦了一下，看看没有什么异样，很是奇怪。

章镳急了眼道："你先看儿子到底是怎么回事？倒先擦起我的眼睛来，老婆子，你是老糊涂了，还是吓蒙了？"

史孺华不由得一惊说："我看到你的眼中也落了几滴血红血红的东西。我以为有其父必有其子，就先擦擦你的看看，你这多事的老头子。"

"快别打岔了，老婆子，都什么时候了，还这样无事忙的样子。史义遵的儿女都爱玩从容是不是？快看看儿子吧！"

史孺华本想狠狠地说章镳几句，想着还是看儿子的身子要紧，就拿着白绸绢，把那些眼泪擦了下来。一看只是些泪水，一颗心才放下来道："黑蟒子，我的儿！你有多少委屈快快说出，别存在心里，睡着了还流这泪水。这是要得大病的，只要说出来了，心里就亮堂了，人就不会落病根。儿啊！你这可是把你娘吓死了，你快说呀！说出你的心里话，父母也就放心了，你妻子也就放心了。"说着说着就哭了起来，一边哭一边亲儿子的脸。

章镳道："儿啊！假如你在学馆里受了老师的苛责，父母不能护犊子的。你要想到老师也是你父亲一样的人，他批评你，是为了你好。他苛责你，是为了你今后成个人。就是他打你几下，也是恨铁不成钢，为了你日后光宗耀祖。你回来总是说，柯老师是好人，是父亲一样的人。他就是一时说重了你，打重了你，你也要看到他的善良。为人有才，教学有方。对老师善良的人，才是大善。你要学你表哥杜秉和，像他那样善待自己的老师。你又有啥想不开的，如此默默流泪呢？你快说吧！"

章学诚听着母亲的哭，父亲的话，他仍然默默地躺在床上一言不发。他似乎知道柯绍庚老师就在门外，他依然大气不敢出。他仿佛觉得这场人生的悲剧，只有柯绍庚才是高潮，他等待着。

柯绍庚在门外看着这一切，再也忍不住了。他走进来昂着头：章学诚，你听了皇子侍读朱筠的一席话，你就要告别举子业了。但是老师告诉你，老师原是准备和朱筠要辩论一番的。不学举子业，今后有出路吗？时令文、八股文，有束缚人的一面，也有知识性的一面。就是古文，你认为千般好，不是古文也有无数的缺点，在完善着吗？古文不能和当今人们说话相通，不是更需要改造吗？就是中华诗词曲赋那么美，押韵合辙，对仗工整那些东西，是多么束缚人的手脚啊！那更是需要改造的东西。柯绍庚只是希望你不要全盘抛弃一切，全盘接受一切。为了自己的生活，学习所有的知识，你才能成一世大才，老师有这个预感！真正成人的爱生是你章学诚！"柯绍庚说完，放声大哭。仿佛把湖北人的九分聪明劲都哭出来了一样，他是在为自己一个真正的学生而哭。

章学诚慢慢地睁开眼睛，看看这些真心关心他的人。老师面部衰老，灰发黄肤，皱纹密布，嘴唇两边凹处，仿佛双颊被削去一样。父亲好像这几个月明显地瘦了，眼神比以前更深沉了，嘴唇上的胡子全白了，头顶上的华发全掉光了。就连那火热的眉毛，好像烧焦了一样，失去了往日的风采。而母亲美丽的脸庞，好像突然长出了浙江老年妇女的高颧骨。她的嘴唇上有无数的褶皱，好像在隐隐出血，美丽的大眼睛像是倒在地上的水一样干涸了，这是一张为儿女操碎了心的脸。他看后惊骇不已。再看看妻子泪眼婆娑如流水，一副伤心的面孔，如美丽的天空全是乌云，仅仅二十岁，秋天竟然提前落在了她的脸上。

章学诚轻轻地抬起头，你们的一番好心我深领了。朋友再好，朋友的话也不全是至理名言，关键是自己拿捏了。我不会把你们的好心当耳旁风的，也知道自己是吃几碗干饭的人。我性情呆滞，每日诵读书不过二三百句，不能长久看书。学习文字，那些虚字实词大多不能理解，怎么能不虚心地学习呢？对于八股文、时令文，举子之业，我将它作为一种人生的影子看待。影子是什么？有它就有我，有我就有它。

"中国古人是把影子当魔鬼的，希望爱生可不要那样把它们看扁了。"

"影子不是梦，因为梦永远是在前方。而影子是在人后边的，是一种如影随形。梦、人、影，是人一生变成了三个人啊，要不然，李白怎么说对影成三人呢？雁过留声，人过留影，老师，你就放心吧！"

"这是中国一千多年科举之理啊！"柯绍庚说完激情悲壮地走了。

"也是中国文化人的一种责任啊。"章镳意味深长地说完拉着老伴也走了。

湖北的春天总是很恶劣，冰雪漫天盖地是常事，阴冷的风雨不时偷袭着人们。连狗的咳嗽声和猪的呻吟声也此起彼落，叫人听得心酸。

十九岁，本来是人生最好的年华，一个沉重的打击向章学诚横过来了。

他刚刚在街上看到一本明代邓元锡撰写的《幽史》，一看就是仿照郑樵的《通志》而作，竟然以阴阳老少来配合撰写全书的上下篇。这种写法简直荒唐透顶，一派胡言，怎么能说服读书人呢？真是可笑至极！

他正这样想着，母亲过来告诉他："黑蟒子，你知道吗？有人把你爹爹参了一本，直接告到皇上那儿，皇上批给大理寺和吏部审查了。是你恩师柯绍庚从施廷龙那儿传来的话儿。"

"是因为何事？"

"'公门中好修行'。这是官场中人的座右铭。这话就是告诉衙门中人要行善积德，谁都知道善有善报，恶有恶报的道理。为了使官员避免遭报应，往往以救生为阳德，不肯轻易断人为死罪。谁都知道生者犹可为，死者不可活。如果判生者抵罪，等于又杀了一条人命。不仅有损阳德，也是为祖上蒙羞，后代蒙耻的事。你父亲特别信因果报应这个理儿。在一场官司中对被告可能判决稍轻，原告就这样告下了。"

章学诚听了心中酸酸地说："是一件什么样的蹊跷案子，嗯姆如此纠结于心？"

史孺华长叹一声，神色极为严峻，心中陡然升起一股怒火，将丈夫保存在家的卷宗拿给儿子看。原来有一家夫妇，有一儿一女。女儿为小，嫁了一户殷实人家，日子过得风调雨顺。谁知祸从天来，自己的娘家哥哥，自从结婚之后，变得又馋又懒，吃喝嫖赌，无所不为。妻子不仅不相劝，还和自己的丈夫一起胡作非为，从小偷小摸，发展到诈骗讹人，拐人孩子，卖人妻子，搞得村里四邻不安，鸡飞狗跳，人见人怕。他们原来有几十亩好田，也叫这对夫妇卖光了。父母不仅不敢教育，谁人要是说他儿子一句，马上和你翻脸。他们的女儿女婿，劝说父母要教育哥嫂，反被骂了出去。他们又去劝说哥嫂，哥嫂说他们站着说话不腰痛，要劝人先拿点钱来救救急再说。妹妹妹夫开始真心援助父母哥嫂，谁知欲壑难填，他们的援助只是杯水车薪，刚借了十两银子，一个时辰就赌光了。十两银子是妹妹家一年的积蓄，妹妹妹夫只好不敢管了。无赖的哥嫂哪能让这对善良的夫妇消停，今天去偷妹妹一头牛，明日去借妹夫一辆马车，连马都卖了反说没有借。后天又把妹妹的婆婆藏在荒草野坡中，拿了钱才能赎走。有一天妹妹妹夫正在田里耕作，听说娘家哥嫂又进家中，向妹妹的公婆索要钱财。妹妹公公好言相劝，无耻夫妇竟然拳脚相向，把妹妹的公婆打得呼天抢地干号。妹妹妹夫实在气不过，就上去和这对恶人打了起来。妹妹的公公怕瘦小的儿子吃亏，拿起一块土坷垃向那恶哥哥头上打了一下，这位恶人当场毙命。那恶嫂告到官府，官府将妹妹一家四口抓了起来。恶嫂死死咬住是妹妹亲手用一块砖头打死了亲哥哥，与她婆家人无干。

章学诚看了面露五味杂陈之色，母亲看了着急地问："你父亲究竟如何处置的？"

章学诚静静地看下去，原来父亲先是想：自古王法，杀人偿命。一查确系事出有因，而且两个村庄的人都对那娘家哥哥多有微词。妹妹村里五百多号人联名具保，那妹子勤劳纺织，孝敬公婆，温存丈夫，慈爱儿女。从木和邻里百舍红过脸，一致要求饶她一命。着实是一时气愤，情有可原。那娘家全村一千三百号人也递来了具保书，称赞妹妹为村里除一害，人心大快。也请县太爷，念天地一心，众口一词，饶那妹子一命。章镳经过详尽查验，就依了众人之说，判那妹子坐牢十年，妹夫家良田分给嫂子家十亩，以使嫂子一家今后好好生活。父亲这样判决，可谓万民欢呼，那恶嫂也具保同意。但过了半年，那恶嫂吃喝滥赌，旧习难改，又把十亩好田卖了，还了赌资，一家人又陷入水深火热之中。她又去县衙混闹。衙役们也没和父亲说，就将这恶嫂赶走了。这恶嫂真可谓本事大得要命，她从县里告到府里，府里又告到省里，省里又告到京城。

章学诚看后咽了口唾沫，气愤地说："父亲在'湖北应城，不枉民狱'，孩儿十分理解。这恶妇恶贯满盈，已不可救药，要和她讲道理等于零。这叫做恶人作祸，好人受过。不如由她告去，看她还能告翻了天不成，嗯姆不必担心。"

章学诚虽然对母亲这么说，但作为儿子，他对父亲哪能不担心呢？马上就黑云压城，风雨满楼了。他知道，知县就是朝廷最下边的官，掌管着一县的行政、钱粮、刑狱等，其职责大小事宜，无所不包。这样的国制，要求知县都是全能官员，无论行政、司法、教育、军事、士农工商样样精通。像父亲这样的人，只是考中秀才，又考中举人，再考中进士，一步一个台阶上来的官员，真可谓学非所用，用非所学。成天接待上头来视察的总督、巡抚、藩司、道台、知府各级官员。稍有不慎或招待不周，就会被一脚踢下台去。还得常常面对学政、军事、漕运、盐法等各专职衙门官员的督察。一位清正廉明的知县，历来对这些官员又敬又怕。不比那些贪墨之官，路子之野，也不能比一年清知府、十万雪花银那些官。他素知父亲是个两袖清风，一身正气之官，只会为民为人着想，不会为己为家谋利。虽然没有得罪一个蝇营狗苟之官，也没有用银子开路，巴结一个金银上司，结交一个酒肉朋友。大清皇朝一部《吏部处分则例》就达四十七卷一万条之多，知县公务稍有失误，便会导致参劾、罚俸、降级，甚至革职拿问。他听说过时下官场流行一句谚语："州县官如琉璃屏，触手便碎。"[1]

母亲又忐忑不安地说："你知道你爹爹是直肠子，对事不会拐弯，对人没有提防，官场上多少清廉也说不明，仕途上多少正气难伸张。"

"嗯姆，不必太着急，天地人心总是给好人活路的。"

章学诚虽然一味安慰母亲，他知道父亲更难以伸张的还在钱粮上呢。父亲来到应城这五年多，没有一年风调雨顺，前年大洪水，去年大风雪，今年又大旱灾。老百姓这么大的大灾大难，本应官府救济，可上边还是拨下来征收钱粮的天文数字，父亲数次申请告急，竟然一点儿也没有减少。父亲不忍心去收缴百姓那一点儿可怜的口粮，这样天灾人祸催逼，就给那般欺上瞒下的官员留下了口实，说父亲为官无能，没有一

---

[1] 鲍永军著《史学大师章学诚传》第21页，浙江人民出版社2007年史学评论版。

年完成征收钱粮赋税的职责。

母亲又一番忧心忡忡地询问："你父亲爱民如子，又断狱清明。虽有点儿不对官路子，也不至于对你父亲革职是问吧。"

章学诚看到母亲有这么好的心态，不如将实话告诉她："咱们母子虽然这么想，可是那些上边的官员多少年来，不见父亲上贡贿赂，更不见母亲去巴结走动，他们都横下心来，在考核升迁时说父亲断狱司法轻判，征收钱粮亏欠，鉴定父亲这两方面都出了大问题。"

母子俩正说着，突然天黑起来，从西边滚过阵阵黑云，接着狂风大作，在院子里乱窜，往屋里乱灌。这时只听偏房里一声婴儿的哭声。

史孺华打了个愣怔，说了声："黑蟒子！快去，叫郎中，你媳妇生了！"章学诚拔腿就往街上跑去。

史孺华走进偏房，看到儿媳在旋风中瑟瑟发抖。一个小婴儿脐带还连着儿媳妇的身体，冻得全身乌青，号哭不止。只见俞中秀拿了一片芦苇薄篾，在用劲地割她和婴儿的脐带。

史孺华长舒了一口气道："中秀！你为什么用芦篾儿断脐带呢？"

"我父亲给人接生，试验了剪子、刀子、芦篾儿几十样利器割脐带，只有用芦篾儿割断脐带，孩子才不会得脐带风。"

史孺华好　阵高兴，我真找了个好亲家，又不由得说："为什么不喊一声呢？我和你男人都在堂屋里，假如有个三长两短，我们家正在风雨飘摇之中，你可不能有病啊！"

"这几天我看爹爹和你都心中郁郁的，黑蟒子读书也用功。我出生在郎中之家，从小耳闻目睹多少女人生产。我点了几个穴位，身上一点儿也没有痛，孩子这不是就顺顺利利地生下来了。嗯姆尽管放心，我是会一点儿医道的。我和这小儿，不想烦二老和黑蟒子的。"

章学诚请来了郎中。俞中秀微微笑着说："黑蟒子你真是多此一举，麻烦人家先生。刮着这么大的风还来咱家，让嗯姆接生不是很顺利吗？"

郎中摸了摸产妇和婴儿的脉象说："母子平安，值得庆贺，还是个男婴啊！"

章学诚抱过儿子亲了一口说："但愿你能给全家禳灾灭祸，平安渡过这一关。"

这时章镳一步跨进屋说："我有孙子了，那七品官小小的官帽又算得了什么？那让人提心吊胆，生不带来，死不带走的劳什子，我不稀罕。一百个官帽子都比不了我一个孙子来到这世间使我幸福满足。从此啊，我将含饴弄孙，颐养天年了。谢谢你啊！小孙子，你给我带来了快乐！"

章学诚听了，知道父亲已经被罢官了。章学诚突然跪下道："爹爹，难得你如此从容豁达，令孩儿万分敬佩。今天你想吃什么好的，想喝什么好酒？我上街给你买去，今晚咱们爷儿俩和郎中一醉方休。"

史孺华进来说："郎中听说你父亲如此，感到来得不是时候。我给煮了几个喜蛋，他也不吃，背起药箱走了。"

蓦地，油灯花跳了一下，跳起的火焰照亮了整个房间。章学诚看到父亲好像在正告这个世界，任何失败都不能打垮一个善良正派的人。父亲炯炯有神地看完孙子，步子坚定地走了出去。他了解那步伐的意义，父亲放下重荷，将会把一生奉献给人心，让应城认识一个受冤屈的人，有怎样的一颗威武不能屈的心。

他们搬出县衙门一个月了，章镳全家租住了几间破旧的民房。因为如回到浙江老家，需要一大笔钱。他罢官后，虽然去看他的老百姓人山人海，带的土特产能摆一个大集市，他把那些推辞不了的土特产，全部送给了鳏寡孤独和穷人。来时上任做官，是有无数人送银子的。罢官回去，有些人想借机送一笔，来报答他的公平和清廉，他全都让人送了回去。他担心让人安个徒罪，死无葬身之地。没有钱回乡怎么办？自己一介书生能干什么，他考虑了三天：一是到一些文官武将的幕府做个幕僚参谋，这须有人请自己，恐怕依自己的人脉，现在不会有人请。二是去私人商行或米店做个师爷管家，但因为自己当过当地的知县，还没有哪家掌柜的好意思请他。三是去书院教书，当日罢官，天门书院就来了请柬，请他去做山长。他想了想，这倒是一条路。去当书院先生，一不丢面子，二可以挣些薪俸养活一家五口。儿子体弱多病，需要读书立世成人，自己的妻子儿媳妇道人家，手不能提，脚不能跑。只有依靠自己的一双脚，走向天门山了。

新县官鲁冠名来了，仅仅三天就升官坐堂，威风凛凛，好不气派。他要去旧衙门全部的账簿，东算西算算了一个多月。发现章镳仓库中钱粮亏空达九百九十九两银子零四十五个小制钱，立即派人来索要。章镳是个生性本分至极的人，又不想多事，就签字画押默认了。这笔钱，答应用书院教书俸薪保证归还。鲁冠名死也不同意，经常派人来催。上任第五天就让人催逼了三次，章镳想想自己为官一任时，就是对百姓钱粮亏欠，也下不了如此狠心催逼，让他感到催逼如勾魂之苦。

史孺华看见丈夫每日愁眉不展，不知因为何事，这两天来，竟然每天晚上唉声叹气。史孺华想男人有男人的脸面。她大着胆子问章镳为什么这样，章镳看看再也瞒不住家人，只好如实地给史孺华讲了。史孺华嫣然一笑，这又有何难，这五年多以来，她知道丈夫一介书生，正派至极，不屑敛财。她在应城馆舍，做了一只木盒，将平时节衣缩食积攒的银钱全部存入了其中，以备不时之需，这不是刚好派上了用场，他们夫妇叫上儿子共同去了馆舍，跟保管一说，签字画押之后，取回木盒，拿到租屋中，一数，"刚好一千多两"。①

章镳觉得自己一生的努力，不及有一个好妻子。新知县用可怜的手段，对待一个失势前任。我以活着的全部精力，发誓还清他的债，他仍不放过我。我相信天地在流转中轮回，他只要在应城为知县，也会有这样一天。内人啊，多亏了你，让一个男人有了活着的老脸。史孺华十分激动，我是你的妻子，你作为丈夫，以一毡布裹着来到这个世界，也会以一毡布裹着离开这个世界。你唱着歌来，赋着诗去，堂堂一个男子汉，这钱就是天地为你困难之用。我藏的银子，也是为你储备的精神啊！

章学诚买了一本《庾开府集》，有"春水望桃花"的好句子。考据却拘泥食古不化，引《月令章句》说："三月桃花水下。"这个考证显然味同嚼蜡，意趣索然了。父亲在书后评语则别具一格，应为："望桃花

---

① 清朱筠《笥河文集》卷一六《祭章学诚之母史孺人文》嘉庆八年（1803）刻本。

于春水之中。"这种解释，神思是何等通俗，何等美味无穷啊！这不是一种人格风骨吗？读书也是如此，一定要有创见，不为训诂所束缚，才能成一家之言。父子之情不也是如此吗？

父亲的"望桃花于春水之中"的评语，可谓山水秀气，人间精神，自成一家，反映了父亲真话古今的文采学养。由于他对父亲罢官后真诚的爱，形成了他特殊的人格魅力，这样历史就自然选择了章学诚，让这种艰难竭蹶的经历成为中国史学家生活的源泉，由他出任一个时代的担当。

父亲的人格就是学问啊！

第九章

天门悟道

乾隆二十二年（1757）早春，二十岁的章学诚送父亲去天门书院，一路上他看到阳光下的山林，感到这真是上天门之路。

章镳心想，一般人来到这山中，除三步一礼、五步一拜之外，谁又能想到子丑寅卯呢？只有久有凌云之志，才能在此吞吐天下，谈论社稷。这真是风云际会的天脉之地！章学诚看着父亲矍铄的背影，忽然感到老父的身上有一种大山的风骨，再也不是当年的以举子业为生的人了。前面有座南天门之庙，听说那里的偈帖比较灵，我去给父亲揭一出头之日帖吧。方丈看着父子不凡，直接迎出山门外，笑着领向了偈帖处。章学诚跪南天门，为慈父偈一帖。偈语：

> 十年等待不知愁，
> 五载上任独行秋。
> 父子欢聚山上望，
> 天地日月同心游。
> 千树万树荷花红，
> 一时二时京城钟。

明明喑喑四海月，

朦朦胧胧九州宫。

父子俩抖开偈帖，反反复复看了几遍，也没有看出什么玄机，感到只是一首催人进取的顺口溜而已。

突然从庙里出来一人，"偈语让我看看？"

章镳迎上前去道："施大人在此，在下有礼了。"章学诚一看也有点儿惊奇，德安知府施廷龙怎么也在这儿呢？他和父亲一同拜了拜，就赶紧退到父亲身后。

"我是专门前来迎接双渠兄的。"施廷龙说着接过了章镳递过来的偈帖。

他仔细看了看道："好帖，好帖，尤其老兄之子，前途不可限量啊！不仅要誉满荆楚，还要响彻五湖四海了，可喜可贺！只是后生可畏，要经过一番拼搏方能成事啊！"

"请问施大人在此等我有何见教啊？"章镳无比虔诚地问道。

施廷龙递了个眼色，意即在这外边不便说，他将章镳引入庙内坐下，他认为章镳的罢官不是湖北的耻辱，而是光荣。其两袖清风，一身正气，湖北官场，谁人可比？轻判牢狱，也是养人心的事。又有谁不佩服？所欠钱粮，谁不知是五年天灾所为？这是爱民如子，人之所敬，多少百姓为此喊冤叫屈，他都呈转给皇上了。他还为章镳奏了一本，请求到他府上任职，他在等章镳提拔的时日云云。"此两年骧衢（即章镳）先生主讲天门"。[1] 你现在有些事务必去做，就是要先做人，后做事。能做好一个知县，却难做一个书院山长！最主要的是有些人要特别注意。你章镳还没有到任，前任天门书院山长，就将书院锁了，说是让到蒋某某那儿取钥匙。他听说了，十分气愤。认为天下哪有这种理？他今天去了，叫衙役把锁砸了。明令章镳父子不到，衙役不撤。谁再给书院大门上锁，立即抓到牢里去，他就不信治不了。

---

① 胡适、姚名达著《章实斋年谱》第 36 页，1948 年 6 月 21 日，上海《申报》。

章镳坦然一笑，他是罢官之人，施大人总是处处事事为他着想，介绍他来天门山任事，大人情意没齿难忘！可是为什么撤掉蒋某某的山长，如果因为他来撤掉别人，还是不去的好。施廷龙气愤至极，撤掉山长是蒋某人自找的，其与大部分学生和家长都闹翻了。加倍收取学费，中饱私囊，全湖北人都知道了，这事与你章镳一点儿关系都没有。你尽管去，不要有半点胆怯。他想敲你一笔钱，做梦吧！书教成那样，还想几头通吃，真是个恬不知耻的家伙。

章学诚向施廷龙鞠了一躬，蒋某人教书挺好的，他教的学生得中三个举人，五个秀才，一个进士。其在北天门那儿另办了一所书院，仍然很有人脉！这是他亲口对我这个后生说的，我还想去上那书院呢。我父亲认为当老师的都教不了自己的儿子。

施廷龙一下子严肃起来，蒋某人如此不知羞耻地自吹自擂，其在天门山书院气数完了，从此以后整个湖北他都再难抬起头来。他们七个校董一致同意将其山长拿掉。蒋某人气不过，就在北天门山道，借了北天门庙的一处庙房，又借了几张供桌，十几把椅子招生。四十天过去了，一个学生都没有招到，他哪里来的一点儿人脉？请的三个秀才是去当老师的，不是去做学生的，而且答应高薪聘用。三位秀才真的也看穿了其人，三天前二人就全走了。蒋某人才想到锁天门书院，糊弄老实人。蒋某人这一个又一个的损招，只能搬起石头砸自己的脚，哪能得逞呢？我今天来的目的，就是给你章镳这个好心人说明白，你可以可怜狼，却不能可怜这样的人。

章镳只好先答应尽力而为，心里已全是善缘。

他又相劝章镳，双渠兄你这一辈子最大的失败，就是对于上面的事只是尽力而为，而应当全力照办。吃亏一次可以，不能一辈子都吃这样的亏啊！这可不是他一个人的意见，那是他们七位校董的意见。而他也不是校董董首，董首是省里的学政。他的儿子就要来这座书院读书，对于蒋某人的处置，你既要心中有数，还要一视同仁。你的为人，誉满湖北。他一提议章镳来做山长，全都同意，你切莫辜负了大家的一片心意，章镳点点头，将施廷龙送出百步之遥。

父子俩一路上山，章学诚想父亲做书院山长，真如烙大饼，鏊子两面烤，下面大火攻，正反都是人家的理。要使上面满意，校董满意，家长满意，学生满意，老师满意，五位一体，缺一不可。一艺虽在手，百口却难调。不如找个轻闲处去干，不是应城书院、宜昌书院也请了吗？

章镳淡然一笑，在中国，只要当过知县的人，什么事儿都能干得了，什么风浪都能经受得了。三千年的历史长河中，你听说知县有好的，有坏的，有有才的，有无才的，有一个自杀的吗？干一个小小的书院山长，只是小菜一碟。我不会三心二意的！

父子俩一路走着，忽见前面一队官兵，押着一个人过来。章镳父子都认识，这就是前任山长蒋雍植，安徽怀宁人，乾隆十九年（1754）中书舍人（清朝廷秘书），一时声名鹊起。因写的一份诏旨，引得乾隆火冒三丈，被罢了官，才来湖北天门被聘为书院山长。其血气方刚，年少气盛，没有什么理政经验，和上上下下关系闹得很僵，师生反感，成为众矢之的被解聘。一时气不过，说了一些出格的话，办了一些出格的事。

章镳一看都是自己当应城知县时的一班衙役，喝道："班头，你们怎么这样对付一位读书人？"

班头道："章老爷，不是我们要捕他走，而是他自辱斯文，要锁书院大门。我们受知府大人之命，锁大门者，要押入大牢，服罪十年呢！"

蒋雍植一听，扑通一声跪在章镳面前："双渠兄救我，是我一时糊涂，竟然自闯虎口。走了这十里山路，我想明白了，千错万错是我的错。"说着泪就下来了。

"雍植老弟，你是否刚刚喝酒了，怎么一个文人弄成满身酒气，如醉鬼一般行事？"

"这几天我气不过，天天喝三斤酒壮胆子，就是要争一争的，现在酒醒了。"

"真想改了，从此要做文人了？"

"真真地改了，做不成文人做武人，也不能如此不顾体面。"

"班头，给我一个人情，把他放了。此事回去不可告诉任何人，包括施大人。只说他没闹事，没锁门，你们也就没抓人。"

班头道："什么人情不人情，我们也不愿让一个文人去坐十年大牢。大人既然这样说，也是让我做善事，积阴德的大好事。大人让我们做，我们还感激不尽呢！"说着就将蒋雍植放了。

天门书院背靠天门山，有几十间校舍阁楼，与对面柳绿花红的山坡高下相间，天门书院中成百上千棵苍松翠柏摇曳生姿，一棵花红正旺的海棠树，形成万山丛中一点红的鲜亮。父子俩在这里安顿下来，章镳想现在家贫如洗，儿子就在我手下免费读书，不是省了许多钱粮？章镳对儿子既不过分严苛地管教，也从不溺爱，有事总是商量着来，就像一对好朋友。不过他随时告诫儿子，一张年轻人的嘴，不是光说漂亮话，更重要的是说最恰当的话，这就是父亲叫你时刻要注意的。章学诚看了看父亲真诚的眼神，父亲十五年前教学生有教无类，却常常把我当另类，现在父亲把我当成有教无类的人，岂不就父子同心了。

天门书院占地百亩，学生达两千多人，老师近百人。无论从教学的规模上、教授类别上还是教学设施上，如果拿章学诚曾经就学的凌风私塾、应城馆舍与之相比，就如一个天上，一个地下。这里不仅风光优美，而且教学程序合理，教授课程正规。章学诚心中好像来了一股子灵气，从今天起，天门书院再也没有呆滞昏庸的章学诚了，只有一个骎骎向长的章实斋了，这里将是我人生的一个新的坐标，是乘长风破万里浪的一个新小伙子。

天门书院可谓人才济济，这里的学生既有十几岁的少年，也有七十多岁的老者。既有家财万贯的富豪子弟，也有卖屋卖田求学的有志者。既有少年得志的秀才举人，也有六十年不中的童生。既有专心读书的智者，也有以读书为由躲避父母打骂唠叨的少爷。既有热衷古文的书痴，也有苦钻时文八股的呆滞。既有淳朴厚道之人，也有偷盗讹诈之徒。要想找好人，人间都难寻这样的好人，要想寻恶人，天上人间你都可能不信有那么恶的人。与章学诚同堂学习的有四十多人。有一个坐在章学诚旁边的人，名叫吴水城，是应城有名钱庄第一富豪的儿子。

有一天，他趁着还没有上课时问章学诚："你的妻子那么漂亮，你到这天门山上，怎么受得了？况且叫你那俞中秀想得怎么受得了？你如果不下山，不如让我下山去怎么样？"

"啪！"章学诚给了他一个大嘴巴。

"你，你，你太无耻了，如此神圣之地，你竟然说出这种卑鄙的话来。"

谁知这吴水城竟是一个大无赖，仅仅挨了一巴掌，马上躺在地上大喊大叫："老师儿子打死人了，我快被打死了，同学们快救命啊！老师救命啊！"

大家你一言我一语争了起来，

"老师儿子为什么打你？你说话太下流了！"

"说是说，打是打，君子动口不动手，老师儿子打人就不对！"

"我说该打，打死活该！"

"我说不该打，都是同学，为一句话不能打人。"

"打得好！对这样的人打死算了，留在世上，全天下都丢人！"

"横竖是根草，好赖是个人，何况都是同学，干吗要打他？"

四十几名同学几乎是一半对一半，粗喉咙大嗓门互相争了起来，课堂吵成一锅粥，整个书院都听得到，山长教的班好像打炮了一样。章镳正在批改作业，听到自己所带的班级吵如过年放爆竹，他推门一看，有的已经在互相推搡，马上就要打起来了。

章镳走进教室用尽平生的力气大喝一声："谁都不准吵了，都坐到座位上去！"

吴水城却还是躺在地上，他跑过去问："吴水城，你为什么不起来？"

那泼皮竟然大哭了起来："老师你要为我做主啊！我是你儿子打的，你要管管你儿子，你可不能护犊子呀。"说着说着，还一把鼻涕，一把泪地乱甩，一把鼻涕还甩到章学诚的脸上。

章镳什么也没有说，瞪着眼睛看了儿子半天。从儿子的脸上看到，这是一张多么委屈的脸。他知道儿子从小不是惹是生非的人，章镳面对这样的无赖，有了对付的方法。他让周天意、王伸民将他抬到学校郎中那儿去。吴水城一看这两人来到面前，知道都是自己的冤家对头。有一次因为在周天意鞋子前吐了口唾沫，周天意认为侮辱了他，竟拐别着吴水城的小手指头，让吴水城痛得喊着爹，将唾沫给舔了个干净。从此他见了周天意如亲爹一样尊重，周天意只看了他一眼，他就一个打挺站了起来："让章学诚陪着我去看学校郎中吧！"

章镳说："我陪你去，他不知学校郎中在哪个房子呢。"

到了学校郎中那儿，章镳给郎中使了个眼色，郎中心领神会，检查了一会儿，"你的脉象很好，没有什么病！"

"我的脸让人打坏了，痛得要命。"

郎中说："看不出来哪儿被人打了，你实在感到太痛，我有办法。"说着拿出半尺长的一支银针，就要往脸上扎。

那吴水城顿时吓得没魂一样，大呼："郎中，我从小怕扎针，特爱晕针。"

郎中道："我给人扎针，从不会让人晕针，没有一点儿事，你就放心好了。"

"郎中，我的伤好了，一点儿也不痛了，求你了，求你了，别给我扎针了。"

章镳和郎中都会意地笑了。事情虽然就这样风平浪静地过去了，事后，章镳从几个学生那儿了解清楚了事情的来龙去脉。他感到由于自己当老师，儿子没交学费，儿子才受了这么大的委屈，连公平申诉的机会都没有。又感到儿子正是仗着自己是老师，才敢以那弱不禁风之躯打那样五大三粗之人，让那不肖之人抓住了自己的小辫子。真是时人说的，再好的老师，是教不出自己儿子的。他想找儿子谈一谈，让儿子下山，到应城书院求学去，说不定还能成为一世人才。

他正这样想着，周天意来报告："章学诚晚上在操场正背书，挨了别人一黑石头，打得头破血流已经昏了过去。几个学生已将他送到书院郎中那儿去了。"

章镳赶到郎中室，看到儿子已经醒了过来，只是血流满面。郎中已给包扎了。石子是斜着沿脖子划过去的，擦到了皮，没有伤到筋骨。是这山中有几群猿猴，一到天黑就乱甩流石。猿猴的眼睛长得特别，晚上看甩的流石有火光，咱们人是看不到的。过去山长是严禁学生晚上到操场上去的，因为以前猿猴也打伤了好几个学生，还把一个七十八岁的老童生一石子给打死了，小石子打进后脑勺里，死了也没取出来。章镳点点头想明日天亮之后，大家集合，他专门讲一讲这件事。

这时吴水城进来道："老师，你儿子可不是我报复打伤的。同学们都可证明，刚刚我在教室的，你可不能冤枉我。"

章镳只好哄小孩子一样地说："你是好人，你没有打，谁也没有怀疑你。"

章学诚养了半个月的伤才好，章镳慈爱地向儿子摇摇头，你也看到了，你在这儿读书，当父亲的又有多么作难。儿子不适宜在天门山书院读书，来了就这么不顺，大事已出两场。人说，再一再二不能再三。他怕再出什么事，儿子有个三长两短，既对不起妻子，也对不起儿孙。

章学诚反而轻松地向父亲昂起头说，他想走了。看样子他这一辈子与书院教育无缘。不过仅仅这一两个月的正规教育，使他的悟性突飞猛进，"非凡人生过二十岁，皆可一日而千里也"。[1] 父亲教给他的学问，如千里马一样不可阻挡。他纵览群书，对五经的训诂之道有了领会，对历史方志之书，眼睛一接触，就能将平时所学的知识用于其中，知道这些史书方志的利弊得失了。随口能举出例证和根据，说出其不当之处和写得精妙之语。同二十岁之前相比，就像换了一个人。

章镳提醒儿子，志气可以大，说话不可大！

章学诚很有自知之明，绝不是他话大，他这几天养病，到书院藏书室看了十几部书，和许多老师及老童生谈起这些书中的日月之经，天地之理，人们都认为他是读了一部叫《史通》的书，才有如此深刻的说法。其实他是从来没见过《史通》的，书院里也没有这部书。他知道不是这个原因，就是父亲这一两个月给他的启发。他理解了父亲的慈爱之心，明天他就走。他回去就这样读书，不是一样可以成人吗？

章学诚回到应城，家中算是有了不少活气儿。母亲每日纺线织布，

---

[1] 清章学诚著，仓修良编注《文史通义新编新注》外篇三，家书六，浙江古籍出版社2005年版。

一月能织上一匹布，拿到市上去也能卖一两银子。除去本钱，也能净赚半两银子，就是新任知县收税太重，总要再盘剥二成利去。不过剩下三分利，难以维持四口之家的日常开销，只好由中秀绣个槟榔包儿，或挑个樱花垫儿，还能仅够着全家吃饱。章学诚看看家中落到这步田地，全家好像都为了自己劳作挣钱。只有自己一个大活人，这样让全家养着，坐吃山空。又想着父亲那般艰难教书做人，不觉有点儿惭愧，落下几滴泪来。

忽又意识到自己没有考取什么功名，只是个白丁。父母对自己慈爱有加，自己都二十岁之人了，挣不来一分钱，真是对不住二老。又想到中秀，素来贤惠有加，在家中这多事之秋，她的肚子还是又大了起来，自然是又怀上孩子无疑了。贫穷之家，就怕增丁加口，可是孩子却一年一个从老婆的肚子里蹦了出来。为了这一层，小夫妻疏远了不少。想到此际，不觉脸红心热起来，拿着书都不知看到哪儿去了，便把书放到桌上，吹灭了书房的灯，走到妻子绣花的床边。看着妻子的芳容，不觉手伸到自己小腿下面，隔靴搔痒起来。

中秀正在绣一对鸳鸯包儿，见是丈夫来，只身让坐。章学诚赶忙坐下来，你这几天喜身子可是大好了？就是喜呕不是病，咱是不是找郎中看看？手头就是再紧，咱也不能可惜这儿个小制钱。中秀回头望了他一眼，你就放心吧，早就不呕了，也不害馋了，吃饭都吃两大碗，还看郎中？穷得光腚猴子一般，还烧包什么。你现在读什么书？柯绍庚老师虽然现在没有时间单独教导你，前儿还在街上碰见问你呢！叫你还是多往八股文上上心，别忘了举子业才是人生大事业。

"真是一日为师，终身为父。烦他老人家老是想着我。"

这时一个老妈子一样的婆婆在门外道："这是原来知县章老爷家吗？"

中秀站起来说："就是，你有何事？"

那女人抬脚迈进房内道："我是新任县太爷的夫人，有人让我亲自给史老夫人送一钵德安枣花蜜，有几句话说给她。"

"谁送的？"

"施廷龙知府的夫人。"

中秀道："你等等，我去回婆母一声。"

婆母正在纺线，赶快将棉花穗子收起来，拿走纺车。中堂有了站脚坐下说话的地方，就叫中秀去迎。那老婆子跟在中秀后边说："我听人说，章老夫人的儿媳妇是天下第一美人，长得如牡丹一样。我看你那丈夫，可真是丑死了。真是一朵鲜花插在牛粪上，要是我，上吊跳河也不跟他过。"

中秀回头一看，丈夫就跟在这老婆子的后面。怎么也不会想到一个县太爷的夫人，说话竟如此粗鲁。就赶忙岔开话头说："夫人，你走了那么远的路，累了吧，蜜钵子还是我拿着吧！"

老婆子嗔嗔地笑着："你长得天仙似的，我怎么舍得让你拿，还是我来拿吧！不要叫施夫人知道了，说我没将礼儿交到史夫人手上。我要是你那个丑八怪男人，我就三更捧着你走，晚上驮着你睡。哪能让你挺着个大肚子，为他们家东奔西走的。"

中秀听这老婆子说话越来越造次，就说道："夫人，这处房产原来是庙宇，住的都是神仙，在这里说话做事都得谨言慎行的，你最好少说几句。免得神仙怨我们多嘴多舌，让人舌头上害瘟疫呢。"

老婆子吐了一下舌头，半惊不傻地一句多余的话也不敢说了。到了堂屋，史孺华赶紧捧茶敬老婆子。

老婆子道："我哪有工夫坐下喝茶，我那四个儿子如同四个土匪，马上放学回来就吃饭，吃得如同猪一般多，我得赶紧回去做饭。施夫人除了送这大礼外，还让我告诉你，你们一家不要想不开，有时间到她那儿散散心。都是老人，情分记在心里的。"

说完一扭身子，也不招呼，脚擂鼓一样咚、咚、咚地走了，一边走一边嘟囔着："竟然养了这么个难看的儿子，鬼见了都害怕。"

史孺华看那老婆子走远了说："这老婆子，真是个不清头，你懂得天下一丁点儿理吗？长得好的，当不了天王力士，长得俊的，成不了天才真人。"

中秀说："别理那傻老婆子，我看这钵蜜，不如让章学诚去送给父亲，他在那里教书那么辛苦。"说完向婆母使了个眼色。

史孺华会意地说:"那章学诚你就去吧,蜜你们留下些,你正在怀孕,让我那小孙子也尝尝。"

"都给爹爹送去吧!我还年轻,孩子也小,好吃的以后多着呢,章学诚你现在就去吧!"

章学诚咬着嘴唇一句话也不想说,那老婆子对自己的说三道四,让他憋了一肚子气。他依然笑着,我去可能在那儿待两个月,等爹爹放假一同回来。

到了天门书院,章学诚得知父亲到汉口去办事了,半个月才能回来,他把蜜钵放到父亲的卧室,把父亲换下的脏衣服放进包里就走了。

热爱风光旖旎的大自然,热爱祖国山川大地,是章学诚一生的性格,可谓真正的读万卷书,走万里路。他在少年时,即与友游会稽山水;在中年时,走南闯北,尤其对华夏山川形势,莫不熟悉;在60岁时,又去扬州游山玩水休养身心,可谓"人生爱好在天然,方能挥笔写江山"。当其在穷困潦倒中,竟能如春风杨柳时,显示出其人生发展脉络,该有着多么巨大的人格魅力啊。

他在这青年之时,曾隐居在天门山中面壁思考,下面就是他人生中这段最重要的经历。

他拐进天门山的一处悬崖峭壁,走了三里路,看到一个山洞,就如一把大茶壶的模样,吸进太阳的光明,吐出新鲜的气息,好像是一个聪明的智者住室,里边还铺着干草,看样子是打猎人曾经住过的地方。周围全是野果野茶树,旁边一条山泉流过。这儿真不愧是茶圣陆羽的故乡,在这里待一辈子,也不会饿死的。章学诚决定在这里住些日子。整整七天,他没吃一点儿东西,背对溶洞,面壁两月,像佛爷一样地打坐,蚊虫来叮咬他,他依然不动声色,豺狼熊豹向洞内探头,看看他岿然不动的样子,吓得倒退而去。他想着自己馆舍求学断了后路,书院求学走了弯路,家中苦读连傻婆子都辱其丑,自己向何处去,何处才是自己的归宿?面对万古云天他豁然开朗。

章学诚一洞两月面壁,悟道万古云霄,脑子里已经在悄悄地酝酿着一个风暴,一个精神的风暴。他大喊三声:

"我很丑，但有志气。"

"天地生人，斯有道矣！"

"学习众人，斯为圣人！"

"章学诚这些思想包含了深刻的辩证法思想的合理内核"。青年的他"很像黑格尔式的方法和体系的矛盾，尽管他并没有黑格尔式的对于人类自我意识发展的历史与逻辑之统一的精致而深刻的揭示，也没有黑格尔的鸟瞰世界历史进程的博大和精深，但在当时的中国国情下，已属难能可贵，他的探索方向与黑格尔是一致的"。①

---

① 萧萐父、许苏民著《明清启蒙学术流变》第 503 页，人民出版社 2013 年版。

第十章 赴京莘莘大端

乾隆二十三年（1758）章学诚出山正是二十一岁生日这一天。他发了一个大毒誓，应当给父亲一点儿希望，给家中一点儿惊喜。人一发愤，神鬼都怕。男子汉的决心不是随便下的。他突然听说武昌举行府试考秀才，凭着两月的自悟，他决定去考一下，看看自己的真本事。虽然没摸什么书，去了连考五天，他三场考试连捷，半个月后金榜题名，算是考中了正科秀才。发榜后他感到总算给了父亲和全家一点儿安慰，决定回家看看。

在湖北孝感的柯绍庚首先得知，脸上顿时万丈光芒，而远在湖北应城的章镳全家却是阴霾漫天，家里已经乱成了一锅粥，因为章学诚已出走三个多月。父亲放假回家，说是在天门书院从来没有见过儿子。只听一位老师说，章学诚来过了。

母亲说："章学诚给你送枣花蜜一直未归。"全家深感蹊跷，孙儿贻选哭着要爹爹，一时勾起两位老人思儿心切，决定出外寻找。

中秀却表示，章学诚是你们的儿子，你们尽管放心，他不是那种着三不着四的人，他可能去干什么他认为的大事去了。那日他走时，我就看他那嘴唇，好像要发什么大血誓。那两个眼珠子直直地瞪着，像是不明白世间的道理，他要去寻找了。请公婆相信，从今日起，我吃斋念佛，只服侍公婆，照顾好三个孙子孙女，再过几个月，再给你们生一个孙男嫡女，我养好他们。能等到他回来，是我的福分，如果他一百年不回来，我也自修行一辈子。说着将翡翠镯子拍作两段，留公婆一半，径自循着孙儿的哭声去了。这一日家中正愁眉不展，衙役送来了喜报，说是章学诚考中了秀才，正在报名准备后年赴京参加顺天乡试呢。章镳老两口和中秀这才算一块石头落了地，知道章学诚是去长志气了。

全家人正高兴之际，章学诚回来了。首先拜望了父母："二老知道，这小小府试，只是微不足道的小菜一碟，实在不值得庆贺。要是摆桌子叫邻舍庆贺，不叫人们笑掉了大牙。"

好多人来看这位新科秀才，好像金刚力士一样恶丑恶丑的，个个都倒抽了几口冷气，将贺喜红包和土特产礼物放下就吓得赶快回去了。

章学诚却认为，这些礼物是父亲五年清官的人脉，应城的人心。县里的秀才十多个，这绝不是送给我一个丑秀才的！自从回到家中，他好像换了一个人似的，不言不语，一心读书。令章镳感到奇怪的是，他竟然大部分读的是志书。对于八股文却依然很少触及，章镳实在不知儿子是用什么方法打动了考官，通过了这森严的一级考试。章学诚在家待了一年多，二十三岁生日那天对父母略表心迹，想赴京参加顺天乡试，这虽是科举考试的第二级，又是秋闱，也是正科，但他认为并不重要，他赴京真正的目的，是要去办一件机密大事。三五年是不可能办成的，十年八年也难办成，可能要用他一生的精力才能办成。请二老不要以他乡试是否得中为念，无意得中是章家的福分，一辈子考不中，他也认了今生，父母也不要心存芥蒂，只是知道他的心意就行了。

父亲点点头，人生在世，功名利禄，只是蝇头小利。有大机密之人，有大志气之心才是正经。他相信儿子说得出来，就能干得出来。母亲眼含热泪，她觉得有大密大志的人，都是大苦大难的人。儿子那身子骨受得了吗？章学诚淡然一笑。

章学诚的父母是高贵文明的，他们知道每一个儿女都有不愿在父母面前暴露的一些个人的隐秘，不愿亲人在他们没有成功之前东询西问。

他们知道这是儿子的特殊性格，也是儿子的"痒痒肉"，问多了儿子只会哈哈一笑而已，是永远得不到正面回答的。

章学诚的大机密是什么呢？就是"陈编具在，何贵重事编摩？专门之业，自具体要。若郑氏《通志》，卓识名理，独见别裁，古人不能任其先声，后代不能出其规范。虽事实无殊旧录，而辨名正物，诸子之意，寓于史裁，终为不朽之业矣"[①]。"独见别裁""不朽之业"也是他一生的最宝贵的品格。

第二天一早，章学诚拜别了父母，亲了两对儿女，又亲了妻子后说："中秀，你这样一个标致人，却遇到了我这样一个常常对你冷面冷心、无情无义的人。真难为你这样真心真意待我。"

中秀道："章学诚，你放心吧，你一年不回来，我等你一年。你一辈子不回来，我依然为你养儿育女，为二老养老送终。"

乾隆二十五年（1760）谷雨那天，章学诚仰天大笑出门去，踏上了第一次赴京求学的征途。临走时，父亲交给他一封信，还难过地写了一张小纸条：这是你第一次离家远游，中途一定要休息上半个月再走。因为你的身子骨太弱，经不住那么长途的旅途劳顿。你经过河南开封氾水县时，顺路拜访一下县令陈执无。他是"乾隆十八年湖北乡试时所取的举人"[②]，考前我教他许多考试的窍门，由此得中。他屡次要来湖北报我的大恩大德，你不如此不能了却他此生心愿。你顺便去一趟，也算还了他的一个愿吧。

章学诚接过信和纸条，含泪扭头而去。

走了二十三天，到了氾水县，将信呈给衙役。一会儿陈执无就赶了来："章学诚弟，恩师恩母身体可否康健？"

"身子骨倒还硬朗，没病没灾的。"

陈执无叙述了当年恩师恩母怎样帮助他的情形，他家里贫穷，到了应城，没有钱住店，就在一屋檐下露宿了。晚上大风大雨来袭，第二天

---

① 《章氏遗书》卷三，内篇四。

② 鲍永军著《史学大师章学诚传》第 26 页，浙江人民出版社 2007 年史学评论版。

早上冻得发起高烧。师母路过，让人抬到家中，不仅治好了病，恩师还教导他许多为人之道和考试之理。那为人之道还大半都是试卷之题，恩师真神人也！要不是恩师恩母，哪有他这孤儿的今日呢？他表示要夺章学诚的父慈母爱之情，章学诚的父母，就是他的父母。二老百岁之时，他也定要为他们披麻戴孝。

谁知章学诚看着他发誓时，竟然就昏了过去，可把陈执无吓得一魂升天，二魄出窍，赶忙叫来了郎中，郎中一把脉道："只是路上风霜侵袭，一到了安逸地方就病倒了。只要好生将息十天半月的，身子骨结实了，自然就好了。"

陈执无赶忙吩咐家人，去寻来养生之物，三天牛奶鸡蛋补，十天羊羔鸡鱼养，又配些蔬果加以调理，仅仅半个月，章学诚就身强力壮起来。章学诚休养生息地游山玩水半个月。陈执无公务繁忙，不能相陪，就派了一个小衙役当随从。这小子名叫南儿，十五六岁，能说会道，常常逗得章学诚哭笑不得。

有一天，走到县城郊外，看到一只大黄狗汪汪直叫。章学诚想大摇大摆走过去，南儿赶忙道："爷爷，你千万不能过去，这只黄狗是大财主黄三家的。成天吠声盈天，吓唬路人。它往门口一站，行人没有敢过去的。尤其蹲在那儿时最可怕，一副面善心恶、如狼似虎的样子。蹲着一脸静，冲出要人命，明是一条狗，实是一头狼。它的眼就如两个绿灯泡子，那血盆大口就是虎口。你不信，爷爷你走过去试试，它立马能把你撕成肉酱。"

"天下所有的狗，你不惹它，它不惹你。我们以礼待人，都礼多人不怪，我们要是以礼待狗，它能咬我们吗？"章学诚故意逗南儿道。

南儿道："不是你老爷请我吃了几杯酒我胡说八道，这都是你们文化人的天真。天下疯狗，你就是离它远远的，它也会咬你。地上的恶狗，你就是不理它，你不顺它的眼，它也会无缘无故地撕你。这条大黄狗，是又疯又恶还外表狡黠无比。只要看着你在它面前直着腰走路，它就会不声不响袭击你，然后把你咬成烂羊头。它只要看你比它家主人标致富有，它也会悄悄地冲出来咬你个狗不理才算罢休。到现在，已经咬伤了八十多个人，还咬死了五个人。"

章学诚道："这样一条恶狗咬死人，难道就没人告，没人管吗？"

南儿道："这泛水自古风俗，杀人偿命，狗咬死人却不偿命，所以养恶狗风俗大盛。我们知县大老爷管了几起这种伤风败俗的事儿，当地那些恶棍为此反诬老爷，向上告状的特多，老爷以后也就没心管了。"

"那如果人把狗打死了呢？"

"也没人管！"

只见这时，一对父女走了过来。那条大黄狗，一下子冲了出来，照着姑娘就咬。那父亲也吓得手足无措，一下子瘫倒在地上。姑娘惨叫着："救命啊，狗咬死人了！"狗咬了她的腿，又咬她的手。她用手挥舞，狗又向她脸上咬去。姑娘一声声惨叫着，章学诚心急如焚，他一把将旁边一个农民手上的锄头夺下，飞也似的冲向了大黄狗。向着那狗头就是一锄头，那大黄狗转身一个滚子，看见有人打它，直立起来，飞一样扑向了章学诚，下口就咬。章学诚照着那血盆大口，当正一下打去，打得那狗翻到地上。它瞅准章学诚下边腿中的空当，张口又向裤裆咬米。章学诚一个跳步，又顺手一锄头砸向了那狗头，砸了个正着，只见狗血喷头，狗头进裂，狗脑四溅，他一脚把狗踢入护城渠内，那狗当场毙命。

这时黄三从家里冲出来，带了四个家丁就要来打章学诚。

南儿大喊道："黄三休得无礼，这是知县大老爷比亲兄弟还要亲的弟弟，你如果敢动他一根毫毛，我让你全家没几个活着的。"

一个家丁对黄三道："鬼怕恶人，狗怕恶人。你看这人一脸恶相，是惹不得，咱们还是好汉不吃眼前亏吧！"

黄三一下服了软，说："冒犯了！"拜了拜章学诚就走。

回头对那父女道："跑了和尚跑不了庙，咱们后会有期。"

那父女吓得直向章学诚磕头，那父亲看章学诚一身正气，倒像是个知书达理的人，就说望先生救人救个彻底吧！让知县大老爷治治黄三吧！否则，我们父女就难有活命了。章学诚赶紧让父女起来，说他明日起程离开前会和陈知县讲，一定保护你！拿锄头的老农眼珠子转了三下，曾家农，你女儿挑了一百个也没有一个看上眼的，你不如将女儿嫁与这后生，就没人敢再欺负你们父女了。曾家农乐了，那敢情好，后生可同意吗？章学诚立即沉下脸，我已经有妻儿了，你们就别提了。那曾家女子却一本正经起来，就是做小妾也愿一辈子服侍大哥大嫂。章学诚立马回绝，那也不行，婚姻大事，父母之命，媒妁之言，过路之人，怎么能在此成婚。有人出点子，一日为兄，终身为父。陈知县是你大哥，曾家父女求陈知县，他能有不应的？章学诚故意岔开这件事，这小女子叫狗咬伤了没有？先治伤要紧，再莫说一句这种玩笑话。曾家姑娘仍然不依不饶，她一直防着那狗，挣扎得快，狗一点儿也没咬到她。又加之救得及时，她身上好好的。他们父女全是真心，你明日走，今日就可成婚啊。章学诚摊牌，父亲是罢官之人，全家穷困潦倒，养活不了你的。曾家老汉表示他家有百十亩田，有养家糊口之资，请官人放心就是。

陈执无听说章学诚打死了黄三家的恶狗，害怕他吃亏，就赶了来。把这事听了个实实在在，背后说："章学诚弟，我倒同意这么做，你就抗拒不如从命吧！"

章学诚只好点点头，不禁一阵悲上心来，心中酸了好久。他想着自己一生给父母、给妻儿带来了多少辛酸苦辣。路过河南，又将带累这么善良的一家人，想着泪流满面。陈执无见章学诚难过的样子，他的心一下子悬了起来。寻思今日趁热打铁，就把这婚事办了。婚配之后，让章学诚尽管赴京赶考，他虽然忙，但仍然可派人将章学诚新纳曾氏小妾送往湖北应城。但此时不好多说，只用一双会说话的眼挑着章学诚。

章学诚木木讷讷地看了他一眼，百思不得其解。到了衙门陈执无拉着章学诚进了内厅笑了，他让人将洞房布置得十分温馨。当晚章学诚就入了洞房，温存了一番，进入了温柔乡。

梦中突然柯绍庚老师来到他的面前，章学诚，你不要忘了，你就是中国的一块招牌，我要走了，我的心全寄托在你身上了，我这样一个贡生，就这样终老山林了。章学诚一个激灵醒了，知道柯老师往天堂而去。因为他赴京前看过一回老人家，百病缠身。在这喜床上，做了这样一场大悲的梦，他也不敢哭泣，早上起来，去买了几道纸，几把香，在汜水河边烧了，算是尽了点师生之谊。

回到汜水县衙，陈执无已将饯行酒桌摆好："只是我派人将曾氏送往你父母处，你萍踪浪迹，不知何日归去。曾氏赴公婆处，你得留一点儿礼给曾氏。人家依此信物，才好见你父母。"

章学诚欣然写下了几个漂亮的柳体字：荒村狗咬美人鱼，仗义打入落水渠。肝胆相照重逢意，史魂剑胆兄长举。说毕大家饮了三杯酒，章学诚上马作别，赴京赶考。

有马驰骋就是快得多，一千多里路，五天就到了北京城。到浙江会馆寻租投宿之地。浙江会馆主持章家族爷带信章允功，章允功夫妇亲自来接，他家虽然贫寒，但妻子荀氏看重宗族情谊，待人热情。道墟族人进京，大多住宿他家。

章学诚深谢："难得兄嫂这般古道热肠，收留我这穷困潦倒之人。"

到了北京南城，章允功夫妇忙前忙后安排住下。章学诚和他对了族谱，他们是还没有出五服的堂兄弟。章允功表示章氏家族的来这儿住过的有一百多人，章学诚是他最近的兄弟。他家虽迁来京城四世近百年，考取大功名的不多，章学诚父亲海选知县是较有名的一个。现在北京城章氏家族有一百多家，而"真正好学的有族孙章文钦、章守一以及章文钦的族侄章廷枫"。① 其他都不过是附庸风雅或为生计奔波之人。

章学诚在允功家住了四天，章廷枫按孙辈给族爷接风之礼，请章学诚小酌，给他摘抄来了会试详尽的资料，今年顺天府乡试在京城南隅崇文门内，定于八月举行。共分三场。九日第一场，十二日第二场，十五日第三场。每场均于前一日领卷入场，后一日交卷出场。

章学诚问道："章氏子孙有几个参加的？"

廷枫道："就是你一人，只要你安分守己，随份考试，做个顶天立地的人，考前我领你进去，考后我接你出来，章学诚爷，你尽管放心考试就是了。"

"考的什么内容？"

---

① 胡适、姚名达著《章实斋年谱》第36页，1948年6月21日，上海《申报》。

章廷枫又给他了一份详尽的考试内容，首考八股文，又称制义、制艺、时艺、时文和四书五经。第一场考试：四书五经论文三篇，五言八韵诗一首。第二场考试：四书五经论文五篇。第三场考试：经史、时务、策问五道。录取名额，按各省文风优劣、人口多寡、丁赋轻重而定，从百数十名至四五十名不等。乡试发榜在九月中旬，时值桂花盛开，故称桂榜。考中为举人，第一名解元，第二名亚元，第三、四、五名为经魁，第六名亚魁，其余为文魁。发榜次日，设鹿鸣宴，请新举人。因宴席乐奏《诗经·鹿鸣》篇而得名。

章学诚看了，深念京城族人为本家考试准备之细。自己冷不丁冒出来一句："我考不中呢？"

章廷枫两眼如春水一般从容，说，由于乡试录取名额有限，考生多达五六万人，才录一百人，竞争非常激烈，考不中很正常。他虽然年纪只比章学诚大三岁，却考了三回，一回也没中。又说今年本想也考的，父亲病重刚去世也就放弃了。章允功只接纳了你两天就炫耀。家里住进那么多进京赶考的章氏子孙，真正成为角色的只有你。他佩服你对术业有专攻，方志研究古今绝色。方志堪如其人，是个章家少不了的人物。

"听说章允功原来是家有千顷良田的大富户，为接济我们这些白吃白喝之人，穷得地都卖了大半了。"

他详尽介绍了这个大好人，章允功原来不能生育，娶了妻子荀氏，十年未开怀，又找了两个小妾，肚子也凸不起来。他万念俱灰，大做善事。老天爷竟然让他生育了二女一男，而其子早夭。为给儿子治病，虽然家里穷了，还照做善事不误，我们章家真是多亏了这样一个大功德之人。不过允功爷做善事，已经有五代了，并不是因他有没有儿子之故。原来他和祖上做善事，只是帮助来京的穷困潦倒之人。现在他家成了章氏会馆了，章氏子孙看他日子败下阵来，凑了些钱，贴补他做会馆损失，他竟然分文不要。如此让人坐吃山空，日子一天不如一天。族人近来给了他个大雅号"无烦恼之主"。有人以为他一时糊涂，一时聪明，叫他"无来由之主"更为恰当。人都这样看他，他只是这样才认为把做人的心尽了，这是一种大解脱吧。

这时章文钦领着章允功和章守一走进来："我们听说章学诚爷来京，要为他接风洗尘。你小子不声不响占先了不说，还在背后说允功爷爷的坏话。"

"我刚刚在说允功爷大功德，你既然把我的好心当成驴肝肺，我看这顿席该罚你请为好！"

章文钦乐了，好、好、好，我请，只要你不后悔就行。他好像故意卖关子的样子，一时让大家如坠云雾中。

章廷枫笑了："那我就请吧，你们不知道，我们叔侄俩有个约定。谁写了文章让欧阳瑾老师批了好，隐瞒不告诉大家，要罚酒一日的。只因我这几日家里忙，自己作一首诗，欧阳瑾老师看了，只批了个：'有新意。'就要请他们一回。我说等章学诚爷来了，我包接风桌子还不行吗？他这才算饶了我。"

章学诚轻轻一咳，打破了沉默："既然给我接风洗尘，我有一句话在先，今天满酒席桌上，咱们不论辈分大小，只以同窗相称，只说华夏文化的黄金高峰，咱们就说个昏天黑地，喝个一醉方休如何？"

允功应道："就依章学诚的，要不然这酒席没意思。"

章廷枫说：《诗经》生动活泼，优雅畅达。大家说好都喝了一杯。

章文钦赞建安义学一泻千里，雄浑博大。人家犹豫了一番，只喝了半杯。

章守一半天拿捏才说出来，唐诗内蕴深厚，灵气飘逸。大家都不喝，罚了他五杯。

章允功害怕罚酒，有点儿大舌头，赶紧说，宋词美丽动人，气贯长虹。大家也不喝，罚了他三杯。

章学诚带点楚地诗歌味地吟咏：元曲粗犷别致，自成一趣。大家感到他几乎把文学都陶醉到心里去了，都浸入到骨子中去了。每人喝了三杯，还要他另说一朝的。

章学诚竟然字正腔圆唱了起来：明朝小说细腻婉约，浩浩荡荡。大家一起喊好。

章守一这时突然一板一眼地说了内心感受，将来真正能为人父母官的，章学诚办事稳如泰山，藏而不露，是有大智大谋的人；廷枫思想敏锐活跃，胸怀宽广，将来总有一天你们将成为朝廷命官的。

章学诚的头摇得如拨浪鼓一样，我不想走那条路，我不愿与腐败官场沆瀣一气，不屑与小人共事为伍。我为写作闻道之理求取功名，首先是为了证明自己，更重要的是要为自己找一条思索之路。

章守一小声喃喃，不以为然，那求取功名是吃狗不理包子吗？

这时章学诚好像想起了什么，说章守一刚烂醉如泥，有些酒没有喝，这时又谈笑自若，发问幽默，这是为了蒙骗我们大家。

大家感到受了戏弄，呼地起来，要给章守一灌酒。

章学诚的性格好像总是在思考发问："守一才高八斗，又灵慧好学，年纪才三十多岁，为什么不学时文，反而弃考科举呢？"

章文钦叹了一口气，叙述了章守一家的事，在京城一家有一家的难处。他们家是因为一件官司，他才折磨成这个样子的。在章氏家族中他们家原来也是个大户人家，只因他父亲到咱们浙江去做丝绸生意，不仅包袱里的三根金条和三个银元宝让人偷了去，而且包袱中的金条元宝，竟然被换成浙江巡抚的玉印和玉镇纸。一个泼皮硬说是他偷的，还把他十个牙齿打掉了，一只耳朵打聋了，一只眼也打瞎了，并把他送到官府，巡抚正好找玉印和玉镇纸，一看正是他的，几经审问，屈打成招。他们家为救他父亲，家中积蓄全花光了，还卖掉了北京的钱庄绸店，又卖掉京郊五百亩地和十几处房产。只剩下一处住的老屋，就为了这天大冤枉的案子，他们的资财全折腾光了，父亲最后还是被判个砍头。守一深知父亲的为人，父亲铮铮铁骨，打死都不会承认他没有干过的事，更不用说这种偷盗珠宝的事。父亲一身正气，就是剁了手指，他也不会干这种不知礼义廉耻的勾当。他找了门路，买通了讼师，看了父亲逼押的原件。竟然全是伪造的，那根本就不是父亲写的字，连一个笔画都不像，而且父亲的手印也不像。最后他决定向大理寺申诉，虽然打官司中用度很大，但在京城章氏家族全部的人，为了家族的荣誉，大家凑了很大一部分钱，又上下走动，提供了大量的证据。最后大理寺派人调查，原来那伙无赖，竟然是制造这起大冤案的元凶。皇上亲自下旨将此案的三名元凶，以及作假证词的十九人全部砍头。原先守一精明极了，现在不管干什么，都恍恍惚惚的，一会儿清醒，一会儿糊涂。就连今天喝酒都这样，一会儿酒醉瘫软，一会儿又清醒无比。三年前参加顺天考试，答着答着竟然在考场上呼呼大睡起来。考官看看试卷，又清晰明白，答题准确无误，把他叫醒，他竟然如坠十里雾中，回答的全是风马牛不相及的东西。考官又好气又好笑，以为他是个疯子，就当场把他赶了出去。

"那就没有给守一治治吗？"章学诚难过地问。

族人凑了不少钱，去请郎中来瞧病。郎中说他根本没有病，只是情志有点儿失调，养上三五年就好了。郎中特别强调，就是以后要戒酒，这样身体就自然康复了。他对郎中摇摇头，不喝酒还是男人吗？不喝酒还是浙江人吗？他就这样依然如故，我行我素。

这时章守一突然醒来，清醒如初地说："我们五个人，今后这一辈子要亲如家人，不管谁发达还是谁落难，要有难同当，有福同享。我的提议大家同意不同意？"

"同意。"五个人手按在了一起。

一个闷热而又多雨的北京秋季来到了，刚刚还是蔚蓝的天空，突然像一场大雾落下来，地上马上变成了土黄的泥浆子，北京无法控制自己了。八股义考试也像这样一种不幸，它没有一个真实的日子属于你自己。除了八股文，谁还能左右北京。只要有科举，文人就不再是自己，科举使北京到处都是幻象。

经过整整八天的考试，章学诚好像换了一个人，他感到至少掉了二十斤肉，活剥了自己三层皮。他这次应顺天府乡试，四书策论文章三篇，他举利弊，议危害，他的文章好像是写给自己看的，而不是写给别人看的，只要是自己满意，他可不管别人看了满意不满意。一篇五言诗，他写的是他情愿死去，全世界都以为他死了，他看不起自己，然而他不能死，他要活着受苦做个奴隶和囚犯一样的人。这样的诗，他认为意境很多。

可是出来说给廷枫，章廷枫说："这首诗至少让阅卷老师头痛三天，难过三年。"

　　他写了经文五篇，他认为用八股论述经文，是生命的迷失，是一条迷失了生活的河流。是人们偷盗、骗人、奸杀的原因，经文里能找到答案吗？上流社会造成了空谈，下流社会就会粗野。经文只能救一时之急，救不了整个社会。他答的经史、策问、时务五道题，也全是依照自己所思所想，实打实答了起来。他认为只有人世间最伟大的天才，才会欣赏他的作品。他是论不合经，议不合史，以处处要和老师对着干的劲头，答出了全部试卷。

　　"通古今之变，而成一家之言者，必有详人之所略，异人之所同，重人之所轻，而忽人之所谨，绳墨之所不可得而拘，类例之所不可得而泥"，"事即后世考据家之所尚也，文即后世词章家之所重也"①。方苞："小慧私智，一知半解，未必不可攻古人之间，拾前人之遗，此论于学术，则可附于不贤识小之例"②。他评论当世考据家戴震："凡戴震所学，深通训诂，究于名物制度，而得其所以然，将以明道也。时人方贵博雅考订，见其训诂名物有合时好，以谓戴之绝诣在此。及戴著《论性》、《原善》诸篇，精微卓邃，于天人理气，实发古人所未发者，时人则谓空说义理，可以无作，是固不知戴氏矣！"③

　　对于章学诚青年时代的思想，人们首先重视了他的批判精神，他深文周纳的就是自己的主张。他是有着解放中古教条的志愿的史学家！他以为司马迁班固以后，别识心裁，流为文与事的两途，从这两点，他批评当世辞章家如方苞小慧私智，一知半解。他评论当世不知考据家戴震，反而说他是"空说义理，可以无作"，这是不理解戴震是真学问的原因。这些批评都是恰如其分的，同时表现了当时章学诚对戴震进行了缜密的辩证法一分为二的思考，也体现了一个思想家公道的品格。
　　章廷枫问他为什么这么做，他说："我想当前读书人没有思想，这

① 《文史通义》《申郑》《文史通义》卷五内篇五。
② 《章氏遗书》《文史通义》内篇五《答客问》。
③ 《章氏遗书》卷二《文史通义》内篇二《书朱陆篇后》。

样读书太容易。作文只讲究工整合乎格式而没有内容，辨析道义太循规蹈矩，没有创见，所以我要这样别具一格答题。"

章廷枫看着章学诚一副意气风发、不可一世的样子说："你既然答题如此荦荦大端，独立不羁，干脆别看榜了。"

章学诚大笑道："你孙子就这样看我吗？看样子我真没门了。"

一个月后，榜出来了，虽然北京的录取"名额远比浙江多，但他还是没有成功"。[①] 他感到人生第一次落第了。廷枫笑了："顺天乡试和打麻将一样，不按规矩出牌是和不了的。"

章学诚嗔笑："我不会打麻将，但我听说只要不赌博，把它当作一场游戏，那也不是练身养心吗？"

允功说："你既然要养心休闲，咱们浙江道墟章家要修族谱，你不如回乡一趟先去收集一些资料，带回京城我们大家看看，是否可修。来回的盘缠，族人都替你备好了。你上次赊账买的浙江会馆三本书钱，章文钦也为你悄悄还上了。我那天也正好去买书，隐隐约约看到了。文钦发现我知道了，他说啥也不让我告诉你。"

"真难为他这份好心。"章学诚说着就红了眼圈。

"别这样了，我们五个人不是盟为同窗了吗，还在乎这些干啥。"

浙江人的细腻，是如此的香甜和温暖。他们安慰一个第一次落第的后生，就如同用美玉在雕刻一个天使。因为安慰，所以浙江才活着。你若不信，你唤醒一下汗牛充栋的文化浙江，多少千年才子都在同你说话。浙江的安慰是人心最为珍贵的，成为才子是因为无数浙江安慰造就的。只要人间有苦难和耻辱，浙江就有安慰。浙江才子多，不仅仅因为根深叶茂的富庶，首先是浙江的安慰。

---

① 美国，倪德卫著，杨立华译《章学诚的生平及其思想》第 19 页，江苏人民出版社 2007 年版。

第十一章 悬疑

　　乾隆二十七年（1762）大年初一早上，章学诚从北京下江南到了会稽。从叔章衡一正好上街给本家拜年碰见了，就拉他回家喝起小酒来。几杯黄酒对饮一番，两人就气清神韵起来。猜拳行令，高声喊叫，使整个善发弄都高兴得欢叫起来了。杜秉和表哥知道了，来叫章学诚去家里过年。

　　章衡一大叫道："杜秉和，你是糊涂油蒙了心，不知天下的规矩是不是？过大年只能在本家过，你死死地记住！章学诚在这儿，让你老娘老爹明天大年初二还得来回门，年初三才能走姑姑家。"

　　杜秉和道："衡一叔，把你那些劳什子规矩收起来吧！我只和章学诚论同窗，而且我爹是凌风书屋的主人，章学诚是学生，凭这两条，他也得到我家过年。你这不懂道理的，把我表弟昧下，让我爹我娘想得章学诚有了三长两短，我可要找你算账的！"

　　"杜秉和，我告诉你，我是理正，理大，你要是再胡搅蛮缠，我就说你是个不清头的糊涂人，让人捆到天主堂过年，让你爹妈都找不着你，信不信！"

　　杜秉和道："你敢，或捆或卖由着你。你要是不把黑蟒子送过去，我以后再也不理你这表叔！"说着噔、噔、噔地走了，走路永远就像他人一样实在。

一会儿，外公家的人又叫章学诚去舅家过年，章衡一三言两语就打发走了。一瞬间，舅舅亲自来请，说是不去舅家外公不依。

章衡一道："初二外甥拜舅，今天是在本家守岁的大日子，怎么能随随便便去外人家。你告诉老人家，这是几千年的规矩，章衡一不能坏了它吧。"

舅舅道："自古官比民大，我父亲曾是颍州知府，朝议大夫。黑蟒子就是普通人都应该去拜访，何况是外甥？"

"老人家已经告老还乡了，百姓一个。百姓了还是过百姓日子好，别不是大人还充大人，叫百姓活着难，一个老爷子就找不着北。"

"章衡一，大过年的，你疯了是不是？怎么不说过年话？专说疯话。你藏匿我外甥，侮辱我父亲，小心我扭你去告官。"

"我章衡一是长大的，不是被吓大的，你尽管告去。我说的是大实话，大实话就是最好的过年话。"

舅舅大喊起来："黑蟒子，你说，你是在这疯叔叔家过年，还是到外公家过年？"

章学诚笑着说："论大面上的理，我就在我从叔家过吧！要是我走了，他会急得鬼打架似的，真会急疯了。我从两岁，他就常常携我走东串西。吃在他家，长在他家，我和他的情分没人可比的，我后天一定去拜访外公。"

舅舅笑着说："外甥儿是狗，吃了就走。十颗真心都喂不熟一条小狗，罢！罢！罢！我是看透你了。"一路说笑着走了。

过了大年后，章学诚在叔家、姑家、舅家各亲了半个月，才算平衡了各家的情分。又到道墟去了几天，收集了章家不少家谱资料。这时章允功又来了信，让他赶快回京。说是进国子监学习的事，老师要见他面。他匆匆告别亲戚朋友，乾隆二十七年（1762）三月初十早上，在经过山东滕县时，看到路上站了一伙五大三粗、浓眉大眼的山东好汉。他担心遇到了"家住山东在山东，杀人放火当英雄"的响马。正吓得忐忑不安，那些人竟然直奔他来，他准备抱头鼠窜。有一人喊道："章学诚老叔，请下马到我家歇息。"他一看是族婿任肇元，现任滕县典史，与章学诚同时寓居章允功家中，由此相识。章允功堂哥的小女嫁给了他。

这个族侄女，名唤春玫。任肇元原来租住她家，有一天顺天府衙役说是跑了一个人犯，非要到她家去搜，她死也不肯，那衙役看她模样水灵美韵，就想占她便宜，伸手就想在她脸上抹一把。谁知这族侄女是会些拳脚的，抓过来手一个大背包，将衙役重摔在地上。另一个哪里见过这等强悍之女，伸出胳膊，抡起双拳来了。小女只一个蹬子腿，又一衙役也趴下了。小女大义示威，你们两个臭流氓、烂泼皮，还欺负良家妇女，我捆你们去告官。两个衙役磕头如捣蒜地告饶，你是公主，你是格格，我们俩都是上有老、下有小，你告了我们饭碗就没了。你大人不计小人过，我们走就是了。

小女道："今天我且饶了你们，我以后如知道你们再欺压百姓，作恶作耗，小心姑奶奶扭下你们的脑袋。起来，赶快滚吧！"两人爬起来逃之夭夭。

按说这样强悍的女子是没人敢娶为老婆的，可在山东当过典史的任肇元不一样，看到这一幕，心中乐开了花，想得夜夜睡不着。大有窈窕淑女，君子好逑之情。请来了老家父母提亲，请章允功夫人荀紫莹做媒，这门亲事就这样完满了。

山东人有山东人的脾气，任肇元也有任肇元的性格。他听说章学诚赴京，就写信邀请路过山东时，给他讲讲修家谱的学问，为此他竟然连着八天在此等候。为了学问和交友那份真心，真是世人难比，让章学诚好一阵感动。这一感动不得了，章学诚一下子栽下马来。任肇元赶忙接住，族侄女听说章学诚病了，带着郎中赶了来。诊脉说："得了伤寒入里瘟疫症，凡是患了此病的，十有八个都活不了。这人身子骨这么弱，长得这么丑，就顺便在这荒草野坡，挖个坑埋了算了，拉到县城会传染人的。"

任肇元翻脸骂郎中："你是什么郎中，你是狼种，说这么没有人肠子的话，你给我滚！"郎中知道自己说了过头话，就屁滚尿流地跑了。

族侄女说："在这儿扎个窝棚，我身子骨硬朗，不怕传染，我在这儿伺候我叔。肇元你赶快回县城去请一个好郎中来，看看是否真正得了那病。"

一会儿任肇元请来了滕县有名的老郎中，一摸脉象真得的那病。开了五十服药，并断定这人脉象特别硬，是不会死的。只要好生伺候，就有活命。五天内光喝药不吃饭，又十天光喝豆浆牛奶不能吃饭。又十五天吃稀饭糊糊，每顿吃药时，吃一头红头大蒜捣的蒜泥。蒜泥如太辣捣蒜泥时加一点儿盐和醋，同时还要连吃五十天大葱才能好利索。说是重点药就是这一百五十根大葱和一百五十头大蒜，真正体现了山东郎中的药方都离不开大葱大蒜。章学诚真可谓命大，也可能山东葱蒜的奇效，十三天后人就醒过来了。一摸头发也没有了，眉毛也没有了，胡子也没一根了。

章学诚乐了，我成了三无之人了。

任肇元笑了，三无还是轻的，你的小命都差点没了。你知道你得了多大的病吗？郎中都不敢让你进城，进我家窝棚给你看的病。人们每天都吓得发抖，老百姓怕你传染，都绕着这条路走呢！县衙里也把我们当作瘟神一样，见了都躲着走呢！你到底是怎么得了这么重的病？

章学诚惊了，回忆了一番，原来他是路过江苏某县时，看到很多人都在发丧。肚子饿得咕咕叫，饭店一路关门，两顿都没吃饭。他见有一饭馆，就吃了两碗饭，吃了两个菜，喝了二斤酒。喝了就觉得肚肠有点儿叽里咕噜的，走了三天，肚子越来越痛，头也越来越晕。到了山东，感到终于见到亲人了，好像人一下子就崩溃了，什么也不知道了。

"算你命大，你的坚强连太阳都得投降。我们一家算是服了你了，你真的又活了。"

一个月后，他才被允许进入县城。任肇元好酒好饭地将息了半个月，章允功又从北京来信，让他赶紧回去。为他进国子监，章允功四处奔走，章廷枫到处托人，章守一、章文钦上下求情，一直跑了一年多，都没有眉目。今年春上托了欧阳瑾帮忙，章学诚才算进了国子监读书。当年秋天，又有顺天府乡试，又再次落第。当然落第也有落第的原因。

这一次是因他进国子监正年方二十六岁，从没有尝过和青年才俊一起生活的窘迫，真可谓人生有多艰难就有多艰难。判卷老师一想起他的丑样子，自然引起老师的鄙夷不屑，就从不给个好分数，又加上他常常发表个人见解。他说的话，小人们当作谈资和拍马溜须的材料汇报给老师和官员，他的言谈举止成了人们茶余饭后的笑料，印象分数就更加低，名列榜末也就在情理之中。一个房子住了八个国子监生，人们只当没有他这个人一样。因为同他在一个宿舍里，人们感到是一种耻辱，国子监每一次考试，五六百人中，不及格的只有五七个人，而章学诚又在五七个人以下，常常是最后一名。每次比科考试出榜，他都去看自己是倒数第一名，还是倒数第二名。科榜的看护人一看到他就笑话他说："你是来问谁倒数第一的吧！"①

尽管学习成绩如此使他大丢面子，他还是不愿多花时间去揣摩八股文和多如牛毛的考题，依旧看自己喜欢看的书，写自己喜欢写的文章。

章学诚的个性价值，就在于敢于和不良学风战斗的精神，他的悲剧诠释一个时代。他认为：我这不仅只是些含英咀华的文字，而是一个华夏都应该奉若圭臬的学说。这是因为当前学风颓废日甚一日，学者竞相熙熙攘攘拥挤于时文桎梏之间，纷争于科举门户之中，好像有不可阻挡之势，一千多年来不可已也。如得我学说而通之，或可开其积弊，噬其世毒，而学者可坦坦荡荡，极易有进窥天地之纯的精神，这是古人学者的大体根本，这对于风俗人心不无小补！他对八股文和官本位的揭露和抨击，表现了他忧国忧民的心路历程。

这样鬼打架一样的日子过去了一年。人背运久了就该转运了，因为老天爷不会让一个人总是触霉头。有一天，老师正上课，突然哗啦一声，班里学习最好的，常常考第一、二名的曾慎突然摔倒在地，旁边一个同学摸了他的头，拍了拍他的脸：曾慎死了。

章学诚听了一下子冲过去，他摸了摸果然无脉象，但看看眼睛，瞳孔并未放大。他知道还有救，照着胸脯狠按了十几下，又掐人中，掐内

① 见《章氏遗书》卷一九《庚辛之间亡友传》。

关，掐百会，曾慎一下子醒了过来，我这是怎么了，感到胸闷得很。章学诚就将自己身上常备的丹参丸，让他吞进去五六粒，一会儿曾慎就站了起来。

老师说："章学诚，没想到你还是个郎中。"

章学诚道："我哪里是什么郎中，只是我是个病秧子，久病成医，知道点郎中之术罢了。"

以后国子监师生开始对他刮目相看，考试成绩也就莫名其妙地提了上来。

曾慎，字叔成，号笃斋，湖南宝庆人，是个顿顿饭不离大辣椒的人。靠着边教书边自学，乾隆二十年（1755）考中四川乡试副榜，后游学京师，求学国子监。考取八旗教习的第二天就得心病，章学诚说他喜伤心，所以差点死了。自从章学诚救了曾慎之后，当年（乾隆二十八年）二月，曾慎搬到章学诚隔壁居住。搬来第二天，他就过来拜访。翻阅了章学诚桌案上的文稿，顿时对他十分佩服，竟然迟迟不肯离去，两人一番交谈后，大有相见恨晚之感。于是挑灯夜语，两人拜为生死兄弟。不久，章学诚又通过曾慎的介绍，结识了班里的又一个大才子甄松年。其人每次考试都名列榜首，同学们大多以与他结交为荣。同学们很好奇，学习最好的两个人怎么和学习最差的成了密友？肯定是章学诚送了礼。其实章学诚很穷，哪有钱送礼？有一年甄松年到永定河游泳，为了锻炼自己逆水而游的坚毅，竟然游上去半里多。等游回来一看，衣服吹到河里找不见了，他只穿一条裤衩回不了家。几十个同学只顾笑他，却没有一个帮忙的。章学诚正好游玩后准备回去，立即向同学借了三块银元，赶快去邻村布店里买了一套衣衫，才算救了他的急。从此章学诚在班里就有了"及时雨"的绰号。

国子监是清代国家最高学府，入监读书的，有廪生、增生、附生、贡生等名目，通称国子监生。国子监的官员有祭酒、司业。教师有监丞、博士、助教、学正、学录、典籍、典簿等。没有过多久，曾慎、甄松年两人由于学习优异，国子监肄业当了祭酒。第二年初章学诚也因为学习进步快，成绩及格国子监肄业。肄业后就可以得到朝廷按月拨付的膏火银，基本生活有了保证，但经济上并不宽松。此外还要承担繁重的学业，学习四书五经、诸子百家的文章，以备参加科举考试。国子监学生分六堂上课，正义、崇志、文业为初级班，章学诚一年半就过了初级班。修道、诚心二书为中级班，学制也是一年半，章学诚在两位真心挚友的帮助下，学满三年后，经过严格的考试才进入了率真性堂，是最高级班。学习期间，考试种类繁多，成绩计入年终评定，不合格的给予降级，扣膏火银惩处。尽管章学诚学习考试步履维艰，到处碰壁，但最后在曾慎和甄松年的帮助下，总算马马虎虎及格过关。同学们都难以理解，难免风言风语。说曾慎偏袒章学诚，说甄松年是章学诚的学托，三人有作弊嫌疑，经过反复调查，并没有此事。曾慎和甄松年对人们的非议，根本就不予理睬，仍经常与章学诚探讨学问，他们两个都认为章学诚很有见识，思想振聋发聩，对他们的思维很有启示。其实章学诚倒认为，自己的知识有限，难以旁征博引地阐发自己的观点。曾慎和甄松年就说他卖关子。

三人有一天谈论起司马迁《史记》的得失。甄松年故意抛砖引玉说："太史公在于将史记写成了文学里边的故事记述太详，有点儿不像史书了。"

章学诚道："史书可以记录故事，太史公高就高在使用了文学语言。如果一味用孔夫子的春秋笔法，恐怕以后的史书就难有详尽了。史书不但应当记文学故事，还应当更详尽些，才是史书的根本。"

曾慎道："太史公记录的事情太杂，可谓无所不包。上至天文地理，下至鸡毛蒜皮，倒像一部汉朝的流水账簿子。"

章学诚道："我反而认为太史公记录得不够全面。即没有物的道理，数的理论，化学的多变。这是世界前进的三大科，是世界大历史，他没记录。中国人要吃亏在这上面。将来中国人受穷挨打也要跌在这三大科上面。"

甄松年道："你的见解，国子监师生六百多人，没有一人可比。你虽然年纪比我们轻，资历比我们浅，但学问比我们深，见识比我们高，三人行，必有我师。我们两人认定你了。"

曾慎和甄松年在国子监说章学诚是他们的三人行之师，师生听了皆掩口大笑。有人说是一字师尚可，几年比科一败涂地的人，反被两个祭酒认作老师。人人都说他们是阴阳颠倒之人，不识尊卑贵贱。

甄松年，字青圃，广东新宁县人，其学识渊博，淡泊名利，待人诚恳。乾隆三十年（1765）举人，乾隆二十四年（1759）中书舍人，乾隆五十四年（1789）中进士。他最像广东人的性格，只要你比我强，我就佩服你，向你学习。甄松年的小姨从广东来看他，连着呕吐了好几天，又不思饮食。让京城街上的一位郎中看了，说是水土不服，吃几服调理胃肠的药就好了。章学诚和曾慎看好友的亲戚来了，就去探望。甄松年熬了一大碗药，正准备端给小姨喝。章学诚见病人气色不对，就拿过药方子看了看，说，先不要服此药，待我摸一下脉。小姨伸过左手，章学诚大为惊奇，又让小姨伸过右手，确实是大喜脉，把握十足地说，千万不可服药，服了此药会要了你的命。

小姨摇摇头："后生莫要混说，我一辈子不曾生育。为此遭了夫家多少白眼，婆子多少打骂。而且我今年都四十八岁了，是不可能坐胎怀孕的。我初到北京，说是水土不服我信，说我怀孕我万死不信。"

章学诚问："小姨有几月不来月红了？"

"我已有四个月不来了，我们当地的郎中讲，四十五岁就该不来红了。这是最正常不过的事，和坐胎是连不上瓜络的。"

甄松年一本正经起来，我这同学懂得不少医道，还救过这位曾慎同学的命。我看这样，小姨就挨一晚，先不要喝这药，我认识一个御医，常到国子监来，皇上让他给国子监生看病，明日正好又是他要来的日子，他出国子监门时，我把他引来这寓室，让他看看你是怎么回事。他是给皇上、皇后、皇阿哥、皇格格看病的人，大致不会说错的。他要说你是水土不服，再喝这药也不迟。小姨觉得外甥就是会来事，就全依了甄松年。第二天御医来了，只摸两下脉就诊断是大喜脉，孩子在肚子里闹翻天了一样。赶快吃些酸杏、酸石榴、酸山楂之类调补肠胃，要多吃些鸡鱼水果。

小姨说："这国子监生比街上郎中都厉害，真是了不得了。"

甄松年就将昨晚章学诚给小姨诊脉的事给御医说了，御医认为全国只有这五六百个聪明人，国子监生个个都是神来之人，街上一百个俊郎中，也比不上一个国子监生。你要是信那个庸医的，今天必死无疑了。小姨吓得直吐舌咂嘴，非要认章学诚为干儿子。甄松年没有同意。规劝小姨以后谢谢我这同窗就是了，人家浙江会稽有干爹干娘，再叫人家认你，大家会以为他是没娘的孩子，才这样满天下认干亲，同学们就会笑话他，小姨只好作罢。章学诚自从将甄松年小姨救了一命之后，王御医将这事在国子监说了出去，很快在同学们之中传开了。章学诚从此走路仰天，说话气粗，和同学辩论还瞪眼珠子，好一副不知天高地厚的样子。

老天爷有时专门就是给人的命运找噱头。有一次章学诚高谈阔论之后，甄松年提醒他，你的态度不好，光是为自己着想，不为别人着想，不学他人之优点。曾慎也劝他以后要注意稍洽于时，不要议论不合于时，使别人的眼睛珠子看了难受，使别人的耳朵根子听了难过。章学诚一副不置可否的样子。

有一天一位河南兰考国子监生的父亲来北京探望儿子，说是全身疼。那位国子监生请章学诚过去看看到底怎么回事，章学诚反复摸了两遍脉搏，看了看老汉的脸色，让老汉伸出舌头，章学诚望了两眼，又询问他近来的身体状况道："学友，我特别告诉你，你父亲已经不行了，明日就要升天了，有些话赶快让你父亲说吧！"

"啪！"

章学诚挨了那儿子一个耳光，然后那儿子气势汹汹地骂道："我打死你，你竟敢咒我父亲死，你这丑得狗屁不如的东西，竟敢冒充起郎中来了！"

章学诚一看还要挨揍，赶紧转圈儿躲藏。甄松年拦在中间相劝，曾慎拉着章学诚就跑了，后边那小子一片骂声。第二天，那老汉果然就去世了。那儿子还到章学诚的卧室来闹，说是章学诚施了招数，将他那么健康的父亲弄死了。国子监为了平息这次事件，专门请了三位御医来鉴定此事，王御医反复查验了死者，写了国医定案："此老者得的是不治之症——胃癌。他是坚持着来北京，见儿子最后一面。就是章学诚不说他死，他也是今天要死的，他死不死与章学诚无关。"那儿子才算不找章学诚闹了，但每次见了还是横横的、恨恨的，好像要把章学诚吃了。

曾慎说："章学诚，'狗翘尾巴挨砖头，人翘尾巴挨骂头'。你现在有点儿不知天高地厚，所以麻缠事就找上门来了。"

甄松年说："你也不是科班或拜师的郎中，今后别随意给人瞧病。人一生只能干好一个专攻之业，别贪恋人之所有的东西，今后你只管攻学问就行了。"

这时，突然一阵春风吹来，章学诚省识为天降谦虚之风："我这一辈子就依你们说的办，再也不给人看病了，我发大毒誓。"

甄松年说："亲朋好友面前，偶尔露一手倒是挺有趣的。"

中秋节那天，章学诚算着自己赴京已经四年了，心中十分思念父母妻儿。以前想家，深感自己责任重大，担着进京赶考的重任，却两次顺天乡试失利，有点儿无颜见江东父老。可虽然没考中举人，却成了国子监的一个肄业生，有了一点儿膏火银可以自立，又可自慰了。如此回乡，也不至于太无脸面。正想到这里，国子监看大门的皂隶喊："章学诚，你的家信来了，快去领取，否则只能三天后再领。"

章学诚拿信一看，是父母写来的，让他无论如何回湖北一趟，探望家人，父母妻儿想得你都有心病了。他把家信拿给曾慎和甄松年看了，甄松年当天就为他请好了假，曾慎去帮他办理了所有出入京的关防，章廷枫送来一筐土特产，章允功送来三百两银子的盘缠，章文钦给牵来了两匹马，章守一给他父亲章镳写了一封信。章学诚知道他家的日子过得极为艰难，守一，你这封信，我认为是最珍贵的。

乾隆二十八年（1763）八月十八，章学诚第二次下江南，三天后的早上马跑到河南邓州，一个老汉拦住他的马头道："客官可是章学诚先生，请下马吃口饭吧！"

章学诚感到好生奇怪，在千里迢迢之地，有人认识自己不说，还能直呼自己的名字！看这个老者一脸都是善相，好像没有什么恶意，认识自己的人，并没有什么响马土匪、英雄好汉之类的人，就想下马问问来由，探个究竟。他一看一位英气勃勃的小伙子，直向他使眼色，意思是让他快走。他已知此处不是什么好地方，给老者一个微笑，意思是要下马的样子，但马走到老者面前，他两腿一夹马肚子，给了马一鞭子，马飞也似的离开了。马一气跑了几十里路，长嘶一声，意思是，已经跑累了，需要走缓步，落落一身的大汗，他信马由缰地走开了缓步。刚刚走了半里多路，从小路上又走出来那个老者："章学诚先生，你怎么这样不相信我呢？我从小路特意追你来了，你不认识我了吗？我们分手才八年时间，你父亲当应城知县时，我是衙役班头啊！你的样子一点儿都没有变，而我这几年却变老了。"

章学诚这才跳下马来，刚刚下马，就被几个从旁边树林里出来的人按住装进了麻袋。他知道遇见绑票的绿林好汉了。他被绑到了一个小山村。一会儿那老者出现了，自称他也无奈，是头儿让他干的。不过半夜帮他逃走，他半信半疑。

他回想起这个衙役班头，好像是河南许昌人。人很老实善良，说话办事很得力，而且为人忠义。父亲不当知县，他竟辞了班头回家乡来了。到了半夜，老者果然来了，牵着他的马，送还他的包袱，让章学诚赶快跑！他走出村庄几百步后，到了大路，一路狂奔，到许昌天已大亮，他找了一家客栈住下，打开包袱一看，里边分文不少，竟然还多了二十两银子。银子下面有一张黄纸条，一行漂亮的小楷字写道："你放心，这钱是干干净净的，是我在你父亲手下时挣的薪俸，送给你，你有用。告诉老爷，我永远听他的：'做个好人。'"

章学诚百思不得其解。

走了十天，回到应城，全家看到他回来了，就和过年一样欢天喜地。父母明显见老，他连着三天给父母洗脸洗脚，晚上铺床摊被。妻妾和三个女儿两个儿子整天围着他问长问短。

一天早上起来，忽然想起衙役杨班头给的二十两银子的蹊跷，便跟父亲说了。

父亲说："在东汉有个第一次主张修志的人，叫杨震，他的墓在陕西华阴，你去他的坟头烧炷香，体会一下志书的灵气。回来我再告诉你银子的缘由。"

　　章学诚听了，第二天策马而去。一月后到了杨震墓地，烧香三炷，磕头九下。看看他的墓碑记载：这位关西孔子，少年博览群书，中年主张修志立世，晚年上书东汉汉安帝请求节俭救国，被汉安帝母亲疑忌罢官自杀。看到这里，他竟在墓前猛然一下昏了过去。被杨震后世子孙救起，三天后醒来，半月后"似旋即返湖北"。[①] 父亲笑着告诉他，原来衙役班头杨明是杨震的后代。他有五个儿子，生了十几个孙女，没有一个孙子。他有一天朦胧幻觉，祖先叫他请一位京城路过的大文化人去杨震坟头一拜。他想来想去，想到你是京城国子监生，叫我写信让你回来。他在路上一直等了一百多天才把你等到。把他人生的大愿就这样托付给了你，他既不是土匪响马，也不是绿林好汉，只是一个善良无比的老百姓而已。那个向你使眼色的年轻后生，是他的小儿子，只是不同意他这样做，才向你使眼色的。前几天，他专门来应城说了这件事，说是已经生了一个孙子，还要答谢你呢！请你不必在意。

　　章学诚说："我还要感谢他呢，我总感到，这杨震使我有了人生的根据地——方志，他给我指出一条路。"

---

① 　胡适、姚名达著《章实斋年谱》第 37 页，1948 年 6 月 21 日，上海《申报》。

第十二章 《修志十议》

"路！"

父亲悠然重复了一句，打了一个愣怔，好像悟到了什么。

乾隆二十九年（1764）元宵节那天，父亲拿着《天门县志》的篇目给他看，语重心长地对章学诚说："你在京城涉猎群书，又在国子监常常看到志书，就为这部《天门县志》写上一篇序言吧！提出则例写法，我们也依照你的意思撰写。"

母亲使了个眼色，把章学诚叫到没人的地方，说，多一事不如少一事，少一事不如没有事，方为懂人生。若干着一件事，还想干另一件事，成天废寝忘食，还不如不干的好。你爹爹天门书院山长干得好好的，各方都赞誉，人人送口碑。不知为什么，这两年以来，像走火入魔一样，去写什么《天门县志》，一下子人也老了，头发全掉光了。而且听说这是额外负担，一两银子也没给。你就别掺和在其中，你身子骨又弱，看把你也累得没样了。章学诚感到应当开导一下母亲，就说，父亲干的是正事，写志朝廷专门拨下来有银子，不是额外负担。大丈夫生不能为三公九卿，也应当为史官议论史实，纂修方志。女人总是这样，丈夫的一百句话说不通，可是只要儿子的一句话就说通了。史孺华点点头，知道了，能无事就好。

章学诚看了几天父亲写的《天门县志》初稿，又用了七个日夜写出了他初次论述方志的文章，又用了三天时间修改。这篇文章他写得十分下功夫，常常不能正常吃饭睡觉，可又无比精力充沛，对于即将一朝分娩的这个"孩子"，显示了他非凡的超人毅力。

"章学诚睡了吗？"父母那几天常常关心地问儿媳俞中秀。

"又是三十六个时辰没有合眼，没有吃饭了。"

章镳急得直跺脚说："这怎么行呢，他身子骨本来就弱，这会累出大病来的。我真后悔啊！"

章家大院，一片沉默。

突然，小孙子哭了，章镳仿佛有了高招，向小孙子努努嘴。

俞中秀摇摇头："我叫您三个孙子去劝他吃饭睡觉，也给哄了出来，还是父母劝他管用。"

史孺华说："我们劝了几十次了，他总是淡然一笑了事。山高不遮太阳，儿大不由多娘啊！"

章学诚就是这样，二十二岁以后，仗着身体年轻的本钱，成了"撰写历史和方志的拼命三郎。他是中国用血和汗，将数字的社会、经济的考量、物质的运动、化学的机理等体例载入了历史和方志。章学诚将中国思想和历史用数字复活了"。当今世界上著名哲学家倪德卫等一大批思想家都这样评价他。

章学诚认为："汉志"最重学术源流，"似有得于太史《叙传》及庄周《天下篇》、荀卿《非十二子》之意，此叙述著录，所以有关于明道之要，而非后世仅计部目者之所及也"。[1] "诸子思以其学易天下，固将以其所谓道者，争天下之莫可加，而语言文字未尝私其所出也。……诸子之奋起，由于道术既裂，而各以聪明才力之所偏，每有得于大道之一端，而遂欲以之易天下，其持之有故，而言之成理者，故将推衍其学

---

[1] 《章氏遗书》卷十一《校雠通义》内篇二《补校汉艺文志第十》之三。

术，而传之其徒焉。"①

我们从章学诚的学术实践中，深入地探讨了他思想的旨意："辨章学术，考竟源流"之义旨，是合于他青年时期研究学术史的初步内容的，但还不能批判地总结历史学术成果。他思想中商讨了学术文献的渊源流别，尤对于庄子的《天下篇》与荀子的《非十二子》的论证深信不疑。《天下篇》是中国最早的学术史论，而作者并不是庄周，其中首讲了"诗""书""礼""乐"先王之道的立论，次讲春秋缙绅先生的过渡儒学理论，末讲诸子"各得一察以自为方"的道术思想。这篇思想史论是古代的名著。荀子的《非十二子》是一篇总结古代思想的名文，对古代思想家做了一次有系统有条理的批判。章学诚是这样推崇《天下篇》和《非十二子》，他在《文史通义》里面，追忆了他青年时期对诸子学术的评论，便超出汉以来无数异端的成见，这是特别难能可贵的。

章学诚写完《修志十议》之后，又改了三遍，拿给父亲看。章镳高兴地连读五遍，就传给天门知县胡翼修。胡翼修看了这篇修志议论，直拍案大叫："章学诚写出了修志范例，为世间千百年方志开先矣。"

此后一年多，章学诚积极参与了《天门县志》的修撰，他的名篇《修志十议》和《天门县志》当年年底刊行，被清宫和国子监收藏评价：一、章学诚提出的方志是历史体裁，应该同历史的写法。批评了一些志书体例都没有搞懂，粗制滥造的写法。二、章学诚参与编修的《天门县志》将艺文志立为文征部分。为中国志书既博采又严谨，开了一个好头。他批评了人们将艺文志变成诗词选编的做法，批判了艺文志以官吏诗文凑数的风气。三、章学诚在《五行考序》《学校考序》两文中，提出了考证注释，虽然比较琐屑，但不可遗弃，当在正传之后，用杂文体零星地记录下来。四、史体要纵看，志体要横看，横排竖写才是方志的主要特色。这些精当的方志理论，为中国方志理论的基础。

清宫和国子监的评价，有人以为是乾隆的圣旨，其时甄松年担任内

---

① 《章氏遗书》卷四《文史通义》内篇四《言公》上。

阁中书舍人对章学诚暗示，千万让人别问这是谁写的，朝中的事问多了要掉脑袋的，反正不是我写的，我是不敢为你当托儿。我只是全文照录了你的《修志十议》。

1. 议职掌，提出了方志编撰范围多元的理论。

2. 议考证，论证了方志编纂要考核地理的观点。

3. 议征信，提出了传记大节要真实详尽的理论。

4. 议征文，论述了艺文选著应入志的编辑源流。

5. 议传例，提出了方志人物生不立传理论根据。

6. 议书写，论证了方志写作忌浮辞的重要思想。

7. 议援引，提出了引用资料要注释的理论法则。

8. 议裁制，论证了方志文体属历史体裁的依据。

9. 议标题，提出了方志题目要精辟的凡例要求。

10. 议外编，论述了杂记另编辑成书的注意事项。

自从《天门县志》和《修志十议》刊行天下之后，文人尽行传阅。买者不惜重金，藏者络绎不绝，不出一月一版就已卖罄。有一天，一人自称是章学诚的老朋友，专门来他家想购买一本《天门县志》。章学诚好生奇怪，自己这位老朋友，究竟是谁呢？他让儿子贻选将来客领了进来。来人是个十八九岁的年轻后生，两眼有神，一表人才，可是自己并不认识，他非常奇怪。先生，我可从来没有见过你，怎么是你的老朋友呢？先生道德文章，看了之后与我心心相印，难道不是老朋友吗？章学诚听了哈哈一笑。

后生买书之后，仍然不走："先生，我叫史余村，今日我为交友，真心买书，你以为怎样？"

章学诚点点头，让他坐下，询问了他的情况，史余村一下子激动地磕了三个大响头，我是个一天和人打三架的人，我发誓以后要成为你的弟子。为了你的名声，恩师，我一定要做个尊贵人，考个状元，为你争光。我和人再也不打架了。

章学诚不由得说："孺子不可教也！"

来人听了拿来章学诚家的菜刀，剁下自己的一截小手指，说："这就是我的行动。"然后长跪三天，使章学诚终于答应了事。

　　乾隆三十年（1765）二十八岁的章学诚第三次赴京，仍住在国子监中，这时甄松年任职朝中。曾慎已回湖南老家，章学诚在国子监中没有朋友，形单影只，心中无限惆怅。甄松年与他的住处并不远，看他十分寂寞无助的样子，就给他介绍了一位大金刚式的朋友沈业福。沈业福，字方谷，号既堂。江苏高邮人。乾隆十九年（1754）进士。翰林院编修，为官清正，不徇私情。与翁方纲、张曾敞、朱筠号称当时文人的"四大金刚"。他两次主持省际乡试，提拔了不少人才。九月章学诚参加第三次顺天乡试，同考官沈业福将章学诚的文章大力推荐给主考官。遗憾的是，他仍然没有受到赏识，只得沈业福荐榜。沈业福见章学诚如此，深表遗憾，就聘请章学诚考证唐代刘知幾的史学评论著作《史通》。有一天，他做了一梦，梦见刘知幾从天上飞来说：你就是我的接班人。我的《史通》由你考证才通达，刘知幾紧紧地抓着他的手，好像一下子进入到他的身子骨里，他变成了刘知幾一样。他感到"自己头脑中的史法与志意是天授的，是与生俱来的一样。他强调了馆局纂修与一家著述的不同，同时表明他在史学上的创新和对志学发凡起例创造性，提出了一系列的修志理论"。①

　　过了半年有余，有一天，章学诚将自己对方志的一些思考向沈业福请教是否准确。

　　沈业福听了道："你这些撰写方志的思想，我评价不了，我妻子是满族女子，她曾陪过玉儿格格读书，她也喜欢读志书，让她说说看。"

　　沈业福的妻子看了笑了，"千古妙论，我拿给格格看看。"

　　格格看了《修志十议》，也直叫好，拿给皇阿哥看后佩服得五体投地，又拿给皇上看了也直点头。

　　章学诚认为，皇家认可的文章不一定千古流传，如果皇上一人点头是失败的，只有老百姓看了认可才算数。

　　沈业福又给章学诚打气，你写的《修志十议》，刑部御史欧阳瑾看

① 　鲍永军著《史学大师章学诚传》第 34 页，浙江人民出版社 2007 年史学评论版。

了，说是当今千古之文，莫能比也。有些人不服气他说的话，他在刑部一直和人辩论了三天三夜。他虽然不认识你，连一次面都没有见过你，却认为你是旷世奇才。这样清廉正直的知音，你又到哪里找去？你不要看不起自己，看看你周围还是一个真朋好友的世界。你知道，就是在国子监的六百多学生，对你的《修志十议》就进行了三场大辩论。虽然大多数人认为，你太狂妄，大字不识几个，就妄谈修志，大家讥笑，君子不耻；但有近一半正义凛然的学子，力挺你的思想，历述你的观点，是中国修志的义理，是当代修史的根据。

章学诚道：凡是识大体、顾大局的人，不会以小言大，不会以近妨碍远大志向。学生才疏学浅，害了诸多大人为吾思辨，真是肝脑涂地！吾于史学，盖有天授。自信发凡起例，多为后世开山。而人乃拟吾于刘知幾。不知刘言史法，吾言史意。① 学生这种史意思想方法是指什么呢？这些在我的学说中有特别的意义。才艺、学问、见识三种特长，人得一种很不容易，要兼备三种尤其难。史学所注重的是思想，具体陈述的是事实，所凭借的是文辞。孟子说：国史记载的是齐桓公和晋文公的事迹，其文辞构成了历史，其思想则被孔夫子修成《春秋》继承了。没有见识无法判断其历史意义，没有才能无法完善其文化辞章，没有学问无法提炼历史事件。恩师你看我行吗？

沈业福认为，"你应当对自己的史志思想非常自信，不可只是对刘知幾的《史通》顶礼膜拜。"

章学诚道："《史通》我没有亦步亦趋，反而大胆提出了对这部史书的独立见解：刘知幾将裴子野的编年体《宋略》与沈约《宋书》相提并论，真是风马牛不相及，结论实难使人信服。"

沈业福对他的史志思想非常赞同，就吸收他为自己家的正式幕府学人。清代幕府盛行，上至朝廷大员，下至地方各级官员，广开幕府。他们网罗文人学子，致力于学术文化事业。幕府学子的来源主要是落第秀才和贫寒学子，也有一些仕途不顺又有文史之才的小官吏。这些幕府宾

---

① 《章氏遗书》卷九《家书》二。

客游幕于各种有志于文化事业的官僚之家。他们一方面是为了谋生的需要，另外也为求得一个安定的学习之地和治学环境。他们为幕主编书著书，整理古籍，改阅试卷，处理文书，诗酒酬唱。当时沈业福幕府就是比较著名的一个。在当时的穷困潦倒之中，章学诚结识了沈业福，对他的学习和研究都给予了重要的帮助，沈业福可以说是章学诚一生结识的好老师、好朋友。他们无话不谈，寄山寄水寄性情。

> 朝朝起作永定韵，
> 昔昔梦作京城尘。
> 只恨唐宋诗词盛，
> 束缚奇士科考人。

有一天他正在锣鼓巷胡同里走，听着锣鼓敲得震天响。一个燕赵慷慨之士那种大声音，猛地爆发出来，盖过锣鼓声。又一会儿，一声长号突然划过长空，又盖过锣鼓声，不断制造惊奇，显示着北京特有的京味儿。章学诚听到这儿，不由得笑了。

有一个声音在他身旁说："大官人，我今天才到京城，一路要饭来的，已经三天没吃饭了，你能给我买碗粥喝吗？"

一个脏兮兮的小乞丐，十一二岁的样子，只有两个小眼还干干净净，明明亮亮的，好像已乞讨无路，在插草自卖。

章学诚对小乞丐看了又看，一双眉毛一下子拧紧了，他的手在发抖，眼在涌泪，就像黄河决堤一泻而难止，小孩儿的头上落下了他的泪花，他几乎哭出了声。

他二话没说，还是脱下自己的长衫卖了，毫不犹豫地救助这位命悬一线的小家伙。到了包子店，让掌柜的给了一碗粥，十个包子。那小乞丐只喝了一碗粥，吃了两个包子就不吃了，让店小二给他包起来以后吃。

章学诚仔细观察了她道："你是个女孩子吗？"

小乞丐小声地说："先生你看错了。"

"我能看错吗？你说话声音那么轻柔，你耳朵上有耳眼，你饭量那么小。要是男孩，十个包子早吃光了。"

小乞丐低下了头说："先生，我看你是个好人，我想给你说实话。你想听一个小叫花子的话吗？"

小乞丐引起了章学诚极大的好奇心，他把她带到澡堂子，让她进去洗澡。然后到布衣店给她买了一套新装送进澡堂。过了半个时辰，从澡堂出来的竟然是一个美貌无比的十八九岁的女孩子。他把她带到了沈业福家，沈业福的夫人搬了一条凳子，听小女子讲自己的遭遇，她是安徽砀山人，父母生下她们八个双胞胎，竟然全是女儿。父亲怕将来陪送不起那么多出嫁的嫁妆，在她一岁时，就把她卖给了一个老光棍。那时老光棍已经四十多岁，买她是为了养老送终。他很穷，买不起男孩，只好买了她。他对她特别好。好穿的尽她穿，好吃的尽她吃。养到十一岁，她度过人生最幸福的十一年。就在那一年，老光棍被人打得遍体鳞伤的回来了，人说他偷了别人的一只鸡，可是她却认为养父是天下最老实的人，是不可能做那种丢人的事情的。他在房子里养了三天，伤口化脓了，生了蛆，在身上乱爬。她把房子卖了给他看病，但是他还是没活过来。他看着自己不行了，就爬到乱葬岗子，找了块低处躺下，老光棍说这儿的人都是狼。记住孩子，单门独户的人没有家乡，宗族大户的人才有砀山。他让她赶快走，否则人们会把她卖了换酒喝的。他让她去讨饭一定要女扮男装，这样就不会有人害她了。他死后，她就扒些土把他埋了，沈业福问："你父亲死了几年了，你一直在女扮男装乞讨为生吗？"

小女子突然表现出一种无比坚强的样子，父亲整整死了九年了，她已经是个二十岁的大姑娘了，始终没有人识破她是女儿身，只有章学诚今天识破了。

她给人放了一年的羊，快要结算工钱时，一只羊不知怎么找不见了。有人说是主家想不给她工钱，故意说丢了羊。其实是主家把羊藏起来了，就这样她分文未得，还被赶出了门。她又给人看了三年的果园，前两年果园没结果子，第三年果园里大丰收，结了许多桃子，桃子又大又甜。谁知有一天夜里来了一伙人偷桃子，她把主人叫来后，桃子一个都没有了。主人反说她勾结外人，摘走了主人家的桃子，说是明天要捉她去官府，告她一个吃里扒外之罪。她吓得半夜都没有睡着，爬起来就跑了。那时她已经十六岁，有点儿大人的样子了。她从小没有缠脚，更像一个男子汉了。有一天她到山东，一群绿林好汉把她捉了去，让她给他们做饭。虽然有三十多个好汉，但还有一个大师傅，她只是打杂的。每天大碗吃饭，大块吃肉，大杯喝酒，她从来没有过那么美好的生活。有一天那个大师傅摸她的屁股，想她的好事。她就一板斧将他打倒在地上，也不知他是死是活，她一口气就逃到了河北枣强。在那里她遇到了一户人家，他们想认她做儿子，然后送她去枣强书院读书。她去问了这家人家的邻居，说是这家人向来不怀好意，他们把人褒贬不一地骗了来，然后骗到南洋去做苦力。让她最好别相信他的满口谎话，以免被害死在他们两口子手里。她也想天下不会有这么好的事，想得巧必定让巧咬着。她一路讨着饭向京城而来，今日她看到这位大官人长得奇丑，但一双眼睛很善，她就相信了他，跟着他来到这里。

沈业福问："你有父母卖你的文书吗？"

小女子道："我有，我走遍天涯海角，始终带在身上的。"她拿出来一张破得不能再破的黄纸。

"蔡娇儿，你愿意在我家当婢女吗？一年二两银子。"

"我当然愿意，在乡下我八年的工钱也不值二两银子。大官人，我给你当牛做马都愿意，你好心会有好报的。"

沈业福的妻子说："在我家不要巧嘴滑舌，该说的说，该做的做！"

"记住了。"

沈业福的妻子给她安排下了住处。半年后，沈业福看着蔡娇儿老实勤快，聪明伶俐，就对章学诚说，实斋，你在京城十分寂寞，我想给你介绍一房小妾如何？人你保证满意。章学诚好奇地打听是谁，沈业福使了个眼色，就是你从锣鼓巷捡来的蔡娇儿，人又善良，又会疼人，如你同意，我想让你大嫂去说一说。章学诚试探地了解蔡娇儿是怎么样一个人。沈业福妻子向他保证，给你的真是个黄花大闺女。你还不知吧，来我家这半年，人逢喜事精神爽，人竟然又长了一拃高，现在成了标致的大闺女了。

"我想一想。"

"还想什么，你嫌人家是大脚？"

"那倒不是。"

"你以为人家无心，人家说最使她敬心的就是你。说你是他的救命恩人，非你不嫁呢！你就看着办吧。"

章学诚感到没有一点儿退路了，只好点头。

过了半年多，当年腊月，沈业福调任太平知府。在离开北京前，把章学诚引荐给一位朋友，其人诗闻宏览，将会对你的学问大有长进。他传授启发，将会使你对方志事业有更大作为。他开馆教书，奖掖人才，你将会在他手下揄扬成名的。章学诚问道：沈先生介绍的是朱筠大学士？沈业福点点头，今晚我举行辞京家宴，你们正好可以长谈。我已和他说定，明日两个旧友幕僚，其中就有你一个，搬到他家。蔡娇儿快要生孩子了，你没有一个落脚的地方怎么行？章学诚深谢师恩，说，我已经决定了，明日一早就把蔡娇儿送回湖北应城家中。有一好友正好回应城老家，有他妻女照顾蔡娇儿会一路平安的。

晚宴上，朱筠、章学诚相见，十分惊喜。朱筠听说他已来京六年，"你为什么不去见我？"

"我只想依自己能力考取顺天府乡试后再去见你，可是总不尽如人意，已三次无果而终了。"

"你是开创型的人才，不是科举型的考虫，非一般人不能相比。"

章学诚此时又将他对《修志十议》的一些思索向朱筠请教。朱筠认为，他的这些修志立论十分得当，使人振聋发聩。是人想又想不到，是人想说而又说不明的重要方志理论，老师还要向你学习呢？何谓请教！

北京的冬天最像沉思的人，惨惨的白云，冷冷的天空，一只只冷飕飕叫着的喜鹊，一棵棵光秃秃的枯树，厚厚的积雪，白压压地盖住整个城市。

章学诚来朱筠家半年了。

有一次朱筠和章学诚整整谈了三天三夜。朱筠认为章学诚是千古之人，在所教的几百个学子中，无一人可与之相匹敌。章学诚泪在眼中转了三遭，谢师器重，学子只有向你学习为人和治学的道理。这时朱筠家人来报："老爷，章学诚的族兄章允功要见你。"

章允功走进来鞠了一躬，大学士，京城章家要编一部章氏家谱，特聘章学诚担任主笔，我给章学诚请个假行吗？我们师生在讨论为学之道，我准备让章学诚担任主校《筠河文集》。你们章氏修谱这是大事，先尽着你们。章学诚想起老师平日教诲，追忆过去春游秋游把玩的日子，真是舍不得离开，不觉潸然泪下，朱筠也不禁老泪纵横。

章允功用手抄录了全北京章氏十五个支系，疏通了各位家族的源流，完成了记叙部分和各种碑帖墨版搜罗工作。只是请教章学诚这位大家来指导编辑一下，最后成为一辑。[1] 章学诚仔细看了看所有收集的资料，详达五十多万字，他进行了详细的编辑。

一是疏导了各家源流，把近似各支祖先详绘成谱。

二是把各家的支脉详记成牒，分类投档为表。

三是把各家名人详写成传，又制成卡片为图。

三种类别，详瞻其貌，推陈出新。

章守一详看了这部《北京章氏家谱》大叫："章学诚这是为华夏修谱大创新。"

章学诚反而对几个族人摇摇头，先别招招摇摇的，他明天要到国子监存书馆，去借上两部书来，细看一下古人是怎么修家谱的。章允功诧异，你那么灵的人，需要步人家的后尘吗？

章学诚谦虚地眨眨眼，没有规矩不成方圆，古人的东西是要实实在在学的，学了再自己悟道，才有创新。再聪明的人，没有一个人不是在别人的基础上创造新东西。所谓万不失一，就是（"不泥古不化——改为：推本溯源"）古人的东西罢了。他在国子监看到苏老泉（苏洵）修的《谱例》特别好。写出了修家谱的范例，记录他修家谱的一些思考。修家谱，能使国家长志气，能使民族长人气，能使人才长底气。家谱是

---

① 胡适、姚名达著《章实斋年谱》第40页，1948年6月21日，上海《申报》。

孕育国家栋梁、民族人才的摇篮。苏洵认为是家谱孕育了他两个天才的儿子苏轼和苏辙。邵念鲁作序的全氏《谱法》，写得条分缕析，家谱是人物传记的基础，人物传记是对家族的洗礼，人物传记能把家族人的脑袋洗干净，家族的人才会从少犯罪到没有一个人犯罪。

章允功解释，你章学诚回来修家谱，也是因为那些书中的说法。不过书中说的不是应验了吗？章氏的人重修了五次家谱后，至今没有一个杀人的，没有一个偷盗的，没有一个奸淫的，没有一个作假见证陷害人的，更没有贪得无厌的贪官。

章文钦道："不是有造反杀了头，还有说话冒犯了皇上罢了官，还有入了土匪全家灭亡的。"

章允功道："那都是政治上的犯法，与我说的犯法扯不到一起。造反的，说反话的，当英雄的，那是社会压迫得受不了才可能出现的人。自古谁能说清他们是好是坏。"

章守一道："你说那些人录不录到家谱里去？"

章学诚道："只要不犯朝廷的讳，把他们人名辑录进去。他们毕竟是我们家族的人嘛，只是他们的事迹，我们要专门辑录一个外编。"

章文钦道："章学诚爷，你这是高见，章氏在京城近万口子人，可不要因为一部家谱，写得破七离三的。让人告了，给抹了脖子，那可真成了千古奇谈了。你看那些死于文字狱的家族，不都是如此吗？"

章允功道："这就是我把章学诚爷叫回来的缘由，他是朝廷的人，又是专门修过志的，大把子他一拿，我们家谱就成了。"

章学诚慢慢地说："允功兄，不能这么说，明天我去借了那两本书，参阅了人家的再说。我想咱们修家谱，不但是为家族找历史，而且也是为民族找未来啊。"

大家都说章学诚这几句话说得好，章守一赶快记了下来。章允功又把家族为修谱捐献的一千两银子交给章学诚，说是给他的辛苦费和刊行费，章学诚让章允功先收着。第二天章学诚到了国子监，学子们正在课间休息。不管是趾高气扬、豪气冲天的；还是垂头丧气、心事重重的；还是无忧无虑、乐乐呵呵的，全都向他打招呼。他感到国子监好像活了一般。他去书馆借书，那管理图书的小吏一见他，脸上就像乐开了花。他百思不得其解，故意默默不语，好像讨教这是为什么。小吏眯眯眼，现在欧阳瑾主管国子监，这位江西大老表，说你章学诚才高八斗，当今无人可比。你虽然没在国子监，但已经是国子监的名人了，有谁不高看你一眼呢！章学诚说了要借的书名，又多交了一倍银子的押金。那人拿出两本书，这两本书已经五年没有人看了。五年前也只有戴震先生借过，他借时手里钱少，只交了一本书的押金。他还书时少了一本，闹得皂隶们到他家搜了半天。最后发现是叫耗子拉到耗子洞口，有几处都咬坏了，为此押金也没有退还给他。为这本书，我挺揪心的，感到对不起戴先生。因此感到看这两本书的人，确实不是一般人。听小吏不停地唠叨，章学诚只好向他点点头，赶快逃走了。

北京的冬天特别短，章学诚回到章允功家，已经是掌灯时分，看到章允功准备烧掉一大堆家谱的草稿资料。

章学诚大喊道："允功兄，手下留情，这可都是宝贝。你怎么一时清楚，一时糊涂，就要烧了呢？"

"你们不是说那些反贼、那些说胡话之人、那些响马可能为我们家族招来杀身之祸。我看不如把这些材料烧了，也算是给这些勇敢的祖先送了点纸钱。"

"让我先看看再烧，你那么辛辛苦苦地收集的资料，花了多少年的时间才写出来，哪能凭我们的几句云山雾罩的话，一把火就烧了呢？"

章学诚虽然眼睛很痛，他还是坚持看到半夜，把全部要烧的资料看完了。老实的允功一直陪伴他的身边忐忑不安地等待，好像他等不到回话，会给章氏家族的人带来什么大灾难似的。章学诚淡然点点头，一张都不要烧，全部留下来，只要改几句话就可以登载上去。没有什么涉及大清皇上和当今朝廷的，收集资料时很注意这方面的问题，写的是在其他朝代，章氏祖先中造反的、说反话的、当响马的，都记叙得极为精彩。北京这个地方，社会大动荡时，就是人们说话的地方，响马频繁出没的地方，人们最先造反的地方，祖先参加了说明是他们那一代人的光荣。这些资料记载在家谱之中太有意义了。说不定后世就会将他们英雄事迹颂扬千古，这也是家族光荣啊！章允功看到章学诚的眼睛都肿了起来，瞳仁如火一样红。就叫了郎中给他看了，郎中让他躺在床上，只动嘴不动手指挥着章允功怎么做。

章学诚眼睛疼得要命，只好让允功把苏洵的《谱例》和邵念鲁的《谱法》花了一天时间给他读，他又给允功讲了两书微妙。然后两书折中，取其优点。按照两书的正确的理论指导，让允功采取拆、编、纂、辑的方法，区分类别为篇章。

那些允功要烧毁的资料，又分别辑入另一册书，允功还是战战兢兢。章学诚让允功买了一个陶罐，把好像是多么危险的禁书放了进去，用胶泥封好，在地下挖了个一丈多深的洞藏了进去。两兄弟又咬破手指，发了大血誓永保秘密。章学诚直笑允功胆小。

允功却说："胆小不会满门抄斩。"

章学诚最近家中来了信，细君又生了一个儿子，现在他已有三儿六女。全家十四口人，全靠年迈的老父书院教学为生。想到这里，他不免要难过得落泪。章学诚正伤心之时，章允功又来找他。章学诚拿信给章允功看后直唉声叹气，孩子多了是孽，嫂子多次想要一个儿子继承门户，送给你吧！

章允功听了热泪盈眶，一把抱住章学诚道："实斋实心啊！这是你的亲骨肉啊！"

第十三章

主修国志

乾隆三十一年（1766）二月二，章学诚准备了一肚子的谦虚和一脑子的问题请教戴震："戴东原先生，你认为当前青年学子最大的毛病是什么？"

"好发言论，自视清高而又不切实际，攻击排斥训诂之学。好高骛远，而肚子里的学问实则是空空如也。"

"先生，你认为是什么原因造成了他们如此玩世不恭，自以为得到学问了呢？"

戴震道："我不能研究大河洛神、精卫填海的道理，我就不敢读元旦除夕的天文书籍。我不知星月岁差、天象地理的规律，我就不敢读天地神授的《易经》。我不能辨析声音节律和'关关雎鸠'的《诗经》，我就不敢读三王正统的《周官》典礼。"

章学诚觉得他这些话未必对，学生不研究大河洛神、精卫填海的道理，一样读天文书籍；老百姓不知天地规律，一样读《易经》；世人不辨声律和《诗经》，一样可读《周官》典礼。转念一想我是来向人请教的，还是忍一忍吧！

章学诚又问道："古人大体进窥天地的精神，我们怎样领会呢？"

"经典是用来载道的，就是说要明道必须通晓经典。经典是以文字来记载的，要通晓经典必须有赖于文字的考证。这就是我批评的一些人，治学治史治经，必须从语言文字学起，由声音、文字，以求解释通顺，由通顺再解释道理意义。道理意义又必须通过以字通词，以词通道的途径获得。"

章学诚觉得他这些话破绽百出，明道一定要通晓经典吗？实践才是明道的路径，要通晓经典必须赖于考证吗？学子不搞考证不是一样通晓经典吗？治学治史治经，必须从语言文字学起吗？简直全是谬论。又一想我还是谦虚一点儿吧！他的话也有一定道理，有些话对我章学诚的思想触动很大，简直犹如骂我一样。章学诚脸上发着烧，手哆嗦着，又真诚地问了一句："先生治学之经是什么呢？"

戴震道："我的治学经验只有一条，如果不精通全部语言文字的知识，就不可能读懂六经。"

章学诚想，不精通全部语文的知识，就不能读懂六经吗？如戴震所说，天下还有人敢读六经吗？天下不全是文盲了吗？这些道理让稍有点儿知识的人都会批得体无完肤。而他如骨鲠在喉，作为来请教的人，他咬牙发誓不交火，以备将来能够点出其谬。

章学诚脸红红的，另外觉得这人还是说到了他的病根上，戳到了他的心尖上。我连经书尚未读懂，就在北京这人才济济的地方，高谈阔论，挥斥古今，实在感到惭愧至极！于是点点头。戴震对他也点点头："京城只有你这么问我，可见你学习认真非同一般。你有千古之问，发我深省呀。"

章学诚拜会戴震之后，回去就禀报了朱筠。朱筠认为戴震的只讲考据的理论值得人们质疑和思辨，同时也非常同意戴震的观点，厌恶后生学子腹中空虚，而空谈义理。你今后做学问也要脚踏实地，先从证实做起，然后再加以发展，假如不相信古代历史，又凭什么对六经加以质疑呢？没土打不了墙，没沙盖不了房。做学问得靠真正的根基啊，你不是认为根深叶才茂吗？戴震先生批评中国学术界的那句著名的狂言："今天学者，不要说学术文章，先坐下来看看自己有多少不曾认识的字词吧！"

章学诚忏悔，过去也是图自己的好名声，以自己所专长的史志来发议论，舍去自己的短处投人所好，以赢得别人廉价的赞誉，实在是太对不起恩师了。

朱筠点点头，你知戴东原为什么如此做人吗？戴震，字东原，安徽休宁人。他年轻时，师事婺源学者江永，四十岁中举后，六次落第。三十岁时避仇人，入都城，名重京师学界。他所谓的仇人，不是什么私仇，而是学术上的仇人，就是那些好空谈义理所谓的文人。他说话可谓一针见血，沽名钓誉是中国人的通病，我们每一个人对他的话都应有所警觉。

师生正在交心，这时已经天亮了，北京天主堂有史以来第一声钟声响了。正是这一天，戴震所著的《算学》刊行了。他送给朱筠和章学诚各一本，上面写着："北京竟然有了天主堂的钟声，中国应当醒了。"这时章学诚拿着书暗暗下定了决心，我要由博览群书回到脚踏实地上来。只有这样的人，才能真正成熟。

朱筠对章学诚更加喜爱了，总是将章学诚带在身边，向学者名人做介绍。此时的章学诚年轻气盛，踌躇满志，一副意气风发的样子。常常在大庭广众之下，发表滔滔不绝的宏论，开口批评古人，闭口褒贬大家。说班马写史如写文学，将历史写得太华丽了。又说欧朱写《唐史》写得太直白了，缺乏文采，不像文人修史。而且举出李白的诗这一句不恰当，杜甫的诗那一句不太好。讲到得意忘形之时，才猛然发现众学者则相顾惊奇，众学子都愕然不知所措。因为他们闻所未闻这些言论，更不知还有人在朱学士家敢如此大吐高调鸿词。人们都在静静地听他讲析，章学诚看看周围的人都莫名惊诧的样子，就不好意思再讲下去了。每当这种时候，朱筠总是用欣赏的眼光，鼓励他继续讲下去，有时还带头为他的讲析拍手叫好。

中秋节，冯廷丞来看章学诚，他不在。可满桌的文章都是考辨证实的，看了皆力透纸背，使人振聋发聩。冯廷丞想那一班不学无术的小人，专门嚼舌头，说章学诚是空头理论家，看不起考据，他们的看法能成立吗？看看他这些考辨大作，虽然偏重于史志，但又有多么深厚的考据证实功底啊！

冯廷丞对刚进门的蒋雍植有点儿不好意思："昨天章学诚去向我借银子买书，朝廷发饷的日子拖了三天，让我在章学诚面前丢了人。我只是知道他借钱肯定是有什么正事，但不知道是什么事，蒋兄，你知道吗？"

蒋雍植也有点儿惭愧："我们中书内阁，也欠了三天饷。和你们光禄寺一样，章学诚只说是囊中羞涩，没有开口。我就知道他的意思，我问了他的族兄章允功，说章学诚所有的饷银全都买了书，'《二十三史》他就买了十六七种版本的'，① 你看这满桌子都是。为买书他常常穷得食不果腹，衣不当寒。夏天就把冬衣典当了买书，有时把被褥拿去当抵押品把书买回来。我听了这些只泪流满面，他这样的精神，天都要感动，地都要慨叹，何况我们人呢！我想好了，这个月发的饷银十二两，留下二两吃饭的，其他全部送给他。"

冯廷丞也感慨地说："我十二两饷银也和你一样处理，我们把银子放到他的桌洞里，坚决不能让他知道是我们送他的，这样他就不要还了。"

这时吴胥石和程晋芳也走进来说："你们两人积阴德，也不能忘了我们。我们两人家里今天寄来了生活费，除留下吃用银外，其余一人十五两全部送给章学诚。"

四人把五十两银子放好，悄悄地走了。吴胥石最有心，他怕章学诚房门没锁，不法之徒顺手牵羊，一直等到章学诚从外边回来，他才离开。又叫皂隶去告诉章学诚，出外勿忘锁门，锁桌子抽屉。章学诚看看家里好像有人来过，抽屉也好像有人拉开过。他拉开抽屉一看，竟然放着五十两白花花的银子，上面一个纸条写着：此银是给有志气有才学的文化人的，就等于捐给了国家的学问，比捐给任何人都要值得。章学诚，你收下吧！不要问来路。"他看了看字迹，是一种变体。他想不出

---

① 胡适、姚名达著《章实斋年谱》第41页，1948年6月21日，上海《申报》。

来是谁送来的，是朱筠，是曾慎，是沈业福……他想，既然是大家的好意我就领情了。他赶快上街又买了一套《二十三史》新版本的，又赎回了自己的衣服被褥。面对大家的一片好心，他又是一夜未眠。他立下这样的宏志，我虽寄人篱下，也要对《二十三史》加以评论。我虽然记读书札记，也要不忘质疑辨析。只要有这新旧、尺寸、刻工参差不齐的十九种版本的《二十三史》我就会融会贯通。虽然我视力差，生徒授业，衣食生计，牵扯了我不少的精力，只要我不断努力，我就能发现正史中义例不纯，体例多舛，我就会普遍检查方志其中的得失利钝，然后用笔削去它一切不合规律之处。

北京的早晨就像小夜曲一样美丽，又像蜜饯儿一样甜蜜。对于劳累的身体来说，早晨就如母亲一样温馨。朱筠黄昏到早朝，一直听朝臣辩论不休，不是他正当年，都差点累翻了。早晨回来后他吃了饭，喝了几口茶，躺在椅背上闭目养神，突然一道闪电在他的脑子里回旋，不停地绕来绕去，最后化作了一颗明亮的星星在他面前眨眼，星星最后化作了章学诚，他一下子想起来皇上让完成的紧急大任，让人叫来了章学诚。

章学诚好像未卜先知，一进门就说："感谢老师的指点，使我确立了治学之路：贵识大体，重在别出心裁，辨章学术，考镜源流的风格。但我写的文章多不合时好，除了朱先生归正外，别无他用。"

朱筠道："今世不能用，后世能用，后世不能用，万世能用。"

章学诚感到他现在落得个众多的朋友见了，就远远离开或者逃走，没有一个人不视他为怪物，没有一个人不惊诧他是个异类。

朱筠把目光落到章学诚的眼睛里，向他点点头。如果人们与他同甘共苦，像他那样苦做学问，那他还将成为千古之人吗？世界不属于势利眼，世界更不属于那些会做人的人，世界从来就属于他这样没有势利眼，不会做人的人。他是研究史志的，应当懂得，历史上凡属大才，没有一个不被人惊诧为异类的，这是他们还没成势成人时最困难的日子。人生的风雨一旦过去，就会见星星了。如果这一辈子不能成为星星，那下辈子他的星光将更加辉煌，要不然星光会如此千秋灿烂吗？

章学诚觉得面对先生日月一样的抬举，他又做了什么呢？如果古人复活站起来，也会指责他的。而只有恩师如此看重他，叫他不知怎么做人了。章学诚给朱筠倒了一杯新茶道："晚生将你这些道理记在心里了，我将受用一辈子。"

朱筠拿起康熙年间朱彝尊写的《日下旧闻》一书，朱彝尊称为海内三布衣，因修史和上司不和，上书被贬官。"日下"一词，出自唐代王勃，"长安之日下"，"日下"就是京都的意思。他被贬谪，特不服气。他从一千六百多种古籍中选录有关北京的记载，经实地考察，精心搜集资料，讨要素材写成。此书写得让老百姓看了激动不已，让学者看了也气势磅礴。康熙看了说："援引的证据精确，文辞高雅，意识畅达。"①

朱筠问章学诚："你看过《日下旧闻》这部书吗？"

"读过三遍，认为写得丰赡翔实，文笔优美。"

朱筠点点头，皇上"诏撰《顺天府志》亦属章学诚辈经纪其事"。②让于敏中和英谊为总裁，让我、窦光飞、潘曾超、吴锡麟为编撰，要求地域包括北比长城以南，南接海河，东至遵化，西到山海关的广大之地，重点是写京师。

章学诚认为既然皇上要求写重点，恩师不如承揽几个重点项目撰写，这样进也可以千古留名，退可以有人争相续尾，给后人留下美妙的想象空间。

朱筠觉得和章学诚不谋而合，但全书皇上要求除新增的"国朝宫室，京城总记，国朝苑囿，皇城分院"四个项目外，一律以原来的十三个项目为基准撰写。他分了五个项目，他们一人分了四个项目。他已经上奏让章学诚作为志书的领头人，先写一个小的子项，给大家立个标准，然后大家再依照章学诚的体例标准写。要求一个月交稿，就是写章学诚非常熟悉又常研究的《圆明园志》。他让章学诚先看上两天资料，再送一箱资料，让他研究八天后动笔。十万字一个月完成。

"恩师，是否时间太紧了？"

---

① 《中国方志大辞典》第 134 页，浙江人民出版社 1988 年版。
② 胡适、姚名达著《章实斋年谱》第 42 页，1948 年 6 月 21 日，上海《申报》。

"我知道你的笔力，越急越出成果。人都是属驴的，没有压力出不来真东西，你说呢？"

吴胥石这时站起来说："他那点'二手笔'本事我知道，是完不成的。老师，还是另谋大手笔吧！"

章学诚一下子急了："谁说我是'二手笔'？咱们打个赌，完成了你请酒席，完不成我请。"

一个月后，一部十万字的蝇头小楷《圆明园志》摆在朱筠的案头。朱筠看此文语言优美，文笔畅达，眉目清晰，资料扎实，详记了整个圆明园的布局、建制，大宫门前后的府、部、司、院，军机处等衙门及十八门、四十景，不禁拍案叫绝，批了二十四个大字："删繁补缺，援古证今，详为考实，踏勘遗迹，去伪存真。妙哉！妙哉！"朱筠又将《圆明园志》上报，于敏中批复："以《日下旧闻》为参考，以《圆明园志》为蓝本，所有修《顺天府志》人员均照此撰写。章学诚纂修的《圆明园志》难能可贵地给我们提出了方志'绘制图表论'，一、采集关系密切的图像达到图文并茂。图表要像春之娇女那样动人，要眉毛是眉毛、鼻子是鼻子。二、不盲目使用各种图像，不全面采用各种表格，图表不多于十幅，过多会以其害志。这就像人身上只能是两只手，如果是三只手，那就是贼了。三、凡是读者有特别难解之处，在文下用较为简明清晰的图表注释。如果方志不用图表注释，那就像人没有眼睛，是个瞎子。这些理论振聋发聩，发人深省。望各位同仁共勉。"章学诚圆满完成了朱筠交给的这部重要国志撰写任务，他感到小试牛刀，便得行其志，自己能经纪其事，大显身手，心中真是十分痛快。

吴胥石的激将法奏了效，朱筠感谢他的好点子，代他请了酒席。

章学诚的一生最幽默的个性就是爱打赌，无论是社会生活方面风流蕴藉，还是史志思想方面电光石火，都显示出他男子汉大丈夫卓尔不群的才能，因为爱打赌显得他的性格顽童般的刚强可爱。

一部十万字的国志，年轻人打个赌，比个输赢，算不了什么，而这就是他一生最真实的个性。

然而，章学诚生命的怪圈总是离不开祸兮福所倚，福兮祸所依的法则，他顺利修完第一部国志，而在修第二部国志时，人生和他开了一个不大不小的玩笑。

乾隆三十二年（1767）正月十六，国子监皂隶送来请柬：提督学政欧阳瑾特请章学诚先生去国子监晤谈。章学诚看到欧阳瑾的大名，愣怔了半天。

堂兄章允功道："能见天下难寻的正直人物，是三生有幸，你就快去吧，还磨叽什么？"

学诚道："朱筠老师今天要约我一同去看戏的，还专门包了包厢，要与我谈修《顺天府志》的事，人又不能分身，我该怎么办？"

"哎哟，两件都是大事，你又无分身之术，你感到孰轻孰重呢？"

"我反复斟酌了一下，万事做得不妥当，恩师是能原谅我的，虽然修志修史是我人生第一等大事，就暂时请辞吧。"

"骑上我家的高头大马赶紧去国子监，我去铁拐李胡同朱筠老师家，去给你请假。你别走前门大街和长安街，那里贵人多。遇到熟人、贵人你要不打招呼，人家会说你眼皮子高，看不起人，以后你就难做人了。从咱家天桥走虎坊路，直接卜崇文门大街，一猛子马跑就到国子监了。"

马刚跑到崇文门外大街，章文钦和章守一就叫住了他。说是北京崇文书院要开学，制造一门牌，请他写一幅书院牌坊。他说国子监欧阳瑾找他有急事，改天再说。

章守一说："人家今儿个下午就开业，等不及的。"

"再急，也不在乎这一瞬间。这里就有笔墨店，掌柜的我认识，你写了就走还不行吗？"章文钦说着还叫了三声好爷爷，学诚只好赶紧写了，快马加鞭地飞了一般跑。

刚跑到东四大街，两乘小轿拦住了去路。他只好将马停了下来，好友曾慎和甄松年从轿中出来。曾慎道："这次顺天乡试是和你争辩过的陆宗楷做主考官，你可要注意啊！此人是有名的小心眼，专会拿把人的。"章学诚含笑点点头。

甄松年说："不过这次副主考官是我们恩师朱筠，另一个是朱棻元。他是你们浙江老乡，对你极力推荐。学诚，你的好运就要来了。"

章学诚对两人说了欧阳瑾要约他晤谈之事，怕耽误了，他要赶快走。

曾慎说："哎哟！欧阳瑾办事最守时，你赶快去。"

甄松年说："你有大事，怎么不早说？听我们说这一通长篇大套的废话。"

学诚道："一句废话也没有，全是箴言，我记住了。"说完跃马扬鞭地向前赶，刚跑到东四南大街，又有一排儿四匹马拦住了他的去路。他抬头仔细一看，是冯廷丞、吴胥石、汪辉祖、程晋芳四位同窗。

程晋芳一脸喜悦地说："学诚，报告你一个好消息。欧阳瑾初到国子监当祭酒主持，就首推你为第一名。六馆之士一片哗然，所有博士教授，全都惊诧莫名。欧阳瑾只是任凭他们怎么说，依然我行我素。他还调阅了你前三次参加顺天府考试试卷，驳了众人，众人皆心服口不服，都悄悄地无一人敢说半个不字了。"

其他人还要接话，学诚赶快说了欧阳瑾要约他晤谈的事。大家这才赶紧给他让开路，让他飞一般扬长而去。

到了国子监，欧阳瑾已经回家就餐了。皂隶见了他，悻悻地说："你的脸真大，你的谱真大，让一个近六十岁的老人等了你一上午的时间。从北京城南到国子监，半个时辰不到。我都到了两个时辰了，你现在才来。年轻人，你可真够傲慢无礼的，让我都吃了一顿骂，我这老脸都没法搁，我干了二十年了，第一次为你受这种剋。"

章学诚赶快作揖道："大爷，让你为我受连累了。本来你前脚出门，我后脚就跟着来了。可是一路上真是没有那么蹊跷的，京城的三亲六故、四朋九友都遇上了。我本来拣了条遇见熟人少的路，可还是耽误了提督学政的大事，还使你受了牵连。下午等我向欧阳瑾大人说明，这全是我的过错。"

皂隶道："下午，哪个下午，你还想下午得到接见，你做梦吧！欧阳瑾大人的日程排到三个月以后，你三个月后再给他说话吧！我的饷银也被扣了，处罚也咎由自取了。"

"我以国子监生的薪俸膏火银赔你。"

"我挨的骂谁赔？我的老脸谁赔？你们浙江人涩皮是京城闻名的，

小子，赶快走吧，别涮着我玩了。"

章学诚扑哧一下笑了道："大爷，你讲话太风趣了，浙江人再涩皮，但没有说话不算话的，你就放心吧！"

"好，小子，我等着你的一言九鼎。"皂隶说完好一阵哈哈大笑。

"我下午还有没有希望见到欧阳瑾大人，你给我一个准话。"

皂隶瞥了章学诚一眼道："我真佩服你们浙江人不达目的决不罢休的精神，好像下午有几个人找他反映情况，就是开一个为你的事情的会。会议完了，说不定他能接见你。你要耐心地等，别五马长枪地到处跑。"

下午，章学诚来到提督学政办公房侧，看着进去了七八个人。

一会儿就听见有点儿大舌头的河南人说："章学诚已在我们国子监四年，但一直贫不知名。不仅人不知名，就是写出的文章也大都在名次之下，我们国子监五十八位五经博士一致认为，他不适宜参加国子监的开馆修志工作。"

一个说话很土，但声音很大的陕西人道："我们国子监一半学生三百八十多人，认为国子监开馆修志，诸生以才能和智慧竞争，以过去优异的工作实绩奋发图强。如果独让章学诚专门拿起笔来，削去众人修志中的错误，我们坚决不同意。他在我们国子监学生中一点儿威信都没有，仅仅因为他贫穷，就如此照顾他，这有点儿不公，请提督学政明察。"

这时又听一个舌头很硬，声音洪亮像咬着石头讲话的江苏人道："章学诚我也不认识，也从来没有见过他，他确实很不知名，但我看过他写的《修志十议》，从中可以看出他参加了《天门县志》全部的修志工作，提出了至今为止华夏修志的许多重要之论，具有笔扫千军、文起八代的气势。我认为让他在国子监修志，发挥其专长，是再合适不过的不二人选。我们十个典籍同意他参加修志。"

一个鼻音很重，一个字一个字地往外吐，让人听了头大的山东人说："章学诚这个人，我只是听说过，好与人争执，听说争执着还打了起来。我有一次故意在他谈修志的试卷上批了'错误至极'。他竟然写了洋洋万言说明县设方志科的益处，最后我被他说服了。他要求见我，我认为可能是个南蛮子，我至今没见过他，但我觉得他那些修志理论都是很有见地的，开创了我国方志理论的先河。我们国子监是国家的文化思想机构，应当允许这样的人来修志，才对得起国子监这个机构。我们三位司业同意让他修《国子监志》。"

这时欧阳瑾咳嗽一声，用江西人平静而又疙疙瘩瘩的语调说："我欧阳瑾五十九岁之人了，并非一意孤行，非要推荐章学诚这个浙江小伙子来为'国子监修志，遂为专司笔削'[①] 也不是没有做一点儿调查研究就首擢他第一名，而是看了他写的文章和志书，听了朝野议论，才下的决心。我个人认为这是一个什么样的人呢，这样的小子当求之古人才能得到的人，他好像本来就不是当今一位文化人似的。他说的话，做的事，使我惊奇，他的文章前无古人。县设方志科的立论，中国目前有一个提出来这样的高论吗？正因为他贫不知名，我们才要去发现他，正因为他被人们视若无物，我们才要拔擢他。是金子，就应当让他发光。我这样说，大家还有什么不同看法，如果有，明天再议。如果没有，明天就请章学诚出山了。"

这时只听一片"提督学政高见"的声音和人们往外走的脚步声。

清朝国子监真是文人藏文存墨的地方，其档案详尽地记录了这次会议人们对章学诚的褒贬，使人看到了中国古代大学最公正的良心，亦详尽记录了章学诚的人生。章学诚作为中国古代思想的集大成者，是国子监特殊背景下的"这一个"。其身世和使命，感性和理性，将他记录得那么真实，使我们看到了他在不同的时期，有着不同的人生导向。时代好像又错综复杂地给他种种暗示和启发，从而造就了他丰富多彩的人生辉煌，使他的人生达到了一个修志高潮。

章学诚在七八人走后，轻轻敲了敲门。里边人笑应，是否是章学诚先生来了，请进。他进门就磕了三个头表示拜谢恩师。

欧阳瑾点点头，国子监要另开志局，这是朝廷和皇上下旨定的事。

---

① 胡适、姚名达著《章实斋年谱》第42页，1948年6月21日，上海《申报》。

他配备了几个人干这件事，但这些人都有自己的教学工作，互相推来推去，叫做官可以，让办事不行。他决定让章学诚专职负责此事，一则可以挣些吃饭钱，让你的日子好过些。最重要的是要你来负责修志，就是让你干你喜欢干和想干的事，使你的治学治史道路得以发扬光大。

章学诚道："知我者，恩师也！"

欧阳瑾认为在这个大时代，却是伯乐常有，而千里马却难寻了。他认为章学诚是他发现的一匹最好的千里马，希望好自为之，明日就上任。在办事说话方面，别人做出成绩，多给人竖大拇指。对于不干工作的人，要远离。当官没有什么窍门，这就是最大的窍门。另调三个国子监学生配合你，人家是来考科举的，一时完不成你交给的任务，也不要太刻薄人家。顺天府乡试，你也要参加秋闱，到时候准你半年的假期复习。不过你放心，秋闱复习期间，你在国子监修志的俸禄是不会少的。因为人要是有重任在肩，秋闱期间也是会想会干的。

章学诚感谢恩师对他如此倚重，只是听说官局修志，人员关系极其复杂。国子监修志，皇上已下旨十年了。仍然只有几笔空文，几本只有不超过丨页内容的杂记。

欧阳瑾解释这就是官局修志的弊端，一人干，十人转，百人都在诌闲传。不干的人还要拼命攻击干的人，甚至卜套栽赃，不惜陷害告状。最后搞得干的人干不成，不干的人成了妖精。那无数矛盾是非，尔诈我虞，其目的就是达到互相牵制，吵闹攻击，穷日不休，你也成不了名，他也成不了家，你也升不了官，他也做不了人。皇上都感到头大，神仙都感到无法。

皂隶来报："陆宗楷先生等了提督学政已经半个时辰了，他让我通报一声，能否接见一下。"

欧阳瑾说："让他进来吧。"欧阳瑾对章学诚使了个眼色，让他到套间去暂避一会儿。

陆宗楷一进来就寒暄道："欧阳公可是公务太累了，这么晚了还不回去歇息。"

"也不是什么正事，国子监的杂事多，回去晚了一点儿。"

陆宗楷道："我倒有一件正事，我认为先生调来章学诚担任《国子监志》执笔不妥，因为志书我早已经修好了。"说完把一部《太学志》捧到欧阳瑾面前。

欧阳瑾把《太学志》大致翻了翻说："这部《太学志》我先上报皇上，让皇上看看是否成形。"

陆宗楷战战兢兢地说："稿子还不成熟，先莫呈报皇上。你先看，看完了，我修改三遍再说。"

"那好吧。"欧阳瑾故意拖了长腔说，陆宗楷立即会意，"我不让你白为我辛劳，我今晚请你赴宴如何？"

欧阳瑾说："无功哪能受禄，就不要宗楷弟破费了。"

陆宗楷悻悻地走了。

当年三月初三，欧阳瑾把这部陆宗楷写的《太学志》给章学诚看。他仔细看了两遍写了批语道：尚有断限，多载唐宋，请修改是何？欧阳瑾通知章学诚，今年秋闱较难，让他早做准备。半年内让章学诚全力冲刺顺天府乡试，《国子监志》修志任务暂停。陆宗楷对章学诚的批语不屑一顾，大为不服，竟然让欧阳瑾直接把《太学志》上呈皇上。乾隆看后三天就批下来了：虽然所写沿革固然符合实际，但滥载唐宋以前的太学状况。特别严重的是记述断了线，元朝到哪里去了？明朝就这样线索少之又少吗？这能成为《太学志》吗？特下诏旨，重新改定！由此可见，陆宗楷对修志一窍不通。

乾隆三十三年（1768）秋天的顺天府乡试的主考官竟然就是陆宗楷，陆宗楷早就怀疑章学诚对他的《太学志》所提意见下了套，为什么与皇上的批复惊人一致？他想在这次考试中对章学诚动一下手脚。清代乡试分三场，阅卷实行糊名制度，考官要报复一个考生难上加难。这次考卷的题目竟然不是八股文，而是关于《国子监志》编修义例。这好像真是天降大礼，送给章学诚这个题目，可谓手到擒来，小菜一碟。章学诚深知陆宗楷的修志思想，只要他投其所好，按照陆宗楷的观点作答，那录取进士是百分之百把握，说不定状元、探花、榜眼也不是没有可能性。陆宗楷阅卷时，特别欣赏章学诚所做的文章，第一、二场试卷已录取为第一名，但见第三场策论，竟然和自己修志理论专门唱对台戏，简直戳自己的心窝子。竟提出沿革考证不得断线，否则还称什么《太学志》呢？他看了，简直想把考卷撕了，但他还是忍了，十分肯定这就是章学诚所写。前两卷自己已经将章学诚录为第一名，又不能打自己的脸，第三场试卷只好录为副榜，自然综合试卷只录为副榜。

章学诚以后在《文史通义》一书中狠批了这种积弊，所谓"不知其实，但务推崇，则玄之又玄，圣人一神天之通号耳"，痛斥儒者门户之见愈深而蔽人神智愈甚（参看《朱陆》诸篇）。他又说：孟子拒杨墨，必取杨墨之说而辟之，则不惟其人而惟其学。故引杨墨之言，但明杨墨之家学，而不必专指杨朱、墨翟之人也。……彼异学之视吾儒，何独不然哉？韩非治刑名之说，则儒墨皆在所摈矣。墨者……历诋尧舜文周之行事，必藉儒者之言以辨之，故诸难之篇多标儒者，以为习射之的焉。此则在彼不得不然也。……然而其文华而辨，其意刻而深，后世文章之士多好观之。惟其文，而不惟其人，则亦未始不可参取也。①

侯外庐先生认为：章学诚的这种治学方法，自命为"参取"。他在"匡谬"一篇婉转说明"参取"二字，为诸子异端抱不平之鸣。章学诚认为不研究人思想内容之所以异同，而只看取其形式上的疑似，即动以异端斥人，这是中国封建学者的通病。所以章学诚在《文史通义》中尝慨叹儒者之流愈尊孔而愈糊涂了。②

副主考官朱棻元看了章学诚的《国子监志》策论写得风生水起，这么好的文章却被黜落了，惊叹不已，递眼色向改卷老师质疑。其他人努努嘴，看看陆宗楷。朱棻元用眼瞥了一下陆宗楷，他竟脸不红、心不跳地看天，十分得意地笑了笑。

朱棻元气得一佛升天，二佛出世："六经学馆的老师，怎么就如此

---

① 《章氏遗书》卷三《文史通义》内篇三。

② 侯外庐主编，《中国思想通史》第 527 页，人民出版社 1956 年版。

仓促改卷，失去了此等优异人才？"

又立刻找到章学诚问："到底是怎么一回事？"

章学诚淡然地抬起头："尊敬的恩师，我口中说的，笔下写的，与当初我在国子监中的思想观点，是不能说到两条路上去的，这就是我本来的真心，也是学生应当信守的正直率真。"

"你又不是不知道，皇上都下诏旨批了他。那是一个对修志狗屁不通的人，你不欺骗老师，你不能欺骗一个小人吗？"

章学诚虔诚地低下头："凡与我相处的人，都听到我所说的修志观点，我这一辈子只有'不欺古人，不欺历史'八个字。"

朱筠元惜容满面地笑了："一个每次考试都凭自己真才实学，一个完全在诚实中度过一生的人，这是何等品德，老天爷却在和这样的人开玩笑。"

第十四章

凝心修《乐典》

乾隆三十三年（1768）二月二国子监开学那天，欧阳瑾接到章学诚的请辞书。

国子监提督学政大人欧阳瑾：

　　顿首！

　　时间周而复始，北京肃杀的冬天又来了，我讨厌冬天是如此不近人情的寒冷。不过你老当益壮的身体，听说特别喜爱北京的冬天，尽管你是南方人，却特适应把冬天的雪花变成珍珠。我不得不向你辞职，我受不了陆宗楷先生听信谣言，诬我清白的做法，如不查清这种无中生有泼妇骂街和妓女造谣，我一刻也不能容忍这种诬蔑。当然这一切纯属人生之路的偶然，老天爷看到我的双肩过于柔弱，挑不起重担，才写这封请辞书。

您的门生章学诚

欧阳瑾立即着人到王府井查清了这件事。原来章学诚去老凤祥制衣铺要做一件长衫时，店里让一个学徒做的。学徒只顾说笑，把长衫臀部用烙铁熨煳了，但没有破。学徒用黑灰做的和原布染的一样就交货了。章学诚拿回来一穿一个大洞，不是长衫罩着，下边臀部两大嘟噜都露出来了。章学诚大度地不让赔了，反正家里寄来的妻妾们织的布都还有，他就让重做一件。在和店家说明此事时，古香的老婆正好在场。陆宗楷受到皇上责罚的那部志书，大部分是古香撰写的。古香压力之大，回来哭着告诉了自己的老婆，他们不敢骂皇上，更不敢怨皇上，而是把全部的怨气都集中在章学诚身上。章学诚并不认识她，但学徒却是古香小舅子的朋友。古香的老婆借此开始编故事，替丈夫出气。为此还专门到雍和宫，请菩萨替她男人出气，惩罚恶人章学诚。因为这部《太学志》是陆宗楷、海度、古香、孙香泉、黄大俞五人撰写的，他们认为是章学诚上书报告了皇上。人说三人成虎，五个人就是狮子，再加几位母老虎，恨章学诚的人就成了一股不小的势力。

欧阳瑾调查清楚之后非常生气，感到陆宗楷五人简直把国子监搞得比王府井还热闹，就把陆宗楷叫来训了一顿，让他们看了店家写的举证，五人看了哑口无言，只好当面向章学诚道歉，背后却把章学诚都恨透了。世界上的事情往往是这样，人无端地被人忌恨多了，是要触点霉头的。章学诚也不例外。五月初三正是春暖花开，人们踏青欢乐之时，他从国子监搬到族兄章允功家居住。允功的妻子苟氏在当天得胃病去世，终年五十四岁。章学诚满怀敬重的心情，为这位好心的大嫂写了一篇文章予以纪念：

《苟孺人行实》

当迎着脉脉的春霏走进墓地的时候，我们的心流泪了，章允功用春雨织成的挽幛，在用你人生的真诚和善良把你祭奠。

苟孺人啊，苟孺人啊！

不只是大地欢迎你回到它的怀抱，而时间也一样为你一生贤惠而失去青春的朝气。谁能又忘记你的好处，你使一百多个章氏来京求学的流浪之子，有了亲人的照顾，有了吃饱饭的家。不是春天把丰收送到田野，大地才有成熟吗？你就是真正的春天啊！你不管在什么时候都像春天一样快乐，尤其学子们在考场失败的时候，你会为他们打气，为他们唱歌。快乐就是你的血液，安慰就是你的风骨，厚道就是你的灵魂。你是中国最标准的嫂子，现在你又唱起了那首儿歌，你要和春天相伴，你要和风车为伍了。

你和大哥育有二女一男，而其子早夭。原来你无意中提过，要过继我的一个儿子。我原以为你是看我贫穷，替我养一个儿子。没有想到，在你要离开这个世界时，真正地提了出来。说是这样可以在你去世后，安慰孤独的允功大哥。我满足你这个善意，决定把我的三儿子华绶过继给你和大哥，让他永远成为你的祭灵人。

你虽然走了，但是我们还要昂着头走下去，因为我们活着的人路未绝，是因你留给了我们一条金光大道。

天地都为你洒一掬悲怆之泪。

你的弟弟：章学诚

乾隆三十三年五月十八

五月底，五岁的三儿子华绶就被人从湖北带到族兄章允功家。中国人的风俗，儿子过继给族兄后，亲生父母不得在过继父母家居住，以免过继之子和亲生父母特别亲近，而达不到养父过继的目的。他只好到距章允功住地较远的城北，租了一间房屋居住。华绶来到北京后，孩子与生俱来的亲情难断，章学诚临走时，死死地拽住他，非要跟着他走，哭得死去活来，心痛得他直流泪。他天生爱儿子，像春风出山那样自然。儿子的哭喊勾走他的魂，他到了老友冯廷丞家，也说不出什么原因，竟然又踏着老路回来了。就如一朵浮飘的云又回到了山林，他的眼泪也如山泉，突然奔涌而出，号啕大哭起来。又有谁在贫穷落难之时，把儿子送给他人，而不泪如涌泉呢？为此他大病一场，一场小小的感冒，竟然躺了一个月。要不是老友冯廷丞万般照顾，他差点走向了天国。

倒霉的日子接踵而来，腊八那天，接到母亲插着鸡毛的特急来信。他好生疑惑，以前都是父亲写来的信，而今天竟是母亲写来的信。还是特急来信，他预感到家中好像出了什么大事，一种前所未有的担心和恐惧袭来，他战战兢兢地打开信：

章学诚吾儿：

报告你一个噩耗，你的慈父昨天不幸去世了。

这是多么令人心碎的事，令你伤悲的事！儿子，你父亲临死时还在担心你的身子，不要因他的死，你过分的伤悲。而生在这个世界，就是一种伤悲。不是人们对伤悲过多依赖，而是令人伤悲的事情一个接着一个。

你虽然没有告诉我们，去年父亲期盼你的顺天府乡试，你仅中副榜，但你父亲从许多人口中得知，你两榜中两个第一，而后竟被一个小人黜落。

接着侄儿章允功之妻不幸在今年五月去世，这个善良女子的死，等于断了你在北京的生活来源，因为你没有免费吃住的地方了。这使你父亲感到人不在伤悲中生，就在伤悲中死一样，但我时常劝他，要在这艰难的日子里踏出一条新路来。你找到了这条复活之路，但你父亲没有找到，他就这样走了。

五月底你父亲最喜爱的三孙子华绶，你因答应苟孺人大嫂的遗愿，送给了允功为子。风俗就是这样，指定老三过继，这是不能更改的，而送走了老三，就如夺走了你父亲的心头肉一样。这件事使他感到这个世界在让人永远伤悲下去，所以让老人伤悲，孩子伤悲。

他已经是古稀老人了，他原来还挣扎着去应城书院当山长为全家挣唯一的生活来源。全家十七口人的生活重担，都压在了他一个人的身上。你妻子俞中秀的父母，没有其他儿女，只好来投靠我们，虽然你岳父开业为医，而郎中开业是要靠名声的，他心又善良，为了扩大影响赚个好名声，他行医几乎就不要钱，这样就全靠我们养活。你大妾曾细君的父亲，也因只有这样一个孤女，也来投靠了我们。他近来又有些痴呆，已不能管理他的百亩薄田度日。而他来应城之后，说是按千年的规矩，女儿不能分家产，田地房产竟然被几个本家侄儿瓜分了，这样他也靠你父亲养活。又加上你三房妻妾，十个儿女。一个七十多岁的老人，怎么禁得起如此重负，他就这样不能和我相依相伴了。他把伤悲充塞于天地之间，让我们就这样永远地怀念他了。

　　章学诚吾儿，你接信后望你早日回来奔丧，以扶父亲的灵柩埋开。

　　不过你父亲在冥冥之中，还在挂牵你的生活艰难。认为你可能凑不足路费回来，如果你不能立即回来，明年三月，你凑足了路费再回来，为此事不可急坏了身了，我相信天地会帮助我好心的儿子。你父亲的伟大就是治愈儿子心灵伤的一剂良药，他要你永远好好地活。

你的母亲：史孺华
腊月二十三急草

　　捧读母亲的来信，他长哭不息，泪流不止。他哭着：父亲啊，你就是一条大河，那样沉稳开阔。什么都能忍受，什么都能接纳。你谆谆教诲儿女，孜孜教育学生，你把寒冬融化，你把污浊净化，你的思想滔滔，你的精神浩浩。你是一个悲壮的应城，你是一条复活的漳河，你把儿女放在了心里，使任何的心灵都加以升华。

　　他哭了整整一夜。早晨，冯廷丞叫他来吃早饭时，没有想到他还在哭。冯廷丞看了他桌子上的信，赶紧去叫来了章允功、章守一、章文钦、章汝楠四人，一人凑了五十两银子。章守一自感囊中羞涩只能出三两，大家把二百零三两凑够之时，已经是五天之后。章允功说："二百多两银子，去湖北的路费都不够。全家十七口人，还要来北京哪，得有千两银子，才能凑合过去。"章学诚又想起自己一直撰写《国子监志》

至今分文未付。他就把自己的艰难给欧阳瑾说了，欧阳瑾答应支付四百两银子。但他要钱的报告交给户部，户部批下来也得到正月里了，拿到银子也得到二月初了。

章学诚又将办父亲丧事无钱，专门写信给恩师朱筠讲了，朱筠也上呈了一个奏文，申请拨付《顺天府志》修志费用五千两银子，他要给所有修志的人发一点儿银子，提升修志人的信心。答应支付章学诚的最多，达六百两银子。皇上虽然马上批下来了，但到户部那里拿银子，也到了二月里了。

乾隆三十四年（1769）惊蛰那天他回到湖北，这是他第三次回江南。尽管是在办理父亲的丧事，但是他还是不忘所爱的方志，到应城收集了不少资料，到了夏六月，举家扶柩附湖北粮艘北上。[①]

这是章学诚第四次上北京。船航行到武昌时，已是深夜，母亲轻轻而又高贵地敲门，儿啊，你父亲毕生藏书已淹了三分之一，这可是我们家的传家宝啊！即将被进水全部浸湿，我们家族要遭到灭顶之灾。快！快！快！快醒来！去救吧！

章学诚从惊魂中醒来，穿着短裤，喊起船工和已经十二岁的儿子贻选，赶紧找着那几只藏书的楠木箱，果然船已经漏水，还差一指就要全部淹到那几只楠木箱了。船老板赶紧让把漏水口堵了，说是要是不及时堵上，船都有沉没的危险，全船五十多条性命和几百石贡米都得喂了鱼虾。他认为章学诚是大京官，有上天降灵于他，救了全船人货。说要免了章学诚全家的船钱和一路吃喝，还好酒好饭地招待，船上伙计直说章学诚是活菩萨。船老板表示，菩萨都长得像女子那么娇媚漂亮。章学诚是真正的男子汉长相，是保护老百姓的真神，可能是天王力士。章学诚哭笑不得，说穿了，你的意思，就是我长得丑陋，不像阿弥陀佛就是了。大家听了全都哈哈大笑起来。

船工和船老板一路直问："大官人怎么知道船舱底漏水的？"章学诚说是母亲报告他的，母亲表示根本没有这回事。而俞中秀也证明婆母

① 胡适、姚名达著《章实斋年谱》第 43 页，1948 年 6 月 21 日，上海《申报》。

在床上熟睡，根本没有去报告。这些离奇古怪的传言，使他们更加感到章学诚神秘。等章学诚晚上睡着了，他们还为章学诚天天夜里烧高香。到了北京之后，还把章学诚一家送到柳树井南冯廷丞家的住房。

一直到六月底，章学诚才料理完毕父亲的丧事，送到在北京章家宗族墓地暂时埋葬，他为父亲写了章双渠《墓志铭》。

慈父名镳，字骧衢，亦曰双渠，号励堂，又号岩海。乾隆丙辰举人，壬戌进士，辛未湖北应城知县。丙子因同情百姓，轻判冤狱而罢官。贫穷无法回到故乡仍居应城，生活无着只好到书院教书，先后在天门书院、应城书院、荆州书院任山长。

父亲少年就成孤儿，年少九岁无力保护家产，就连祖父的遗书都散失了。家贫不能购书，则借读别人的书，随手将书抄录下来。由于孜孜不倦的抄录，两手都抄出了老茧。在极其顽强的毅力下，抄了四书五经、二十三史，边抄边读边背诵，边记札记，已达一千多部经典学习资料。

在抄书中，渐渐发现，读书学习在于有所发现，有所创新。在借到《郑氏江表志》后，嫌其文体破碎，语言零乱，根本不能称为志书，就大胆地随笔删繁就简，重新润饰笔墨，成了一本崭新的《江表志》，加题目为章氏别本。又将五代十国的一些驳杂史料，用同样的方法改编，文字简洁而又全面。

父亲抄书累了，喜欢到田野中去，看见有人打死了一只乌鸦，他哭了，那人问父亲为什么哭。

父亲说：我是一个孤儿，生活特别寂寞。如果你把这些爱大声呼叫的朋友赶走了，这个田野中，只剩下我和母亲，以及远处光秃秃的丘陵和原野，或者不远处的几个人，那生活还有意思吗？如果你是一个孤儿，一只蚊子都是一个朋友，一只老鼠都是一个亲人，你还舍得打死它们吗？

所以善良是他一生的信条。

父亲做知县第五年的时候，有百姓因为和恶人争执，恶人不幸丧命，恶人家族誓要以命抵命。父亲善良地认为百姓可怜，情有可原，予以轻判。保了百姓的性命，因而就被罢了官。

父亲一生为官清清白白，无愧于人，无愧于天。父亲为官五年，每年有人贿赂他的银两不下几十万两，但他一两都没有收过。他总是对来贿赂他的人善良地说："上天赐给我的福已经够多的了，老天爷给了我一个贤惠善良的而又美丽无比的妻子，又有了一个聪明的儿子，还有三个可爱的女儿，对于我这样一个贫穷的孤儿，我还能期许什么呢？我完全知足，过分膨胀的私心会爆炸的，过多的金钱会使人折寿的。你如果让我不进大牢，让我对得起老天爷，就请你将银子拿回去吧。"

他罢官后，老百姓去看他的人人山人海，带的土特产能摆一个大集市，他把那些推辞不了的土特产，全部送给了鳏寡孤独者和穷人。

父亲说：一个官员因为腐败而升官，自己愧心，天地有知。一个为老百姓而罢官，而得到老百姓的尊重的人，自己无愧。何者为得？何者为失？我们后代子孙一定会为此做出判断的。

慈父有一个儿子章学诚，去年仅中进士副榜，为国子监博士。有三个女儿，一个在浙江会稽，两个在湖北应城婚配他人，有四个孙子、五个孙女均未成年。

慈父于乾隆三十三年腊月初一去世，终年七十三岁。第二年七月五日，暂时厝于北京章氏家族古墓。慈父灵柩安厝费用，一部分为儿子为《国子监志》《顺天府志》修志所得，一部分是族侄章允功，族孙章汝南、章文钦各悼银一百两。

愿此地慈父能安逸几年，等儿子有了能力和财力，定将慈父灵柩迁回浙江会稽宗族墓地，让后世子孙能享受到慈父无限阴德。

儿子：章学诚

乾隆三十四年立秋

章学诚全家来北京后，居住在西柳树井胡同，养家糊口的重担全部落到了章学诚一人的肩上。在这之前，他还可以将国子监的馆俸和修志的收入，省吃俭用，全部用来购买书籍，而以后购书就成了一种奢望。有一天他面对一本好书长吁短叹时，冯廷丞突然在身后出现，问起他为什么这样？他只好照实说了，并说正在四处张罗租赁房院备十七口人来京居住。冯廷丞自持清苦，但乐于助人，就像关公那么好义，也真不愧是关公的山西老乡。竟然要把自己家一分为二，白送给章学诚家人居住。章学诚坚决不肯，他已经十分感谢好友，在万分危难之中帮了大忙。他按市价写了租赁合同，送给冯廷丞妻子一份，自己保留一份，又让章文钦做中人保留了一份。

全家刚到北京，小妾曾细君的父亲就要看华绂。华绂是曾细君生的，原来没有告诉他华绂来北京是送兄长过继的，只说是章学诚想儿子接来玩的。现他到了北京，看看再也瞒不过去，只好对他说了实情。他听了号啕大哭，一口气没上来，就一命呜呼了。刚把父亲安葬下，又在其旁买了块薄地挖了个坑埋了。发丧回来，章学诚听说，原来他考顺天乡试时，他的座师秦承恩在校编朝廷诏修的《续通典》，其中"编《乐典》完全是证实的工作，难度很大"。[①] 没有一个人敢去应承帮助秦承恩完成这个极其艰难的任务。

章学诚年仅三十二岁，学历不足，对《乐典》更是外行，甚至连最起码的乐谱乐理都不会，但为了维持家中生计，只好硬着头皮，靠着一肚子文墨和聪明去应聘。秦承恩，江苏江宁人，乾隆进士，历任陕西、江西巡抚，吏部尚书，直隶总督。对章学诚特别了解，又听多人讲章学诚能力过人，一经约谈，立即敲定。

《乐典》，其歌舞、杂曲、绕歌、清乐诸条，多与以前记录的历史资料不合，甚至没有识别乐谱。从宋朝、元朝、明朝以来，全部没有人为其续上一点儿资料，此可谓真是难如上青天。章学诚所进行的工作，就

① 鲍永军著《史学大师章学诚传》第49页，浙江人民出版社2007年史学评论版。

是要续上宋朝、元朝、明朝、清朝的乐典资料。此等歌曲乐府，历史方志记载都不详尽，加之源流派别之芜杂，章学诚又不甚了解这方面的知识。宋朝、元朝、明朝《乐典》翻阅何书为研究参考资料，他一点儿也不懂。朝廷对这部志书索要得很紧，他不敢迟缓，请求秦承恩，祈求帮助演示一两种可以参考的研究资料。

秦承恩听了哈哈大笑起来，他也不懂，不过他给了一个令牌，让去工部找刘乐天这个人就可学会。章学诚踏踏实实学了两个半月的乐谱、乐府，所有各个朝代歌舞、杂曲、绕歌、清乐、乐理全学会了。虽然续写宋朝、元朝、明朝《乐典》历史十分艰难，他硬是坚持下来。这部朝廷催逼索要的《乐典》志书，他还是按时修成了。

章学诚认为人要不托于空言："其理著于事物，而不托于空言也。师儒释理以示后学，惟著之于事物，则无门户之争矣。理，譬则水也。事物，譬则器也。器有大小浅深，水如量以注之，无盈缺也。今欲以水注器者，姑置其器，而论水之挹注盈虚，与夫量空测实之理，争辩穷年，未有已也，而器固已无用矣。"①

章学诚这种实干家的思想，他给予了自己准确的评价。换句话说，就是人只有从事物中认识互相联系，才能掌握事物的发展规律，成就一番历史事业。章学诚在这段话里，把理比作水，物比作器，恰和宋儒的比喻是相反的。他重视在事物变化中所应得出的结论，人只有利用器，才能得到真正的果。

他在《乐典》撰修接续中，因为乐典、乐谱、乐理知识精通，清朝无第二人，由此名声大振。向他来学习的人如雨后春笋，他对众多要求跟他学乐典、乐谱、乐理知识的人表示，修志的道理好比给野蛮人洗了澡穿了衣服，使他文明了，反过来他又用文明来教育人。所以修志工作可不是图新鲜的事，而是非常复杂而又深刻的真理。来讨教的吴胥石发誓：你好像一把钥匙，打开了方志这把锁。从此，我和你这个朋友铁定了。

---

① 《章氏遗书》卷二《文史通义》内篇二《朱陆》。

章学诚修完了《乐典》，等于失业了一样，全家艰难的日子，又陷入水深火热之中。他立即给恩师写了一封信请求撰写方志书。

尊敬的恩师朱筠：

顿首！学生向你请求援助。这月之后，全家又添十七口人。北京的米面如珍珠一样贵，柴火如桂树的价钱一般高。春天岁月甚长，全家人时常饥肠辘辘。昨天冯廷丞先生的房屋租金，其妻又告诉该交了。我作为一个腐儒书生求口饭吃，在京长期居住，如不能撰修三四种志书，是不能减少自己困难的。尊敬的老师，你承诺给我撰修志书，已经有些日子了，到手的竟然没有第二部志书给我撰修。在这生死关头，你大人应当有的话，请无论如何给以援助。乞求希望恩师不要迟迟待大河决口，而后拾取干涸而死的鱼，让我也像枯死的鱼一样在野地吧！恩师，我知你是一个慈悲为怀的人，我相信你常常为你不幸的学生，在寂静的夜晚，偷洒一掬同情之泪。让我们在泪水中分手！恩师，请千万珍重！

门生章学诚

乾隆三十五年十二月初一

陆宗楷又在催逼着章学诚去修撰《国子监志》。回到国子监，陆宗楷、海度、古香等五人就和章学诚争辩起来。陆宗楷等人让他按机构沿革写就行了。章学诚认为这只是国子监的志书皮毛，《国子监志》的实质应是国子监教学、国子监学术、国子监思想。几番相辩，他和几个人闹得又是不可开交，不仅自己颇不得意，而且那一伙子人见了他已是眼不是眼，鼻子不是鼻子了。人在最倒霉的时候，还是有几个好朋友的。"国子监司业朱棻元和国子监监丞侍朝却十分赏识他的观点"。[1]

章学诚在国子监待了半个月，他去查阅资料，古香掌管资料室不给

---

[1] 鲍永军著《史学大师章学诚传》第 52 页，浙江人民出版社 2007 年史学评论版。

查阅。他又去借读档案，海度又拿着钥匙，不让进档案室。他去领笔墨纸砚，陆宗楷说："你找库房总管孙香泉大人去领。"孙香泉又说："你去找黄大俞大人拿银子买去。"找到黄大俞，竟然说："银子早就亏空了，我这个总管也没有任何办法。"

章学诚看古香向着黄大俞的总管房走来了，故意闪到一旁。只听古香领了一千两银子，说是准备明日陆、古、海、黄、孙五位修志大人去游香山的费用，而且陆宗楷明令不准章学诚同去。

章学诚这才真正感到学术思想的修志争论，已发展到了对他挤对刁难的地步。在这五个人的影响下，国子监的大部分人的脸很少见到有晴天的。为此章学诚写了一封辞职信交给陆宗楷，离开了他修志五年的国子监。朱棻元听说后惊讶得不得了，特让章学诚的好友侍朝来劝他留下。侍朝出点子，你章学诚稍做些让步不就行了吗？学会贬低自己的文字，抑制自己的学术思想，大家公私不分，人们说话颠倒，你就随潮流，不就稀里糊涂混过去了，中国的千年官场不都是这样的，而且是你的恩师朱棻元让我来如此劝你的。

"我学不会这些，一个人没有思想，还有什么？"

"干事情何必这么较真，委曲求全总比丢掉饭碗强，而且你现在升为国子监典籍了，在国子监有优厚的待遇。你一家十七口人，养家糊口是不成问题的。何必非要走呢，去受大艰难呢？"

"我宁愿家庭艰难，也不愿学术受抑制。我离开国子监的心已定。"

"朱棻元先生去外地办钦差去了，你应当给他写一封信说明非要离开的原因。"

章学诚点点头，在侍朝的公案上，就像一头愤怒的狮子，提笔给恩师朱棻元写了一封长信。

章学诚傲岸不羁的个性，在退出国子监的决心上可谓发挥到了极致，本可借此建功立业，不料他却决计舍去。这一思想上的转折，看似逆潮流而动，又是合乎他所追求心灵自由的人生态度。这虽然是他极其光辉的思想，但是在当时一定是经过长时期极为痛苦的内心冲突，充满极大的悲剧色彩，所以给人的感染力很大。正是他这一文江学海的思想，成为清朝乃至中国古代思想史、文化史上一座里程碑。这就是章学诚给我们提供的最为生动真实的性格。他一生痴情交友，接触了大量名家好友，有一些大俗大雅的朋友。与他们倾心交往，成为知己，共同鼓起为国之志，产生思想上的又一大飞跃。他把自己的思想吐露给他们，也成为人类文明的瑰宝。

敬国子监司业朱棻元先生书：

顿首！

在我就要离开是非喧嚣的国子监，马上就要成为流浪乞丐之民时，先生竟然还是这么关心我，你这样做，给了我无数的勇气。让我向你这位最知心的朋友，倾诉我心中的一切。

你先生力排众议，独取我撰写的方志为标准，而且向人说明，这不是一切碌碌可为的人所能辩驳的文章和所能打倒的思想。因此对同僚官员明说：咨询章学诚的方志，让苍天都感动地报偿他的辛劳，使他的夙愿和抱负都应当得以实现！

虽然你作为当事者谦虚公正，爱惜人才，但是难以抵挡你的上司不喜人才，喜欢拍马溜须的蠢材。使你万事都办不成，一个人在苦干，一个人在后边捣乱，谁也别想干成事，谁也不能干成事。谁想干一点儿事，就会被挤对、刁难，谁如干成一件事，就会受到打击迫害，这就是国子监修志的状况。

先生虽然多受掣肘，还是一次又一次地忧虑我这诚恳正直之人，想使我修撰完成《国子监志》，为日后叙述我的功劳而作为证据。章学诚刚愎自用喟然辞谢而去，绝不是没有见识的行为而贸然的行动。

从前的文人李翱曾经慨叹唐朝三百年人才昌盛，上至隋、晋、三国、两汉，而史学之才曾经无一人能与范蔚宗、陈丞祚相互抗衡者，大为叹息。每每慨叹刘知幾以不世出之才，经历了盛唐景云、开元年间的文化辉煌。他三朝为史官，当时深深知道如徐坚、吴兢之辈，不作为如没有这些人一般。

唐朝国史馆监修萧至农，宗楚客之流如白痴一样臃肿自肥，坐着呼啸他人，画着圈圈让别人执行，弹压于不同意见在前，迫害于有才之人在后。有才能的人和他们打交道，如锥子扎石头一般。向他们进言遭到打击，向他们抗辩遭到迫害。善良的人，对于自己的学术思想遭到如此践踏，只有伤心而已。刘知幾看不惯他们，辞职一介史官，十年得不到升迁。退于乡里，愤而撰写《史通》。刘知幾自比太史公，自思砍樵的、做工的、耕地的、打鱼的、教书的也有自己朴素的人生。深知徐坚、吴兢之辈，宗楚客、萧至农之流，还不如这些普通人，他们只是一群行尸走肉罢了，他们永远难成为一世之才。

宋朝欧阳修之流，不认真考察古人始终，以为刘知幾专门苛责古代众人，而对于自己的人生抱着许多迂腐之见。

啊，这是欧阳修的糊涂观念！正是刘知幾退于乡里，才得以操守远大志向，撰写史学名著，才能议论史学大家，分析纪传体和编年体两种史学体例。纵然不敢奢望司马迁那样辉煌深奥，但他所编撰的史书《史通》，难道会在陈寿《三国志》和孙盛《晋阳秋》等人著作之下吗？吴镇得以用他的《史通》原理，撰写了《纠谬》二十三史其中的错误。刘知幾的光辉照亮了千年的史学暗夜，我们无数后人得到了他多少光明的思想啊！

我章学诚家有老母妻儿，退出国子监之后，不能自给温饱。十七口人租住在别人家中，没有自己的住所可以栖宿，只有漂泊流浪。只要我贬低自己文字，抑制自己的思想，稍微随波逐流一点儿，服从于国子监那些不学无术的小人，一切富贵荣华就都有了。至于先生所以让我忍让于一时，就可以取得应有的地位，而我也可惜，那么难得的金差就这样随意丢弃了，也不是再能得到的这样高贵的生活。人们也都在纷纷议论我这样做实在是不高明，有点儿糟蹋自己。

当然最主要的，我也是个怪人，我竟然对这些眼高手低，志大才疏的人，总是心存怜悯。要是别人，会向皇上奏本一百次了，而我一次也没有。我认为背后写奏本是不道德的，我像我父亲一样认为，软弱是可爱的。我在遇到十分危难时，可能和豺狼虎豹搏斗，但却不忍心拍死几只阴阳怪气的蚊子，更不忍心打死几只爱搞阴谋诡计的老鼠。使这些有害于人类的东西，搞得我的房间里遍地皆是。而我又十分讨厌他们，所以决定采取惹不起难道还躲不起的态度。这就是我离开国子监真正的原因。

你的做法在于，是让我看在老天爷的分上，暂时原谅他们。仿佛我走使这些人的名誉上就丢了一半，太学修志的价值也就少了一半。《国子监志》还剩下多少有价值的东西呢？我这一走，你认为就像我扼住一只豺狼的咽喉，会让这五个人恨我恨到骨子里去。只有你深深地理解了这种恨，所以你离高明很近，和智慧很亲，以至于融合，成为一种善意。这种善意首先是对于我的，我也深深地理解了这一点儿。

只有站在是非善恶之外的人，才能将是非善恶看得那么清晰。你和侍朝都是站在这个圈子之外的人，所以将这次事件看得如此清晰，所以成了我最真诚的朋友。

谢谢恩师！

你的学生：章学诚

乾隆三十六年六月初二

第十五章

《文史通义》创拟

北京的七月初六，铁拐李胡同里又闷又热。刚刚立秋的日子，热汗在人们身上奔涌。这热情似火的天气，仿佛在预示着什么兆头。铁拐李胡同的好处就在于热极风生，一阵又一阵的穿堂风从两边大街口儿吹来。两个朝廷一等侍卫的高头大马在胡同中间五十号朱筠家下马，然后告知，朱筠被皇上提拔为提督安徽学政。

朱筠当场一副招兵买马的样子，提督安徽学政是个很繁杂的工作，需要十几个有才能的人帮忙才能办成事。谁愿意同他一起到安徽去？

章学诚点点头，愿意一同前往。算是第一个报了名，然后又有十几个学子跟着踊跃响应。章学诚点点头，还想替一个人报名。朱筠摇摇头，意即不能越俎代庖替别人报名，却用眼睛笑着问，那人是谁？章学诚写了"邵二云"名字。

朱筠又用眼睛眯着问，你怎么认识他？

章学诚亮了底，朱筠在今年年初担任会试同考官时，邵二云考中头几名进士，现在家等待吏部选官。章学诚无意巴结于他，他却主动到柳树井章学诚的家中拜访。两人相见恨晚，叙谈三日三夜未眠，可谓一根同心，不仅认了老乡，还拜了金兰兄弟之盟。章学诚长其五岁，愿以兄长之名，替他报名。愿追随朱筠同去安徽，创一番事业。

朱筠故意挤了挤眼，意思是仅仅以同乡之谊、金兰之交就要替人报名，这有点儿牵强附会了吧。一时学子们也跟着起哄："章学诚兄，你今天不说出个子丑寅卯来，我们感到你替邵二云报名毫无道理。"

章学诚这时神秘地乐了，一副制造悬念的样子，意思他有一个小秘密瞒着朱筠，凑到朱筠耳根旁，好像这是天大的秘密，不能让人听了去。

朱筠将他拉到耳房里，再眨巴眼相问，什么事这么神神秘秘的？

章学诚笑了。原来章学诚跟朱筠恩师学习做天下文章，总是苦于无从下手，无题目可做，邵二云却悄悄地列举前朝各代逸闻逸事，一边请恩师试写作传记，一边又到章学诚家，让按同一题目，试作编撰传记。他把师生两人的文章相互比较，学习朱筠的技巧，帮助促进章学诚提高，从中找出缺点和不足。邵二云看了师生两人的文章吃惊地发现，凡是文章中涉及的史学方面的问题，比如表、志、传、注、世系、年月、地理、职官等十几项内容，均无一点儿差错。他断言是名师出高徒，从此以后，他才乐于和师生两人论史说志。他断言偌大京师，再无第三人可与师生两人比。章学诚为此和他相争一番，说他夸大其词。他竟然拿出十几个名人文章相比，包括纪晓岚的文章在内。他均找出了疑问，而把他收集的师生两人各十五篇文章认真保存起来，当作范文存世。章学诚认为这是他把师生两人往风口浪尖上推。邵二云大眼一瞪，天下公道，自有人服，自有人传。难道想泯灭人心吗？真是岂有此理！

朱筠转了一下眼珠子，邵二云确实是个有心之人，但在大庭广众之中，得有办法，说圆了你的所谓秘密。

师生两人刚回到中堂，众弟子质询，究竟什么秘密，朱先生透个底吧？朱筠一副不以为然的样子，哪有什么秘密可言，只能算一般小隐情。前几天，在前门楼子地摊上，我看到《思复堂文集》这本书。我只看了几页，章学诚那天来了之后，看了十几页，竟然爱不释手，夺老师所爱，非要拿回柳树井胡同家中阅读。我忍痛割爱地答应了，谁知章学诚读完之后，非要儿子贻选认那本书作者邵念鲁为干爹。谁知贻选也已十五岁了，正是有思想的时候。就嘲笑章学诚，也不知这个邵念鲁是谁，竟然这么荒唐地认邵念鲁为干爹，太没有道理。这时邵二云正好到章学诚家中，听到父子俩唇枪舌剑地争辩。看了那本书大吃一惊，又神秘地一笑反问，章学诚兄，你要贻选认作者干爹的道理是什么呢？现在大家就请章学诚解释一番吧！

章学诚一遇到大家逗他乐子，眼珠子直骨碌，他今天要为老师助兴，让大家心里乐开花。《思复堂文集》这本书，可谓五百年难以见到的好书。邵二云在一旁不屑一顾地贬低，就是你反复读过，也算不了什么好书。我对邵二云正言厉色，章学诚一直十分尊重你，你今天怎么在我儿子面前这么说呢？司马迁、班固、韩愈、朱熹、陆玑，其学养，其文章，虽然如五种金子，供养各自的朝代，而且在神州各地大放光芒，但是，他们的文章都有不相合乎现今人间正道的地方。洪炉风箱铸就的金品，自成一家。没有神州各界之分，只是各有千秋罢了。其撰写创作谈何容易。《思复堂文集》文章以各集成名，而按其旨意、趣味、道义、理论、辉煌于各个史传中间，纵横于千秋神州之地。五百年来，又有谁能分辨得如此清晰？我让儿子贻选认作者为干爹错了吗？二云弟你太让人失望了。邵二云突然向我鞠了一躬，'尊敬的兄长，你确实搞错了，你乱辈了。'我惊奇地问道：怎么乱辈了？邵二云一本正经起来，邵念鲁是我的爷爷，贻选应当拜为祖爷爷的，你应拜为爷爷的。我爷爷这本书，你也不值得如此推崇，义孙推崇爷爷的文章，有盲目崇拜的嫌疑，免得让世人笑掉大牙。"

哈哈！哇哇！"一个研究历史的人，竟然乱辈，该当何罪？罚他请客。"

山东历城人周永年知道章学诚过的苦日子，叫他请客真难为他，给大家使了眼色道："我和邵二云同年进士，他祖父写了那么好的一本书，我家图书馆存了，为庆祝此事我请客。"

这时邵二云从外边一步跨入中堂道："永年，你请客，应当算上我一个。"

周永年惊奇地说："那当然，能少了你这个馋死猫吗？北京这地方说多怪有多怪。要说谁，谁就到。人们的闲话，一句也说不得。"

"你们说我什么闲话了？"

周永年道："猜猜看，猜准了让你坐在朱先生右首边，猜不准你请客。"

邵二云眼迷瞪了半天："大家贺朱先生升为提督安徽学政，先生招聘幕僚，准备前行，有人替我报了名。"大家听了全都大笑。

朱筠笑得前仰后合地说："门子张兴儿进来。"

人们喊来了张兴儿，他垂手站在门外道："老爷有何吩咐？"

"你告诉刚进来的邵先生什么话了，老实招来，说半句假话，小心我扒了你的皮。"

张兴儿是个十五六岁的直隶少年，一脸的聪明劲儿。看到人们高高兴兴地正在兴头上，就大着胆子说："邵先生刚要进家，听到人们这么热闹，就问我发生了什么事。我就如实给他讲了，章大爷诚信得像个石头疙瘩，周大爷实在得好像个铁疙瘩，你老爷仁慈得像个……"张兴儿说到这儿打住了。

"快说，你说你家老爷像什么？"大家都憋着不笑地问。

张兴儿看看朱筠，就是不敢开口说。

朱筠道："张兴儿，你就大胆地说吧，大家高兴的事，说轻说重了，我不会怪罪你的。"

"老爷你像个宝贝疙瘩！"大家听了又一阵大笑。

邵二云道："我问他这话怎讲，他告诉我，我们老爷长得像佛阿福一样。佛阿福，就是佛阿宝。佛阿宝，不就是人们心中的宝贝疙瘩弥勒佛吗？"大家听了全都捧腹大笑。

大家正说得热闹，贻选进来给大家鞠一躬，朱爷爷，各位大爷，我家有事，请爹爹回去一趟。章学诚看看儿子风风火火的样子，知道家中有了什么不祥，就赶紧把贻选拉出大门询问事儿的来龙去脉。章学诚决定父子分头请人帮忙。

这时周永年领着大家出来，看见贻选一副急头怪脑的样子往西跑了，又看见章学诚一副心神不定的样子也急急地往东走去，就紧跑了几步，一把拉住章学诚，一副山东人及时雨的样子，家中出了什么急事儿，看你父子急火火的样子，给我露个底，真人面前你可不能来假。

章学诚只好悄悄地如实讲了，周永年大吃一惊，京兆尹张公臣是个好面子的人，是他山东历城老乡，他深知张公臣的为人。你还在京城，竟然让个孩子去请警保弹压流氓。他认为定是你看不起人，还是我去请吧。说着就把从后边跟上来的邵二云轰下马来，一把夺过缰绳，你的马暂借我一用，去办件大事。这是十两银票，去代我给大家请客，记住了，多点实惠的菜，让大家吃好吃饱，点上几瓶汾酒，让大家喝好。周永年一夺一塞，把邵二云搞了个一头雾水。邵二云心想肯定是章学诚家出了什么大事。周永年才会把山东人爱打抱不平的劲头发挥到了极致。看看章学诚已经快步走到了胡同口，就一溜小跑追了上去。向章学诚问清了来龙去脉，听了之后，一股浙江人的正义感直冲脑门子，也要同章学诚去请御医检查药方。这时看到朱筠跟了上来，就恭恭敬敬地对朱筠点点头，说他有急事，要到乾清宫御医坊去一趟，这是周永年留下的十两银子，说是请大家吃好喝好，一定去老来顺吃，一定要喝汾酒。过一会儿，他们三人再回来和大家凑热闹。

过了小半个时辰后，大家几乎都到了西柳树井胡同，一群警保已经包围了那伙流氓。御医王中林带着一个小药箱子走进了西柳树井药铺。王中林坐在药铺中堂，谁告俞子敬药方有错，赶快呈上来我看看。我是大清朝御医王中林，特来查验此事。过了一袋烟工夫，也没有人上来应承，王中林好生奇怪，就走出药铺询问，这是谁家老人的寿体摆在药铺门前？两个小伙子一起跪到王中林面前：小人赵十车、赵八轿的父亲。一副吓得魂不附体的样子，打着哆嗦，上下牙直打架地吐出来几个北京音。

"你们为什么把父亲抬来？"

"是那几位大爷将父亲抬来的，我们苦劝，他们将我们连打带骂，就连同父亲的寿体抬过来了。"

"你们父亲来俞子敬药铺看过病吗？"

"来看过一回，那是半年前的事。那一次也是心口痛，吃了俞郎中的药就好了。这一回我父亲犯病，我们本想抬他来看病，可是刚刚拿下床板来抬他，他就没气了，但眼还有亮光，我们就找着半年前俞子敬郎中开的神奇药方，想赶紧跑来抓药。家中人找药方之时，这伙大爷跑到了我们家，就出现了这件事。"

"药方找到了吗？"

"在我手里。"

"呈上来我看看，"王中林拿过药方看了看，直点头，"药方配伍之好，有起死回生之妙，手到病除之精啊，不过有一个纰漏啊！"

大家听了，全都面面相觑，张公臣道："王国医，有何纰漏？请速速道来！"

王中林不紧不慢笑着说："怎么没有写'俞子敬'的大名呢？"

俞子敬笑答道："我的签名很特殊，只在背面写，请王大人一阅！"

王中林仔细端详了那个签名道："这个签名好漂亮噢。"然后对张公臣点点头。

张公臣大喝一声："把这伙讹人的人犯，全部押往草岚子大牢里去。赵十车、赵八轿将你父亲的寿体赶紧抬走。"

周永年拉着张公臣，邵二云拉着王中林，一同向老来顺酒店走去。

王中林半路问章学诚道："你家老泰山为何将名签在背面呢？"

"他自谓民间之医，无颜做人，字签背面，以示低调做人。"

乾隆三十六年（1771）十月十八是朱筠赴任提督安徽学政的日子。章学诚以学生的身份第四次下江南，与邵二云等人联车十二乘，随朱筠前往太平府。学政署衙就设在太平府治所当涂县。章学诚早就听人说过，天下之美，美不过当涂的明月。农历小雪这天，没有落一片雪花，他走进了当涂无尽的原野，欣赏那冬夜一轮素洁的明月。他仿佛看见明月的迷离与他人生的迷离那么相印相合。

章学诚看着月亮，不由得走到了一棵树下，突然从树下闪出两个人影，向着灌木林里直躲。他看到两人的面相儿特别面熟，又想不起是谁来。他担心这两个家伙搞他的恶作剧，反而闹出什么疑心生暗鬼的笑话来。他就顺势大喊一声，那边是谁？这么晚了还在和人混闹，小心我捉你去报官。一个高大的黑影向他走来，章学诚兄，是你吗？章学诚好生奇怪，二云，你在这儿干什么？邵二云神神秘秘，章学诚兄，你千万别大声说话，待我悄悄地对你说。章学诚淡淡一笑，什么了不起的事，我感到你有点儿莫名其妙了。

邵二云受惊之后又气闲神定的样子，章学诚兄，你知道吗？那边躲藏的是先生的女儿朱正红，我们一见钟情。可是先生的结发妻子就是不同意这门亲事，由此先生也就不答应我们结为百年之好了。全是因为我找了两房媳妇，不幸而亡。师母说我是个克妻之夫，只能让妻子生儿子，却不能让妻子活着养儿子。老师的女儿朱正红不信这一套，一见就爱上了我，我也爱上了她，我们两人相亲相爱都有点儿离不开了。这一次她背着父亲到这安徽当涂来，专门寻我。我们正树前夜话，卿卿我我地亲昵了一番，不想就被你发现了。现在只有请你别说出去，如果你说出去，我们两个小命就没了。

"二云弟，你放心吧，我是不会说的，天下这样的好事，都是为朋友瞒的。"

"朱正红小妹，你就快出来，拜见章大哥吧！"

朱正红从灌木丛中出来，磕头如捣蒜地哭着说："章大哥的好心，我从小就知道。现在我们两人落难到了这步田地，还望大哥能帮我们一下。"

"正红小妹，大哥还能帮你什么，我只是一个一无钱、二无权的文人而已呀！"

"你和月亮、柳树一同做我们的媒人吧！"

章学诚见邵二云和朱正红跪在面前请他做媒，一时慌了手脚。自古男人给人做媒难成，只是一味求我是不行的。你们不妨去求个真正的媒婆，以做成这件好事。邵二云点点头，你老岳母原来是会稽城里有名的媒人，我们求你和她说说不就行了。章学诚笑了，我岳母只是民间俗人，哪能和先生那样的大学士去说媒呢？你们还是另寻他人吧！朱正红乐了，我父母深信你家老泰山俞子敬郎中的医道，父亲在来安徽之前还去瞧过病呢！名医之妻为名士女儿说媒，是门当户对。你就替我们写一封信求情吧！我父母肯定会听你那老岳母的，那可是一张大脸啊！

章学诚看看实在拗不过这对多情男女，只好答应下来。

乾隆三十六年（1771）农历小雪这天的深夜，虽然没有下小雪，章学诚却看到好友的爱情是这么浪漫，社会是如此的鲜活，自己心情得到了片刻的宁静。他退而去静守书房，感到有一种激情在向他滚滚而来。这种激情虽然像相思相爱的人一样，不在眼前朝朝暮暮，而却在心中抚抚摸摸。激情飞越了千山万水来到了他的心中，他仿佛感到人与情在较量中，他就是真正的胜利者。爱情不是士兵，它不接受任何命令。爱情不是将军，它却要指挥感情的千军万马。它只按自己的思想，自己的意志前行。爱情更不能分散心性，它只能专注于一。它如果分心，就会让爱的味道淡而无味。真正的爱情，是值得男子汉相终相守的，创造就是真正的爱情啊。

他创造的激情已经酝酿了六年，他知道自己最大的毛病就是思考时间长，而懒于动手挥笔泼墨。他让激情又强势地酝酿了两个多月，决定于乾隆三十七年（1772）正月初三，"三十五岁开始撰写《文史通义》一书"了。[1]

章学诚一直将刘知幾当作自己学习的榜样。刘知幾在唐朝史馆不得志，愤而退写《史通》。他自从离开国子监志局以来，也按自己的激情，开始愤而撰写《文史通义》概要。

《文史通义》一书范畴，他要取古今文化所载典籍，从五经理论到近代作家们如林的著述，为之商讨利弊，讨论得失。创作这部著作，他想先要分为内外杂篇，成为一家之言。这部著作要以逆时的趋向，对中国历史文化发一回力，尽一份心。这部著作与社会风尚形成针尖对麦芒之势，这就是他一生的目标了。他心中酝酿了一个写作大纲：一、"盖将有所发明"。二、批判学风流弊。三、展开文风论战。四、阐明史学意义。五、"为著作之林校雠得失"。著述宗旨：期于明道，非争胜

---

[1]　仓修良著《中国古代史学史》第 584 页，人民出版社 2009 年版。

气也，对于前人著作但辩其理，未尝指责其人。① 这部书他整整撰写了三十年，可谓他一生的心血。全书三十万字，八卷，内篇五卷，外篇三卷，一百二十篇文章。

《文史通义》一书的思想，他进行了透彻的解析和仔细研究，几乎《文史通义》每篇都有反对当时专门汉学的论证。他在《文史通义》《假年》篇，明白地攻击了汉学空气。其首先设喻说"学问之于身心，犹饥寒之于衣食也，不以饱暖慊其终身，而欲假年以穷天下之衣食，非愚则罔也"。最后他竟以"妖孽"二字痛斥汉学了。他批判汉学好名，并不基于扶持宋学重理，同时他也接受反宋学的传统，他在《文史通义》正途上，取其精要进行毫不留情的批判。

《文史通义》一书的类别，是近于历史学，还是更近于文化史？章学诚进行了反复论证，认为《文史通义》是属于文化史的类别。《文史通义》和《校雠通义》也不能混同并提，他也进行了鉴别分类。他首先弄清楚了《校雠通义》是属于专门文论史类别。他说："郑樵有史识而未有史学，曾巩具史学而不具史法，刘知幾得史法而不得史意。"这就是我写《文史通义》的原因。②

章学诚首先写出了《经解》一篇：

"他要拿着世人的思想开刀，取出人们脑中的毒瘤。一、官吏不是社会老师，更不是社会的经典，他们只是一种职业而已，真正的老师，真正的经典是有道德的人。二、理论不全是社会的老师，社会的经典，它们只是一种历史记载而已，真正的老师，真正的经典是自由的思想。三、经验也不全是社会的老师，社会的经典，它们只是人们一种生活经历而已，真正的老师，真正的经典是人们自己创造的生活，是自己鲜活的人生，是实践和理论相结合的智慧。四、对于当下世俗已产生的流弊，应当及时地批评。章学诚把自己这些思想写成了《经解上》《经解中》《经解下》三篇，奉送给邵二云看。邵二云每看一篇，就会惊诧得

---

① 章学诚著《文史通义》外篇一，《与孙渊如观察论学十规》。
② 《章氏遗书》外编卷十六《和州志》一《志隅自序》。

拍案叫绝，像神经错乱一样惊愕大叫。他拿着到处让人传看，人们都和他一样惊喜。邵二云就如章学诚《文史通义》的知音，把一篇篇的文章讲述得头头是道，他们的友情愈加深厚。

章学诚有一种担心，自己的老丈母娘为邵二云和朱正红说成了大媒，成了百年之好。邵二云为了报答自己的美意，是不是故意对自己的文章夸大其辞？他想了一个办法，以太平书院一个青年学生的名义，另写了三篇《诗教上、中、下》，寄给邵二云。字体章学诚是用左手写的，书体在行草之间。一副意气落落，坦怀言志，不负所期，相见江河的笔锋。他匿名试探好友邵二云的文中写道：

"一、诗属于爱情，诗属于智慧，诗属于美丽。这就是诗的本质，二、中国文学一贯讲究实用，故纯正的诗歌较少。因而言之无文，行而不远。什么是真正的诗歌，就是尽善尽美的境界，就是诗三百。'一言以蔽之，思无邪！'诗歌如牵强杂说，就没有文学了。三、诗歌文采过于华丽胜过爱情和智慧。如建筑不求居住舒适，而求观瞻之美。练兵不求克敌制胜而求壮大军容，这是诗歌最大的弊病。诗歌文质彬彬，尚能返璞归真。四、诗歌教育就是明白诗歌与其他文学不同。诗歌是言情达志，讽喻教化，反复歌唱，抑扬比较的文体，不是一味地讲究平仄押韵的文体。一百年以后看，中国的新诗将会用新的语言抑扬顿挫。我们现在诗歌很坏的风气就是太拘于文字的平仄押韵，而忘记了诗歌的本质在于爱情、智慧、美丽。五、当前安徽诗歌，就是太注重于性灵的叙写，而忘记了诗歌的本质。我近日观之，自见诗歌源流之妙，写出以上三论。"

邵二云接到邮驿送到他手里的这三篇诗论，看后大声喊："安徽又出了第二个章学诚了，这可了不得了。"拿给朱筠先生看了，朱筠喜出望外，但又深感奇怪。竟然非要见一见这位青年作者，邵二云也是个认真的人，就到太平书院去寻找此人。

老师皆说："太平书院已有三百年历史了，从来没听说有个叫王序文的人，是不是你邵二云搞错了。"

邵二云找到邮驿，邮驿说："章学诚先生让我邮寄与先生的。"

邵二云这才恍然大悟，原来章学诚是在试探他对其文章的真实态度。邵二云灵机一动，感到这个鬼精灵，这么不相信自己，想个办法要叫他相信自己才行。邵二云到了朱筠的书房，向先生一说，先生认为邵二云的点子比较靠谱。就让人把章学诚叫来，章学诚，你也不要弯弯绕绕了，绕来绕去还是试探我们师生十几人对你文章的看法，更主要的是试探你的好朋友邵二云的态度。你的文章是大世界，不是小圈子，是大时代，不是小气候。我建议你将《文史通义》前三篇寄给一个人看看。他是江苏武进人，乾隆进士，历官少虞事，广东学政。主讲钟山书院、娄东书院、紫明书院，被誉为"一代儒宗"有北纪南钱之称。他学识宏富，治学方面颇广，于经史文义、音韵训诂、历法算术皆有精研。又长于史籍的校勘考证，撰有《二十二史考异》，著有《艺文志》《氏族表》并将资料写成《元诗纪事》一书，有《十驾斋养新录》《潜研堂文集》等，我想他会赏识你的著作的。

"恩师说的是钱大昕先生吗？先生好主意，学生马上照办。"

章学诚用蝇头小楷工工整整地抄写了。谁知寄出之后，章学诚日日盼望，却不见回音。钱大昕将章学诚的文章还是看了两遍，认为是小人物写大文章，没有引起他足够的重视。恰恰那几天教学又比较繁忙，又加上有几件紧急的家事多方干扰，一时忘记了复信。章学诚的文章就这样被束之高阁了，文章憎命达，这好像是永世应验的真理。

章学诚用一生对史志事业的挚爱，著成《文史通义》一书，阐明史志的意义，评论了古今的文学得失，鲜明地表现了章学诚性格特点，就是执着地对文史思想的挖掘，对学风流弊的批判，对政教恶俗鞭挞，连司马迁和孔夫子都没有放过，最主要的还与当朝所谓的文史大家展开了激烈的论战。当时一些人不了解这一点儿，对他横加指责，说他到处骂人，是个绍兴师爷。这实际上是一种误解，他所从事的职业，就是文学评论，史志校雠，这实乃是职责所在。《文史通义》不仅继承了中国注重史志研究和文学评论的优良传统，而且在史志领域和中国古代思想中创立了遐迩闻名的理论体系，对人类学术发展做出了万流景仰的贡献。

文章寄出去后已达两个月了，朱筠和钱大昕是同年进士，深知钱大昕的为人之道，揣度不回音信就是看不起这几篇文章。他又给章学诚出点子，我看你不如将你那前三篇文章，寄给朱菜元先生看看。章学诚又按照朱筠的意思，立马将文章寄去了北京。又是等了几个月，还是不见朱菜元的回音。朱菜元这时管国子监的那摊子麻缠的事，成天忙得不可开交。所有寄来的信件和文章。他都没有拆阅观看，对这三篇文章根本没有足够的重视。这对于章学诚的打击确实够大的，朱筠得知此事后，让人给钱大昕和朱菜元各带了一个口信，也不知带口信的人又说岔了还是怎么的，他们两人对三篇文章的态度始终杳无音信。这对刚刚开始写《文史通义》的章学诚来说，简直是没有一点儿退路了。

章学诚的性格最大的特点，是越挫越勇。他不管人们对这部书的毁誉如何，都要坚持写下去，这部书就是自己的思想。思想既然是光辉灿烂的，就是给人类看的，给世界看的。他下定了最后的决心，任何的褒贬都不能阻挡这部书写下去。

第十六章 主撰《和州志》

乾隆三十八年（1773）夏天，好友冯廷丞担任宁波道署道台，让章学诚去游玩几天散散心。章学诚正在紧张的创作中，一天累得头昏眼花的，想放松一下。在拜访冯廷丞时，遇见了戴震。当时戴震年近五十，主讲浙江金华书院。冯廷丞和道署的几位官员，对戴震这位学术界权威奉若神明，每天都是恭恭敬敬地聆听，戴震也以一代宗师自居。戴震每每自夸："古文不要学习就能通晓。我生平不理解古文的学习之道，后来忽然有一天想理解它，而又不知其是什么意思，就取来古文章反复阅读，废寝忘食好多天都思考其义。一天晚上忽然有所醒悟，第二天将所想的振奋其笔而书写，不假思索就写成了一篇古文。其文采之美，其学养之巧，远远超出了《左传》《国语》《史记》《汉书》之上。"冯廷丞对戴震敬佩有加，但却有些难以相信戴震云山雾罩的话。

章学诚对冯廷丞和众学子摇摇头，我一向认为自己生性才能低下，而且愚蠢至极，只好在古文辞章方面狠下苦功。我对戴震先生的经验之谈，觉得他有点儿矫情虚荣，颇有自欺欺人的味道。道署有个爱搞恶作剧的小伙子，专门挑人窝里斗。他在一旁看笑话，马上将章学诚的话告诉了戴震。戴震听了火冒三丈，但还是按下七分气，将这位默默无闻的年轻后学请来书院，切磋切磋。那好事的小伙子立马将章学诚叫了来，章学诚一副谦虚的样子请教司马迁和班固的异同优劣。

戴震搬出南宋史学家郑樵讥讽班氏的理论道："郑樵根本不懂得史学，却作为自己的创见。郑樵讥讽班固，是蚍蜉撼大树，可笑不自量力，是没有什么真才实学的表现，只是哗众取宠罢了。"在戴震眼里，章学诚只是个什么也不懂的后生小子，见他竟然敢问班马史学，就盛气凌人地训导。

章学诚也不相让，轻风淡月地回了句："郑樵不是不懂史学，郑樵讥讽班固，一味因循抄袭，照葫芦画瓢。班固写的《汉书》和《史记》相比，有那种风生水起，文采横流的创造性吗？郑樵的这些评价，千古以来人们都认为是公正的。"

章学诚名是批评班固，实是特指戴震不懂史学，戴震闹了个大红脸，只好忍着。这时冯廷丞来了，害怕两人撕破面子，吵闹起来，使他这个道台脸上不好看，就打圆场说："章学诚，你不是要向戴震先生请教如何修志吗？"

章学诚只好点点头，拿出自己参与撰修的《天门县志》请戴震观看。

戴震刚刚修成了《汾州府志》，见到章学诚拿出的《天门县志》只将编目翻了几页，一副很不以为然的样子，这志书我就不看了。意思是说，你这小人物的东西，还值得我这大学者看吗？

然后高高在上地昂起头："我认为方志以记叙地理、考证地理为主，只要'悉心于地理沿革'①，志书就成功了。一味地叙述记录文献资料，难道是为完成当前急切的任务吗？"

章学诚也不甘示弱，当即进行反驳："方志犹如古代一个诸侯国的历史，本不是地理的专门著作。如果修志只重视地理沿革，而不是以文献记叙当作多元纂修，那么就写一篇地理沿革考证的文章就行了。何必聚集众人启馆修志，收敛修志费用达数千金，又用卑躬的言辞去收集资料，再用优厚报酬，邀请各位君子远赴各地考察，何必如此旷日持久地

---

① 章学诚著，罗炳良译注《文史通义》全注全译本，第1474页，中华书局2012年版。

修志，何必累积如此浩瀚的资料？古今地理沿革，不是我们修志之人臆测所能达到的。考证地理沿革者，索取资料，记载的典籍千秋万代俱在，人人得到都可以考证。虽然我修志之人今日有失误，但后人还可以更正。如果哪一方文献，不及时收集志书之中，编纂就是没有章法。如果这些宝贵的文献丢掉了，再去拾取，这有点儿不合时宜！因为遗失了再难以收集，就会湮没无闻。"

冯廷丞在旁听到章学诚辩论得十分精彩，故意问道："方志综合古今，才为完整的志书，难道仅为这三百多年而设立修志机构来修志吗？"

章学诚道："撰修方志，远的志书不过百年，近的也不过三十几年。虽然传递下来修志记录的事件和故事，其意义如同创造文化经典一样。这就是朝廷对待修志作为国家长远的一项大计。如果以前的志书真有可取之处，就不一定修方志而来记叙历史。我们这些修志的人，不是展示美丽而是将就实用，时间不同，形势差异，以前再好的志书都不能代替当今的新志书。那远的有几百年了，近的也有三十几年，必须重新更迭修撰。如果说只是考证地理沿革，那将会认为其他多元文献记载是不重要的。如果只讲地理沿革重要，那就无须设立州县志书科，可不用修志了。"

冯廷丞听章学诚说得确实有理，恍然大悟，直点头称是。戴震看了很不高兴，当即拂袖而去，给了所有人一个大没脸，大家一肚子悻悻然。感到这位大学问家太有失学养，有几个人不由得表示了自己的不满。还是那位爱搞恶作剧的小伙子，立即把大家的不满告诉了戴震。戴震也自感今天有点儿失态，"吾日三省吾身"了半天。决定转变态度，以和颜悦色对待这位不可小视的章学诚和爱好叽里咕噜的众人。第二天一早，戴震以全新的姿态提前到了宁波道署。章学诚听说他来了，也就三步并作两步地紧跟了进来。所有道署的人都不请自来，几乎坐满了一屋子人。

戴震拿出自己编的《汾州府志》说："我撰修的这部志书，除了考证地理沿革之外，也不是没有其他体裁的远见卓识的记载啊。"

章学诚认真看了几篇修志文章后说："修志不是当今考据学家专门考证索引，轻视记载文献典籍。这种埋头书本，不问现实的不良学风带到修志领域，那将会败坏文风。修志要为当政者起到借鉴作用，又要对社会人心起到教育作用，还必须为国史编修提供资料。"

戴震道："方志资料既然是来自古籍，内容自然是厚古薄今，不一定要反映当代情况。"

章学诚道："方志就是要经世之用，就是要为现实服务，只有与现实紧密结合，方志才会起到应有的作用。如果让考据之风笼罩方志界，人们只埋头故书堆，闭口不言现实，我们的方志，我们的修志人只能是些撑床叠架的废物而已。"

戴震作为名震天下的学术权威，一副不服气的样子："旧志人物门类，乃有名僧，我删除他们，其原因就是所记载的事实，一件件如神话故事。有人以为不可随意删去，然僧侣难道可以作为人，编入志书人物之中吗？修志的人没有见识是多么严重啊！我想有名的僧人一定居住在古代寺庙之中，古代寺庙应当归于历史陈迹。因此我将名僧归于古代遗迹之中。庸俗的方志史家，不能理解我创造的这种体例？"

章学诚以初生牛犊不畏虎之态，没有半点恭维，反复与其较量辩驳："古代遗迹不是志书的重点，当附属于地图，不应当自立于志书专门一隅。志书应当以类别纂修为名目，没有见识的腐儒才这样做。它入于方志，不是全篇重点之编目。如果说僧侣不可以作为人，那他们的血肉之躯，既不是木头也不是石头，他们究竟是什么呢？不把他们当作人，又当作什么呢？志书中削减僧侣的事迹，不过是俗不可耐的读书人的见识。没有见识而勉强做这种修志的伟大事业，还不如庸俗之辈，免得让人称之为怪异之徒也。"

戴震听了章学诚的话，感到有点儿侮辱他这个中国最大的考据权威。两人是如此话不投机，大家只好不欢而散。

冯廷丞和人们都向章学诚投来了赞许的目光。冯廷丞点点头，戴震先生只是长于考据，写史修志不是很内行，只强调地理沿革，不重视多元地方文献。从争论的观点看，章学诚显然赢了戴震，大家都赞扬他对方志研究执着的品格。事情往往难以预料，好事有时就变成了坏事。自从章学诚冒犯了戴震这位大权威之后，人们见了他躲着走。向一些文人借阅资料，人们更加百般刁难。他去求见过去的一些文友，人们反而避而不见。到处盛传他是会稽棍子，四处打人，他成了人见人烦的人。尤其戴震受了章学诚一番羞辱之后，到处对章学诚大批特批。

　　章学诚由宁波返回杭州之时，吴颖芳听说后，名义上是将章学诚和戴震请在一处谈心喝茶，实际是要看一场好戏。戴震一见章学诚就痛批南宋史学家郑樵的《通志》。名义是批郑樵，实际是批章学诚，这简直就如中国文人学术界引起的一场大地震，来听这次学术大辩论的人很多。章学诚"在学术方面已经完全恢复了自信心"①，他见郑樵这样一位很有创见的史学大家，受到戴震这位考据学家的百般指责，立即为郑樵打抱不平。他驳斥所谓的大学者是少见多怪，没有一点儿史学家的胆量，用小心眼的语言，来增减郑樵史学大家的话。摘录一点儿，不及其余。援引一条不合《通志》的证据，作为攻击古人的刀枪。他们裁剪郑樵尚无定论记叙事件，纷纷加以攻击，其势如和郑樵不共戴天一般。这种欺负一个六百一十一年前古人的行为，这是古今文人所不齿的。郑樵是创造性的伟大学者，不是只会考证训诂的区区文人。他发明了史学凡例的叙述方法，其远见卓识是旷世之论。郑樵只以一个人，躲避在寒陋之地，触犯了遗老遗少。写出了班固、司马迁不敢写出的天下奇书，其立论高远，名副其实。我呼吁天下文人、批评古人时要有宽恕之心，设身处地为古人着想，要不欺古人，不欺历史才能得到中肯的结论。事后章学诚还写了《申郑》一文，认为戴震这种手法是徒劳的，又是卑劣的，是道德之贼也。

　　　　戴君说经，不尽主郑氏说，而其与任幼植书，则戒以
　　轻畔康成。人皆疑之，不知其皆是也。大约学者于古未能深

①　余英时著《论戴震与章学诚》第35页，生活、读书、新知三联书店2000年版。

究其所以然，必当墨守师说。及其学之既成，会通于群经与诸儒治经之言，而有以灼见前人之说之不可以据，于是始得古人大体，而进窥天地之纯。故学于郑，而不敢尽由于郑，乃谨严之至，好古之至，非蔑古也。乃世之学者，喜言墨守。……墨守而愚，犹可言也；墨守而黠，不可言矣。愚者循名记数，不敢稍失，犹可谅其愚也；黠者不复需学，但袭成说，以谓吾有所受者也。盖折衷诸儒，郑所得者十常七八。黠者既名郑学，即不劳施为，常安坐而得十之七八也。夫安坐而得十之七八，不如自求"心得"者之什一二矣，而犹自矜其七八，故曰德之贼也。

《章氏遗书》卷八《文史通义》外篇二

当代侯外庐先生曾经高山景行地评价章学诚和戴震在中国思想史的地位，"章学诚攻击封建统治的大胆精神，就比戴震高出一头了"。

当时可谓：章学诚其语其文一出，天下皆惊，一声压住百鸟声，戴震从此以后再无奇谈怪论了。文人们也将《申郑》一文纷纷传阅，章学诚也将此文收入到《文史通义》中。章学诚修志主张一时声名远播，尤其他和戴震辩论修志的事件，人们人都认为章学诚的修志思想，使中国思想站起来做人了。

当年经朱筠推荐，应和州知府刘长诚之聘，章学诚由太平到了和州。编修《和州志》四十二篇。这是他第一次用自己的方志理论进行实践。全书表、志、传、图一应俱全，《和州文征》八卷中，计有奏议二卷，征述二卷，论著二卷，诗赋二卷。邵二云像孩子似的睁着惊喜的双眼，看了三天，尤其《名宦传》他看了两遍，章学诚这些写法究竟如何？人们是否能接受这种文辞典雅的文献志书？

章学诚笑了，只要你不把你的爱妻朱正红看作是别人的女人，而是看作是自己最美的女人，天下人都会接受你的真诚。他相信他的志书创见也是如此。这在方志史上是前无古人的。他看到很多方志，虽然放在无数小吏案头、床头，但杂芜污秽，丢失了方志真正的体裁，或者只是些地理沿革的题目，着实庸俗无物，实际上好像志书都不是真正的志书了，其不伦不类，全是垃圾。他的方志文征之体，有典有法，可诵可识，这是他认为地方志分立三书体的第一步。

邵二云无限感慨，总感到章学诚就像一个孤独的悲剧。命运总是不好，那么多的朋友接二连三地离开了。就像章学诚在南海的中心，四面全是水的小珊瑚礁上，受着莫大的苦难。《和州志》每种体裁或每个组成部分，都冠以小序，叙述其历史演变和学术价值。这是将方志视为史书，从史学角度进行论述。这种创造，不就像在一个小岛上孤身面对大海，最孤独无助的吗？

章学诚乐了，大家都认为哑巴是不会说话的人，所以为他们的未来感到忧虑。他们用自力更生的脚步，走向了坦途，这不是一种无言奋斗的声音吗？人们会通过这每一步的脚步声，来了解他们的心。他的小序创造性写法，就是他每一步都与方志列传、征述、图书、表记互为详略。今后撰修方志者和看志书的人，就会摘取为宝。小序是为修志者和读志者感到困难的人领路的。他设置的目的和意义，不是一目了然了吗？

邵二云眨了眨眼，朱筠先生的马常常有病，马夫喂些板蓝根就好了，你们修志书的人也这样爱志书吗？

章学诚爱志书，十二分地爱。这是他一生最大的爱好，也是他习惯形成最典型的性格。他听说自己撰写的《圆明园志》刊行了，竟然一下子从床上跑到王府井去观看人们争相购买，在三九天竟然走了三里多地，他没有穿鞋袜，却根本都没有感到一点儿冷，让吴胥石一伙子朋友差点没笑破了肚皮。北京人说他是"方志痴人"。认为只有结交这样有爱好的人，才能交到真朋友，一时他高朋如云，使他读书都没有了一丁点儿时间，他只好躲到沈业福家中去了。他亲口一说，人们感到特别有趣。

邵二云一副不依不饶的样子，你说的修志有哪几种人？

一是官本位修志。有人把志书当作春秋更换的衣帽，旅馆里住过的客人。他们修志没有章法，文章不足以观看，好像杂秽之物易干散落。

有的从外皮编目看就没有规矩，体裁不准，只是摘录如千篇一律之书。注释记叙如流水账，语言如当官的训人，应当有的文采化语言就像寸金那么少，使人看得茫然无措。谁也不知宗旨写的是什么，文化人都鄙弃不屑一顾，新编告成之日，志书在人们心中，随即就不见了地位，这样的修志者难修于志书中。

二是流浪汉修志，难于立传。他们所干的事业不详，偶尔写了一两篇志书文章，就关门杀青，以为大功告成。修志不去长期收集资料，撰写又不与有智慧的人商讨。人有德行他征求不到，有文采学养又没显露出来。到处流浪，不习修志为长久伟业，等于萍踪欢聚，鸿雁爪子留了一下影子，想把他们记在志书中，怎么能得到他们的消息呢？

三是拍马屁修志。州县修志竟然以多头记叙为光荣的人。一篇文章，既夸它隶书、草书写得好，又在体例中竞相说他文章有风云。阴处海棠之美，阳处繁花满树。先在循吏传中用拍马颂辞，写得当政者风生水起一般。又在人文传记中通篇赞许，千篇一律，都是颂歌，看的人索然无味。可用在甲乙篇目中，也可用在丙丁篇目中记叙。只要看看以前的志书，就知他是抄录以前志书凡例，就是列传的取材，都是一脉贯通。这样没有点儿创见的修志者能立传吗？这就是难以立传的第三种修志人。

邵二云听着他的讲演，都惊喜得凝神气定了。全州参加修《和州志》的人听了一片掌声。大家强烈要求他把这些思想写入《文史通义》一书。

这时有一个新来的人在注意他了，眼里全是妒忌的火，脸上一副鄙夷不屑的神气，好像要吃了章学诚一样。

乾隆三十八年（1773）诗人节这天，有人听了章学诚的讲析，立即就眼不是眼、鼻子不是鼻子的。不是别人，正是章学诚新的顶头上司，刚刚担任安徽学政的秦潮。

秦潮和章学诚曾在国子监共过事，他对章学诚总是敬而远之，认为章学诚是个好辩的会稽师爷，比较有正义感。有一件小事，令他对章学诚心存芥蒂。秦潮家中发生大火，有一家仆，奋不顾身地救火，不幸脸被烧伤，鼻子烧没了，嘴烧掉了一块，一下子歪了上去，一只眼烧成肉疙瘩，另一只眼烧得通红。秦潮视为大恩人，好生养在家里，不让他外出，怕外出人见了害怕。有一天秦潮的父亲死了，没人敢去国子监报丧，他竟然自告奋勇要去报信。秦潮的妻子就同意了，他到了国子监，人们见了他，以为是鬼，纷纷叫的叫，逃的逃。章学诚历来是个不怕鬼的人，但他相信天下可能是有鬼的，他那天正好是值周的教授，在门口接待来客。他见了此人，以为真正见到了鬼，因为他从来没有见过比他还丑陋的人，丑得竟然没有人形。章学诚大喊道："厉鬼，你站住，你怎么到国子监吓人？皂隶小子们，你们上去给我打。"几个皂隶上去竟然把这个丑仆打了一顿。

这时秦潮正好从孔庙大院过门走向国子监的院子，一看好像自己的家人被打了，赶快跑了过来喊道："你们为什么打我的家人？"几个皂隶这才松了手。

秦潮听家仆说完原委道："章学诚，你把人当成鬼，你自己长得什么样？我一向对你敬重有加，你却恩将仇报。你有没有一点儿仁慈之心？"当秦潮听说自己父亲死了，马上就号啕大哭起来。那丑仆见到主人伤悲，也跟着号啕不停。章学诚搞得好尴尬，也跟着长声短调地哭了起来。有皂隶感到章学诚太冤屈，就向国子监祭酒欧阳瑾去报告了。

欧阳瑾三步并作两步跑来道："秦潮老弟，你家高堂大人去世，我们国子监的人立即去吊唁，你就放心吧！"

秦潮一听，好像欧阳瑾的意思，国子监不是号丧的地方，让他赶快回家奔丧。他马上停止哭泣回家去了。章学诚为此虽然专门去吊唁了几次，还跑前跑后帮着料理丧事，又让妻子去送了一份厚重的丧礼。秦潮却始终对他不冷不热的，好像对他一肚子都是疙瘩。

章学诚这次真是撞到枪口上了，他的恩师朱筠安徽学政职务被撤，并降职三级。乾隆皇帝以其学问特别优秀，由二等侍读学士降为编修，调供职并总办《日下旧闻录》纂修事。起因是朱筠担任安庆乡试主考官，他的弟子徐瀚带来了一个人，此人能说会道，自称家中有银百万，愿拿出钱来捐一个贡生。朝廷规定，即便是钱捐贡生，也是要参加乡试的。此人满口答应，徐瀚也是一口答应下来。朱筠当即上报，朝廷批了下来。贡生的帽子即将要戴到那人头上时，副考官发现，此人并没有参加考试。一查竟然是个不学无术之人，根本没有一点儿真才实学，就不敢来参加考试。只是多捐了一倍的钱，以为有钱什么事都可以办成。朱筠不敢隐瞒，如实上报退回贡生名额。乾隆得知此事，非常生气，不但没收了捐资，而且毫不客气地将朱筠的官帽也收了去，给了秦潮。又派钦差大臣来深查副主考官和徐瀚，朱筠为人厚道，将一切全大包大揽下来，上上下下的人认为朱筠如此仗义，乾隆又收回成命，只降了一级。中国自古官场上的事，总是一人升官，鸡犬升天，一人罢官，马狗牵连。章学诚的恩师朱筠一走，就如树倒猢狲散一般，章学诚一下子就失去了靠山。

秦潮一来就新官上任三把火。当听说《和州志》修撰完成了，就指名道姓地让赶快上报。章学诚赔着一万个小心，恭恭敬敬地将《和州志》四十二卷呈报上来。

秦潮为了表现自己的才能，废寝忘食地三天就看完了，又用两天看了第二遍。他看完之后很不满，认为和州辖含山县，而志书中含山县记叙很少，就是其他几个县记叙也简略。他当即批复："《和州志》详州略县的写法，是一种十分错误的写法。"还提出了几十条意见，修志主张全和章学诚思想相悖。章学诚反复辩解，也无济于事。《和州志》原稿全部废弃了。秦潮要求三个月重新修改出来。章学诚每天仔仔细细加以修改，遵照秦潮的修改大意，删减为二十章，又加了不少县志的内容。又面呈给秦潮，秦潮看了还是百般挑剔，竟然表露出要废弃这部志书的意思。章学诚看到秦潮一肚子对自己不满，就义正词严地对秦潮辩驳。司马迁为了真理可以忍受宫刑，史官为了记载历史真实都不怕杀头。难道一个人能让其以讹传讹吗？为了历史公平，为了纠正错误观点，无论是谁，名气有多大，地位有多高，他都要进行辩驳。他认为《和州志》是州志，不是县志，详县略州的写法，是十分错误的写法。只有他这样写，才能促进历史的进步。

秦潮也无可奈何，他知道章学诚的意思，撰修《和州志》的薪酬，他一分不扣，原来朱筠和刘长诚说多少，他就给发多少，他绝不会有失公平，其他条件他都答应章学诚。两人看看再争下去也就毫无意义了，就此不欢而散。章学诚就这样被人解雇了，往昔是日出而作，日入而息，现在一下子闲下来，连梦都是闲愁的。几乎每天的生活都被一种惆怅的气息浸透，甚至连花落鸟飞，虫吟鸡鸣都充满了沮丧的味道。他以酒浇愁，醉也想的是修志，醒也想的是修志，因为那是他的所爱啊。

第十七章

训约

　　乾隆三十九年（1774）九月，他和邵二云游了宁波、嘉兴、溪口、高淳、会稽。他看着岁月给天地留下了果实，想到人应当给世界留下美好。他又振作起来，本来热爱事业是中国人之本，但是因为热爱事业而丧失了思想和自由，有人如果想用这种热爱事业之情来剥夺自己的思想和人生的创造，那就是苟活。任何人生都不能苟且，灵魂不能给任何权势做奴隶，躯体更不能给任何金钱做妓女。没有创造的思想是可笑的，没有自由的人生更是悲哀的。他终于从梦中醒来。到杭州又参加浙江会试，只考了个备榜，又一次失败。他仿佛在万里之外，听到了陆宗楷和秦潮等人的耻笑声。

　　他接到儿子的来信，有一位佛教居士叫罗有高，听朱筠和冯廷丞介绍了章学诚的道德文章，十分想见到他。就约贻选到他租住的胡同相见，见到贻选穿得衣衫破烂，罗有高虽然很穷，却给了贻选一百文钱。章学诚虽然四处奔波，挟策谋生，但他感到家中日子已经十分艰难了，好像到了揭不开锅的地步了。

　　乾隆四十年（1775）五月初九，朱筠恩师带来急信，为国家志书事，让章学诚立即回北京去。这是他一生中第五次赴京，三次为了方志求学赶考，两次为了方志急招。

刚到北京朱筠就把他叫去，让他以朱筠的名义起草，给皇上《秦陈购访遗书及校核〈永乐大典〉意见折》，提出了搜访校录书籍的四条建议：

一、旧本书和抄本书，特别应当紧急搜寻。

二、其中有机密的书籍，应当标明现在的书籍，以补充其余的机密书籍。翰林院所藏的《永乐大典》一书，宜选择其中古书完备者若干部，分别缮写，各自写成一部新书，以备人们写作采录。

三、写作与采录一同进行。

四、金石之刻，国家地图，方志家谱著名的，一定要撰写采录其中。

这时清王朝处于鼎盛时期，政治稳定，经济发展，文化繁荣。乾隆大力提倡收集天下文章，开馆纂修各种书籍，三次下诏征书。章学诚代笔撰写的朱筠建议，迎合了乾隆讲究文治的心理，故批示让大臣商议上奏。经过上书房一番运作，乾隆下旨："将《永乐大典》详细加以分别选择校对勘误，择其完备的文章付梓刊印流传。剩下的辑录留存汇集起来，与各省采录的书籍及武英殿所有的官刻图书，统统按照经史子集编完目录，命名为《四库全书》。将古今图书荟萃无遗，永昭义苑昌盛。"

四库全书馆正式开馆了，这项空前规模的文化工程，由此拉开了序幕。朝廷首征戴震、邵二云、周永年、余集、杨昌霖五人入馆，赐官翰林，号为编辑。章学诚的师友朱筠、翁方纲、侍朝、程晋芳等人也参与其中，可谓名士济济，聚集京城。奏折首义开设四库全书馆的人章学诚，却被吊起来了，章学诚面对这种情况，也想进入四库全书馆混一口饭吃，而且还可以发挥自己的学术专长，解决全家十几口人的最迫切的生计问题。因为他看到凡是参加此项工程的人，从容茶话论道，出入高车大马，官衣豪华风流，一个个薪俸不菲，为此发财致富。章学诚师友朱筠、侍朝、周永年、邵二云等人都在多方为他谋划推荐入馆。因为他毕竟是起草建立《四库全书》馆建议的人。如果他不入馆，不成了千古最大的讽刺？

大家推荐将要成功之时，章学诚却表示坚决不参加《四库全书》的编撰工作。大家再三相劝，章学诚就是一根筋地不听，发大毒誓，下定决心，宁愿穷死，也不参加这项工程。

为此朱筠把章学诚叫来和风细雨地相劝，你的老泰山年事已高，卧病在床，已不能为你的家中生计操劳，代你养活全家。你现在穷困潦倒已到了拿钵子要饭的地步。你看看凡是参加这项工程的人，原来使用的公车大马都是三钱五钱的，最奢侈的也不过一两金子的。现在呢，使用五钱的都很少了，因为觉得没谱，现在使用二两金子已经是常事了。从进四库全书馆修书大臣和文人们豪华的生活看，可以这样说，你只要加入，养活幸福的一家人是没问题的，你为什么不参加了呢？

章学诚神情淡定，如果人活着是为了吃饭，那老师你早成了上书房的人了。你不是为了有一个思想自由的人生，才如此挣扎着吗？我的学问与《四库全书》的学问是大相径庭的。我擅长理论创新，四库全书馆需要的是穷经考据这种人才。我在读古书时，发现高明之处有余，沉下心来一字一句潜心琢磨不足。因此对于考证，大多有所忽略。只是精确理解天下之道，看到了前人没有看到的东西。怎么能去干那种远离火热的生活，钻到故书堆里去搞考据的事呢？面对如此强烈的考据之风，我只想避而远之了。

朱筠反问，你是说老师是拉拢士人学子，让你们去一心考据，远离社会吗？

章学诚摇摇头，四库全书馆总纂纪晓岚和首席编辑戴震等人，是头等的大馆臣。都是不满宋学的，言及宋学和宋儒时往往是挟持成见。四库全书馆是个汉学家的大本营，《四库全书》就是这些人智慧的结晶。朱筠恩师你只是提出纲领，章学诚虽然也代你撰写了这个纲领，可是人家将纲领改成了道路，你的纲领已经不复存在了。章学诚不是那个圈子的人了，他不好议论那个圈子的人。你只是一根最早的旗杆而已，而旗帜和棋手却是纪晓岚和戴震一伙了。由此我怎么会参加四库全书馆呢？

朱筠豁然开朗，你的创造性是与他们格格不入的。我想明年就要乡试了，你的机会说不定就来了，让他们钻进故书堆中去吧！

章学诚悠然一笑，我研究史学道义体例，校对方志方法，这些几乎无人问津，谁又能考此大略呢？他"知道自身性格不适合为官享受厚禄，而自信好辩且不受约束之性格常开罪权贵名流，所以他自以为迂拘而不和世用。……当然也和他时常受人鄙视有关，不仅仅是他的学术思想，还有他丑陋的长相。……但他一直没有放弃'上阐古人精微，下启后人津逮'而为后世史学开蚕丛鸟道，成一家之言的学术追求。他每念人生不过阅历数十寒暑其中无论菀古迟疾，终将同归于尽，而所以耿耿不可磨灭者，精神而已。……他预料自己的一生，以撰述为事，自强不息，死而后已。"①

第二天，邵二云请他到东来顺茶馆吃茶。茶房见章学诚穿得寒酸，真是惊讶得不得了，以为他是个大有来路的英雄响马之类的客人，将他引进了一个十分高雅的单间。邵二云跟他一进去，就送他二百两银子的银票，说有人转赠你的。冬天到了，快过大年了，让全家买些衣食过冬。身上也该换新的了，打扮得要像读书人的样子才行。长了一副英雄相，再穿这么一身响马衣，不要吓着了北京。章学诚非要问钱是谁给的，邵二云就是不说。说是有个儿子报答你为人家父亲写墓志铭的酬金。他想想替二百多人写过墓志铭，大都付了酬金的。又想几家大富豪可能当时忘了，现在给补上，也就不追究了。

邵二云相劝，为了他章学诚能过上好日子，几位朋友都为他不能进四库全书馆感到惋惜！那毕竟能解他生活燃眉之急啊！

章学诚无比淡然，人们是知道他的为人的，他的学问不愿人所知，著述也仅在几个朋友之间交流。在京城，在全国名气销声匿迹，声誉恍如隔世。你一跟人家说，大多数人都不屑一顾，真是人微言轻。编纂《四库全书》是乾隆帝亲自抓的文化工程，他区区小人物还是不参加的好。

邵二云慨然长叹，皇上下旨馆阁特修之书工程很多，如《开国方略》工程、《河源考》工程、《职官表》工程不胜枚举，馆阁著述确实需要你这有才之士啊。

章学诚摇摇头，就不论其他工程了，《四库全书》文化工程，皇上先

---

① 唐爱明著《章学诚文论思想及文学批评研究》第31—33页，上海古籍出版社2013年版。

后颁发了三十九条旨谕，题诗五十九首，禁毁书籍达三千一百多种，销毁书版八万多块，督责之严，如果说查嗣庭案是人的文字狱，这不是书的文字狱吗？你知道章学诚思想上很单纯，为人倔强而有些偏执，不懂圆滑世故，很难与人相处，容易得罪人。我独立思考的精神，是不为世风所容忍的，这都是入馆的绊脚石。如果把那些不欺古人、不欺历史的思想说出来，不但我会倒霉，也会连累你们。我还是不干这些事为好！

章学诚的独特之处，就在于他这种中国人硬骨头的刚毅个性，从他不参加四库全书馆的心灵特点和思想精神来梳理，从中看到章学诚的性格是多么生动感人，如同一个着手成春的思想中国站在我们面前，他使中国人的形象丰满多姿，他使我们的中国心跌宕起伏。历史上凡是开风气之先的人，都有他的大风歌，章学诚少年时代敢于不学八股文，青年时代勇于不留国子监，中年执于不入四库全书馆，后人之所以称他为中国方志之祖，是因为他这种最为宝贵的中国人的特征，呈现了他伟大思想家的史诗魅力。

邵二云看看章学诚的样子，一下子动了感情。他拉过章学诚那双坚强的手抚摸着，可惜了这双只有创造精神的手啊！你不管到了什么地方，什么地步，都是我的朋友。只要我在世上活一天，就要保护你一天。只要老天爷不让我去报到，我就要努力使你的日子平安。有这些朋友在你的身边，你就永远在亲朋好友的心里。任何时候都不是你一个人，而是和朋友的心永远在一起的。

章学诚看老友动情，他也是性情中人，立马热泪盈眶。没有出息的章学诚，让你们这些朋友操心劳神了，但请你们放心，我不会像一只没舵的船，随便乱闯，更不会以卵击石，使这艘船永世沉没的。我会在痛定思痛之后，升起自己的风帆，乘风破浪也好，逆风千里也罢，都会走出一条路的。两人紧握双手，洒泪两别。

乾隆四十一年（1776）重阳节。冯廷丞在任江西按察使时，牵涉到文字狱失察，有人告发："清水翻波浪，波浪成文章。大海起狂风，鱼虾才歌唱。"四句民谣说是诟骂大清朝的。他根本不屑一顾这种诬陷人的恶状，就扔在了一旁。谁知这位卑劣的小人，竟然将奏本直接寄给了乾隆。朝廷追查下来，他推说公事繁忙，没有看告状信。钦差大臣报给了皇上，乾隆下旨将他关入大牢，房产查没。租住冯廷丞柳树井大院的章学诚就这样被赶了出来，全家人在大街上冻了一晚。

邵二云是位孝子，看到章学诚老母年近八十，受此磨难，为租房陪着跑了一夜。第二天一早在金鱼池陋巷租了一个小院住了下来。章学诚随着交游的日渐增多，他的家境更加贫寒。最主要的替他担任养家糊口的老岳父俞子敬年近九十，卧床不起，为此到了冬天就去世了。经朋友周济，才埋葬了老泰山。这时家中将近二十口人，全靠他一人四处行文度日。他又不肯低下高贵的头，去高门大户和朝廷衙门屈才苟生，日子过得更加艰难。三女儿是个先人后己的孩子，看看家中兄弟挨饿，总推说自己吃过了，久而久之，在腊八那天，终于饿死。

邵二云为他租房的事跑了一夜，风寒交加大病一场，他家境虽然贫寒却好学，为了有病期间研究学术，他得到了一个闲职，四库全书馆编修。借此机会，博览群书。章学诚前去探望，见他考订文稿狼藉，就帮他拾掇，然后拿出自己的《文史通义》请他观看。邵二云再看《文史通义》，心中悠然一震，仿佛被一道闪电击中了一样，一种转瞬即逝的浪漫之光荡漾着全身的血脉。那充满痛苦的病情，就像一条潺潺的小溪在他心中溜走了。他被章学诚的文章深深地迷住了，当今的人都重视考据，泥古陈墨，必然痛说你荒诞无稽，将为世人所诋毁，但这部书的后世辉煌，将会万丈光芒。任何书都无法和这部书媲美。

邵二云看了这部书后，病竟然好了。

邵二云第一次发现一部好书，就是一服良药，竟然能治好人的病。

邵二云感到《文史通义》就是一个春天，像鲜花一样美艳热烈。它仿佛增加了人十倍的抗病力，这是他珍贵的友谊换来的宝贝。容易得到的东西往往不名一文，只有这种章学诚不是真心朋友不给人看的文章才价值连城。

章学诚的文章如一剂良药能治病，这样的说法一次又一次在北京城不胫而走，很多人都来拜访他，争相要传看他的文章，但他还是坚持一条古怪的则例，不是知心朋友是不会给看的。

　　冯廷丞入监之后，章学诚的母亲史老夫人深感不安。住在冯廷丞家中八年，冯廷丞竟然只收了第一个月的房租，以后交了又送了回来。这样急难之义的好友又哪儿找去。史老夫人首先以一个八十岁老母的名义探监。她颇有智慧，悄悄告诉冯廷丞，牙关要死死地咬住，就说由于公务繁忙，从没有看过那份诬人文字狱的恶状。只有如此，外边的朋友们才能救你。要是经不住上刑和打骂一松口，不仅自己死命可期，就是全家族的命都难逃，说不定所有的朋友都会受牵连。冯廷丞含泪点点头，直喊了三声："妈妈。"因为冯廷丞自小是孤儿，并无母亲。史老夫人以母亲之名大义探监，使京城朋友们一片赞叹。

　　史老夫人认识那位牢狱监丞，他曾是父亲史义遵的弟子。他实告史老夫人，只要交三千两保银，朝廷就能放人，此事也就不了了之。章学诚以询问史志资料的名义也去探了一次监，证实了交钱具保的消息，回来后四处张罗为冯廷丞筹保费。他首先将自己首月的国子监月例俸银拿出来，又借了三个月的，凑了二十两作为首保金。母亲唯一的一个金戒指，那是和父亲结婚时，父亲给她戴上的，她毅然取下来，典当了二十两银子凑了过去。朱筠听说拿了三百两，戴震也送来了二百两。冯廷丞当过盐运使，那是当朝最肥缺的官儿，大家都感到奇怪，他竟然没有存款。原来冯廷丞一生清正廉明，乐善好施，竟然家中都拿不出三千两保银来。这样就令朋友们更加感到可敬。只一天，大家就无偿凑够了三千两银子，当天就由史老夫人领了回来。他将史老夫人认为母亲。

　　冯廷丞全家人也从大牢里放了出来，清廷没收的房产竟然不退还。只好住在章学诚家中，一下子增加了三十几口人，吃饭成了大问题。朋友们知道了，又送了三百两银子救急。两大家五十来口人，在一起生活了三个多月。清廷最后对冯廷丞按失察罪判下来，官降三级。去福建当了个小县丞，房子虽然全部退了，但财产全部罚没。章学诚三次向人们发出呼吁，救救冯廷丞。大家又凑了两百两银子，让他渡过了难关。冯廷丞的大儿子，从来没受过那么大的难，一时受不了这巨大的打击，冯廷丞在狱中时竟然去投了永定河。为此冯廷丞出来听说后大病了一场，乾隆四十二年（1777）春天，在人们喜爱交友的季节里，朱筠和朱棻元给章学诚介绍了一位同乡，名叫周震荣。周为人急公好义，愿意一生与他结为知己。章学诚还从来没有见到这样的朋友，没有晤面就要将他视为知己。周震荣是浙江嘉善人，乾隆十七年（1752）举人，曾任江南青阳知县，时任永清知县，为官精悍廉洁，热情豪爽，好读书，藏书，喜结交文人学士。章学诚到了永清县后，呈上自己写的《和州志》，周震荣当时正在宴请宾客，忙得不亦乐乎，匆匆接待了他。当时无暇看《和州志》，周的幕友徐艿坡在旁，取章氏文章反复翻阅，佩服得五体投地，于是大力向周震荣推荐，周震荣开始觉得朱筠所言不虚，而自己先前以心相许要结交这样一位挚友也所期其可，立即引入家中，三人往复讨论了三天三夜。

由于周震荣的伯乐相马的眼光，定州定武书院高薪聘请章学诚去担任主讲。全家日子这才渐渐有了起色。京城也传来好消息，冯廷丞也官复原职，到江西上任去了，原来罚没的资产也发还了。冯廷丞直向人表示，是义母之爱显灵了。

章学诚在定武书院开讲之初，独创订立了《教诸生识字训约》。教导学生要通经服古，弃绝腐言，就是要学习精通六经，学习古文要学其根本，学习根本就能事半功倍。勤劳是种地的根本，孝悌是学习的根本，认为"六经皆史是天下文章的根本的教育理念"，他又独创提出了六经皆器，六经皆先王圣典也，学习只要抓住了根本，就如在黑暗中找到了光明一样。

在定武书院教学相长的启悟中，章学诚写了一篇《史德论》，朱筠将章学诚的这篇《史德论》拿给翁方纲看，翁方纲看后竟然向朱筠鞠了一躬，感谢他培养了如此高超的弟子。说章学诚是北京夏天的甘霖，定武书院的一首诗。以前听说章学诚写了好文章后，他虽然去拜访过几次，但章学诚总不肯拿给他看。他将这篇《史德论》拿给皇阿哥看，皇阿哥直说是奇文。皇阿哥又将这篇文章拿给不少人看，都说是天下难得之文。陆宗楷虽然此时担任国子监的祭酒，也不敢小视章学诚了。看到皇子让他看此文，他反而感到光荣。说章学诚是他国子监培养出来的人才，也是他的门生，并根据皇阿哥的旨意，提为国子监典籍，章学诚总算有了一碗饭吃。

章学诚对这个提拔不置可否，他知道一个从九品的小官不过是五两银子月薪。只是够他家五口人的吃饭钱，而现在全家有十八口人，十三口人只好靠女儿们和妻妾们给人缝补浆洗度日，他生在乾隆盛世，却没有享受到一点儿红利，总是在穷困潦倒中挣扎。

在定武书院教学中，章学诚提出了文字之学，当以学习《说文解字》为主。它是工具书，它是人生斗争的武器，要想善其事，必先利其器。《说文解字》就是领着学子们走出学习死胡同的领路人，就是不在身边的导师，就是辅导大家学习的父母。

音韵之书《广韵》最为通达，古文古诗古词之音解释得非常清晰，学子们要学会使用它，要想学习好，得有一个好同窗，它将是我们最智慧的同窗。

学习训诂之学，当以《尔雅》为宗旨，它的虚字实词解释得非常清楚。要想学到真本事，就得有一个好朋友，学子们要把它当作好朋友对待。

他独创的教育理念，所有生员和儿童都喜欢听。他还让学生每日半个时辰写一篇文章，要求学生写心里话，写身边事，写天下情。半年之后，所有的学生都学会了写文章，而且文通字顺。学生家长一片赞扬之声，周震荣听了深感荣耀。不由得感叹，文章圣手教书，事半功倍，必出高才也。果然不出所料，定州破天荒的喜事，当年就有二十四个学生考中秀才，章学诚的教学由此名声大振。

乾隆四十二年（1777）五月二十七晚上，徐艿坡突然急急地来了说："章学诚，报告你一个好消息，那个只讲考据，不讲思考创造，把中国文化引入死胡同的人死了。"

徐艿坡，松江人，乾隆三十年（1765）贡生。久居北京，屡试不中，抑郁失意。看到章学诚那样充满九州生气的文章，如烈火一样燃烧起来。惺惺相惜，经常满腔热血，两眼热泪地向周震荣推荐章学诚的才华文章。

章学诚不以为然地说："艿坡，你是说戴震先生吗？"

"正是。"

"芗坡，这不是他的责任，你知道吗？他看到四库全书馆对古书删减太多，焚毁书籍太多，曾经提出过意见的，上边自然不采纳，他怕留下天下人诟骂，可是一直郁郁不得志，而深致其病。"

徐芗坡一本正经："我认为他是笔写的东西如金玉一般，信口胡说的话就如粪土一般，所以遭到别人一片耻笑之声。说穿了，这是他在学术上心术不正，学术未醇。"

章学诚点点头："我最不满的就是他这一点儿。戴震的学问，实在是出自朱熹的学问。他却丑化贬低朱熹，说朱熹的理论荒诞，诋毁为妄想症。戴震就是朱门弟子，而企图以朱熹取而代之。朱熹的程朱理学已经五百多年，他的名望和文采学养，是戴震能取而代之的吗？所以我说他心术不正。做学问的人，要极其慎重地选择他。"

这时徐芗坡突然红眼、黑眼、白眼地说："章学诚，我倒认为你批评戴震吃水不忘挖井人的观点未必对。戴震抨击程朱理学，揭露了程朱理学的以理杀人比以法杀人更残酷。他这不是在批评当今的文字狱吗？文化人都为他这一批判叫好哪！虽然你那篇《朱陆》的文章中，是在为朱熹辩解，我就有点儿很不以为然。"

章学诚感到有点儿话不投机半句多之势，就轻轻地说："我还有点儿事。"哂然一笑赶紧走了。

两人匆匆不欢而散。因为章学诚知道，这徐芗坡也是饱学之士，章学诚一套程朱理学卫道士理论未必对。徐芗坡今日可能是找茬子相辩来了。徐芗坡是个性情中人，是有名的松江人大江大海大波浪的脾气。一辩论就喜翻脸，而且翻脸比翻书都快。这样相辩一番又有什么好处呢？他知道好辩的人要找会辩的人辩论。章学诚面对自己在这个观点上有点儿理亏的劣势，为了不伤朋友和自己的面子，就及时地急流勇退了。

一夜之中章学诚辗转反侧，一闭眼是戴震，一睁眼还是戴震。天至黎明之时，忽然打了一个小麻拉①，他自言自语：人既然不欺历史，就应

---

① 麻拉——瞌睡。会稽方言。

当也不欺学问啊！人不可无恻隐之心啊！出了一身大汗后醒来，他决定去北京为戴震吊唁一番。徐芗坡看他要外出，一问，感到章学诚能有如此公平之心，他也要去吊唁戴震。两人向周震荣请了假，赴京去戴震家中。

章学诚发自肺腑地大声说道："先生深通考据之学，是中国一代朴学大师。研究物体变化和规章制度，所以得到了高超的理论，这是可以给后人指明道路的。现在的人都贵提倡博雅的考据，见到你考据学业之专精，以为你的学问绝对是在这方面，其实不然，你写的《论性》《原善》诸篇文章，对于天地人间的精神，实在是历史上无人发表的高论。现今的人所谓你空说义理，说你是没有什么创造性的作品，这是不懂得你的大学问啊！我章学诚平日与你戴震学术宗旨是一致的。我平日深恨现今学者错误地把你训诂的功力看作你的学问。见了你真正的学问，反而不认识。反倒以为不如你的功力，其实你的学问胜于你的训诂功力。就如徐芗坡兄所说你批判程朱理学杀人的理论在中国是前无古人的。"

章学诚这一番吊唁之词，不仅深深感动了戴震的家人，也感动了北京。一时北京盛传他的公平，这件事让徐芗坡特别感动。他回来之后，就将此事告诉了周震荣。并且认真地提醒周震荣，这样一位有学问、有道德的人，只是让他教书太可惜了，应当让他有更大的发展。周震荣沉思了一会儿，你看让他将来修《永清志》怎么样，那可是大学问之人干的事啊！

徐芗坡点点头："人有多大的价码，就得有多大的天下！"

第十八章 囊笔《永清志》

乾隆四十二年（1777）秋天。

章学诚得到消息，北京要进行顺天府乡试。冯廷丞病好后去了顺天府一趟，回来乐翻了天，今年的主考官是梁国治。他是章学诚的同乡，也是浙江会稽人，是乾隆十三年（1748）的状元。历任国子监司业、都察院左都御史、安徽学政、湖北巡抚、湖广总督、户部尚书、内阁大学士等。还是皇阿哥们的老师，他为官多有建树，著有《敬思堂文集》，人称读书宰相。讨厌墨守经义，其出题肯定杂以史事。章学诚不以为然，秋天总是天高气爽的，就是文章写到天上，也不一定有人赏识。

顺天府乡试章学诚考了五天，人出考场之后，他几乎瘦了一圈。他将试卷草稿拿给同场考生陈本忠看，其看后非常激动，这份试卷，必得高中。冯廷丞和他故意打赌，章学诚的试卷如果高中，我请你的客，如果不中，你请我的客。陈本忠十分肯定章学诚的文章，不用细细揣摩，就可以看到其大处展开，小处美收。文章是以天下得失为怀，其学术之高妙，谁可与之相比呢？

科举之士听了陈本忠的话全都大笑他是怪人，陈本忠道："我与章学诚是好朋友，交谊十几年之久。难道我不知他的能力写这几篇小科举文章的才气吗？"人们更以为陈本忠是个疯子，全说的是疯话。

十天之后金榜发下来了，章学诚中举，乡试三场连捷。他的策论被主考官赏识特奏皇上，人们纷纷向陈本忠投去了钦佩的眼光。认为他有高超的鉴赏能力，好几位都请他的客，以为他能掐会算。陈本忠笑了，什么是好文章，文章像一个多梦的孩子那么天真无邪，行走在春天的田野里。文章又像一粒幸福的种子那么生机勃勃，用春天的阳光沐浴自己的萌芽。我不是能掐会算，而是能鉴别经典。冯廷丞老兄，这么多人请我的客，我只要你的一篇文章就行，就以《章学诚山水》为题，冯廷丞顿时才思泉涌，一会儿挥毫泼墨就写了出来。

陈本忠说："今天如果让你科考，你也会中举的。"

大家正在说笑，主考官梁国治传下话来，要章学诚马上到他的主考庭去。章学诚拜谒梁国治大礼毕，梁国治对章学诚点点头，在这次阅卷时，得到了你的文章，深深打动了我的心。其他五位副主考官看了也都拍案叫绝，启封开全部的考卷，知道你竟然是我的老乡。我特别惊讶，竟然不知道你的名字！询问浙江会稽同乡官员，又询问你同考的生员，都说不知道你这个人！听说你客居北京已经很久了，怎么韬光养晦得如此深哪？章学诚听这位当朝宰相如此怪罪他没有及时去拜访。今日中举，还是让人叫了来，才予以接洽，他真心跪下磕了三个响头。一副又急又愧的样子，恩师说得固然有理，但请恩师原谅学生，请求细听我说的道理。来京城虽然已经十八年，既没有写出什么好文章一鸣惊人，也没有做出什么让恩师脸上荣耀的事儿。怎么敢这样随意拜访呢？再者我来京后，一直都是干些没名堂替人抄写幕僚小吏之类的事儿。从来没有发过一次财，囊中羞涩，穷困潦倒，有时几乎到了托钵乞讨的地步。如此无能之辈，自感去拜访，一定使恩师感到不爽。三则恩师是当朝有名的读书宰相，一有时间就手不释卷。我以无所事事之辈，怕浪费了恩师宝贵的读书时间。怎么敢去拜访呢？请恩师原谅门生的不开窍之举，请恩师务必息怒，细想我的尴尬，宽恕我的过失。梁国治双目闪耀着惊奇，没有想到你的口才也这么好，我哪会怪罪爱生呢？快快请起，我是高兴地在欣赏爱生的才能啊！已知道了爱生的难处，今后有什么过不去的坎，尽管来找老师就是，不必客气。

乾隆四十二年（1777）重阳节。邵二云和洪亮吉专门到永清县来给章学诚老母拜寿，特别告诉章学诚，朝廷要在三月进行会试，皇上要亲自阅批所有举子的文章。座师梁国治让他择日去京，到他家当塾师，教育梁国治的两个儿子。章学诚答应了恩师的邀请。大名县令张维祺、武清县令周萦还争相邀请章学诚前去修志。因章学诚已经答应恩师梁国治，两位县令很是遗憾，毕竟胳膊扭不过大腿，他们也不敢夺当朝宰相所爱，只好作罢。过了元宵节章学诚就到了梁国治家。

梁国治的两个儿子，生性顽皮，一个十三岁，一个十四岁。特别不爱学习，前后换了五任坐堂教师，全都气得肚子疼，走了。章学诚自有办法，每天谈话，然后启发他们讲演。讲演就是叫口头做文章，让他们依着天性，想讲什么就讲什么，想喊什么就喊什么。然后让他们自己说故事，每天说一个小故事就行，就是说得再不好，章学诚都给予高度赞扬，打高分。稍微说得好一点儿，就给甲等。没有想到大大提高了他们的学习兴趣，以后不仅能说，而且半个时辰能写千字文。他们自感搜肠刮肚也没多少词了，就主动学习起来了。仅仅三个月下来，读书上了正道，写作能看得过眼去。章学诚批语赞扬无数，朱笔全是甲等。他们将写的文章拿给梁国治看，梁国治死也不相信是他们写的。两个儿子让父亲出了个题目，他们当堂写就。笔法龙飞凤舞，全是漂亮的行书。梁国治认为肯定是下笔千言，离题万里。他看了几行，文章内容不仅有深意，而且富有文采。不仅道理讲得透，而情与景融于其中。梁国治天生爱小儿子，只看了小儿子写的文章。就认为大儿子是个难以理喻、朽木不可雕、粪土不可污之人，没有想到，拿起大儿子的文章一看，说理是头头是道，写景是风生水起，笔汇融合，确实是一篇好文章。他也直想给两个儿子打甲等，而且一溜的行书疏朗开阔，眉目清晰。

梁国治问两个儿子进步为什么这么快，是不是让老师打出来的灵感，骂出来的才能？

两个儿子齐声回答："名师出高徒。"

梁国治请来章学诚问道："章老师有何奇妙之术，将我两个调皮捣蛋的儿子，教成了爱学习的人呢？"

"劳动和表扬。我小时生性稚鲁，不爱学习。母亲就用这两种方法，使我成了人。"

"我每天最苦恼的就是教不了我这两个犬子，我感到我都教得了皇阿哥，却对自己儿子百方难治。先生用民间平凡之法，把我的儿子教成了人，先生高人也，奇才也！"

"恩师，是你的儿子天资聪颖，天性勤快，我不过是用了些土办法误人子弟罢了。"

"土办法治大病，土办法治愚童蠢少啊。马上就要顺天会试了，我决定放你两个月的假，你要好自为之，认真学习。这两月你教学的薪俸，我全部照发，这样你全家衣食无忧，就会安心复习了。"

由于章学诚特殊的个性，在历史的风浪中，知道老百姓喜爱什么样的义风，他实现了痛苦的转折，毅然扭转僵化的八股文风。认为作文知人论世，通情达理。强调"读书养气之功，博古通经之要，亲师近友之益，才是为文写作的前提"。教授学生规矩方圆，义薄云天，启发学子生活的想象力和创造力，但不可授受不要生活的心营意造。批评了舍本逐末，闭门造车的"文风"。从他的教学中，我们看到他所代表的文风是民族和时代的文风。

本来乾隆让梁国治担任这次顺天会试的主考官，梁国治提出，他为儿子聘请的一位塾师，奇人，奇才，奇貌，今年也要参加考试，为了避免考试有泄密的嫌疑，梁国治主动提出，今年不再担任主考官。乾隆认为梁国治真诚有加，老实可爱，就又给官升了一级。今年的主考官让于敏中担任。

于敏中，江苏金坛人，历任军机大臣、文华殿大学士、上书房总师傅等要职。又任四库全书馆、国史馆、三通馆正总裁，人称金坛相公、三史宰相。乾隆说他的文章是"和谐天下，生动三年"。

章学诚就把于敏中的文章找来阅读，梁国治也帮助收集了十几篇。

他感到于敏中的策论，就如一把火，又像一朵花，开放以后越开越大。他能把很小的事物，写成一次辉煌的盛典。他能让狂热的人冷静从容，他能让冷漠的人热情似火。人们感到读他的论文，在读着国家感动。有一种极细微，若隐若现的美，好像在文章中飘出了芳香四溢。他试着作了十几篇，感到自己写得也能风生水起了，又转往复习六经。

他也看了于敏中对六经的认识，好像感到其人不是在写文章，不是在议论天下，而是横梁搭起屋架，以一种胆大无比的建筑手法，冲破了无数因循守旧师傅的阻拦，盖起了高楼大厦。这座高楼又像复活的天使，在帮助于敏中成了浩渺飘洒的一世文才。

他又试着作了十几篇，感到自己也能创造出这一切，也能成为一世匠人，也能写出一个时代的评论文章，和于敏中的文笔可以媲美了。他又转向复习诗词歌赋，他知道于敏中对诗词歌赋有特别的爱好，从骨肉里流出来的汗，都有点儿诗味的灵气。

诗歌是什么，诗歌就是智慧和灵感。写诗要让人一见就惊。写歌要让人感到架子上的葡萄好诱人。写词要勾出人的第三只眼。写赋要有灞桥风雪的精神。诗的写法就是比物喻意，朦胧妙用。章学诚认真研究了于敏中这些写诗的技巧，试着作了百首诗词歌赋，感到自己也能挥毫风雷起，泼墨日月惊，字里行间有点儿诗意了。

章学诚参加科举考试历尽坎坷，最后竟然会试三捷。章学诚考中了二甲五十一名进士。他的两篇策论被主考官赏识特奏。乾隆看后，特御批为"纯正之谕"①。

一时章学诚在朝廷内外名声大振。考生们、亲朋好友都认为他有科举的秘本秘策。因为科举考试中，像他这样参加乡试和会试六场连捷是很少有的，为此人们都纷纷前来向他请教。他不能不告诉人们，科举考试就是玩，就是玩考官，玩考试，玩皇上，但他不能那么说，那么说是要掉脑袋的。他只好说实在没有什么经验，更没有什么秘籍高妙。但人们不依不饶。今天这个请，明天那个邀，非要他说出金榜题名有什么高招。

他写了一首诗，表达了他考上进士的心情，人们才放过了他。

---

① 鲍永军著《史学大师章学诚传》第 89 页，浙江人民出版社 2007 年史学评论版。

先茅连拔自丁戊，

文章遇合如通神。

前后司衡矜荐剡，

叠蒙圣主春风颔。

佳话流传播缙绅，

风尘耳目争旸睒。①

梁国治特意请几位考上进士的浙江小老乡去他家赴宴，以谢他们依门生之礼拜他为恩师。

章学诚自述其治学态度："学术不能随风尚之变……遇与不遇听乎天。"可见他并非风派人物。又说，"文之所以不能彼此相易，各自成家者也，因此不可"舍己之所以而摩古人之形似，可见他不泥于古。他还说："学在自立，人所能者，我不必以不能愧也。"可见他亦不泥于人，他是极懂得维护其学术尊严的，绝不肯被时尚、古人、今人牵着鼻子走。正因为如此，他的学术思想具有卓然自立的价值。虽然当时知音不多，但自清末以来却产生了巨大的影响。②

章学诚正在和大家觥筹交错之际，儿子华绂跑来急急告诉他，家中出了天大的事儿，让他赶快回家。他赶快向梁国治恩师道了别，又匆匆和大家打招呼，说了声再见。一出门口，华绂正在梁家大门口等着，还没有说话，泪就先下来了。章学诚直问儿子家中到底出了什么事，越问华绂越是不说，气得他差点要打儿子。华绂最后说："这事在外边说实在不吉利，你到家不就知道了。"

他回到家中，院子里哭成一片。俞中秀走来告诉他："婆母娘怕是不行了，正在倒喘气呢！好像就等着你来，才能咽下最后的一口气。"

他走上前去，母亲招手，他将手伸了过去。母亲紧紧地拉着他的

---

① 《章氏遗书》卷三八《丁巳岁暮书怀投赠宾谷转运因以志别》。

② 萧萐父、许苏民著《明清启蒙学术流变》第502页，人民出版社2013年版。

手，眼里全是高兴的光芒。一脸的知足，一脸的幸福，静静地一句话也不说。脸上放出一种微微的红光，好像灿烂的夕阳，把大地都披上了红装，红得如同铁水熔光一样。就像最后行路的一匹老马，在寻找它熟悉的马圈。

章学诚眼含热泪，问俞中秀道："请来郎中看过没有，到底是什么病，抓药了吗？"

俞中秀道："几家郎中都来瞧过了，说是嗯姆没有什么病，只是得到了大福禄了，大圆满了。"

章学诚看着母亲的脸，就像被岁月的风霜刀剑磨炼的试金石，在和命运作最后的抗争。母亲眼中每一束光芒都像燃烧的烈火，在燃烧着他的灵魂。母亲最后伸出手，为儿子擦拭着脸上的泪水，极其达观地说："儿啊，我没事了，我和你父亲回家吧！"说着头一歪，溘然长逝。

他号啕大哭起来，想着母亲的一生，十八岁嫁给父亲，六十三年来，全是在坎坷中度过的。直到这最后升入天堂的瞬间，才露出了微微的笑脸。

他哭着走到院子里，看看天上的夕阳，虽然残残的，却依然能熊熊燃烧。院子里的雪，如锦明鲜照，珠彩放娇，在夕阳中红亮亮的。院子里的一棵老枣树，如同一个美丽的女神在明绩缭往，好像老母亲在为他的苦日子操劳。这时突然夕阳隐去，月亮出来，环宇就像沉稳的母亲一样叩响他心中的警钟。这时他看到银华满地，鲛宫耀金，广寒玉兔同悲，风轮沉沉流泪。父亲就是太阳啊，母亲就是月亮，一个声音好像领着章氏子孙走进一个时代。母亲携捋冰壶腾游一天，潜照银汉捧酒把盏，他接过来把一杯真诚献给了这世上最高贵的女性。他看了泪流满面，想用儿子最后的深情去拥抱母亲，却把一轮残月紧紧地抱进了怀里。

他又一次地张开双臂抱着母亲，面对着天上的月亮号啕大哭。

这时冯廷丞夫妇领着全家三十多口人一起来吊唁，并帮着料理丧事。冯廷丞和儿子们作为义子义孙也穿起孝衣大哭了一场。

来吊唁的人很多，朱筠还送了二百两银子，让章学诚和冯廷丞买一副好棺材，将父母一起送回会稽埋葬。吊唁了三天，来了一千多人，一个举目无亲老太太的死，引来那么多人吊唁，这在北京金鱼巷是前无古人的。章学诚家特别穷，穷人的亲戚朋友少，而一个穷老婆子的死动了京城那么大阵势。梁国治听说这个老太婆义气冲天，竟然也送来了二百两银子，东阁大学士的亲自吊唁，一下子轰动了北京城。

丧事进行至第四天，章学诚将父母遗柩，决定归葬于会稽，他们夫妻和三个儿子一同扶灵同去。冯廷丞听说了，也要同妻及十个儿子一同扶灵赴浙江参加埋葬仪式。更让人感动的是，他不知从哪里搞到五百两银子，来回的费用，他都包了。一问他竟然把柳树井的一处房产要卖五百两银子，以筹赴归葬义母义父盘缠。章学诚坚决不同意他这样做，两人争议半天。邵二云定了调子，章学诚父子两人，冯廷丞父子两人扶灵归葬。这样众人送来的吊唁银五百两银子足够来回四人盘缠。冯廷丞虽同意不卖房产，但不知从哪个儿子身上又掏出二百两银子来，说是还是穷家富路为好。一问他竟将妻子手上一只大宝石戒指卖了，使大家也不得不接受他的意见，因为他已经将生米煮成了熟饭。

邵二云感叹道："认义子，交朋友，还是要和山西人打交道，他们是关公大老爷故乡的人，就是义气。"

山东历城人周永年在旁边听了道："你邵二云讲话太没道理了，你只认山西人，不认山东人是不是？我们山东历城有天下义士辛弃疾，千年义女李清照，水浒一百零八个山东好汉哪个不是人间义气种？"

周永年几十年竭尽财力藏书，收集书帙几十万卷，耗银几百万两，家乡田产全部变卖，建立北京"籍书园"（现中国图书馆）供人阅读传抄，博学贯通，精通礼制，淡泊名利，不喜著书，北京文人称其为中国义人周历城，他和邵二云时常周济章、冯两家人。

邵二云被抢白了几句，脸上红一阵白一阵的："我忘了你了，咱中国人都是义人。只有我们浙江人最涩皮好不好。请周永年老弟看在义母史老夫人的面子上就别喷发火山了。"

经过一个多月的颠沛流离，经大运河，大东海之路，总算到达了浙江佣山祖坟，冯廷丞给史老夫人写了一篇《义母史孺华墓志铭》。

母亲史孺华，其父为史义遵，曾任安徽颖州知府，赠朝议大夫，她是家中第九女。十八岁嫁给父亲章镳，一生育有一男三女。一男为章学诚，乾隆朝进士，著有《文史通义》《和州志》两书，闻名天下。另有孤儿冯廷丞认作义子，曾任湖北按察使等职。章学诚有子六个，冯廷丞有子十人，都是史老夫人喜欢的心尖子。

章学诚七岁发蒙，读百家姓。由于天资稚鲁，母亲从不强求苛责，只是和风细雨教导，以一切有利于儿子的身体发育为上。因为章学诚不足月出生，天生身体孱弱，母亲以儿子的第一个老师为己任，将天下父母心深入母爱和母教之中。人们都说，章学诚因为有个好母亲，将来一定能成一世大才。因为有什么样伟大的母亲，就有什么样伟大的儿子。母亲见识高远，言传身教，使章学诚从小就诚实敦厚，热爱真理，真心待友，敢于创造，说出世人不敢说的话，做出世人不敢做的事，为世人称道，周围的人们都喜欢和他交朋友。

母亲一生相夫，爱夫，敬夫，使夫不至于有家务拖累，一心攻读诗书。父亲在既无老师培养，又无书籍可学情况下，靠借书阅读，抄书编辑，竟然考取了乾隆进士，成为国家栋梁，以后又做了应城知县。父亲立志要做一世清官、好官。应城湖广富庶之县，父亲拒礼百万于庭堂，母亲绝贿千万于家中。父亲为应城知县五年，老百姓口碑之好，一片政声、廉声、叫好声。父亲因爱护百姓，轻判百姓而罢官。清廉得竟然无回家盘缠，酷吏逼取无故前债，母亲义卖首饰和平日生活积蓄千两偿还。其大义湖广两省有名，长江两岸有声。

母亲待义子冯廷丞如亲儿。在京一院相居八年，有好吃的总是不忘义子。义子最喜吃豆面条，义子每日回来劳累至极，你做的一碗豆面条一吃，顿时心旷神怡。义子是孤儿，自从和母亲住在一起。每年过除夕，母亲总有一套新衣一双新鞋袜送给义子，使义子重温了深深的母爱。义子因失察文字狱，天下人最怕此事，都犹恐躲避不及。母亲大义探监，救义子于大厦既倒之时，解冯氏家族三十余口人于水深火热之中。

母爱高于天，深于海，义子无一相报，只以一墓志铭敬之。

义子：冯廷丞

乾隆四十三年重阳

周震荣听徐芗坡介绍章学诚的道德文章，当即决定这个月就调章学诚来永清县，给他配上五十个有才之人，集中全县的教谕、训导、举人、生员、书吏，帮他收集资料，撰写辑录，让徐芗坡当他的主要助手。徐芗坡惊诧，我是一门松江大炮，他又是好辩之人，我俩不要闹拧了，我看还是另谋高人吧！周震荣哈哈大笑地认为，大学问之人喜欢旁边有一门大炮，轰去他的阴霾，你最合适。徐芗坡点点头，那就看章学诚有多大的心胸了。章学诚第一天上班，他自任总纂，成立了县志科，让徐芗坡任科长。徐芗坡质疑，自古修志，县未设县志科，不也修成了志？他解释，原来没有设立方志科，就无法名正言顺地下去收集族谱、家谱。现在我是总纂，你是科长，我们带着人下去采访。因具安车，囊笔载酒，礼贤下士，游历全县，收集资料就光明正大了。我们干的是实事，比那些贪污腐败、吃喝玩乐强多了，老百姓会欢迎的。

徐芗坡眉头一皱，跟你修志太苦了，真后悔极了。章学诚双眼一挑，司马迁撰写《史记》进行过多少次全国游历。正是三下江南，五上朔北，考察历史遗迹，收集传说故事，记录逸闻杂记，才写出了那无韵离骚的千古绝唱。如果撰写方志只是抄袭资料，闭门造车，那样方志不过是垃圾粪土，行尸走肉。他带一队，徐芗坡带一队，遍历永清全境，了解民俗风情，记录民族之风，使编纂的方志更具历史意义。

徐芗坡说："章学诚，我懂了，方志是什么，就是狗拉羊肠子，扯出半里远，做成美味肠，余香千万年。我看修志的都痴心妄想，傻蛋一群。"

所有人听了全都哈哈大笑起来，章学诚却没有笑。

经过半年整理搜集资料，章学诚几个月的撰写，终于写成了一部一百多万字的《永清志》。他首先拿给周震荣看。周震荣看了半月，有点儿疑惑问他，有的事迹太感人了，这是真的吗？如《烈女传》第一篇。

烈女刘氏，矢志抚养遗腹子。舅姑二伯为了霸占她的财产，百般逼嫁，残酷虐待没有一天停止过。有一天大雪，北风刮得特别厉害。刘在夜中怀抱着自己的儿子，纺织不停，以此糊口度日。她的婆婆突然进入她的房中辱骂，命婢女将水泼到她的床上，将屋中灯泼灭。婆婆竟然发狠地说：我看你怎么在冰中坚持操守不出嫁？破屋漏风，大风折磨，凌冰摧残，床上地下全是冰，厚得有一寸多。婆婆有一个女儿，年方十六岁，人心地善良，踉踉跄跄跑来，看到刘氏一身冰水，挣扎着如穿胄甲的武士，刘氏的小婴儿已经冻得哭不出声来。小姑娘解衣暖入自己的怀中，以肌肤温暖小儿，孩子才得复醒过来。两人呵着热气，互相跺着脚，走来走去过了一夜。天亮以后，婆婆拿着棒子打进门来，看见自己的亲生女儿和刘氏四只脚全陷在冰水之中，冻得已经拔不出来。婆婆一边怒骂刘氏不改嫁，一边可怜自己的女儿好心又有什么好处。这媳妇不改嫁，得到家产，女儿出嫁嫁妆就少了，少了被夫家看不起，也一样要受欺侮。婆婆将自己的女儿强行拉走，其后婆婆想用吃喝毒死刘氏，好心的小姑子必然先吃先喝先试，使婆婆的阴谋毒计无法得逞。婆婆想夜里冻死刘氏，小姑子一定拿着被子来，告诉刘氏对付的方法。舅舅和二伯设计行贿不逞之徒，要将刘氏嫁给乡里的一位恶少。小姑子听说了告诉刘氏，刘氏将一把利刀藏在怀中自己防身。表示如果事情有变化，将以视死如归来对待。如果谁要将我嫁人，我只好和那恶少同归于尽了，吓得那恶少抱头鼠窜。

家在东乡的县丞证实，周震荣大人，这事是真的，他和刘氏是邻居。刘氏的坚贞不屈，婆母的凶狠残忍，小姑子的善良宽厚，个个性格真实。《永清志》把一个个人物都写活了，没有像永清县陈旧资料那样，千人一面程式化地叙述，撰写得非常真实，真不愧为大手笔！

章学诚发了一个愣怔，这《永清志》一出版，你周震荣和章学诚可能将遭到无数人的谩骂。你不但要顶住这股子黑风，而且要去击退那些狂吠之势啊。

周震荣眼含热泪地发誓：你就放心吧，我们现在已经在一条船上了，你等着吧！乘风破浪会有时，直挂云帆济沧海。周震荣将《永清志》又读了两遍，认为确实是当代难得的一部好书。他设宴请众宾客审读鉴赏，无不赞扬为千古绝唱。

当然章学诚依然还是他的老性子，他准备了一间大房子，专门号召人们来骂这部志书。他坐冷板凳整整十天，没有一人来骂，周震荣问他为什么这样，章学诚这时无比虔诚：这都是朱筠恩师教导的善果。

第十九章　撰写《校雠通义》

罗有高总是像弥勒佛，笑得蜜一样甜，他来拜访章学诚，明天是朱筠老师五十大寿，你去给写一篇祝寿辞吧！你的字，你的文都是天下一绝的。我们这些人都要看你的神来之笔。

第二天章学诚一到朱筠家，罗有高铺纸研墨，大家等着欣赏。

章学诚看到梁国治送的一架屏风，四屏楣雕了二龙戏珠，狮子绣球，五凤朝阳，金鸡高唱。屏棂上下更是镂空奇特，上一幅大禹治水图，下一幅乘风破浪图。油漆得更是红枣一般亮红出彩，仿佛一面面镜子，都能照出人形来。再加上那美丽的浮雕，就如向晚的夕阳，早晨的霞光一般美丽无比。唯独可惜白绫纱绸上，少一幅题字。章学诚在这扇屏风边踱来踱去。

梁国治脑门一拍道："章学诚，我看你不是作贺寿辞吗？就在我送你恩师的这架屏风上题词吧！"

大家齐声喊好！章学诚一挥而就。

《朱筠国师五十圣诞屏风题词》：

　　　不凡之子，必异其生。大德之人，必得其寿。先生一生有意于写大文章，仿佛至今没有能写出来，不是因为艰难和容易，而是为了还要实事求是地求得真理。况且有几个古人能辞达意切，写出真理来呢。先生以平常之心，欢迎或者拒绝来访的客人时，都是以一样的真诚脸色称呼他们。对来人有所求的和无所求的，也是一样以真诚应答他们。这样做是为了听到真理，探求真理的道，为了将探求的真理，写成雨后的霓虹，大海的涛声那样的文墨。先生不耻下问，为了求一句话的真谛，先生往往不惜读万卷书，行万里路，先生这种大精神，一定能得到大真理。其实今天先生就写成了这天下大文章。先生行年五十，当知四十九年为非。座间学子三百，皆称朱筠恩师为道。

学生：章学诚

乾隆四十三年六月初二

他写完之后，人们一片欢呼之声。

当时皇家提倡禅学，京城士大夫中间也非常流行，成为一种时尚。席上大家猜拳行令，吃肉喝酒，罗有高和周永年谈得正欢。两人只吃点素菜，酒肉不沾。章学诚看到罗有高外表那么清瘦，身子那么文弱，就劝他吃肉。罗有高说自己吃长斋不能吃肉。章学诚不信神，一肚子唯物论调。见罗有高一个劲地拒绝，便存心要戏谑一番。他故意恭恭敬敬地问罗有高："佛家僧人吃了什么禽的肉，来生必然得报应。如果吃了羊肉，来生必然变成羊，羊也就变成了人，是不是这样？"

罗有高给予了肯定的回答："就是这样的，你理解得很对。"

章学诚道："既然人们都是穷困追求富贵的，那么就杀富济贫，但是杀了豪富，贫贱的想求富贵的梦想得到实现，尊贵的官员却杀害了这些贫贱之人，如果来生得到报应，不是尊贵的官员成了贫贱之人，就是贫贱之人变成了当官的。"

罗有高一时倒真被章学诚的问话难住了，想不出一句反驳他的话，只能对章学诚不相信他的佛教言论深表遗憾。章学诚常常在酒席上，罗有高谈论禅道滔滔不绝之时，以戏谑之语掺杂进来，引起人们哄堂大笑。

罗有高谈兴不减，又与冯廷丞谈论禅学甚为投机。谈到好人只要吃斋念佛，就会得到交梨、火枣、玉茶、金浆飞腾之药，然后升入天堂。

章学诚故意无比虔诚地说："晋朝许穆进入华阳洞得道，王母娘娘第二十个女儿紫微夫人曾经降在人间教导他，后来站出来对许穆说：'我们佛家是真正的升入天堂之药，不比道家还得炼丹，又啰唆又费事，而且吃了仙丹才能升天，这仙丹炼得不灵，吃了还要死人。哪像我们佛家那么好，是天神给的仙梨仙枣，仙茶仙浆，一吃就飞腾于天，成为神仙。'请问罗有高、冯廷丞两位居士，是不是这样的？"

两人一本正经地答道："那当然是这样的。"

"今天朱筠恩师五十大寿，他为京城学子做的好事成千累万，你们这些佛门弟子不要说拿上一点儿让他尝尝一颗或一滴，就是让他看上一眼也行，能不能拿出来？"

罗有高道："我修行还不到位，我也从来没见过仙梨仙枣，仙茶仙浆。"

章学诚又无比严肃地说："冯兄肯定是见过这些宝贝的，或者你在哪里看到过。让我们老师，或你认为我们任何其中之人去看一眼行不行？"

冯廷丞道："我的道行还没有罗有高深，更没有见过这四仙之宝啊。"

"没有见过神信神，没有见过鬼信鬼，没有见过四仙之宝信四仙之宝，这叫什么？"

吴胥石在旁说道："这叫自己骗自己。"人们一下子捧腹大笑起来。

周永年不以为然："章学诚，外国人郎世宁说，中国当官的不信神，没有敬畏之心，所以贪腐。中国老百姓没有信仰，没有诚信之美，所以野蛮。中国人只信一个大而无当的老天爷，或者就是信凭着个人良心，那谁又见过老天爷，谁又见过真正的良心呢？"

因为周永年对佛教研究最深，为此还在四库全书馆专门编修佛教的书。罗有高对京城方丈、喇嘛、住持、活佛全都不放在眼里。唯有对周永年的禅学修养非常佩服，两人引为知己。罗有高听到周永年提出这么深奥的问题，更加对他高看一眼。

　　章学诚笑着对周永年说："信老天爷和凭良心，也只是在部分老百姓中的信仰，真正有思想的人也不信。至于说中国人什么也不信才导致野蛮，我们中国有儒家的六经，道家的无为，墨家的公输，哪一种学问不是教导人要有敬畏之心、善良之心、恻隐之心？有哪一个人不信这些中国文明呢？难道当官的腐败，几个老百姓野蛮，就证明他们代表中国人了吗？一颗老鼠屎会坏一锅汤，难道可以这样比较，一个坏蛋没有信仰，干了坏事，就是中国人全是坏蛋了吗？难道人可以和老鼠屎一样类比吗？"

　　罗有高道："我们佛家不杀生，在我们看来，人和老鼠是一样的，并没有多大分别。"

　　"佛家把人看成了老鼠，这是真的吗？"

　　他这样一问，人们顿时笑得前仰后合。

　　罗有高自感失言，也大笑起来。

　　章学诚正在谈笑风生之时，儿子贻选一副寒碜落难的样子进来了，把章学诚叫了出去。贻选非常难为情，爹爹，你早上出来时，全家十八口人都断顿了，早晨饭都没能吃。全家人就等着你拿钱回去，中午让全家人吃顿饱饭。全家人一等你不来，二等你不来。你知道吗？小弟弟已经饿死了！临死之前想喝碗稀粥，可是我们到哪儿要去，讨口又怕丢了你的人。我只好拔了一筐还在树上的榆树叶子回家，全家人煮熟吃了，才算没有都给饿死。

　　章学诚一听落下泪来解释，国子监欠我半年薪俸就是不发，我今天去要，说是再缓上一个月。只先给了三两银子，一个灾民在我面前倒地而死，我那三两银子买了口棺材将他埋了。朱筠恩师特意去找我，就把我拉了来。家中事竟然全忘了，我可怜的儿子啊！竟然再也站不起来蹲在一旁直暗暗流泪。

　　这时罗有高、周永年、冯廷丞三人看贻选脸色不对，悄悄跟出来，正好在朱筠院子门内听到父子对话，三人身上搜刮光了，只有十三两银子，让贻选赶快拿回家去救急。周永年回朱筠屋内细说此事，章学诚感叹："信佛的人和不信佛的人就是不一样，大善大德啊！"梁国治这时走出屋子宣布，"谁说不信佛的人就没有大善大德。我们三百多号人凑了五百两银子。新科进士家饿死了人，这还了得？明天我就启奏皇上，停止国子监的装修，赶快把国子监师生月份子钱发下来。"

章学诚虽然作为新科进士要丁忧三年，但是照例还是要到吏部挂号等待十年铨选。他已对这次科举考试不大在意。好友徐艿坡却问他的感受，他看老友的脸色不太好看，就轻描淡写地说："科举考试这种事儿，本是皇上玩的旧物件，我偶然得到它，虽然也足以有点儿快乐，然而何必当作振奋精神的事儿，如什么大收获一样呢？过去它曾是文人们一块走向衙门的敲门砖，而现在连敲门砖都不是了，只能算是一块土坷垃罢了。"

徐艿坡连考八次未中，心中难过，不久就得了肝病。人说肝病是气的，而医生又认为肝主目。章学诚给他买了几十次猪肝，让俞中秀亲自烹调做给他吃。又听说吃糖能缓解肝病，贻选给大名府抄写挣了十五两银子，全部买成白糖、冰糖，送徐艿坡补身子。就在章学诚得中进士几个月后，徐艿坡终于告别了人间。他死后，他的妻子也用死告别了四个儿子。四个孤儿的生活陷入了极大的困难之中。徐艿坡的大儿子说：父母是让科举害死的，誓死要去砸顺天府的门。三个弟弟都说他是为父亲之死气疯了，全家人都好生看住他，不让出去生事。有一天他竟然从房中跳窗子逃跑了，他真的去砸顺天府的门，结果让顺天府的皂隶给打死了。章学诚听了好一个难受，章学诚的五个儿子和徐艿坡的几个儿子都是好朋友。几个弟兄一起发誓，一生中生生死死永恨任何科举考试，以告慰徐艿坡长子之灵。

徐艿坡的二儿子拿出一封信交给章学诚。说是哥哥跳窗走之前，留下的一封遗书，章学诚展开一看，泪流满面。

尊敬的章学诚叔叔：

你好！

我知道，你和父亲是同年同月同日生的，而且都是在早晨出太阳的时候。由于时间分不清谁是兄弟，只是因为你个儿比父亲矮了一点儿，所以我就称你为叔叔了。

你们认为我糊涂了，其实我非常清楚。

谈谈我为什么恨科举吧。

本来科举是为了让人们读圣贤之书。圣贤之书就是六经。六经都是华夏文明的结晶。每一经都是圣贤用血、用汗、用泪写出来的，都是他们的血脉，他们的风骨，他们的灵魂。每一部书都是一个中国，都是一个时代，都是一个太阳。读了它们仿佛找到了朋友，找到了人生。有时他们的一句话，就是打开幸福之门的金钥匙。有时他们的一个词语，就可能是指路明灯，使你一生永远辉煌。不管多么愚昧的灵魂，只要通过读书，马上就一脑子智慧。人只要会读书，你就会超拔一个时代。像叔叔一样，通过读书，创造了一个方志的新世界。

科举是什么呢，它让人读死书，死读书，让我的父亲读书死。

科举原是让人们读书和实践相结合，社会和知识相结合，所以人们对科举充满了爱。其他还有什么呢？

父亲认为科举就是考人的创造性，而现在的科举是不允许创造的。根本不考创造性，只是考训诂和考据。父亲屡试不中，最后失败在于他的创造性，无奈地离开了这个时代。

父亲认为科举是公平的，殊不知考场上的文章是和考官的好恶一致的。他两眼一抹黑，不认识考官，或者没有见过考官的文章，那么无情的利剑，就会将科举与他劈成两半。使他的心只有流着失败的血、死亡的泪。这就是父亲为什么含恨离开这个世界的真正原因。

父亲认为科举是美好的，他不知道科举是恐怖的，科举是污浊的，是作弊的，考场就是藏污纳垢的地方。章学诚叔叔你也许不承认这一点儿，因为你是正直的人。你是靠学富五车考中进士的，而有些人靠着银子作弊，靠着权势污秽得来的。很多人的进士头衔，都是精心构思邪恶的光环，都是剪裁手法狡诈的金冠。

这些在北京已经流传很久了，在我的灵魂深处，科举给我种下了邪恶、恐怖、奸诈的种子。它表面上冠冕堂皇，实际上草包暗箱。

既然它是草包，我就要焚毁了它，既然它是暗箱，我就砸烂了它。我既然变成一腔烈火，为什么不能点燃一个旧世纪，照亮一个新时代呢？为了我死去的可怜的父母，我已经下了最后的决心。

你可能对我特别惊讶，因为我先对科举的爱大于恨的，我认为它给了读书人出路，点亮了读书人征途上的明灯。即使我要烧毁它，我要砸烂它，也是为了更爱它，而且是一种深爱的表现。我烧了它再爱它，我砸了它再爱它。我需要一个全新的科举，创造的科举，光明正大的科举。这是一种爱恨交加的情，这是一种混淆模糊的爱。我却认为，这是一种真正的爱，一种至高无上的爱，一种无与伦比的爱。世界上任何人的爱都比不了我对科举的爱，天底下任何人的恨，也都比不了我对科举的恨。

亲爱的叔叔，我知道我干这件微不足道的小事之后，一定生命无归。一个十八岁鲜活的生命就这样和顺天府搏斗，未免有点儿不可理解，但大家都这样因循下去，都这样麻木下去，那还会有明天吗，天还会亮吗？只有有人做一次战士，科举才会光明一点儿，像我父母一样冤死的人才会少一点儿。我愿做世界上大多数人公认的傻瓜，也不愿一个人说我是聪明人。不过叔叔你只要认为我不是疯子，我不是傻瓜就足够了。因为你是我们全家热爱的人，你就算我活着的父亲。为了我死去的父亲，你的朋友徐芗坡，请你照顾我三个不满十六岁的弟弟，让我举着一把火上路吧！

你的侄儿——徐芗坡长子徐小坡

乾隆四十四年腊八

章学诚看完心中特别难过，但徐芗坡的三个孩子在跟前，他只好说道："你们的大哥属于一个爆竹，一个桃符①。你们千万不能学他。"

章学诚母亲的去世，小儿子的饿死，好友徐芗坡的死，接二连三的打击，他终于病倒了。

这次得病，真是又重又急，他连着发了十八天高烧不退，而且咳嗽得还吐了半盆子血。可真把俞中秀和两位小妾吓坏了，接着又昏过去十几天。要不是俞中秀懂得一点儿医道，及时掐人中，抠脚心地抢救，章学诚早就见了阎王。他感到一生中没有一次病得这么严重。

他在高烧中仿佛看到小儿子轻轻地来到他的面前，爹爹，你千万不要把我的死看得太重，这都是老天爷安排的劫数。尽管你不相信老天爷，全家人一提老天爷你就脸上阴霾满天。你不相信也不行，我走入天国才知道，老天爷是有的。他只是在老百姓心中，其实他就是老百姓自己。在老天爷面前，我们都是俗不可耐的老百姓，我的命运就如一棵小草一样，一切都是无可无不可的。难道你不知道吗？在你毅然决然去要账之前，我的眼睛特别明，就如星河灿烂，光照云天。那其实就是我要上天堂之前的回光返照。我知道一个男子汉爱自己的儿子是倾心相爱的，那种爱是人世间只可意会不可言传的父子之爱，是一种无与伦比的大爱，那是心灵相通，天堑变通途的桥梁之爱啊。

当我离开这个世界的时候，我首先想到的是你，你是最喜欢我的。尽管你说，官人爱长子，百姓爱幺儿。你好像对我说：你就是要做一个真正的老百姓，所以你就特别爱我这个小儿子。有了好吃的，奶奶在的时候，你首先给奶奶，奶奶不在了，你就首先给我尝。你对我的爱比天高，比海深，孩儿都无以报答你了。

我想我走了，很可能引起你心中大动荡的，其实你大可不必如此。因为风浪有平息之日，动荡有平静之时。我的死只能算你一生中的一点儿风吹草动而已，何必为一个十三岁孩子微不足道的死惊心动魄呢！

---

① 桃符：古代春节悬挂在门旁压邪的桃木板。

爹爹，请你以一颗淡定无波的从容之心，对待我的死吧！让我们父子俩曾经美好的友谊和挚爱，在你的记忆中永远地抹去吧！这就像你一本微乎其微的书，让奶奶收拾进废纸篓里一样，不要在你的心中留下一点儿痕迹。我一想起因为年小调皮捣蛋，有时惹你不快，我心里就特别内疚。我知道你是中国真正的男子汉，你永远都是宽宏大量的。我记得有一次我让人家在冰上走，他摔了个大屁股蹲。他妈妈找上门来告状，说我搞恶作剧。我母亲打了我，你却笑着说，小孩子的调皮，苍天大地都能够原谅，我们为什么不能原谅呢？你知道我当时听了你的话，马上就哭了。你让我好感动好感动，我感到你就是我的一个天啊。我不知道你当时是怎么想的，反正当时我是这样想的，真的，真的。我感到天就是大度，就是原谅，就是爱。这时只见章学诚好像抓着了什么说："儿子对不起，让你饿死了，这是一个父亲最大的耻辱，也是一个中国男子汉最大的懊悔。儿子，你再忍耐一下，听一听我的一夜长谈，让我们父子一夜不眠做最后的诀别吧！"

章学诚知道儿子是最爱听他讲话的，小儿子从小听他的话，总是像听美丽的故事那样精神陡然一振，正襟危坐地做出那样认真听的姿势。

儿子，你知道吗，父亲都是人世间的寻梦人。在世间这座花园里就是寻找最美丽的那朵花朵，你就是父亲那最美的花朵。你来到世间，是父亲最大的幸福。我期盼了十三年，也幸福了十三年。我感叹天地不仅给了你灵魂，而且给了你聪明。

你还记得那一回吗？在你冯廷丞伯伯西柳树井四合院里。两家大人都出去了，家里只有你和冯廷丞伯伯四岁的小女儿，你带着她在大院里玩。突然瓢泼大雨从天而下，一下子院外屋内积了三尺多的水。你用绵薄之力把那小妹妹放到了床上，床上积满了水，你把她又放到桌子上，雨水又涨到桌子上，你把她放到大洗衣盆里。水淹得只剩下你的一个头了，你却平稳地推着木盆在洪水中走来走去。小妹妹哭得特别厉害，你不住地安慰她："妹妹，你别害怕，有我章华经在，就有你小妹妹在。"要知道那时你才八岁啊！人们赶回家，排走洪水的时候，才发现你的义举。你不仅感动了柳树巷，也感动了整个北京啊。冰冷的洪水，使你全身发紫，一直发烧，一个多月你才好转一点儿，以后还不断地咳血。其实你这次离开这个世界，就是那场洪水落下的病根啊！所以你的病总牵动着两家人的心。你冯廷丞伯伯因为失察文字狱获罪之时，在狱中打听到一个治咯血的偏方，还特意让你奶奶抓药给你治。你邵二云叔叔说，章华经不仅是章学诚的宝贝疙瘩，也是我们全北京的宝贝疙瘩。华经，你这父亲最心爱的宝贝疙瘩，怎么不跟父亲在生前说一句话就走了呢？为什么在父亲的病中，你又这样匆匆而来，又匆匆而去呢？

华经吾儿，你在父亲心中是这样万古长存，完美无缺。我常想，天地要你做我儿子的时候，就连一点儿小瑕疵也没给你吗？还是儿子在父亲的心中永远都是一尘不染。或者是上天遗漏了你，忘记给你应有的小缺陷。或者是你人小鬼大，送给他一点儿小东西，使他私下放过了你。或者苍天故意让你来到人间，是这样藕断丝连，缠缠绵绵地惊扰咱们父子情呢？

华经吾儿，说了这么多废话和胡话，真有点儿太不近父亲之情了。正如俗话说，只有爱得真，才会说废话。只有爱得切，才会说胡话。请你谅解父亲的废话和胡话吧！

这时只见华经蹒跚站起，好像拉着父亲的手说："爹爹！我最亲爱的爹爹，当天空出现阴霾的时候，我的爹爹不要害怕，我会用太阳沐浴你。当大地出现旱魔的时候，我会用热血化为江河，来浇灌你干涸的心灵。因为我是你的儿子，我只有这么做，才能对得起你十三年的养育之恩。亲爱的爹爹，不管今后你遇到多大的艰难困苦，你都会看到一个少年在你面前。为你的生活磨难得以解脱尽一份力，我也就心梦有圆，深情以报了。"

章学诚整整病了一个月，才在与死神的搏杀中解脱出来。这次十分危急的大病，共用去了三千两银子。国子监师生募捐加上薪俸，送来了一千两银子。周震荣送来了修县志的薪俸一千五百两银子。在梁国治、朱筠倡议下，大家募捐了师生恩情银子五百两。浙江会馆同乡也送来五百两银子，作为章学诚大病初愈的养生银。这样总算让章学诚度过了人生一劫。

章学诚在养病期间，侍朝常来拜访慰问，侍朝作为《四库全书》总校雠，实际上是来向这位十几年前的老朋友，又是四库全书馆圈子外的人来道苦衷的。因为侍朝是刚正不阿之士，对四库全书馆一些人随意篡改古文原籍、焚毁古人著作的行为很不满意，几乎到了无话不谈的地步。

他怕章学诚有病不方便，就写了一张条子询问：

校雠的目的是什么？

章学诚看了提笔即解：

校对就是对各种书籍进行整理、勘误，加以分类，写出序言，从中可以看到学术的类别，从而进行人类文明的研究。对于九流百代的学问，好像用绳穿起玉石的珠子。起到为国家囤积文化粮仓，转移储备文明饷银的作用。也就是为中国建立一座文明银行和无数文化粮仓，决不是扔掉玉石，焚毁粮仓和银行。校雠最终的目的就是弘扬明晰人类文明伟大的道路，也是为了推动阐明伟大的真理。绝不仅仅是校对古人的几个错字，几处典故的错误。这是千百年来一种十分狭隘的理解。

我们五千年文明有古人写过校雠方法吗？

章学诚坦然地又解：西汉刘向父子写出《七略》一书之后，说出了校雠的一点儿方法。东汉班固受其影响，在《汉书·艺文志》首创了一些校雠则例。使我们了解了先秦以来的社会面貌，将文化进行大分类，将人类文明进行了大整理。《汉书·艺文志》是文化分类学术源流著作，它使我们后人明确了许多人类文明前行的道路。不分清道路，人类永远在草原中前行。校雠最重要的目的就在这里，这绝不是靠无谓的考据能解决得了的。

侍朝越看越有兴趣，越看越感到章学诚是个奇才。又看他长得这么丑，他一下子悟出来了，大丑之人必是大才之人，他更加热爱这个学生了。

侍朝看到章学诚写得有点儿累了，害怕他累着了，病情反复，就赶紧打退堂鼓。章学诚，我看你乏了，我也有点儿急事。因为好多问题我不明白，我要看几本书来解惑，洪亮吉要给我借书读，他说后天有时间我们再来看你。

侍朝走后，章学诚的心潮再也平静不下来。他决定要写一部书叫《校雠通义》，来解决人们校对中的困惑问题。决定将这部书写成《校雠略》，后又改称"《校雠通义》分上、中、下三篇"①。

最后，《校雠通义》写成原文五万多字，因被盗现存三万多字，原文五卷，二十四篇文章，现存四卷，十八篇文章。主要内容："一、互著（重复互注）。二、别裁（裁其篇章，别出门类）。三辩嫌名（一书数名者，必当历注其字号于卷帙之下，一人而有多号者，也当历注其字号于姓名之下）。四、采辑补缀（辑佚书）。五、书掌于官（平日责成州县官考求是正，著为录籍，略如人户之有版图）。六、广储副本备雠正。七、有所更定必载原文。八、著录残逸。九、藏书。十、索引。"②

章学诚认为："就经传而作训诂，虽伏郑大儒不能无强求失实之弊。……离经传而说大义，虽诸子百家未尝无精微神妙之解，以天机无意而自呈也。"③

侯外庐先生对章学诚的这几句话评论道："第一段话，是对于'由字以通词，由词以通道'之说而发的。第一段话，更说到在六经之外去求道，也未尝不可。章学诚把汉学最基本的知识——音韵学，作为少数专家之业看待，而认为离经的诸子并不是叛道的，指出他们也有'精微神妙'的见解。这样近代文化史学家的大胆言论，是继承清初学者的优良的传统精神的。"④

章学诚把刚刚的思路，大笔一挥写成两篇立论文章。他又构思了一番，五卷分章都已想好，他将中国文字和图书产生的最初校雠的情形写了出来。中华文明古代没有文字，用结绳记事来治理国家，圣贤之人为治理国家建立官制，守卫四方边疆。文字也从此开始记事，有了官员

---

① 鲍永军著《史学大师章学诚传》第139页，浙江人民出版社2007年史学评论版。
② 胡适、姚名达著《章实斋年谱》第58页，1948年6月21日，上海《申报》。
③ 《章氏遗书》卷十三《校雠通义》外篇《吴澄野太史历代诗钞商语》。
④ 侯外庐主编，《中国思想通史》第489页，人民出版社1956年版。

就有了法令，有了法令就有书籍。文明成了书籍，理论博大精深，不可穷尽啊！当官的按照书上所记的法令办事，有了书籍就有了学问，老师靠书籍传播学问。有了学问就有了专业知识，因此学生学习这些专业知识，天下的官员都是从这种人类文明来的，因而中国用统一的文字来治理国家。因此知识的大门中才有著述作品的人，那样官员就会执守自己的岗位，社会才能稳定。这就像校雠各种书的顺序……他写了三千多字，累得不行，只好将笔一搁，一直休养了两天。

第三天刚吃过早饭，侍朝、章廷枫、洪亮吉就来了。洪亮吉一看这几篇文章，不由得一拍大腿道："千古之文也。"

洪亮吉是有名的"直人"，江苏阳湖人。自幼是孤儿，家中贫穷。由其母监督成才，才进入朱筠的幕府中工作。乾隆年间进士，授编修，入值上书房皇上身旁。曾因直言朝政得失，被流放伊犁，著有《天山客话》《外家纪闻》《汉魏音》等十余部书。

侍朝看了章学诚写的《校雠通义》，再也按捺不住激动的心情，"章学诚，我赠你一句话吧。只有天下之人才能看懂天下文章。"

洪亮吉道："你难道不是天下之人吗？"

侍朝笑着说："章学诚，我回去之后，我那一班校对编辑，听了你的道理，大家很是赞赏。又提了几个问题写了条子让我带来问你。"

章学诚兴趣无限打开一看，提笔即复。

一、校对图书分类法是如何发展变化的？

大家看到章学诚笔如风雷地写道，战国以后，出现了许多私人著述，这时图书分类的方法，是为了人们的要求，而对图书进行整理。其中最著名的是用写字的书体分类：一、篆体书。二、隶体书。三、行体书。四、楷体书。当时的分类方法，现在人会长叹不已，但古人就是这样走过来的。到了西汉，刘向、刘歆父子便开始了一次大规模文献整理工作，著书发明了六种分类方法。一是有名的书写墨宝之书。二是各种散文集。三是编辑文体的书。四是评点诗文的书。五是古今没有的书。六是各种法律书。各种工具书，不管四分法和六分法都不能区别越来越多的书籍。我认为我们当前的校雠方法既要继承古代校雠理论，又要进行重大的理论创新，没有校雠理论，就没有大师。没有校雠理论，就没有华夏文明。没有校雠理论，就没有一个国家的真理。

二、你认为校雠法谁是鼻祖？校雠条理怎样流传？

章学诚想也未想即挥笔写道，谁是古代校对的鼻祖？不是别人，就是刘向、刘歆。更详尽地说就是他们写的《七略》中的《辑略》校雠条理在于方法，掌握在各种官员手里。要叫所有公务官员都要学会校雠之法，最理想的办法不是平日责成学校、老师教育，考查校正文字，写入书籍。而是拿笔的文人都要学会校雠，中国文明就能不朽。传之后世的大文章、大学问、大手笔，大多是校雠之功磨出来，练出来的。

三、不少人认为郑樵的校雠理论已经死了，这话怎么解释？

章学诚晒然一笑写道，这个问题提得好，文化事业在，校雠的理论就是不死的。郑樵的高明之处就在于他的理论名义上死了，实际并不死。而且活得有滋有味的，一直活了六百多年了，是卓世独立，很有远见，不过就是他写得太容易了。他提出：韦编三绝，见于毛诗，这种话没有讲清道理。我认为采集、编辑、连缀书籍的资料，要举一反三。材料充实的按类别要求扩展为 集，这样古代散失的资料都可采用其中的资料。这好比花开一枝，各分其朵，人们采花时都可采用其中的花。只要有人采花，花儿就会越开越多，越来越旺。

章学诚问话必然是"打破砂锅问到底"，挖掘史料，考镜源流必然是"能挖出一座井来"，这就是他的特殊性格。他撰写的《校雠通义》是为著作校雠得失。不仅局限于核对书籍、厘正错误的一般校勘性工作，更主要的是辨章学术。章学诚这部《校雠通义》，许多学者认为这是中国第一部系统的校雠著作。"思敛精神为校雠之学，上探班、刘，溯源《官礼》，下核《雕龙》《史通》，甄别名实，品藻流别"。校雠不但包括史学，也包括文学，继承并发展了中国文化经世致用的治学思想。

洪亮吉看了章学诚所写即答文道："这真是一些好方法，高啊！实在是高，比孔孟、老庄、荀墨还要高，可成为校对之祖了，千古解决不了的问题，你给解决了。"

侍朝道："你能不能让我看看你的脑袋，你是怎么想出来的。噢！

我看了章学诚的脑袋没有一块平的，全是沟壑丘陵，我们为什么就想不到这些呢？"

大家又一阵哈哈大笑。

侍朝道："章学诚你小子给我指出这么一条捷径，使我们走的弯路走正了。"

洪亮吉道："侍总校官，不要光说漂亮话，章学诚明天就要托着钵子到大街上要饭了。给你解决了这么大的问题，明天拿点银子来，也不能就这样白让人家写了这么多有用的道理。"

侍朝道："还要你洪亮吉这个大炮说吗？我已带来了五百两银票答谢，我这学生又可养病三月了。"

章廷枫一看章学诚又有点儿倦怠迷糊的样子，就见好就收地说："我们赶紧走吧！让我章学诚爷赶快补气养神休息一会儿。"

一出家门侍朝道："我今天听了章学诚讲的校雠之法，感到章学诚讲了一种校雠奥秘：他文章写得很好，写作工于辞章，辞章又优于标题，特别是写的不是一个类别的文章，按著作体例分类恰当，显得一派君子风度，因而誉满天下也。"

洪亮吉道："我敢说，在这世上校雠之眼，中国再无第二只眼能比章学诚也！"

侍朝说："我看了《校雠通义》一书的开头，感到将是中国校雠理论的集大成著作。"

洪亮吉道："所以你那五百两银子不是白给的，只是付给章学诚汗珠子钱、汗滴子钱罢了。"

章廷枫道："是血滴子。"

侍朝道："别说这些让人堵心的话好不好。"

洪亮吉道："一说到你的老屁股根子，你就岔开了，真是老涩皮。"

大家一听全都大笑起来。

第二十章

清漳『尽人达天』

乾隆四十五年（1780）章学诚病好了。北京人有一个古老的习俗，当人们大病复蒙之时。家人总要去盛来永定河的水，用它清清的水，洗去疾病，洗去沮丧，更重要的是洗来　个新的春天。大学士梁国治又来请章学诚去给他的儿子当老师。因为他的两个儿子特别喜爱章学诚，他们把章学诚看作最好的伙伴。章学诚复活了两个孩子的双手和脑袋，使他们得到了勤于写作、勤于思考的快乐。梁国治恩师的召唤，哪能不去呢，而且明天梁国治的八抬大轿要来专抬礼请。他收拾好行李，将一生写的书稿，全部放到手提箱里，以备教学空余的时间，审改校对一下这些文章。

半夜的时候，天突然起了大风，天也阴了下来，黑沉沉的北京看不到一颗星星。夜黑风高，春寒如刀，但梁国治家的聘用，让章学诚心事无忧地睡着了，而且睡了个好觉。真是大病之后，第一次睡得这么沉。

一个黑影在四合院的房顶上翻上跳下，"啪"的一声，手提箱弄出来了点儿声响。这时章学诚一下子醒了，他立即警觉起来，点上灯一看，自己宝贵的一手提箱书稿丢了，他心痛不已，他长叹一声道："贼啊贼，你真是没良心啊，怎么把我一辈子的心血偷走了呢？"

一阵轻风刮来了，一声叫"早！"① 甜润而深沉，一顶八抬大轿停在章学诚租住的院门前。一个轿夫道："章学诚先生，我们老爷请你起程赴梁公府。"

章学诚走进课堂，他问两个学生现在最想干什么。

他们回答："写文章。"

"我给你们出三个题目。一、百姓根本。二、人生根本。三、学问根本。"

两个孩子高兴地说："章老师，你出的题目太好了，这都是考举人、考进士的题，我们爱写。"

两个孩子以诗人一般灵动的眼光，挥毫泼墨，去独自欣赏春天，欣赏人生，欣赏中国的文明。写作就如给学生思想插上了翅膀，笔下如神的谪旋自然风光。好像听到青年人为国为民搏杀的战马嘶鸣，又好像看到中国学问那性格爽朗、善良多情的气质。章学诚只听到两支笔在纸上沙沙作响，两个十四五岁的少年好像怕糟蹋了大好时光，立即用出自肺腑的真诚，写出了一个贫瘠而富庶的中国原野，那里深藏着老百姓的根本。他们写出来没有呢，章学诚走下讲堂，巡看了一遍。感到两个孩子揭示了稼穑就是中国百姓的根本。因为中国是个稼穑大国，百姓的千万件事，都没有这一件事重要。他看到孩子们写出了这个真意，他比较满意。他又看到两个孩子仿佛在用稚嫩的双肩开始挑起人生的重担，他们用手中的笔，写出了人生的根本就是真诚，就是孝亲。在当前世上流行一朵不结果实的智慧之花，就是说谎。他们虽然批驳得有点儿轻率，但那真诚的笔调，在时下社会仿佛都难得一见了。他们好像在用不敢随意置喙的青年宣言，用传统的孝亲根本在吸引世人，可谓天下文章在于真。

两个孩子的宣纸铺展得飞快，铺展着感动。一个就像小诗人，一个就像小词人，竟然用那么美的清词丽句，写出了学问根本就是六艺。两个孩子又像小哲人，那矫情的文笔，好像把章学诚都要俘获了。那激情山河之心，好像春风怡然开放，以文学的笑靥问答着世界。每个孩子

---

① 清代北京土语，叫卖早餐的简称。

三篇文章三千多字，虽显得单纯而又幼稚，但都辞切意正。下笔虽然谨慎，但放笔却无限广阔，收笔又杀青平和。真是六篇好文章，章学诚全给了一百分，又写了较高的评语。

他连着三天，讲了五十六种文章开头的写法，并结合孩子们跟他读书以来所做文章的开头一一剖析，一一点评。孩子们直佩服章学诚脑子之好，竟然把他写过的文章全部都能牢记于心，他们感到老师就是他们最值得尊敬的读者。他告诉孩子们，文章的开头是打开读者心灵的金钥匙。只是为了这一个原因，一定要写好文章的开头。文似见山不喜平，只有开门见山的开头，才是最容易打动人心的文章。

章学诚的课，声音洪亮，语言优美。总是以一种激情，来调动孩子们求知若渴的心。有时引得马夫、婢女、厨子、镖师来听；有时梁国治的妻子、小妾、儿女、女婿都来偷听。他们爱听章学诚口中一个又一个美丽的故事。这事传到梁国治的耳朵里，梁国治也来听了几回，确实感到章学诚在用心教他的儿子，使他的儿子真正成才了。

章学诚在梁家教书一年多。冯廷丞告诉他，朱筠得了不治之症，胳膊上长了一个黑瘤子开花了。好多郎中都来看过，说是百方难治，就赶快通知了章学诚，章学诚想辞职伺候朱筠。梁国治的两个儿子说啥也不同意，家人更是不同意。但他决心已下，他感到不送朱筠恩师生命的最后一程，他于心不安。他亲自找到梁国治说明了心迹，而且声泪俱下地讲述了他和朱筠的友情，梁国治最后还是没有放话。

第二天，他好像听到了隐隐雷声，大暴雨在天空瓢泼。一只紫燕在大雨中闯了进来，一下子死在他的面前。一会儿大儿子贻选来报信，章学诚的三女儿得了急病，由于一时拿不出钱来医治，死在了家中。章学诚以此又去请假，梁国治再也不好推辞，同意他辞职回家。他借此伺候了朱筠一天，朱筠就满意地去世了。章学诚好不遗憾，而朱筠临死淡定得很，紧紧握住章学诚的手，不放开。他说："一死无大难，来生再相见。"说完就闭上了眼睛，章学诚哭得死去活来。

晚上悲戚中，朱筠的二儿子朱锡庚捧给他一托盘，上边放着一封信。收信人写着他的名，信的封口用火漆封好，好像特别郑重。他打开一看：

章学诚吾生：

　　大安！

　　你们要老师的人生变成烈火靠什么，靠盈天塞地的著作，这是人类文明的基础，这是中国立德、立功、立言的修养。我走后，只求你一件事，请帮助整理我的著作刊印。

师：朱筠

乾隆四十六年六月二十六

　　章学诚看了悲痛万分，他特意到为恩师设立的灵位前，跪地长哭。他自十八岁认识朱筠以来，二十八岁拜在朱筠的门下，章学诚得到恩师多方关怀，称得上是人生学术导师、衣食父母。几乎每一次家中有过不去的坎，生活稍微拮据，恩师只要是知道了都会慷慨解囊，甚至让章学诚全家来家中居住，渡过了一次又一次难关。在学术上，他指点章学诚按照自己的学习道路，任着自己的天性，发挥自己的专长，并将他引入了学术界。在为人方面，教导他走自力更生之路，不屈从仕途，不进四库全书馆，完成了一个文人的完美风骨。

　　哭着哭着，他再也按捺不住自己，大笔一挥为恩师写了一篇：

《朱筠恩师墓志铭》

　　朱筠，字虞叔，号笥河。乾隆十九年二十四岁中进士，曾任《日下旧闻》总纂官、安徽学政、福建学政。

　　朱筠年轻时智慧超群，思想广博，年仅二十六岁授翰林院编修、侍读学士。顺天府的人齐集祝贺，都说朱门兴旺，有这么一个好儿子。他方正刚勇，学术上有自己的见解，他精通古今历史和诸子百家。言词有高见，出语之不凡。往往使朝廷内外同声称赞，他的名声轰动朝野，大学问家都愿意收他为门生。

　　先生的文笔风格沉郁博大，就像大海一般壮美浩瀚，深而易解。他的史笔，又像大道那样高远实在。他考据不随意加原文，他评论实事求是，留下了一世史德之风。

先生的著作，心铭刻真理，手挥写心灵。在形势所迫，如有不得已之时，畏惧上面奉旨、承接布置文字之时，也决不将意义损伤。他用自己的余力，使文章得以神明变化，挥毫金秋，绚丽春天，如清风丝丝，似细雨缕缕，拓展叙述古代，将万象陶冶，文字不千篇一律，能够使文采学养气韵生动，符合事物最初的天真活泼。啊！自宋朝欧阳修以来，没有文学大家可以与之媲美的人了。

先生清正旷达，不谙世事。然而他所执意坚持的，威权之人不能屈，利益小人不能动。他高雅喜爱学问文章，聚集招收后学人才，却自称引诱学者，巧借他人名誉。表明了他那样谦虚地爱护自己的学生。他逃避离开俗不可耐的风气。他认为学问只是为了名声，就不能成为大学问。为了自己的势利小人，他的文章不足以流传下去。

先生一生所做的，就是要把扭曲的世界，决心改成真善美的天下。劝勉人们改变不好的风俗，厌恶那些心情急切为名的人。虽然有时批评他们有点儿过分，然而不像先生这样不过枉矫正，风气怎么变好呢？所以听到先生批评这种风气的人，往往都能力戒自己的这种卑劣和鄙夷之态，成为真正的君子。

朱筠是乾隆四十六年六月二十六在北京铁拐李胡同去世，终年五十四岁。七月初六葬于北京顺天府大兴县祖先的墓旁，他的学生三百多人和亲朋好友三千多人送先生归葬。

这是先生安息之处，非常安逸，让后代都能享受他平安的益处。

　　　　　　　　　　　学生章学诚谨撰
　　　　　　　　　　　乾隆四十六年七月初六

章学诚吊唁朱筠后回到家中，累得躺下就进入了梦乡。一会儿，三女儿姗姗而来向他道别：

"父亲，我这样匆匆离开了人间，连一声招呼都没来得及跟你打就走了。我是听说你在大宰相家教书太辛苦了，所以如此。我只是出天花，母亲让我去看郎中，我没有去。我不愿用你那么辛苦挣来的钱，来医治我的小疾。大哥二哥要为我去请郎中，我不让他们去。我说我能挺过去，家中日子这么艰难，钱不能因为我胡花乱花了。到了夜里，突然全身痒得厉害，我抓挠痒处。突然我感到冻得全身发抖，一会儿就失去了知觉。父亲，不要可惜我的死，你还有五个儿子，六个女儿。他们一样可以使你欢乐，忘掉我吧！你不懂事的女儿，最后的留言。"

章学诚梦呓道："华珍，我能忘了你吗？儿女可以忘掉父母，而天下的父母都是恨不上心来的，有哪一个父母能忘掉自己失去的儿女哪？女儿，对不起了！是家中的贫穷夺去了你年仅十三岁的生命，这都是父亲没能挣回足够的钱治你的病。父亲制造的贫穷，我以为就像父亲亲自杀了你一样。

"我昨天从梁国治恩师家中回来的时候，看到燕山伸出的那条山脉。仿佛就像一个中国女儿的臂膀，又多么像你的臂膀。我一下子抱住了它，就像把你抱在怀里。你好像从燕山山沟里走出来，是那样高贵典雅、婉静温柔，我的女儿是无人可比的。你并没有死，不管在什么时候，你都在父亲的心中。"

处理完朱筠老师和女儿的丧事，家中的日子如此困窘，他又困顿在家，干惯了事儿的人，一时没有了活干，就像吃饭断顿，入了饥饿之中一样。想着未来的日子，就像被人吊起来，没着没落的。他已经无法回到恩师梁国治家了，因为他走的第二天，梁国治就又找了一位新科状元当家中座师，教授两个儿子了。

总算天无绝人之路，紧日子总有紧日子的好处，能使人四处托钵要饭一样找事干。听说顺天幕府招聘校对，他前去应聘，一去说是人早就招够了。他想着时近年关，全家十五口人寄居北京嗷嗷待哺，衣食无着，怎么过去这个年呢？这年冬天很冷，严冬的风像杀人一样奇寒。他走出顺天府，看到旁边冻死了好几个人。这天，天刚蒙蒙亮，他看到走来两个人，是那样熟悉。他的眼睛不太好，走到近前一看，原来是国子监的两位老友曾慎和甄松年。两人也是来临时准备应聘的，没有想到这么早竟然就被应聘完了。三人好一阵伤心，甄松年这时租寓东城，曾慎是来参加会试未中，因生活拮据，想投奔昔日同学鱼台县知县。曾慎虽囊中羞涩，但手中还能过得去。请他们两人下馆子，三位老友酒食淡宴，苦中作乐。席间章学诚心绪不宁，家人来告，全家饥寒交迫，一天都没有吃饭了，境况十分凄凉。甄松年和曾慎凑了身上百两银子相送，全家人才算熬过了年关。

好不容易熬过严冬，他在京城总是找不到职业谋生。三月到河南之后，找到国子监的旧同事，时任河南学政的海度。章学诚希望他能忘记前嫌，却受到了海度的冷遇。其人脸如苦瓜眼如刀，一声讥笑狠命嘲笑。"你不是正直之士，创新之吏吗，求我这只会考据之士干什么？好马不吃回头草，坚持才是好汉子。"

旁边一帮子僚属也跟着讥讽侮辱："癞蛤蟆在阴沟里也想着天鹅肉，也不看看自己什么脸。"

"戴着木头眼镜，只看一寸远，竟然来求人了，哈，哈，哈！"

"擀面杖吹火，节节不通风的人，今天怎么通风找人来了？"

"搐槌铲锅巴的人，不是要死硬到底吗？今天成了软蛋了。"

"撒泡尿自己照照，是个什么东西，丑八怪一个，还来求人。"

章学诚见老同事如此刻薄无情，人在有难之中，不是雪中送炭，反而雪上加霜，只得伤心地走了。

闰四月，章学诚从开封府回北京之时，顺路到直隶大名府南乐县衙（南乐县现属河南省）拜访老同学邱向阁。邱向阁既是他国子监的同学，也是朱筠的门生。乾隆三十二年（1767）会试，在顺天府中举，与章学诚一起受到座师秦承恩的器重。他们一起有四五年的时间，也算是知心朋友。邱向阁在馆舍中仿照古代画舫，用构轩之美装饰一间屋子，四面一览无余，作为宴会休息场所。这好像四通八达的一个海岛，既可以避人耳目，又可以过着千里眼、顺风耳，闻道全天下的日子，他请章学诚用篆书写了"通达"二字，挂在构轩中，以为这就是成为人才通达的道路。

邱向阁笑着悠然自得，这是在冥冥之中，老师给我们指导的迷津吗？

章学诚语重心长地反驳，这能是老师给我们指导的迷津吗？老师住的那铁拐李胡同，虽然到处是斜街，但却四通八达的。就好像可以一心无挂地在铁拐李胡同研究专门和通达的学问，那才可以走向全国、全世界。

虽然主客经常争论，为一张画，为吟一句诗也要辩论一番，有时为了探求真理连酒都忘了喝。而他们都有独立的人格，最后争论竟然使他们彼此尊重，相辩隽永。邱向阁称章学诚为中国最会辩论的人，说他把辩论当作是一门真正的学问。

天已经到五月，告别老同学，邱向阁送了他五百两银子作为盘缠，章学诚继续前行。晚上到了一家小店居住，暑热难忍，他只穿裤头入睡，甚至把裤腰带也解了下来，放在旁边。半夜来了一伙盗贼，将店主捂住口，捆了起来。然后到他的房间，轻手轻脚，将他的手提箱和银子衣物全部偷走，甚至将鞋子和裤腰带也一起偷走了。早晨起来，他大吃一惊，感到此处盗贼确实不凡。找了根破草绳扎住裤头，光着脚去报官。

皂隶说："你报官也没有用，谁叫你自己晚上不灵醒一点儿，看好自己的东西。我们这儿风俗就是'住店不脱鞋，睡觉不解裤腰带'，你自认倒霉吧！"

他只好饿着肚子，光脚走了八十多里路，极其狼狈地跑到直隶广平府肥乡县衙投奔好友张维祺。张维祺正好外出下乡审案子去了，他的父亲张介村先生热情接待了章学诚。赶忙将张维祺一套新衣裤拿来让他穿上。看到章学诚的脚不大，就找了一双孙子半新不旧的鞋，让他凑合着穿上，一穿还正好。又到街上买了四尺白布，给他新做两条裤腰带。这时张维祺的妻子已准备了一桌丰盛的酒席予以招待，虽已近半夜，张维祺正好极其疲惫地回来了，又去叫开铺子，买了两瓶有名的杜康酒回来，要和章学诚一醉方休。

章学诚说："你这县官，先不忙让我吃酒，我吃饱了饭再喝。"

一天都没吃一口饭了，吃了六成饭，章学诚再也吃不下去了，就难过地说："我的手提箱中，全是我写的著作《文史通义》和《校雠通义》的原稿。你要赶快捉拿盗贼，将我那宝贵的资料找回来，那可是我一辈子的心血，比吃饭喝酒重要多了。"

张维祺无可奈何地说："你丢东西的地方，属于河南省一个边远的小村，我属于直隶省肥乡县。不但不是一个县，而且还不是一个府一个省。我有再大的权力，也不能出县、出府、出省捕盗。胡乱越权执法是要被杀头的。"

"那就一点儿办法都没有了吗？"

张维祺也有被盗书稿无限失落的心情。他体会到章学诚那颗焦急难过的心，安慰着问道："丢得最多的一部分有哪些？"

章学诚道："是《校雠通义》原为二十四篇，五卷。抄正后存在侍朝和章允功家中的各一份是十八章，一、二、三、四卷。丢了的正是刚写的最重要的第五卷共六章。"

张维祺又再次安慰地说："我聘请你担任肥乡县清漳书院山长。这样你就有些时间同去找找看！"

"只好这样吧！"

章学诚就是章学诚，他总是和别人不一样，在小小的清漳书院他竟然提出了教育上"尽人达天"[①]的教育理论。他认为："人者何，聪明才力，分与形气之私者也，天者何，中正平直，本与自然之公者也。"他提出老师不能把学生当奴隶，实行奴化教育，要让学生发挥自己的特长，依着自己的天然禀性，才能成才。他教的一个学生，人正直好义，爱做好事，路见不平，拔刀相助。不管哪一个私塾，都是一天打三架，打得一些富家子弟叫苦连天，搞得私塾内外鸡飞狗跳。十几家私塾都把他开除了，其父将他送到清漳书院，教师们知道他的底细，全都把他赶了出去。章学诚了解他的情况之后，毅然收在自己所教的讲堂，发现他

---

① 仓修良、叶建华著《中国思想家评传丛书·章学诚评传》第402页，南京大学出版社1996年版。

人很聪明，文采飞扬，四书五经，过目不忘。章学诚先以为文，让他每天写一篇文章，大力赞扬，后以施德，每日让其反省，其人学习一日千里，竟然成为清漳书院建立以来第一个考中的秀才。章学诚名声大噪，从此他尽人达天的教学思想在书院很快推行。

章学诚的"创见"个性彰显了文以载道的民族精神，他的"尽人达天"教育理念有着中华文化丰富的艺术想象力和感染力，他的教学实践，以彰善瘅恶的特殊智慧，最易于被老百姓所接受，为青少年所青睐。他一生竟然背弃八股，孕育桃李，一反泥古，启发创造，反而硕果累累，成为中国一个时代最振聋发聩的教育思想。

章学诚在肥乡县衙门住了半年多，教书收入太菲薄。这儿人自古定的规矩，山长月薪只有三两银子。一天傍晚，章学诚为薪水的事特不快，他又多喝了一杯，已有些小醉微醺了，一躺到铺上，就进入了梦乡。他梦见父亲对他点点头，尽管你对薪俸之低一万个不满意，你万万不可忘了当老师的三个宝贝。章学诚询问是哪三个宝贝，父亲笑着，我一启发你，你就会自己想出来了。章学诚一下子给父亲磕了三个大长头。父亲开蒙，教师的根本是什么？章学诚想是"不误人子弟"。父亲又启示，教育的根本是什么？章学诚又想到是"有教无类"。父亲再启示，教学的根本呢？章学诚再想是"启发创造"。他猛然醒了，两眼燃烧的热情如烈火。月光在他眼前一晃，黑夜在钢蓝色的屋子里闪烁。虽然有点儿使人心惊肉跳，却在幽幽夜中形成了一种特殊的魅力。第二天一早，章学诚精神抖擞地走进了课堂。

他深情无限地问："你们的学习目的是什么？"

"做人。"

"你们对于经书何种道理最为关心？"

"孝亲！"

"为什么？"

"这不仅是我们真心对待父母的事，也是将来儿孙如何对待我们的事，这也是国家和民族的大事。"

"你们为什么要参加科举？"

学生争论很激烈，他归纳为"不是为了欺压百姓，是为了亿万百姓谋福祉"。

"人生犹豫不决时怎么办？"

课堂像开了锅一样争执不下，那位秀才回答：

"不跟随错误的道路。"

章学诚在清漳书院耐心教书达半年之久，家长们就是不肯多给一点儿补贴。不仅如此，一个有五百亩地的大地主，有一千个大仓的粮食，竟然要以霉变的地瓜干当作学费运交到书院，章学诚拿着地瓜干给张维祺知县看。张维祺看后十分气愤，将地主关入大牢。最后大地主以侮辱斯文，恶意欠薪罪，罚了两份学费，又罚了市价五倍的粮食。张维祺气得还是不放他，大地主家人又送了每个教师一头猪才算放出大牢。肥乡县人对这件事根本就不放在眼里，依然是老脸老鼻子，就是不肯多交一点儿学费。章学诚所得薪俸仅够七八个人生活，全家一半的人生路无门。章学诚毅然辞职，张维祺只好私人给了他一点儿补偿，作为章学诚全家回到北京的生活之需。张维祺正好到大名府做官，章学诚趁机离开了肥乡县。

第二十一章 敬胜书院『六经皆史』

　　乾隆四十七年（1782）三月，老朋友周震荣作为京畿县令在办一件大事。乾隆要前往清东陵祭拜后回京，途中要游览盘山，周震荣奉命迎驾。他见章学诚失业在家，心情郁闷，周震荣邀他出来散心游玩。

　　盘山山势雄伟险峻，峰峦秀丽清幽。五彩斑斓，绿叶红花，装点得异常美丽。高高的天空像清清的泉水一样扑下来，洗得天也美丽无比，山也洁净无尘。这儿的名胜古迹众多，历史上被列为中国十五大名胜之一，并以京东第一山驰名天下。盘山下建有一座"静寄山庄"，那里翠竹呈祥，青杉万景，鲜花散天香，写作尽是幽。乾隆三十二次游历盘山，在此写下了一千三百六十六首诗词。发出了"早知有盘山，何必下江南"的感叹。章学诚到盘山，只听静寂晨日鸟鸣，霞光照耀万里，山坡桃花盛开。一座座庐舍点缀其间，一缕缕春色远近满眼。

　　周震荣大摆宴席，请同僚十几人共同畅饮，觥筹交错，兴致极高，吟诗作词，章学诚吟了一首七言古风：

　　　　荷叶映天玉龙桥，
　　　　桃花红透全影潮。

> 有功何必东家住，
>
> 无言谁敢西窗箫。

大家拍手叫好，都推周震荣也吟一首，算为和章学诚的诗，周震荣动情地吟道：

> 近来野鸭东家肥，
>
> 只向盘山西家飞。
>
> 天仙游湖前人语，
>
> 地主置酒后人依。

大家拍手叫绝，都说两人古风把盘山写活了。

章学诚也被欢乐的气氛所感染，沉浸于美景和美酒之中，暂时"亦自忘家无宿春粮也"[1]。更忘了次日妻子无米下锅的窘况。不过好在是春天，有的是野菜和树叶，运气好的话，妻儿还能采到榆钱。这时蔡薰对周震荣沉下脸，章学诚家中在京之难，你可知道？周震荣点点头，我今天把直隶永平府知州请来，也是为章学诚请的，我已问了其人，他说永平府有座敬胜书院缺一主讲。主讲在他们那里收入不菲，章学诚养活一家人不成问题，再将家人接到书院居住，省了京城的租金，大概也能凑合到明年衣食无忧。你也要给章学诚找点事干，蔡薰感慨道，我业余聘他为《滦州志》主编，先发他些饷银，救搬家之急。就是穷家破业，只要经常搬家，最伤财伤神的。

在酒席桌上，永平敬胜书院山长就拿来了聘书，大家为此事喜出望外。蔡薰又让人连夜去取《滦州志》让章学诚先看着。蔡薰在游山玩水中，与章学诚一见如故，因蔡薰的父亲和章学诚的父亲都是乾隆七年（1742）的同榜进士，四川安岳人。蔡薰曾为上元县知县，善断疑狱，名闻华夏。因一个逃犯越狱逃跑，致其小过免官，复起又为上元知县，

---

[1]　胡适、姚名达著《章实斋年谱》第62页，1948年6月21日，上海《申报》。

后迁往滦州为知州。

当晚蔡薰让人取来《滦州志》旧志，给章学诚看。章学诚看了三天，认为此志写得太荒唐了，竟然采用春秋经传的形式撰写的。矫情，诬人，迂腐，荒诞，传染上了明朝中叶时期文人不读书而好猎奇的坏习气，文理不通到了何等地步，可以说不是志书。蔡薰是个讲义气的人，眼睛里充满了善良的光芒，等我回去落实了大资金，你再修这部志书。先付你五百两银子，你审读就行了，那就算报酬。

章学诚开始主讲直隶永平府敬胜书院。敬胜书院在治所卢龙县境内，乾隆十二年（1747）由当时的知府卢见曾创建。卢见曾何许人也？他是四库全书总纂纪晓岚的亲家，他将自己的女儿嫁给了纪晓岚的二儿子。乾隆三十三年（1768）他担任江宁盐政使，因贪腐案被查。纪晓岚当时在上书房行走，担任大学士，第一个看到乾隆的御批，连夜让家人送了一个小包给卢见曾，里边是一包"盐"，一撮"茶"叶，小包用火漆"封"着。他立即会意是"严，查，封"三字，转移了财产。第二天钦差大臣查封之时，房子几乎空了。钦差大臣经过细查，终于晒出了纪晓岚的小包泄密事件。寻找到并收缴了卢见曾的全部家产，押入京城大牢，纪晓岚到新疆乌鲁木齐流放三年。这些乌七八糟腐败的社会空气，在卢龙县域内弥漫，所以说永平敬胜书院的学生学习风气很差。

章学诚在教学过程中，发现学生文章写得支离破碎，而且冗繁蔓枝较多。所有的文章几乎全是八股文，没有什么可取之处。学生学习眼界不开阔，只是读了点经书，背诵了一些写作八股文的知识。章学诚讲课稍微深奥一点儿，学生就惊愕出错，答不上来。学生不爱学习。大多数殷富人家的子弟，都是为了父母的笑脸，妻妾的唠叨，世人的白眼，来应付差事学习的。

为了改变这种陋习，使学生更好地端正学习态度，他决定先从提高学生的学习兴趣入手，他精心地编选了一部教材，选取古代文学名家百余篇文章，以文学中有所创造、有学问的工具性为选题，集为《文学》一书。以此启发诱导学习兴趣，改变当地学习风俗。

敬胜书院不良的学风是什么？就是将六经束之高阁，诸子百家学生竟然不能举出名字，就是有名的《史记》传家的文学经典，也从无真心实意地学习。询问他们所学。只是勉强认识一部经典中的字，或者只能粗粗回忆三百多篇八股文。颠倒首尾，剽窃生活中的话，貌似书中的话，胡写一气，根本没有一点儿学问。

针对书院学风的弊端，章学诚为了教育学生，提出"六经皆史"的理论，就是对于六经要敢于质疑：《论语》是古人文体中记录说话体例的书籍，却有许多值得质疑的地方：孔夫子说话时，一般都是'子曰'。他对国王说话时，却又自称为'孔子'。"

《论语》这样一部伟大的经书，记录人物语言，竟然有这么多逻辑混乱之处。是当时说话的孔子颠倒了君臣关系，还是记录的人记录时缺乏谨慎严肃的态度。这些不对的地方，实在是应当敢于否定。孔子这样说，他的弟子这样记，一看就知道是不对的，因为违反了咱们世人说话最基本的同一律。"

这些策问传到了人们的耳中，蔡薰听了之后，大为感叹："章学诚自己读书善于疑问，竟然在教学中也从疑问下手。对于八股文为科举之路的敬胜书院来说，质疑是最有发展前途的求学门路，真正起到了传道、授业、解惑的作用。"

章学诚还有问得更绝的，好像对八股文吹响了搏杀的冲锋号一般。

他问道："孔门弟子一生道德修养，不如当时的文学大家一句话重要。那么当今工于八股文科举考试的大学问家们，其见识就高于孔门诸位弟子吗？这件事我疑问久了，敢请各位学生解释它。"

这些发人深省的疑问，不仅引起了学生的思考，也刺痛了当时整个八股社会。蔡薰得知后更是拍案叫绝，评价章学诚对书院教学完全围绕科举考试的方式在进行论战。对死记硬背，模仿时文，练习八股的学风，一石激起千层浪。可以说是直隶教育质疑的先驱，开创了我们这个时代质疑的先河。章学诚的质疑风传到了整个社会，离敬胜书院三百里的迁安知县乔钟吴因有三个儿子在此上学，仍不时写信向章学诚请教学习方法。

章学诚回信道：

乔钟吴友：

　　大安！

　　来信收悉，你信中朴实无华的语言，我仿佛能摸到你纯美的心灵。像你这样虚心好学的慈父，天地都应当让你得到满足。

　　学问大致的端末，不外就是经史子集。儿童发蒙，当令其先学六经解释和各种议论性文章。六经注释必须读宋朝人制定的经学之义，先以一两百篇的小篇议论文章来学习。使学生略为领会了文章写作的起承转合和正反议论之后，再参考写作的大义。发问置对，由浅入深，以后读书就会全理解了。

　　我认为只要认真学习六经历史，勤于练习学术写作，学生就不用死记那么多时兴的考科举的文章，读书就能文思泉涌，写作就能笔下生花，其进步就如千里马一般。

　　对汉朝文学的淳朴，六朝作品的生动，唐人诗歌的灵慧，宋人诗词的纯美，老师都要进行清晰的解析，并附录评论争鸣。促使学生思考。一看就有心得，引而不发，思潮滚滚而来。大笔一挥文章成，别具一格世人奇。

　　教育学生读书要思考，学习要质疑，这样学生就会爱读古人的文章。学生有了学习兴趣，十家乡村，都会成了诚信之人，整个社会一定会兴起文明新风。学生就会认识到，学问就是用美丽的语言，深刻的道理，让人爱学习，走正路。

　　前几天我到一农家，看到他们在剥玉米棒子。那一粒一粒的玉米粒，籽粒那么饱满，就像镶在皇冠上的明珠。在夏日的阳光下闪闪发光。农夫先开启一粒，然后玉米就像听话的孩子，一粒粒地剥落下来。那不就像我们教育儿女，一点就通吗，关键这一点儿是否在点子上。

　　祝日子过得愉快！

你的朋友：章学诚

乾隆四十八年六月初六

老友周震荣听说他写作风起八代，教学有方誉满直隶，质疑之奇醍醐灌顶，请教课子读书之法。他表示下决心要推行"道不离器"教学理念。① 这就好像天幕无声地从盘山拉开。师生聚首看到的天地万物道不离器的辉煌，那一尘不染的高峰，那自由自在的丘陵，使师生的心仿佛更近了，使师生的情都带着九月丰收的笑声。

教子读书之法，儿童幼年初学应以启发为主。先入六经学习，他坚决反对从学习八股文入手。所选的课本，不走捷径之道。儿童应当以学习《诗经》为主，这就是"道不离器"的课子读书之法，这不仅是一家的教学要领，也应当是一县的教育制度。因为历史上就称赞这种教学方法并作为教育的底蕴，这是一种从培养学生素质入手的好方法。

世界上任何美好的理论命题，既有人之创造的珍贵，也有人们理解的宝贵，因为真正的"道"和真实的"器"就像人们的友谊，像盘山一样美！

周震荣过了几天又来交流：觉得章学诚"道不离器"的教学理念，是否要求讨高，不切实际。主张先易后难，并取了一些简单文章作为启蒙课本。蔡薰正好路过敬胜书院，他把两种教学方法进行了比较，感到章学诚眼光长远，自然稍胜一筹。他自己正好要去京畿县，在回去的路上他和周震荣又商讨了一番。最后两人都认为章学诚眼高一世。

章学诚说："道不离器，犹影不离形。后世服夫子之教者自六经，以谓六经载道之书也，而不知六经皆也。……夫子述六经以训后世，亦谓先圣先王之道不可见，六经即其器之可见者也。不见先王，当据可守之器而思不可见之道，故表章先王政教，与夫官司典守以示人，而不自著为说，以致离器言道也。夫子自述'春秋'之所以作，则云：'我欲托之空言，不如见诸行事之深切著明'，则政教典章，人伦日用之外，

① 仓修良、叶建华著《中国思想家评传丛书·章学诚传》第130页，南京大学出版社1996年版。

更无别出著述之道，亦已明矣。……而儒家者流，守其六籍，以谓是特载道之书耳。夫天下岂有离器言道，离形存影者哉？彼舍天下事物人伦日用，而守六籍以言道，则固不可与言夫道矣。"①

侯外庐评价章学诚这一段话，认为他透彻地说明了"六经皆器"，反驳了"载道"的说法。这里的话有三点是值得注意的，（一）"道不离器"的命题是存在决定意识的唯物观点；（二）历史的典章文物是一定时代的社会生活的表现，没有什么"离器言道"的形而上的孤立的东西；（三）封建正统派的胡说，不但是"离形存影"的唯心论，而且是故意曲解社会规律（道）的说教。

书院就是诞生思想的地方。七八月间，敬胜书院的学生对章学诚怀着一片感激之情去参加顺天乡试了。偌大个书院，顿时冷清下来，章学诚借以空闲补撰《文史通义》。从七月初三至九月初二，其得《原道》上、中、下等草稿十篇，两万多字。尤其《原道》中篇，全面论证了他"道不离器"的光辉命题。他每篇作品都修撰得首尾呼应，草稿写得疏朗清晰，遇到改动多的地方，便用粉黄土除掉旧迹重新书写。他还用五色笔逐篇自编提纲体例，加以圈点。每章写完后，还记录了早晚时间以及风雨阴晴气候，这样做的目的，是以备他日查阅，并回忆撰写时的即兴灵感，等日子过去以后，悲壮豪迈年岁再不给他之时，就及时用来勉励自己学习的信心，又可以奋然兴起再挥毫泼墨。

周震荣让人带来口信，蔡薰关入了顺天府草岚子监狱。章学诚大吃一惊，此后周震荣专门来告诉他，说是蔡薰在滦州时一位同官，因为卖盐时加捐，叫人上告了皇上，被抓了起来。蔡薰作为知州，监察不严，放任自流，第二天也被关入县里的监牢。大家都以为蔡薰不会有什么大事的，关个三个月以失察罪判个罚没一年薪俸，就会官复原职。

谁也没有想到，一个小人暗地里把他告了。小人落井下石，用语之恶，说是去年滦州发生干旱时，有两伙农民造反。蔡薰到任后，把他们

---

① 《章氏遗书》卷二《文史通义》内篇二《原道》中。

招安了，皇上当时还赞扬他招安有功，准备以后提拔他。造反的农民头子，蔡薰安排当了衙役班头。他只要看到穷人告地主老财的案子，就对压迫别人的恶霸鞭打，下手时特别重。

州丞的父亲是州里有名的大恶霸，欺压老百姓，无所不为。有一男子告这大恶霸，霸占了他的妻子作为小妾。在公堂上，大恶霸百般抵赖。蔡薰喊打时，他作为班头上去就打。谁知只打了三下子，大恶霸竟然被打死了。州丞气愤不过，要让班头以命抵命，为他父亲申冤报仇。蔡薰却只判了个执行公务不慎，继续还做班头。那州丞把怒火迁到了蔡薰头上，认为蔡薰包庇坏人，比坏人还坏。

蔡薰的同僚不慎，卖盐加捐案事发后，这位州丞感到有机可乘，告蔡薰对造反土匪假招安，真谋反之状。被大理寺判为属实，蔡薰就和那位农民造反头子一同立为国之大案，都被关进了京城大牢。章学诚感到蔡薰可算他一生中的知心朋友，虽然生活上没帮助他多少，但在思想上很多认识一致。他下定决心，要在蔡薰临死之前见上一面，以叙友情。

周震荣听了大吃一惊道："章学诚，你不要命了，蔡薰的案子已经定了，秋冬之际就要大辟了，已生命无多了。"

"我不相信一个人就这么死了，一件事就这么冤，一把钥匙应当打开一把锁，一个炮仗应该炸出一声响。"

"你今天喝多了吧。"

"我是长饮不醉的人，你只给我喝了三杯小酒。"

"你知道怎么对待蔡薰吗？"

"我知道会让他给我说真话。"

"蔡薰可是个疯子。"

"疯子有时说真话。"

"蔡薰还是傻瓜。"

"傻瓜有时比聪明人还聪明。"

"你准备找谁救他？"

"我在国子监教书时一个学生现在大理寺主事。"

"主事的官儿太小，办不成事的，还得有人才行。"

"我的恩师梁国治大学士，现在上书房行走。"

"即使你的学生、你的老师可以不花一文钱，你办这种事得要钱的。"

"有周震荣这位义人在，这种事我不发愁。"

"生我者，父母也，知我者，章学诚也。"

两人哈哈大笑起来。章学诚赴京后，先住在邵二云家。第二天，章学诚独自去找了学生，批了个亲人特许探监。蔡薰长跪章学诚，感谢冒死相救。两人抱头痛哭。蔡薰诉说了自己的大冤。第三天章学诚和邵二云两个人一起去找梁国治，并转交了周震荣、乔钟吴等十知县，章学诚、邵二云等十进士联名具保蔡薰无罪的奏状。梁国治第二天也写了折子奏乾隆，乾隆特批原谅其情，但因失察盐务案，仍囚直隶监狱服刑五年。谁知五年后，蔡薰出狱第二天，就病死在旅馆，这竟是章学诚狱中与好友的最后一面。

章学诚将蔡薰从死牢里捞了出来，周震荣深为感动。他先听说冯廷丞坐监，那种失察文字狱的事，谁都不敢出头营救，主要都怕掉脑袋。只有章学诚母子大义相救，才得以官复原职。现在又看到章学诚为蔡薰这么热心热肠，他几乎是当下社会最大义的"及时雨"，他在教导我们所有的人，怎样真诚地对待朋友，他用血肉肝胆、侠骨柔情支撑起了中国朋友真情的大厦。周震荣想到这里，热泪滚滚，难以抑制，发誓这一辈子章学诚这样一个朋友交定了。他们不仅是文章相交，更是大义相交，生死相交。

章学诚的一生最重要的性格特点就是挚爱交友。在京师，虽是天子门生国子监博士，但在声望甚高，岸堂之中行走的大学士朱筠家中，依然放浪交友，交谈甚欢，几无虚日。及至辞京，以当朝方志名家，不惧嫌疑，采访百姓，交友云集。对待好友周震荣，抵牾相笑。与戴震结为诤友，交情莫逆，戴震去世为其直言，公道赞誉。他对罢官朋友，也不避嫌疑，探监安慰，大义相救。他的真情，他的风骨，他的价值观，这种对待朋友的诚信的性格，这些不祧之祖的文采学养，再现了他轰轰烈烈的一生，复原了一个侠肝义胆的章学诚，代表了中国历史上一流大学问家的品格。

当年九月，乾隆自盛京返回北京，周震荣在京东布道相迎。特招募章学诚做迎接事务，实则是让他观乡下秋收的美景。章学诚每日只是放眼田园纵论天下，觥筹交错抒怀挥笔。有时把酒临风高歌，有时登高望远赋诗。

没有什么建筑比山海关威武的了。它好像带领着重重叠叠的岗峦迤逦而来，又好像引导着龙腾虎跃的大海飞啸而去！它东有日月托福之灵，西有中原大地腾起人杰，北有万里群山郁郁葱葱，南有令人心旷神怡的大海发幽。谁到此处一看，都会认为此处了得。这山海关不仅将千年历史写成和睦，也将万里江山赋予了自由。它的高大弘扬着热情，它的诱惑令人心醉。章学诚不由得感叹，这是个惊天动地的关口啊。他又饱览秋收的美丽景色，经霜的庄稼五色斑斓。玉米棒子好像一个成熟的农夫，把装满粮食的布袋扎在腰间。好像粮食收不完一样，口袋都涨出来了，露出了一颗颗金豆儿，向着人们微笑。红高粱被太阳一照，红得耀眼，远远望去，好像苍天给大地的一朵朵血花，高大得就像一个战士，挺直的脊梁永不屈服，仿佛把胜利的辉煌顶在头上，显得是那样不拘一格又奇形怪状。山海关田园的秋收真美啊！天空有回归的秋雁和天鹅，大地有金黄和金红的原野。章学诚想，我特别羡慕农夫的生活，仰望明净的大空无忧无虑，低首耕种诚实的大地总有辉煌。章学诚正在联想着什么，突然他在清晨中听到农民秋收的玩笑。

"听说今天乾隆皇上要扮作老农帮助我们割谷子。"

"皇上会干什么农活，他是做样儿给天下人看的。"

"听说他会干农活，避暑山庄还有他专开垦的一亩地，有几年还亲自种，亲自收呢。"

"我倒听说有一年他看到一棵稗子草倒了，掉下来一个粒儿，他竟然哭了，说多可惜呀。一个当过农民的太监告诉他，那是稗子草。人们都憋着不敢笑，一个小太监憋不住，一屁崩叉了裤子。"哈哈哈一片笑声。

章学诚看到有人割倒了成片的谷子，有人把玉蜀黍穗子掰下来，有人拔下了大豆棵子放到车上。一个四十多岁的庄稼汉喊着："儿子，轻点，别叫豆荚儿崩了豆子。"

"爹爹，知道了。"

章学诚道："归耕田园，是我一生的梦想，可是我一生在城里，对农活一无所知，又怎么归耕呢？"

周震荣道："可惜你不能像陶渊明一样归耕了。不过你可以做一个耕夫。"

"怎样做？"

"笔耕！"又是一阵笑声。

晚上他们宿在了海边寺，这是一座伸向大海的寺庙。庙里香火旺盛，在门外就可以看到香火缭绕飘向天空。它的大门是一座廊厦，饰以各种木雕。庙顶饰以黄色琉璃瓦，上饰二龙戏珠，龙腾飞于两脊，脊中饰宝葫芦。檐吻黄色短檐瓦，檐下翻卷棚。四角高挑，角系风铃，角翘上置鳌鱼收尾。四柱顶天地，气势恢宏，八面韵风水，鸿运千秋。它背靠大山，面对大海，绿树成荫，山环海绕，风景如画。章学诚看着好一番慷慨激昂，想当年这里曾有多少金戈铁马的故事，一番怀古，长歌当哭，风浪心头，如泣如诉。

周震荣乐了："章学诚，老方丈讲了，见你的背影，说你是千古奇人，很想拜访你啊。今晚特意让咱俩宿海边寺。"

章学诚笑了，我可是不信佛的，还是不见的好，老和尚见了会说我是千丑之人的。

大海惊了，留下一片惊涛骇浪。

两位知心朋友晚上住在海边寺里，刚刚睡下不久，又一齐被惊醒了。两人打开窗子一听一看，海潮如雷，势不可挡。天飘大雨，地浃风狂，震撼门庭，摇撼窗棂。雨凄凄赶走睡意，风清清不复成寐，两人几乎同时穿衣。章学诚莫名惊诧，你干什么去？周震荣神秘莫测，你呢？两人笑着在对方手心把心迹写出来，看看想的是否一样。两人都在对方手心里写下了"观海潮"三个字。周震荣点点头表示真是好友一条心，两人又轻轻笑了一阵。

他们夜半登上海岛高处看到亮晃晃的海水，发出黑幽幽的光芒。在海天相连的激荡中，大海轰鸣成了万马奔腾的呼啸，海潮沸腾而来，翻滚而去。天只出现了一抹红晕，大海就变成了微红色，大海好像变成了激情的血花，燃烧着美丽的早晨，恍惚中若有神仙而来。

章学诚在这山海关"慷慨怀古"[①]，这几天之中，随处见到的，心境屡屡发展变化，大自然是如此美妙变化。难道人可以自以为是和大自然抗衡吗？勉强笑的不欢乐，勉强哭的不悲伤，悲哀和欢乐是自然而然流露出来的。现在世人不知道哭笑是自然的，装哭装笑已经很久了，学习写文章不也是这样的吗？

周震荣从庙里出来，两眼浮荡大海的光芒，刚刚老和尚感慨万千，我的为人将托你的文章遗存后世，我的文采将托你的著述期待不朽。我只能以一天的文底博你千古的文采学养啊。

章学诚不以为然，头上没毛，说话不牢。和尚的神神秘秘我是从来不信的，你怎么能相信那些东西。我要是文章风云千古，还能如此惶惶而走投无路，凄凄而受尽磨难吗？

第二天，乾隆就要来了，要清查无关紧要的人，章学诚也在清查之列，两人到了通州分手。

周震荣准备回京畿县迎接乾隆，突然他听了衙役的报告，惊得目瞪口呆，一头大汗。

---

① 胡适、姚名达著《章实斋年谱》第 65 页，1948 年 6 月 21 日，上海《申报》。

第
二
十
二
章

精微

乾隆四十九年（1784）十月初一，乾隆到盘山。

衙役紧急向周震荣报告：皇上微服私访，已到东乡农夫田中，帮着割了半亩谷子了。手叫谷篾子拉开了，正流血不止哪！直隶巡抚让你赶紧去。周震荣听了都没有来得及和章学诚打招呼，就屁滚尿流满头是汗地跑了。到了东乡一看，乾隆跟没事人一样，朕只是让谷茬儿扎了个小眼儿，你当县令的兴师动众地跑来干什么？影响朕体会百姓稼穑之苦的兴致。周震荣心领神会，赶快回衙门准备宴席去了。事情就这样一风吹走了。章学诚回到北京，住到邵二云家。两人相见，高兴异常。一番把酒换盏之后，章学诚谈及修志论史之事。

邵二云点点头，章学诚，你《文史通义》的理论就是我撰写《宋史》的基础。章学诚嘟嘟囔囔，以心对心，以诚待诚，以知见贵……好……友……也。邵二云一看章学诚突然说着说着就昏了过去，顿时大惊失色。章学诚，你怎么了？你别吓我呀！他一摸天灵盖，烫得如火炭一般。他赶忙叫家人去请郎中。可一看家中大儿子才十一岁，再就是老母妻女，深更半夜的谁能去请呢？只有他去了，他嘱咐家人，好生照顾，壮胆大喊出门去。

天黑得伸手不见五指。黑灯瞎火的，他跌跌撞撞往前飞跑着。一会儿，儿子又提着灯笼喊他，要和他一起去。邵二云好不感动，为何如此？儿子抬起头，因为章伯伯是父亲第一知心朋友。只要他来了，你的脸上就笑开了花。一百个人来了，九十九人你都不见。有的见了也是三言两语，就让人走了。我出生到现在，没见你对其他任何一个人对饮长谈，只有他来了，你才如此。

邵二云低下头，你喜欢章伯伯什么？儿子仰起头，他开口全是真诚，闭口就是学问，风骨奇伟，丑得可爱。那天我在书摊上见到一部骨相学的书。第十页就讲了他和你的脸相、眉相、腿相。你们两人是知心骨头。父子俩说着到了同仁堂药店，付了请郎中的出诊费。郎中来了一看，章学诚已经咬紧牙关了，感到非常危险，先撬开上下牙，吹进一些熄风散，又从鼻子里吹进一些。

郎中摸了摸脉说："好险，咱们晚来一步，他就没命了。此人命大啊！"

"他是什么病？"

"对口疮。"

"没见他哪儿流脓流血啊。"

"大病刚刚开始，非常危急！一月后才能疮口出脓。"

"郎中是否可让我看看。"

郎中将章学诚翻过身来，只见和嘴巴相对的地方，出现了一个黑黑的肿块。

"不对呀，穷长虱子富长疮，他家穷得叮当响，怎么会长疮呢？"

"可能近两三个月他享受的荣华富贵和皇上一样，无人可比呀！所以就长这种疮了。"

"同仁堂的郎中神啊！他是让朋友请去，参加招待皇上回盛京的游玩了，人得大福，必得大病啊！这话真灵验啊！"

"现在病人体质弱，很可能经受不了这场大病，非常危险。这种病，家人照顾为好，你要及时把病人送回家疗养。我给你开一个月的药，明日就送病人回家，不可耽搁。"

邵二云摇摇头。他家在京郊，他是像我的亲兄弟一样的知心朋友，为什么非要把他送回家？在我家病了，我就得管。"死了我也要管到底。"

"这是医道，天机不可言。"

邵二云只好认了，眉头一皱计上心来，一早到皇宫，找他的朋友御医王中林，去问所谓同仁堂的医道天机。为什么要把老友送回缺医少药的乡下治病？

王中林正吃早餐，急急赶来，一听就笑了，这是同仁堂发现的一个秘籍，但现在已经没有什么秘密可言了。乾隆四十三年（1778）皇上也长了一个对口疮，半月不见好。请同仁堂的郎中来瞧病，他要皇后亲自调养皇上的病就好了。御医问为什么？他就是不说，皇上病好了，皇上非要问个究竟。他还是不说，皇上眼一瞪，眼珠子都直立起来了。他害怕了，才说出了实情：只有妻子的阴气，才能治好丈夫的阳气不足。皇上眼睛瞪得大大的，那鳏寡孤独怎么办？他扳起手指头，半年内这四种人可以不论。皇上大笑下旨，这又有什么保密的，让天下人知道，对口疮不就好治了，皇上询问，对口疮好了要注意什么？他告知皇上，少吃咸，多吃淡，少吃辣，多吃酸，少食山珍海味，多食蔬菜水果。现在皇上都以农家百姓粗茶淡饭为主了，同仁堂的话果然有奇效。

邵二云终于解了心中的疙瘩，告别王中林，找了辆好马车，将章学诚拉上前往永平。儿子从没去过乡下，执意要去，邵二云将其抱入车内。一路让儿子给章学诚说着宽心话，走了两天到了章学诚永平敬胜书院家中。

章学诚家又添了五个孙男嫡女，家中已有二十口人了。全家人一听说章学诚病得不轻，都一把鼻涕一把泪地赶了来。邵二云让他们放心，虽然是大病，但是一定会治好的。俞中秀出身医道之家，知道这种病的危急凶险，一直泪流不止，直到邵二云给她讲了一番同仁堂的医道之后，脸上才放晴一点儿。章学诚养病期间，邵二云一直陪在身旁。每日讲章学诚最感兴趣的话题，以使他早日康复。章学诚今日心情特别好，病也好多了，该是说真话的时候了。邵二云点点头，真话能治病。

"二云，你写《宋史》感到最大的难点是什么？"

"就是如何评价宋学。"

"我认为可以直笔抨击宋学，他们讥讽了真正的大学问，空谈义理以为功，外轻经济事务，内轻学问文章，这种舍技求理，忽视创造的学风应予深恶痛绝的批判。"

"有人认为这是打死老虎，没什么意义。"

"一个忽视创造的学风，是活老虎，吃人的老虎，它在吃青年，吃中国啊。宋学不仅舍创造求空道，而且轻视学问基本功。只重视考据，忽视技艺。只讲文辞写得好，不讲文章内容妙。这种形式主义文风荒谬之极，大炮要猛轰，长剑要力搏，我们不搏杀就无《宋史》可写。"

"宋学发展的大敌是什么？"

"就是程朱理学中光讲理论，不讲实际的学风，它导致了北宋灭亡，南宋灭亡，中国人变成了软骨头。"

邵二云看到章学诚有些倦怠，就劝他睡下。看着章学诚总不见大好，心想对口疮，对口疮，不死即伤，可为什么乾隆没留下什么后遗症。他将想法和章学诚的大儿子贻选说了，两人就连夜赴京找御医王中林。第二天一早叫出王中林，御医惊异，同仁堂没有给你们三味药丸吗？

邵二云摇摇头。

王中林恍然大悟，同仁堂怕你们掏不起那个钱，没给你。皇宫有三丸已经放了三年，在宫中两年就算作废品早就要扔了。可老百姓会当宝贝的，我去拿来给那大文人一吃，管保几天就好，也不会留下什么后遗症的。

两人路过大学士梁国治家，梁国治正从家中出来很惊奇，这北京真是奇怪，想啥人就能寻到啥人。正好有一件急事，要找人给章学诚说去，贻选你给父亲转达，他在永平敬胜书院教书得法，他亲自教的学生竟有三人得中举人，算是全国夺了第一，名声大振了。我给推荐了一下，人家保定莲池书院聘请他去当主讲。邵二云赶快让贻选跪下磕了三个大长头，谢师爷爷深恩。梁国治点点头，上朝而去。邵二云感到丑才子可以全家衣食无忧，不用四处奔波了。

　　章学诚已休息了一月有余，三丸药一吃，病不但大愈了，而且还没有留下半点后遗症。他亲自去莲池书院签了合同，然后回来带着全家，前往莲池书院。路过顺天府，碰到永定河道陈琮，特请章学诚到全聚德老店一聚。章学诚拗不过，刚刚坐下，陈琮就让人送了一份厚礼：各色绸缎四匹，半爿猪肉，一只羊，五百斤米，说是送给老师过年的。章学诚说无功不受禄，只问为何如此？

　　陈琮抿抿嘴："当年在国子监，为应付科举，学作八股文和时令文，老师坚决力纠此风。要学古人真学问，要写自己真性情。按照老师指点果真考中进身之第，每每想到老师之恩，日夜想报答。一点儿薄礼，送老师过个好年。"

　　章学诚认真想了想，确有此事，但又一想，教人之道，是当老师的本分，哪用得了这么大的礼，一定还有什么原因。就对陈琮咂咂嘴，我们是师生之谊，有什么话没有什么不好说的，有什么用得着我的地方你尽管说。

　　这陈琮还是不肯说，又送五百两银子敬上，说是给老师儿女过年的红包礼。章学诚感到事情越来越让他一头雾水。他早就听人说过，这陈琮自从担任永定河道以来，使过去穷得成天向皇上奏本要钱的水道衙门，成了最具肥缺的衙门。只因这陈琮脑子活络，善于应付各色人等，又十分精于理财。上任一月就奏朝廷，请求修缮永定河河堤，以绝水患。朝廷回绝无钱，他提出分文不要，只是收进京漕运船只过河修缮费，每船只收三两银子。没有想到皇上看到奏文，认为可以批奏，但认为收银太少。陈琮打了包票，只收三两，多了担心加重商家负担，以免引起怨声载道。乾隆认为陈琮是好官，大笔一挥："准也。"就是这小小的三两银子，却富了一个水道大衙门。不仅修缮了永定河岸，清淤了水道，还每年大有节余。

　　章学诚将五百两银票放在桌子上，陈琮吾生，你今天要是不把送红包的老底子话说出来，礼我是不收的。

　　陈琮这才和盘托出自己的心意，老师写的志书《乐典》和代拟的《礼典序》，皇上阅后御批："纯正之美。"我《永定河志》一直无人修撰，我想请老师帮忙，再给你配上三十几个才子，你看能帮学生解这燃眉之急吗？皇上催得急啊。章学诚摇摇头，爱生，对不起了，我已经同莲池书院签了合同。现在就是去担任主讲的，只好回绝了，这些礼物就谢绝了。

陈琼一脸荣光感叹而发，一码归一码，银子和礼物是我送老师的。万分感谢老师给了我小报师恩的机会。保定是畿辅省会，莲池是朝廷帝后的行宫，园林秀丽，是中国小蓬莱呢！莲池书院创办于雍正年间，系直隶的最高学府，设施师资一流，名扬天下，得到朝廷的高度重视。乾隆帝曾三次巡视书院，并赋诗嘉勉。老师到那儿做主讲，我为有这样的老师深感荣幸啊。

章学诚感叹，真正的老师是要向学生学习的，你认为我去莲池书院后，以何种教学为要？

我只教过几年的私塾，我却始终认为，你的教学方法就非常高明："少学八股，少学时文，学习古文，学习六经为要。"一个伟大的书院，得有伟大的理论，否则只是个空架子而已，你的理论一定会辉煌那座书院。

三日之后，他带领全家到了莲池书院，这里各方面条件比较优越。图书室、资料室、练功室、乐坊室一应俱全。几十间教室排列整齐，一百多间学生住房装饰朴实大方，各科教师都技高一等，大部分为待选的进士。而且学生也不一般，就读的都是参加过乡试未中的各种生员。这些生员平时多以教授童生为业。张维祺有两个儿子在莲池书院读书，对章学诚调来特别高兴。张维祺前来拜访，看到章学诚对书院教育有着这么巨大的热情，特意来听他讲课。

学生问道："怎样学习作文？"

章学诚答："先写事，后写人。"

"什么是学贵独创？"

"比如粮食不是酒，要通过酿造加工，才能得到芳香的美酒。这美酒就如做学问，要'上阐古人精微，下启后人津逮'①得来的。又如人

---

① 鲍永军著《史学大师章学诚传》第270页，浙江人民出版社2007年史学评论版。

可以通过努力学习学到知识，但知识不是独创，同样需要通过头脑的冶炼加工，才能达到自我创造的学问。"

"老师，六经皆史的理论是你提出来的吗？"

"不是，是明朝人王阳明提出来的。"

"但你又进一步提出，六经皆史，六经皆器，六经皆先王圣典，是什么意思？"

"六经都是史料，六经都是研究学问，六经都是古代帝王的典章制度。"

"老师，时下人们把'经'捧上了天堂，'史'被打入了十八层地狱，你是不是把'经'与'史'搞平等了。"

"历史和我们时人比，它不会自己说话，任人宰割，任人欺侮，它是弱者。我的意思就是不欺历史，不欺古人。"

章学诚一生留给我们最宝贵的就是他不欺历史，不欺古人的人性。他对待无生命的古人和历史，都那么公正善良，由此可以看出，在清朝由盛转衰的大背景下，他有着真实的人性美丽。他的生活、思想、作品都是那么俯仰无愧。他的作品最可观之处，就在于用细致入微的内心活动，表现了对史志恪守不渝的爱。让我们感受到了他那刻骨铭心的公道正派。对章学诚由于人性善良造成的人生悲剧，更是激荡起了人们人性的感染力和穿透力，让我们看到了中国"方志之祖"真实特殊的性格。

当月底，张维祺《大名县志》撰修完成，全部采用章学诚修志的方法。章学诚也多次参与指导商讨文稿的写法，并写了《大名县志序》。

《大名县志序》

百姓有家谱，州县有志书，国家有史书，这是一种特别有意义的事。只有征集家谱，县志才能收集记录可靠的资料。只有征集州县的资料，国家的历史著作写得才会全面真实。现在纂修一代国史，大多取材于家谱的资料。如果不取材州县志书资料，那么国史就会荒诞没有资料价值，就连乡村的老先生都难说这是国史吗？孔夫子写《春秋》，他征集百国书籍，才写得有骨头有肉的那么好。世上优秀的文章，有血脉，有风骨，都是全面深入地收集资料的原因。《大名县志》一方文献之全，人们一看就知道张维祺知县为修志下了多大的功夫。

《大名县志》的结构周严缜密，浑然一体，形成了有机的统一。重点篇目将社会的真相抖搂出来，使方志的真实资料得到了波澜迭出的作用。篇篇使人读后都产生了强烈的感染力。

《大名县志》每一篇文章都作为一个整体的重点，使记述留有分寸，写作掌握火候，让方志和资料的因果关系显得富于情趣。将方志写得曲折跌宕，引人入胜。有时又有柳暗花明之妙，豪情畅想之美。以一种独特的写作方式，把干巴巴的方志和历史，写得精准，新鲜，生动，写出了史志的文采辉煌。

如果说《大名县志》的主导思想，就是出自作者肺腑的真情实感，就是为了一个时代的文风正气。因而没有故意趋时避虚，也不敢虚心假意。所说的都是一个时代的真诚，所追求的就是这个世界的真理。后代有学养的人，或者有眼光的君子，可能会看到这部方志的可取之处。

章学诚

乾隆五十年正月初十

写完《大名县志序》以后，又让儿子贻选抄正三份留存。自感身子十分倦怠，妻子俞中秀过来道："你已经一天一夜未合眼，你又想累病了吃药，家中可没银子看病了。"

一群人敲锣打鼓地从学校来到他家，他好生奇怪，不知有什么喜庆的事儿会轮到他头上。

"你是个天生的倒霉蛋，买四两盐都生蛆的人，别做梦了，那是往别人家去的。"

二儿子华绂说："嗯姆，你快别这么说爹爹，人总有转运的时候，锣鼓真往咱家来了，一群人是来送喜报的，说是章学诚教学有方，培养了两个好学生。"

原来张维祺两个十八九岁的儿子，在章学诚门下就读。张维祺管儿子管得严，为了锻炼他们男子汉的体魄，竟然要求他们每天走读十五里路来上下学。两个孩子体质锻炼得如同小牛一样，长得身高马大膀宽腰圆。脸盘子长得也特别可爱，具有古代文化人的风度。就是两双大脚显得不太高贵，每天跑那么多路来上学，脚能不大吗？

说是今天早晨上学的时候，看到路旁的高家庄一户人家，突然起火。两个小伙子看见事情紧急，就叫那家人快开门，但那家人没人应声。他们大脚一踹，门开之后，就听到有人喊救命。两人冲进火海，一个胳膊夹着一个人，一下子救出了四个人。一个老人说："全家十三口人，还有几口人全在大火里，恩人快快救救他们！"两兄弟三番五次冲入火海，将全部的人救了出来。这时乡亲们来了，提水的提水，端水的端水，往火里泼水的泼水，火被扑灭了。

乡亲们问这家人怎样起的火，这家一个八十岁的老婆子发迷瞪，有两个高大魁梧的贼，把他们锁起来，放了火跑了。人们惊异，盗贼长得啥样？那老人忘恩负义，竟然老糊涂了，说好像就是那两个救火的小伙子。大家叹气，老人家不要胡说，那是两个莲池书院的学生，道德文章都是一流之人。怎么可能是那两个学生放的火呢？老人生气了，我亲眼所见还能有假吗？失火人家的儿子也坚决不信，我们全家人都影影绰绰地看见了那两个贼。长得细里巴唧，尖嘴猴腮，个儿不高，贼眼明亮。我家老人有梦游症，你们大家都别信他的话，绝不能冤枉好人。

大家这才恍然大悟，长舒了一口气，我们村要是这么冤枉了人，是要遭报应，天打五雷轰的。人家办了这么大的好事，我们背后污损人家，真是亏心得很。为了悔恨我们的不义，我们给莲池书院老师写个喜报吧！感谢他们培养出了这么好的学生。村民们将喜报送给书院一份，一份是送给主讲老师的。书院让人带着村民将喜报送到了章学诚的家，章学诚接过喜报，还有赏银。

章学诚咂咂嘴，干好事是人的天性，送喜报表扬就足够了，还要什么赏银？失火的人家不容易，就不要了。里长点点头，赏银不是失火人家出的，是我们按村规民约，大家凑的份子。一年凑一回，十年都没花过了。没有好老师，教不出这么好的学生。一下子救了十三条人命，赏银学生一份，老师一份。章学诚只好恭敬不如从命地收下。

当年九月初九，老人登高节，张介村先生因为儿子修佳志，有千年之德。孙子急救人，有一事之功，又加以平日爱做好事，乐于助人，世人称其为"老甘澍"①。被老百姓推举参加乾隆举行的千叟宴，并获赐鸠杖、御制诗之类的物品。张介村从北京归来之时，特请章学诚前来，并感谢章学诚真诚推荐。章学诚三杯酒落肚，欣然命笔：

《张介村赐鸠杖记》

天将大幕拉开，大地的戏剧就开演了。人们在窃窃私语，小声议论：仁爱的人一定有好后代，美丽的地方一定出人才。

神圣的文学艺术，给人都是耳目一新的美。天对人们竟然也是如此，它让青松四季常青，它让有仁德的人子孙有德行。这些人因此走进了我们的艺术殿堂。剧情可能是松柏长在悬崖峭壁，风吹雨打，依然坚强。仁爱的人也同样受尽磨难，可能丢胳膊掉腿被人打残，还要被坏人诬为自身怪异招打的。还可能家中和自身遇到七灾八难，生老病死，但最终成正果。因为天不亏待仁爱的人，地不克扣有道德的人。天地的大戏永远是这样，它表现自己的意志由来久远，这是明明白白的。所有的看客，天下的人们都看得很清楚。

天的同情是温暖的，地的怜悯是仁慈的。戏剧往往有很多惭愧、羞辱、冤屈，还有很多眼泪，很多血痕。善良的人相信天地给人看这一幕幕戏剧，是让人们学着怎样做一个人。张介村先生就是这样一个人，他每天坚持做一件好事。如果找不到好事可做，就种一棵树。如果是刮风下雨，大雪纷飞，既无法做好事，也无法种树，他就写一篇文章忏悔自己的心

---

① 甘澍——古人称及时雨，对爱做好事者，多称甘澍。

灵，把自己一生所做对不起人的事全都回忆起来，加以提炼成人类最高贵的思想，来教育自己的儿孙。他活了八十四年，其中六十四年都是这样做的。这样的自身修养自己德行的人，天下又有几人呢？所以八十四岁之后，他的德行得到了报答，成千上万的人，推荐他参加中国千叟宴，乾隆皇上亲自赐鸠杖。我认为这不是他个人的意志，这是天地的意志，这是天地演的每一场人类正剧剧情的需要。

张介村先生常常幼稚得像个孩子，但有时老练得又像个神仙。他曾经听一个小骗子说自己父母病了，把他买米下锅的钱全部骗走，全家只好吃了一个月野菜。也曾经面对十几个强盗，用世人难以想象的智慧，把坏人轻松地引入县尉衙门，使十几年来未破的十几起大案全部告破。我是深受其益的，就是那伙强盗，一夜之间曾把我偷得只剩一条裤衩子。在我落难之时是张介村先生热情接待，不仅给我好吃好喝好衣穿，还发誓要抓住那伙强盗。他没有吹牛，五个月之后他果然办到了。我的衣服书稿被强盗卖了，外加我的银子全部被挥霍一空，我分文未得，而强盗得到了惩处。一个人修养德行，达到了出神入化的程度，天不帮他的忙，地也要帮他的忙，地不帮他的忙，人也要帮他的忙。这就是天、地、人的意志，爱每一个有德行的人。

张介村先生的儿子看我是个爱写文章的人。他崇尚诗文，继承家风，所以我们就成了很好的朋友。我家人口多，常常穷得揭不开锅，有时差点到了要托钵要饭的地步。总是他们父子急难相助，使我没有一次不渡过难关。有时他们父子又虔诚得让人可敬，他们曾经为我祈祷苍天大地。难道有了司马迁，就不能让章学诚存在吗？有了孔夫子，就不能让其他有思想的人好好活吗？我告诉他们，怎么能把我同司马迁和孔圣人相比呢？他们总是看着我眼泪吧嗒吧嗒往下掉，不说一句话。

多么真诚的友谊啊！张介村家门前已种了一万多棵树。它们不就是张介村一家的道德，一家的风范吗？

参加千叟宴的老人啊！

多么的美好啊！

章学诚

乾隆五十年正月十六

张维祺感谢章学诚教学有方，经常对章学诚建言：将你的教学思想写成一部著作，它将会使中国教育永远不糊涂。

章学诚认为这个想法好。四儿子华纪为其拿来笔墨，大儿子贻选为其研墨，二儿子华绂为其铺纸，房间里一时静了下来，章学诚大笔一挥，《论课蒙学文法二十通》写成。张维祺要高声朗读，章学诚点点头，默读吧，刚来学院不足一年，不可锋芒太露，适当的时机再拿出来见人吧。

乾隆五十一年（1786）腊八当晚，章学诚的二儿子华绂来到他的身旁说："爹爹，今日白雪和月色十分优美，我们到这里快两年了，一直没去游过莲池。我们在莲池馆舍租住，你在莲池书院为师，如果不去看，一生会惋惜的。"章学诚欣然听从儿子相劝，月夜相游。游莲池归来，小饮而思，章学诚写了篇《月夜游莲池记》。

原大名县知县张维祺和莲池书院同事王春林到我家拜访，我相邀二友。呼唤二儿子华绂为我披上皮袄，一同去游莲池。

我看看调皮的儿子和两位好友说："大概这是上天的安排，月夜的大幕拉开了，大地要成全咱们。咱们就四心相知，把一切不愉快的念头都抛弃吧。"

我们四人向着一条歧路走去，在徘徊了一段小路之后，仿佛走上了一条康庄大道。乌云像幽灵飘忽一样，盖住了月亮，又让月亮重新复现出来，好像万物一瞬间又恢复了自然的天真。

我们四人站在莲池远眺，发现保定还有这么美丽的地方。

雪柏挺挺不肯俯仰，似志士遭际坎坷，壁立万仞之概。青松披雪绕池四周，隐隐的就像一朵朵俏丽的莲花。池上有雪，新月一照，雪月争娇，真可谓千古一绝。

如果是在春夏之交，这里莲花开放，红绿相间。刮风下雨，或明或暗。池上景色，瞬息万变。莲花自由开放，或白或艳。枝蓬秆壮，叶子田田。花开花闭，气象万千。这真是一处中国的绝地之境啊。

莲池像个面对生活的强者。即使洪水来袭，它能关闭河口。干旱的时候，它反而形成了宽阔的池塘，它会打开千年的胸怀，让来水为莲花荡漾。莲池最美的时候，一河春水在这里交汇。花天相交的春天，使遮天盖地的绿叶十分茂盛，夹岸醺香的莲蓬初蕊孕子。许多水鸟在这里觅食，就是大雪天也不飞走。莲蓬中的籽实使它们和健康美丽一起飞向春天。《诗经》称这就是中国的智慧和灵气。世人又把有道德，有思想的人，超然于世的人，他们淡定从容，亲近自然，称为田园之魂。屈原和陶渊明就是这样的人，他们不就是真正的莲花，真正的田园之魂吗？

我这时仿佛看见一道闪电从夜空中划过，莲花池中的一朵莲花飞天而去。它去月亮中去寻找那一树寂寞的美丽之花去了，月亮在空寂的夜空中游荡着，好似彷徨天空，一点儿也没有目的了，好像不知飞向哪个地方。只有我们轻轻地向月亮招手。

飞来吧，飞到莲花池来吧！这里才是你安适的地方，莲花池有四人在等着你呢。高空不胜寒，那儿不可久留。

已经夜深了，两个孙子来叫我们回去说："母亲已为你们热好美酒。奶奶说：'你们好好觥筹交错一番，早点睡吧'。"

我们四人回去，小饮而散。我稍思提笔，写了这篇《月夜游莲池记》。

第二十三章

归德『信而有征』

乾隆五十一年（1786）十二月十三，章学诚最敬重的又一恩师梁国治去世。梁国治之子当日跑来报丧，他和十余莲池书院同仁坐八马高车连夜赶到梁国治家中吊唁。

梁国治时任东阁大学士，户部尚书。乾隆亲自前来吊唁，谥号文定，赠太子太保。梁国治之子将所辑父亲年谱请章学诚指正。他补充了梁国治不少生平事迹。在年谱中，章学诚加写了《梁国治年谱后记》。

我看完你的年谱泪落如雨下。敬爱的恩师你知道我一生贫寒，无法用金钱来祭奠你。伊斯兰教的圣者穆罕默德说："说公道话就是最好的祭祀，胜过一切金钱。"那我就用我的笔为你祭奠。我认为你一生最可怜穷苦百姓。国家就是因为你当年救济灾民有功，让你为高官贵爵。所以我相信你不会嫌我只用一支秃笔祭奠的寒酸。

播下种子的是老师，收获万物的是学生。你因而卓然不朽。自古以来没有一个老师不是这样的。所有的学生都可能给老师制造麻烦，因为学生都不是生活宁馨儿，因为学生要创造，要推动时代的车轮滚滚向前。你说，你喜欢你的学生生动活泼的创新，死气沉沉的是老人，不是我虎虎生气的学生。你生前是个生机无限的老师，死后一定化为自由自在的灵魂。因为你说你最爱就是那自由的思想。

恩师，你过去总是嘱咐我，去掉脸上一层阴云，多少学会一点儿微笑，这大概是你最希望我这样的。老师，你知道吗，面对饥寒交迫的生活，面对嗷嗷待哺的儿女，面对万马齐喑的考据学风，我能笑起来吗？面对那可恶的八股文，我真想变成一只狼，去咬他们一口。

有什么样的老师，就有什么样的学生。你那么厌恶终生墨守经义的人，你反对那种将真理束之高阁的高官，你批判把八股放在国家之上的行为。你想把它们埋入地下，化为最腐朽的泥土。你杰出的人品才能，使朝廷八股取士改为了创新人才取士，成了一次华夏战略文化的大转移。由此你提升为户部尚书、东阁大学士，你这不是一次简单的考试，而是中国学风的大转折啊！

一个老师的年谱，就是一盏明灯，它能照耀学生前进。你的年谱就是你的人生之书，就是一首充满希望的诗。你的主题一目了然，你的想象全是春天的灵感。

恩师，我一想到这些，就想奔你而去。我们在大自然中，师生交融会产出思想，师生合作会产生杰作啊。现在你离我而去，我的《文史通义》还会产生火花吗？我的《校雠通义》还能成为你说的千古不朽之作吗？

你说，你一见到学生就高兴，学生就是你的命根子。自古以来的老师也都是这样。没有对学生的一份真情，他还能是老师吗？学生一想起你的话，就如让疲劳的筋骨，再积蓄力量。因为继承老师的遗志，就是对老师最好的祭奠。

想起你，学生悲哀凄怆，不由自主临风流泪。我不能忘记你的深恩，你的真情！

老师，请看我为你的年谱写的后记吧！

您的学生章学诚

乾隆五十一年腊月十五

来年春天，由于恩师梁国治的去世，章学诚在莲池书院一下子好像失去了靠山。一些势利眼小人和狗眼看人低的地方官，对他是恶语相加。他深感世态炎凉，走投无路，不得不考虑辞去莲池书院主讲的职务。这时他刚好五十岁，开始步入老年阶段，却在学术上更加成熟。他迫切希望拥有一份稳定的工作来解决家庭生计问题，以便有充裕的时间来从事著书活动。然而事与愿违，可能要又一次卷入饥寒交迫四处奔波的生活。

邵二云听说章学诚要辞莲池书院讲席，简直吃惊得不得了。赶快从北京赶来，因他说话声音特别小，就用尽全身力气大喊，章学诚，你疯了吗？要辞这么好的讲席位子。章学诚委屈地告诉他，他们执意挤对我，要赶我走。邵二云横眉立目，梁国治尸骨未寒，刚死几天就想赶你走。狗脸三变也没这么快，我不信，肯定还有其他原因，他们说你是白字先生怎么回事？

章学诚想起来了。那天他正在上课，书院山长突然进来：章学诚先生，大江东去，你怎么读成大江（gong）东去。我说正确古读音就应读成大江（gong），读成大江是不对的。请山长去看看《乐典》，那是朝廷修的志书，道理讲得很清楚。凡在古典诗词和文章中一律要读成大江（gong），大江是这一百多年的新读音，是随着满族人入关口音而改变读法的一个词。我说完，他点点头就走了。邵二云特别生气，真是岂有此理，明明讲清楚了，为什么还要诬蔑你。章学诚诉苦，还有更离奇的，有人将我告到了典史那儿，说我是白字先生，误人子弟。典史来了，以后只准读大江，不准读大江（gong），我正式判你为白字先生，还骂我，白字先生，什么东西，滚！

一会儿张维祺和莲池书院的王春林老师也都过来透了底，赶你走的方案，早就定了。梁国治大学士去世的第二天就有人下了套了。书院这帮子人还没有那么大的胆子，是北京那边的人来抢你的位子。邵二云咂咂舌。他们也不该用这么下作的方式。王春林撇撇嘴，小人嘛。当天晚上，章学诚写好了辞职信交给了书院山长，山长眉头舒展开来了，章先生，发半年的薪俸补偿你。

章学诚一贯过着寄人篱下的生活，受些折磨和委屈他根本不在乎，但被人污蔑为白字先生还是前所未有。这对于视文墨如命的文人来说，还是头一回，这简直是奇耻大辱。好事不出门，坏事传千里，这件事在京内外传得到处沸沸扬扬。使得章学诚辞职后，一时无处落脚，只得侨寓保定旅店。

周震荣和几位朋友都从远地来看望他。周震荣从永清县来的，张维祺从河间县来的，周棨时任武清知县，大家大都从百里外来安慰他。章学诚心情极差，因为前天夜里，他的书箱又被小偷盗走。书箱内一分钱都没有，都是他心爱的宝贝手稿。除留存在几位朋友处的手稿外，其他都要全部重写。为这件事他心情郁闷到了极点。

周震荣和章学诚两人无话不谈，但最主要他们还是商讨天下文章。一谈起这些，他们两人又是谈笑风生，滔滔不绝。这时他们讨论起对儿童启蒙授课的方法，以前两人就有不同的观点，两人都热烈而又友好地争论过，这次又争得面红耳赤。

章学诚对周震荣先前的作品《养蒙术》有感而发道："作为启蒙教材，所选的读书作品不宜太深奥。"

周震荣道："你所指的是哪些？你最好还是说明白点，不要让人丈二金刚摸不着头脑。"

章学诚道："像宋代金华学派吕祖谦的作品《东莱博议》，你选那些干什么？让小孩子看得白了头都不一定能看懂，看不懂以后就不爱学了。"

周震荣道："我活了多长时间了，几十年了，头发还没有白。我一天就读懂了那本书，你说得简直毫无道理！"

"你就喜欢背着牛头不认账！"

"那你再说说还有什么文章选得不合适？别总是批得我体无完肤，

搞得我一头雾水。"

"那些唐宋学人在论人论事上所做的文章。让孩子们看了那些文章，就像把孩子不是抓到育婴堂，就是抓到监狱里去一样，那是万万不能入选的！"

周震荣听了故意咯咯地讥笑起来道："你干脆说我是杀人犯算了。"

"选太深奥文章让孩子们读，就和杀人差不多。"

"你简直是胡说八道。"

"你说谁胡说八道。"章学诚挽起袖子，一副怒不可遏的样子。本来长得又老又丑，人一发怒，就像凶神恶煞一般。

张维祺和周棠这时走了进来，看到他们几乎要明火执仗的样子，两人都急着问怎么回事，周震荣委屈地说了他们争吵的经过，经过刚刚一番沉下来的气氛，张维祺看到章学诚好像有点儿自省的样子，又觉得周震荣说得很有道理。他也是当过老师的人，他认为，课本没有一定难度，学生是镇不住的。他故意轻描淡写地眨眨眼，他以为周震荣说得对，课本不难，学生不看。章学诚依然毫无让步，蒙学之初，儿童天性是活泼的。你看小鸡小猫，哪个不爱动，这是天使样心灵的表现。太难的课文，就损害了他们的天性，是拔苗助长。

周棠睁眼闭眼故意打圆场，你们两个争得如此明火执仗，这个案子的对错由谁来定。张维祺老友是定不了的，我这个知县也是定不了，我想直隶总督也定不了，我看皇上都难定。如此争执下去有无结果？

周震荣和周棠带来的两个童仆在门外，见主人在里面争得不可开交。于是用讥诮的口气道："京畿省这个地方，是谏官们争执的地方。不去请求怎么当热门的官儿，就这样聚集在一起争论这些毫无意义的话。"

两个小家伙，说着说着拿起钱包笑着："你们是我们的衣食父母官，你们这样子争执，说这些无益于人填饱肚皮的话，我们怎么能吃得饱呢？"

章学诚听了大笑起来，周震荣、周棠听了也都忍俊不禁，捧腹大笑。他点点头，还是两个小家伙说得对，大家今天得吃饱肚子，而且要吃好。今天要你周震荣好好请一顿，要买最好的酒给大家喝。张维祺笑得肚子疼，章学诚为探讨你周震荣的文章才争执的。费了那么多口舌，得好好补补，一定要买些好酒，还要多买些酒，四人要豪饮一番，豪放争执，就要豪放喝酒，喝他个一醉方休。周震荣宣布，你章学诚今天不喝好不行，还要告诉你一件大喜事，你就要去吃香的喝辣的了。张维祺抿抿嘴唇，什么好事，可不能把我落下。周震荣摇摇头，张维祺你还有一百多亩地，家中衣食无忧，虽免官在家，但有这些老朋友在，以后会有机会的。先尽章学诚吧。毕沅现在当了河南巡抚，已考虑了很久，准备编一部《史籍考》，说编这部书的目的，是要奖掖学术。人问要奖掖什么样的学术，那是个脑袋灵光的人，说要奖掖周震荣五次推荐的那个章学诚。

大家听了一起喊好，章学诚为此喝了足有二斤酒，喝完之后大醉向卧房而去。人说人喝醉了是一个世界，人醒了又是一个世界。

章学诚正在走投无路的情况下，老友吴胥石来特告："章学诚，你不知道吗？你们戊戌年科举进士开始铨选了，赶快到北京去投牒。"[1]

章学诚道："我心里惴惴不安，不想去投牒。"

吴胥石惊异："天下考中进士的人，铨选做官是巴不得的事。真是天下难寻你这个怪人，你多年寒窗苦读是为了什么？不就是能进入仕途吗？全国三年才考那几十个进士，你没能力胜任，谁有能力胜任？我看你脑子进水了。猪脑子是你，神仙脑子也是你。写起文章来比圣贤还聪明，行起事来傻蛋一个，叫人哭笑不得。"

章学诚低下头："做官是投人所好之事，要为人圆滑，要做事媚俗，我能胜任吗？我心里实在没底，不想了，我父亲和那么多朋友都做过知县。我了解知县权力过于集中，事务繁杂，官场险恶。稍有不慎就会落得个罢官或入狱的下场。有的可能会无缘无故地被杀了头。"

吴胥石认为章学诚得吃药："现在所有的人都投牒了，就剩下你一个。吏部下了最后的通牒，再给你三天时间，否则就让你再等十年，让我从北京专程来通知你的。"

---

[1] 胡适、姚名达著《章实斋年谱》第 67 页，1948 年 6 月 21 日，上海《申报》。

　　章学诚立即就去了。吴胥石想牵着倒退打着跑的家伙，什么人嘛，拿着自己的乌纱帽当儿戏。章学诚到吏部投牒，吏部的人这才一块石头落了地。章学诚你懂不懂吏部的规矩，你如果不来及时亲自投牒，想韬晦待时。皇上就认为我们没有通知你，这样的失职，我们是要坐大牢的。人家是见官莫向前，做官莫向后，只有你这么另类。章学诚深表歉意给人鞠了三躬。过了半月，吏部果然批了下文，他铨选为知县。

　　吴胥石前来道贺："这次所有铨选的知县职位，你是最好的县，最肥缺的苏州县。祝贺你啊！"

　　"我已经决定了，舍去知县，一生不为官。"

　　"你傻啊！皇上看你才高八斗，才让你当官。这是多么大的荣耀，你要舍去，这是真的吗？"

　　"我认为做官和做学问不可兼得。人的精力是有限的，若要做官，就无法专心治学，要治学最好不要做官。"

　　吴胥石发火："这怎么可以哪？你就是从改善家中生活考虑，一个知县养活家小绰绰有余，从此便可以与困扰已久的贫困生活告别。你想是不是这样？人不是神仙不吃饭的，人不吃饭怎么做学问？你还是要实际一点儿。你就是当个最清廉的官。一朝清知府，十万雪花银，也不至于像现在这样将托钵要饭的地步，你太难了呀！"

　　章学诚嘴咬得紧紧的，他一旦做了知县，肯定会忙得焦头烂额。方志事业就会前功尽弃。经过反复权衡利弊，最终他还是要选择史志事业。

　　"你疯了，全是疯话。你这个彻头彻尾的傻瓜。我不给你讲了，你把我气糊涂了。"吴胥石说着拂袖而去。

　　章学诚作为绍兴师爷的后裔，是中国知识分子的一个另类典型。他有绝佳机会得中进士，选为了最富裕地区的知县，本可借此全家衣食无忧，幸福如云，他也可以龙骧虎步，建功立业。不料他却决计舍去，产生思想上的一大飞跃。章学诚不仅对官位不在意，而且对金钱乃无所谓，甚至自己的儿孙都冻饿病死，他都无所顾忌，而是全力修成了《和州志》《永清志》《亳州志》等一大批志书，引起了两百多年来中外历史不息的轰动。从此，一个新世界的史志思想高峰就这样崛起于中华民族之林。

　　四个儿子是来劝父亲的，听见他的肺腑之言，一起进来跪下发誓，你老放心，我们一定会将你的心愿继承下去。张介村老人、张维祺、邵二云、周震荣、周永年、他的学生史余村无数的人都要劝他，见他对方志挚爱的心太坚决，都只好作罢。

　　章学诚平心静气地躺在床上，认真地想了想，觉得自己没有什么不对，但他仿佛感到对人们的真情似乎有点儿太不领情了。他不能把朋友的一片好心给糟蹋了。他要把这老朋友的情，化作滚烫的热血，用最好听的话儿去说明。人们已经被官本位这条绳索捆绑了几千年了。这些被伤害的心灵，只有用真诚的情感去感化。世界上没有一种思想被异化得如此根深叶茂。他就是要把官本位的大网彻底地撕破，他要把真诚的心拿给人们看。他要让阳光照着真诚，大自然呈现真情。即使他凭着自己绵薄之力，也要对官本位架起一把猎枪，发出一排排子弹，这就足够了。

　　北京又一个寒冬，就连太阳的光芒都依附于冰天雪地，青松都冻死了不少。俞中秀和贻选来找甄松年想请他再劝劝章学诚，让其去赴任知具，以解全家吃穿之难。甄松年摇摇头，为让他去赴任知县，人们劝了半月了都无济于事。不过最后我想了，章学诚是对的。俞中秀热泪盈眶，你是他的老朋友，又是直爽人，我不得不给你说了，我这次来也是来向他报丧的，全家到了难以活下去的地步了，由于无钱买煤取暖家中太冷，我们的长孙女冻死了。

　　甄松年大吃一惊，感到保定今年冬天，是如此的歇斯底里，冷漠形成的暴虐达到了如此深刻的程度，竟然冻死了人。章学诚家真是到了山穷水尽的地步了。他流泪了，他正好有二百两银子，叫俞中秀先拿去。他认为即便是这样，章学诚也不会去做知县。章学诚的坚决，让他这个朋友很佩服。他突然想起乾隆三十年（1765）他去拜访一个外国传教士，叫郎世宁，其非常激动，中国文化人不应都是做官的人，应有专门做学问的人。文化人都去做官了，中国怎么会有思想呢？中国怎么会有创造呢？没有了思想和创造，中国将来就会被动挨打的。甄松年认为章学诚就是当前中国第一个舍弃做官要去执意做学问的人，大家应当支持他。

俞中秀点点头，甄松年大哥，我和孩子们全依你，日子再难，我们也支持他做学问。他的五十大寿明天就要到了，我们想接他回保定，给他过个生日吧。甄松年认为，你家刚刚死了小辈，白发人送黑发人，心中总会不落忍。他回去知道了反而心中特别难受，如此过生日也无趣，别生日成了吊丧，一哭就不好了。他认为不如这样，今天他把章学诚先安顿下，都不告诉他家中小辈人新殇的事。他们几位老友明天给他好好过个生日，让章学诚高兴一下。

贻选道："我们北京城都找遍了，为什么不见爹爹的影子？"

"河南巡抚毕沅正好来北京述职，你周震荣叔叔介绍他去相见，准备商讨写一本书的事。你知道你父亲为了你们一家东奔西走，有多么辛苦啊！为了学问的事，他又是那么尽心，他是一只真正了不起的刺猬。那些官本位的人是狐狸，而全国只有你父亲这么一只刺猬，他横冲直撞地搏杀，真了不起啊！"

"什么是狐狸，什么是刺猬？"

"这也是郎世宁给我讲的一个故事。他说：'世上有两种人，一种人是狐狸，一种人是刺猬。狐狸聪明，刺猬执着。郎世宁说将来那个做学问的就是刺猬，中国狐狸多如牛毛，一只刺猬不知猴年马月才能出世啊？'现在出了你父亲这样一个人，你们儿女要理解他噢！"

"我们记牢了。"

章学诚去见毕沅，受到了热情接待。本来是午睡，听说章学诚来了，也不午睡了，赶快接见，而且亲自捧茶，一副礼贤下士的样子。章学诚看看这位河南巡抚，身高，眉高，鼻子高，头大，眼大，嘴巴大，发黑，眉黑，胡子黑，一副气宇轩昂的样子，不大像一位文人。而听说他是乾隆二十五年（1760）状元，历任陕西巡抚、陕甘总督、湖广总督等。精通经史地理之学，书法一流，著作等身。言语儒雅，笔文高远，而且奖掖学术，厚待学问。人有一技之长，必厚礼聘请。唯恐其不来，来则待遇优厚。因此门下延揽学人众多，深得士林推誉，蔚为人望。

章学诚看毕沅真心实意待人，也就寒士气壮地自我推荐了一番，他感到自己也没什么好谦让的。毕沅认真听了他说的家中穷困潦倒至此地步，眼中都含了泪花，立即给他介绍了一所薪资最高、风景最好、赫赫有名的归德文正书院去担任主讲。

毕沅接见章学诚时，知道了章学诚有如此深厚的史学文底，他想共同编一部《史籍考》。周震荣谈过清初虽然有人写了一部《经义考》，然而未涉及史考，实为学界一大憾事。毕沅早就想编这部《史籍考》，他想让章学诚为主编，他的幕府配十个人，让章学诚在文正书院招十个人，在北京也招十个人，说干就干，这件事立即开办。章学诚摇摇头，自己有罗隐之貌，却无白居易之才。毕沅点点头，恰恰相反，章学诚倒有白居易之上之才，人人都会写诗，都可能成为白居易。白居易却无史才，你的史才，中国能有几人。罗隐很矮，你不矮。罗隐眼瞎鼻无，你是眼亮鼻有，感到章学诚一点儿也不丑。章学诚不好意思地笑着抬起头，巡抚眼中出才子，太高看他了。

两人哈哈大笑道别。

第二天，甄松年在自己家给章学诚办了生日宴会。请了周震荣、邵二云、张维祺等章学诚的好友参加。大家纷纷向他祝贺，全部赋诗一首送给他。章学诚也喝了个透，大家还唱了儿时的歌。唱得童心袭来，他们欢乐得又像回到了童年。

虽然天寒地冻，章学诚拖家带口，从保定来到河南归德文正书院。

归德书院虽然放假了，但还有学生在留校苦读。校舍整齐，窗明几净，一排排的校舍环绕在一棵棵青松翠柏之中，使校园显得空阔而寂静。几个教师在树林里悠闲地打着太极拳，隔一会儿，就变换不同的姿势，就像河南中原大地的古风史影在摇来晃去，显得那样优雅而文静。教师的寝舍也是一流的舒适美观，让教师们才有如此气度。

章学诚一来就喜欢上了这个地方，心想再也不要在保定租住旅店了。他看到一个教师正在学校的怀玉湖边钓鱼，坐在一件黄杨木精雕细刻的马扎上，显得那样高贵而又富于情趣。初春的湖水十分清澈，反射着天空的蔚蓝。调皮的春风都不知跑到哪儿去了，河中没有一点儿涟漪。对岸的麦苗一望千里，就像河南人的心怀那么广阔。湖中几只天鹅趁着这美好的春色，此起彼落，天上地下飞跃欢腾。虽然那个老师那样地漫不经心垂钓，但一会儿就钓了不少大鱼。他扯下一枝柳枝，拿在手上搓了搓，将柳枝里边的柳木条褪下来，从鱼鳃中穿上了鱼儿。剩下的柳条皮儿，做了三枝柳哨给了章学诚的大孙子和二孙女，他们吹响了一个春天。章学诚心中无比愉快，他感到家中好像少了什么，突然问贻选，怎么不见了大孙女，她可是最爱吹柳哨的。

贻选看看再也瞒不住了，就含泪跪下了，请爹爹万分原谅，她在去年已经因为小伤风，不想吃饭，在冻饿交加中去世了。孩儿本想实话告诉你，那时你正在为家中生计东奔西走，心中为之不忍。又加之你生日正好到了，甄松年伯伯为了使你五十大寿不至不愉快，让我们全家坚决不能告诉你。都怪孩儿不懂事，万请爹爹不要生气，要打要罚任爹爹处置，孩儿再无半句怨言。章学诚听了泪如雨下，心中实在是不忍心说儿子半句，更不能怪老友的好心。就拉起贻选，快起来吧！这怎么能怨你，你甄松年伯伯也是一片好心，又怎么能怨他呢？只怨我这无能的老朽，想着日子的艰难号啕大哭起来。俞中秀和全家人过来相劝半天，大家都直自责。

章学诚想想才来这个好地方，悲悲戚戚的也不大好，都别自责了，也都别哭了，你们的好心我领了。你们知道的，明天我就给学生上课了，我不能把哀愁带给学生。第二天他微笑着走进教室。

学生鞠了一躬齐声喊道："请先生谈谈一生中什么时间学习最好？"章学诚知道这儿有一个老学生，做生意成了富人，五十岁学习古文，七十五岁考中了进士，对年轻学生学习压力很大。

他笑着答道："人到中年，老年以后，不可能专心读书。可能个别人读书取得了成功，但那只是一个特例，不等于全部，不能以偏概全。教学就是诚信，学习就是诚信，绝不是空言。归德，就是归于道德，归于诚信。学习要趁年轻。只有年轻人专心读未读过的书，才能成就未出现过的伟大事业。'天下不能无风气，风气不能无循环。''是以学皆信而有征，而非空言相为授受也。'[1]他的课讲出了学生的心里话，赢得了

---

[1] 章学诚著《文史通义》第44页，上海古籍出版社2008年版。

一片掌声。

有一个学生站起来："不懂一篇文章的意思，让死记硬背，这样的学习方法好吗？"章学诚得知先前一个老师主讲此班，让不懂意思，先死记硬背，叫做读书百遍，其义自见，背书三遍，举一反三。

章学诚道："这个方法是错误的。只有老师讲析后，学生理解了这篇课文的意思才能背诵记得住。这也是教师人格的'信而有征'。"他知道之前有一位学生因为对先前教师的教学方法质疑，而被打破了头死了。学生家长告了，知府判下来，老师不负任何责任，但归德书院还是把那位先生辞退了。章学诚的回答获得了学生们一片叫好声。

接着章学诚开始教学，他先领着学生读了《诗经》中的《关雎》。学生读得不正确的方言，他按北京官话纠正了。因为顺天府乡试，首先考的是读音。他开始讲析这首诗歌的命题，主旨，结构，写作手法，赋比兴变化，文章的生活真实和艺术真实的区别，反正对仗，押韵顿挫，层次转折，修辞炼句等基本功。他的讲析又一次引起了雷鸣般的掌声。

章学诚认为："琐细之言，初无高论，而幸入会心，竟垂经训。孺子濯足之歌，通于家国时俗苗硕之谚，证于身心。其喻理者，即浅可深，而获存者，无俗非雅也。"①

在这几句话里，我们可以看出章学诚居然把百姓的言论和圣人的言论都一样地列于可以垂训家族、国家的理论遗产里。这种高瞻远瞩的眼光，不得不使今人感叹：章学诚所说的"义旨"条件，必须效法古人"言公"的精神：观社会言论，奉劝天下人，爱国忧时，激励风教，学易天下。因为这些有利于民众的言论，是通于自身、家庭、国家的大事。

章学诚的教学方法得到了普遍的首肯，使学生满意，家长满意，社会满意。同时也招来了一些学校老师的白眼，黑眼，高眼，低眼。不免引起了书院山长的担心，害怕章学诚靠毕沅的势力取而代之。章学诚在

---

① 章学诚著《文史通义》《言公》中。

教学上踌躇满志，往日郁闷一扫而光，心情比任何时候都要愉快。在生活上，文正书院足以安置家小，衣食无忧。这种生活状态，正是他多年梦寐以求而不可得的。因此在担任文正书院主讲这一年多，是章学诚生活中颇为志得意满的时期。

乾隆五十三年（1788）秋，毕沅升任湖广总督。腊月初三，章学诚在毕沅的征召下，第六次下江南，投毕沅于督署，毕沅请教准备修撰《湖北通志》之事，他谈了自己修志的十大学说和修志的二十五年实际经验，章学诚感谢在毕沅的大力支持下，自己主持的《史籍考》编纂工作也紧锣密鼓地展开了。多年的学术积累终于有了用武之地，借此大显身手。他除必要的应酬之外，得以有充裕时间，以年节来编纂《史籍考》，这本书已有二三成了。毕沅大为称赞，当即真诚地表示，若《史籍考》修成，将买一座大山送给他。他看毕沅政务特别繁忙，五天后回归德。

年底邵二云来了信，他及时回信。年关到来又修改一遍，对《史籍考》这部书编辑了写作要领，提出了自己的思考。

尊敬的二云：

我的老朋友！

你不要以为我会忘了你，我是将我们的友情视为生命的人。只因每日除了教书，还要思考这部书的写作要领。有些事情我还没有思考，哪能拿给你结果。你要骂我，就骂我爱反复思考的脑袋吧。好朋友骂几句，我才能心安理得地生活。只有你能骂几声，才是我最大的幸福。我的可怜之处，就是你太文明了，从来不会骂我。

我想《史籍考》的写作思路应当是这样的：古今学问作为文章的材料，写成的文章要像锅一样实用，这样喝粥吃大餐就知道有多美了。我们知道了《史籍考》这部书的用处，这就是我们编纂《史籍考》所遵循的道路。

我们不能跟着当前不好的风气亦步亦趋，只知道收集材料，不理解铸锅的用处。如是下下策那样，就会只收集一些沙子、戈壁、大粪、黄土之类的东西，收集这些东西一点儿也没有用的。

我的朋友二云，我这个人你是知道的，生性鄙薄浅陋而率真傻直。生平所得到的思想，没有不在言谈之间的。写到我的笔下，也多是新奇惊人的文章。归德这地方某些文人，就如小偷一般，专门抄袭我的谈话资料，经常作为他们的生活资料和生存策略。你老朋友是知道这儿一些人的，他们的浅薄无耻，世人难以比的。

我感到在编写《史籍考》时，就像我心灵一样的美好！

至于我的生命一样的著作《文史通义》一书，今年秋天，又写了十篇。一月编辑了专门一卷。一是撰写我心灵一样的文章《史籍考》，二是撰写我生命一样的著作《文史通义》，两本书互相间隔写作。这样反而使我的笔力千变万化，使我的笔锋双管齐下。这两种著作已经撰成几卷，也快成为两部著作了。

二云，我亲爱的朋友，世上哪一部书不是智慧的结晶，哪一本书不是心血写成的。愿你今后闲时，把这两本书当作你的两个新朋友吧。

章学诚于归德

乾隆五十三年腊月二十三小年

真是世事难料，好景不长，是年七月，毕沅升迁。靠山一走，世态炎凉，章学诚马上受到了归德府官员的冷遇，书院山长更是冷眼相向，过去满脸堆笑变成了冷若冰霜。诸位同事更是故意找茬，不是说他班里的学生太活跃，没有读书的样子，辱没斯文，就是造谣说他的学生出入花巷，找花女，采野花。他让山长查实，山长根本不查，说当老师的都是学问之人，是不会胡说的，让他自省。到了冬季，他就被归德书院告知，已经聘用别人。他失去了归德书院讲席。从此，他书院的日子也就结束了。他下定了决心，以后有介绍他到书院讲学的，他也坚决不干了。

　　章学诚离开归德府文正书院后，仅仅一年如鱼得水般的生活被迫中断。他又开始四处奔波，八方求告。天下之大，竟安放不下一个进士的书桌？他又到哪里谋生？章学诚又一次陷入巨大的窘迫之中。家小需要安顿，吃喝急切需要解决。他去拜访时任安徽亳州知州的老友裴振，请求拉他一把。裴振当即表示接纳相助，他带一家人迁居到亳州，暂做安身吃饭之地。

第二十四章

立言《亳州志》

乾隆五十四年（1789），清政府开始重视方志编修工作，方志发展进入了一个新时期。对亳州知州裴振来讲，编修志书是一项千古流传的政绩。而且有章学诚这样的方志大家在身边赋闲，另有章学诚的四个儿子也是修志内行，又无所事事。修志可救一家人于水火之中，又何乐而不为呢？于是秋季就请章学诚主修《亳州志》。

章学诚对所修《亳州志》十分兴奋，他写下了如下的日记。寄给邵二云看了，邵二云惊愕不已，说他在向《四库全书》开炮！

乾隆五十四年八月初六　霁

多日的阴雨，使亳州变得压抑，今天突然放晴。写作累了时就以平常心出外看一看，数一数那些泥泞中人们挣扎的脚印，也算是一次老天真吧。

这几天撰修《亳州志》，颇有新的心得。我现在看过去撰修的《和州志》和《永清志》一半都是夯土垫底的地基一样。现在修志，知州裴振眼光远大，对待真正的修志人才特别信任，没有一句外行话在嘴里胡说八道，还让我与他同行视察亳州广阔的地域，遥远的道路。亳州四乡八镇名胜古迹众多，我又没有时间一一旅游涉猎。三教九流和鳏寡孤独在世的，我又不能当面询问他们的艰难委屈。我感到不如《和州志》和《永清志》那样实地走访搜集来的资料多。然而《亳州志》文献资料他人征集充足，两相比较，《亳州志》各方面远远胜于前两志。

我认为要在《亳州志》中专设掌故。这有别于干巴巴的《四库全书》，从此在《亳州志》的倡导下，掌故成了志书的新写法。我相信以后必将成为方志的新理论，因为这样写利于社会长治久安和百姓安居乐业，修志者又何乐而不为呢！

乾隆五十四年八月初七　虹

亳州的橘树很容易成活，然而亳州府湖畔的金橘树却不容易活。因为它金贵，修志就像种金橘树一样，即使金橘树活了，金橘也不容易得到。金橘就像我们《亳州志》志书中人物志一样难得啊。

《四库全书》所撰写的志书人物，反映类别时就不用人物表了。人物量多却没有所谓的人物表。而人物志又不像人物志，所以《四库全书》的弊病已经很突出了。历史上自司马迁撰写人物以来，没有容易写的。尤其是人物传记就更难写了。而《四库全书》志书中的人物，却删去人物人生的事迹，只总结大意撰写，简约省略方志写法的篇幅，还将人物分门别类。既不是叙述体也不是议论体，又像散文又像骈文。书中一会儿是冬天寒冷，一会儿又是春天温暖的修辞。描述一本人物志，全是下结论的话。泛滥收集人物资料，下流的事迹也加以记载。没有剪裁那些重复的材料。至于记录人们品格都如曾参司马迁一般伟大，治理国家都如黄老刑名的法律一样严厉，学问都如汉朝的儒家一般高深。千人一面，人物性格难以求新求奇。

这不是像自己讽刺自己写的书吗，这种人物志保存起来不值得去议论它吗？即使有写得所谓的佼佼者，高雅尚能别具一格，但是却又简约省略其文笔修辞。荒谬地说委托高人，或者又说模仿古代竹简，注解者是效仿石刻题名记叙方法。虽没有恶毒切肤之言，实在是愚弄了通达剪裁之人和天下豁达之士。所说的好像人物志又不是人物志，好像是注解又不是注解。这样做痼疾已经很严重了，所以《亳州志》的历史宁取家谱的资料，都不收《四库全书》中亳州的材料。

乾隆五十四年八月初八　霁

《四库全书》中一些人物列传写得琐碎泛滥，这尚且与原作者不能担此修书大任有关。然而最主要的是与他们没有了解人物传记的体例有关。一些人说：我们这部《四库全书》的写法是有根据的，司马迁各种传记也是这样写的，班固的《古今人表》那样写是错误的。

这些史学家责备班固，他如此便成了众矢之的。我仔细审视其中的原因，是否可以考虑不可轻易地责备班固。《汉书》是一部伟大的著作，这些历史学家只要认识到这一点儿，就会奉他为千古人物表的祖宗。就会感到班固写的人物表就如雪后初霁那么美，美丽往往也是有缺点的。如它的奇寒，如《汉书》人物表的特别简洁，这怎么不招骂呢？大家多疑班固不一定出于创造性的写法，对于古人他应当有所继承。其他诸位儒生写志书的人，也是用的老祖宗传承下来的写法。班固将人物表删改后，列在《汉书》中。他人物表的写法好美，他的笔法大家一看，再写人物传记就可清除繁杂。可惜班固写的人物表被人们恶毒地诋毁，没有人用他所辑录的资料还他真正的心思。

《四库全书》各部志书，书写人物的部分不免繁琐芜杂，而淘汰又似为不可。这就是不了解人物也可另外列表记载，不应当在志书中事事都记载完备的原因。

现在我们这部《亳州志》创立人物表的体例，便会觉得原来撰写的各种志书列传，不免玉石混淆，杂乱不分。

人物表列为方志的一部分，是《亳州志》一大贡献。我们的立论一成立，人们方可称《亳州志》为方志之基了。

邵二云看完章学诚的这三篇日记，往口袋里一装说："这是掉脑袋的话，你章学诚竟然敢批《四库全书》，我给你收起来吧！"回信把章学诚狠剋了一顿，章学诚认了错了事。

有一天裴振正在看书，听到吴中鸿举人和章学诚大吵大闹。

吴中鸿不满了：《亳州志》可以比拟于历史一样详尽，陈述规范可和《史记》一样匹敌于天下通行。你竟然不满意！

章学诚笑吟吟地，浙江人的智慧永远是幽默的：

我们的志书有缺失，没有记述的三种事啊！

第一胆小如鼠。方志如诗仙，钻入眼中眼之事。在灯儿不明，梦儿不成，也能心灵白明之事。前边志书不当，后边修志者不敢修改，让志书错误容易存世，即便互相印证错了，也不敢说一句公正的话。不把修志看作无穷的事业，后边修志者没有一点儿胆量改动前边有误志书，而且别出心裁地故意让志书错误千年。这种修志的事也不能不给立传记述。

第二指鹿为马。前边的志书正确，后边修志的错误地改动之事。这是方志家的习俗，喜欢改前人的、别人的文章。如果经人三次改动，就会以讹传讹将虫子写成大象的大错特错。这种修志的事也不能不给立传记述。

第三掩耳盗铃。就是班固因循司马迁，范晔又继承班固衣钵，不亦乐乎。没有一点儿创造性的剽窃如贼一样。区区一州一县志书，既然没有别出心裁的创造性，移三易四，辗转相因，是庸人自扰也。这种修志的事也不能不给立传记述。

裴振突然进来哈哈大笑道："吴中鸿兄，他就是我们《亳州志》的总纂。几十万字都是他亲自写的。他虽然忙得一直无缘和你见面，却是我们的老师。他就是不欺古人、不欺历史的章学诚啊！他是在考你对他的修志理论的理解。你回答的是他精彩的修志思想。我们《亳州志》怎么能不千古流传呢？真是谢谢所有的修志老兄了，后天中秋游于月殿之下，我设宴请你们！"

章学诚留给后人的志书作品，最有成就、最具认识价值。他把自己的志学理论《修志十议》《方志三书议》用于编修方志的实践中。他撰写的《和州志》《永清志》《亳州志》等都以平实温雅手法，简约流畅的撰写，在中国方志史上自成一家。细读其荦荦大端的全部志书，他写了一个科学数字真实的中国，他破天荒别具一格的撰写，他写的历史就是吉光片羽都那么真实。说真话的思想家和史志学家，永远受到全人类的尊重，这就是章学诚成为国际文化名人的原因。

章学诚正在兴奋地修志之时，俞中秀一把鼻涕一把泪地跑来，章学诚，咱们的大孙子没了！章学诚从桌子边站起来，怎么回事？早晨不是好好的吗？俞中秀说了原委，已经咳嗽了几天了，我和儿子早就让他去看郎中，他满不在乎，爷爷和爹爹挣点钱多不容易。大小伙子了，一点儿小毛小病能扛过去，真是个懂事的孩子呀。早上他去上学的时候我就看他脸色不对头，脸上那么潮红。我要摸额头，他不让摸。到了半中午他从书院回来，要躺一会儿。他躺下我给他盖上被子，我到隔壁来纺线。突然听到了他一阵高声咳嗽，然后倒抽了一口气。我和他几个婶子赶紧过去，人已经断了气，地上吐了一大摊血，叫来郎中一看，说是没救了。

章学诚赶到出租院内，走进孙子的卧室一看，孙子好像在等他回来，一副死不瞑目的样子。他伸手将孙子眼皮抹了，才安然地合上。他看到孙子两拳握得紧紧的，一副不服输的样子。他把孙子的拳头掰开，手掌平和地放开。他对孙子深情地点点头，孙儿，你安息吧！爷爷对不住你！你为了省几个钱，搭上了自己如此年少的生命，我亏心啊！说着老泪纵横地给孙子用白绸子蒙上了脸。

章学诚握紧拳头，我看买块好墓地埋了，就不搞阴配那些俗不可耐的事儿了。俞中秀哭天抹泪，买块好墓地，说得轻巧，章学诚，钱呢。章学诚咬咬牙，我到亳州衙门里先借支上二十两银子，过几天发薪俸之时，让他们扣就是了。华练热泪盈眶："这样办法好！要不然我真想上街托钵乞讨埋葬我这好侄儿，他和我最对眼。"说着号啕大哭起来。

晚上章学诚难过得饭都没有吃。贻选赶快熬了一碗枣粥让他吃了。他只吃了一半，就躺下睡了，一睡下就进入了梦乡。

一会儿，三女儿、小儿子、长孙、长孙女也都来到他的面前说："我们虽然都是为你穷死的，我们死而无憾。"

四个孩子说完向着天堂飞去。

他梦醒了，再也支持不住悲愤的心情，决定为四个孩子写上几句话。

《四儿孙祭》

我的四个后辈，是因为一个文人的贫困至极，他们在病笃冻饿中死去的。他们像四条美丽的小溪，流出山谷就没有回头的余地了，但有一条可以坚信，他们会融于中国坚强的江河，展现他们波澜壮阔的生命。

他们和那富贵人家的子弟，不能比幸福；和那志得意满的人家，更不能比官运。他们唯一能和这个世界上大多数人相比的，就是他们和几乎所有的孩子一样，他们有一颗正义之心。他们的爷爷和父辈们发誓宁愿穷死，也不去四库全书馆干那些伤天害理的考据毁书的事。他们也一样不羡慕荣华富贵，面对艰难他们不仅没有一句怨言，有时还穷而有志地不看那些纨绔子弟一眼。甚至见了他们背过身去，不去看他们吃美味佳肴的样子。穷而有志是他们的精神，富而有德是他们的向往。

在永平书院，他们也曾经有过衣食无忧，生活富裕的日子。他们在脱离苦难之后，也从不忘穷苦人，他们都以微小身躯帮助过无数的穷苦百姓。四颗善良的心，就是这四个少年最真实的写照啊。记得有一次下大雪，他们四人出去打雪仗。在扒雪时，竟然扒出一个乞讨的老年灾民来。他们四人把老人抬回了家，家中大人都不在。他们不嫌老人脏，两个男孩用自己的体温，暖醒了老人。长孙女一点一点地给老人搓脸，搓脚，终于把老人救活了。他们给老人洗了澡，穿上我的衣服。老人醒来后大吃一惊道："这是进士的衣服，我一个要饭灾民怎么能随便穿呢？"

他们齐声说："你也是人啊！你为什么不能穿啊？"

在四个孩子心中，人是最宝贵的。人是第一个应当尊重的。不管他是皇帝还是乞丐，只要是人，就应当享受人的待遇。四个少年最大的优点，就在于他们没有势利眼啊！我想这也是中国少年最伟大的品格，这也是善良的家长最希望教育孩子，第一最重要的品质。因为善良就是一个中国啊！

当我这个不争气的爷爷，在朝廷铨选之后坚决不肯去做知县，不为那一朝清知府十万雪花银所诱惑，要做学问，正是这个决定性行动实施之后，我这四个小儿孙，就在这几年冻饿病死了。我耳闻目睹了他们死后坚强的脸色。他们好像不是疾病饿冻而死的，而是带着一种光荣走向天堂的。因为他们幼小的心灵，已经懂得了做一个文化人最起码的风骨。不仅他们宁肯饿死，不为五斗米折腰，就是他们作为四个儿孙，真正让疾病冻饿死了，也一样没有为五斗米折腰。他们死时都安贫乐道。有的要为我这长辈省几两银子，隐瞒了自己严重的病情；有的忍受了人生那么大的饥寒交迫的痛苦，都毫无顾忌自己那么年轻的生命。他们就是章学诚三女儿章华蓉，第五个儿子章华经，长孙女章文珍，长孙子章文远。

那些身居高官厚禄搞腐败的人，曾经吃个菜就要上万两银子。这足够我们一家一辈子的花销了，他们把奢侈浪费只是当作摆谱拿架子的手段。可是老百姓一旦要治了他们的罪，就吓得魂不附体，甚至出逃外地。这种极其可耻的人品，还不如我的四个儿孙一点一滴的精神。他们生前虽然为我的正义吃尽了苦头，但我想他们不会白死。老百姓也不会让他们白白冻饿病死，老百姓不答应的事，我就得把他们的事迹写出来，使他们的美名传扬，这样无数的少年就会学习他们，他们也就成了千秋万代华夏少年的榜样啊！

假如他们四个少年不这样轰轰烈烈而死，而是那样盛气凌人不可一世地活个百岁又有什么意思呢。又怎能让历史讴歌他们，让英雄为他们长叹而起呢？

四个儿孙虽然年少，死时都是十三岁，但他们像大地那样淳朴，像小草那样天真。他们淳朴的心灵可以包容我这个无能的爷爷，他们也可以包容天下的一切。他们天真的灵魂竟然那样信任我这个一根筋的爷爷，所以他们也会天真地诚信我们人的一切。谁不与这四个可爱的少年接触，谁也不会相信世上有这么可爱的少年，谁不与他们生活，也不会相信在这尔虞我诈的人间，还会有这么美好的心灵。其实中华文明创造的少年，都是这样的，他们就是中国少年最真切的缩影啊。

我的四个儿孙，让我认识了大地，也让我认识了小苗。像四个活蹦乱跳的小精灵，变作四粒美好的种子，进入了大地。经过几番风吹雨打，几番耕种锄作，他们一个个从大地上破土而出，在大地的抚爱下拼命地生长。他们美梦成真地成了一棵棵小苗，来到了章学诚的家，做了我的儿孙。他们横陈蓝天，既然赤裸裸地来到人间，那就得忍受一贫如洗，在他们看来这又算得了什么？他们用他们的绵薄之力，贡献了他们的一切。

他们是我章学诚的四个杰作。他们是同我的另外四个儿孙，《文史通义》《校雠通义》《永清志》《亳州志》几乎是同一时间诞生的，同时又那样辉煌着我的心灵。每每想到这些，我就想到了创造的幸福。你们的生命也在我的创造中得到了永生。

我因为有了他们四个懂事的儿孙，可以说我是这世界上最幸福的人了。因为他们的永生，这使我得到一点儿安慰。

章学诚

乾隆五十五年小年

他写到这里，再也支持不住了，泪落几滴，长夜当哭。

毕沅从北京回到武昌路过亳州，向章学诚转达了好友汪辉祖要和他做亲家的善意。章学诚大吃一惊，就给老友写了一封信，谈谈他对史德问题的一些思考。汪辉祖（1731—1807）浙江萧山人，乾隆四十年（1775）进士，曾任湖南宁远知县、道州知州，著有《元史本证》《梦痕录》等作品。是章学诚相交三十多年的好友。

尊敬的汪辉祖好友：

　　顿首！

　　毕沅巡抚自京返鄂来亳州，谈及你对我这个老朋友的真情实感，我十分感动。

　　他谈到我的长孙女应该到了找婆家的年龄，你们夫妇很想和我做亲家。我要真诚地对老友说一声，对不起了！她前年已冻饿而死了。望你的孙子另谋佳人吧！请不要难过，凡是世上的人谁又没个七灾八难的呢？

　　人是为知己说知心话的。

　　你来信要我谈《史德论》的一些思考，谢谢你这么喜爱我的文章。

　　刘知幾所说的有学无识的人，如愚蠢的人拿着贵重的金子，不知怎样熔化为金耳环等器物。我推断刘知幾议论所指的人，选取的历史资料载入史书中时，删掉了忠臣而将奸雄载入史册，排斥为正义而死有气节的壮士而粉饰那些所谓主要的国贼大盗。也说这是一家之言记载的历史，这还是历史学家的识吗？这绝不是历史学家的识，能具有史才之识的人，一定知道这是罪恶的历史学家。

历史道德是什么？我认为就是写历史的人的心术也。那些糟蹋历史的人，所以是在自己糟蹋自己，诽谤优秀历史著作的人，是在自己诽谤自己。这种行为是人所不齿的，他的文章人们怎么能给予重视。魏收这个人矫情地诬陷历史，沈约这个人阴损恶搞历史。读他们书的人，先不信他的人，其担心还有比这更重要的吗？

优秀的史学家走在空旷的原野上，就连春风都能感动，他和客观真实紧紧地依靠着。客观真实犹如一股股暖流，传导到自己的心里，他已不感到春寒一阵阵冷，他反而感到一阵阵热。只有他才能客观地看待春天，不主观地以为是冬天。他唯恐他的意识，破坏了大自然吹来的温暖和新奇。

白鸽的哨音从我头上掠过，甜蜜的春风抬起头来，它们一起朝着一个方向，飞向那神秘莫测的天空。我把春天披在肩上，用手擦一把热泪，我仿佛被那些历史人物感动着。但是我是史学家，我不能感动，我必须站在中立立场上客观地记述历史。我头上的鸽哨优美的声音、春风感动得我直流眼泪，但我要把我的真情全部剔除，只记录天空和大地真实的一切，这就是史学家的道德。不溢美，不夸饰，因为史学家永远得客观公正。

我认为写历史的人，首先要有道德。这个道德是什么呢？最主要的就是要客观地撰写历史。而其人是否客观，这是与这个人的道德品质有关的。

写历史的人，只以自己的主观好恶写历史，那就夺去了历史的真实性，那就会睁着眼睛说假话。使历史成了颠倒黑白的伪书，就会误国误民，贻害无穷。

如果一个蛤蟆坐在井中，不肯爬到井外去看看天地，硬叫着天地就是井那么大。如此主观片面，能说他写的历史是客观全面的吗？

这几年我虽然四处奔走，但有时往往偏安于一隅。不像你全国经常视察，眼光远大，现写信向你请教。

人呀，才，学，识三种能力得到一种都很不容易，而兼有三种才能的人尤其难得。千古有学问的人很多，然而优秀的史学家就很少。这主要是什么原因呢？

历史所尊贵的是撰写道义，然而有的史学家所陈述的事实有出入，所凭借的材料华而不实，所以不能成为优秀的史学家。有位古代史学家自我感觉，他所记叙的历史就是齐桓公、晋文公的道理，其所撰写的是真正的历史真理。孔夫子看了就说：自己说自己写得好的人，就等于盗窃了历史据为己有。古人刘知幾，他说过这个道理，但没有足够的道理说透。我辈能说透吗？

没有胆识不能判断是否是真理，没有才能不能撰写优秀文章，没有学问不能成就大事业，这三种能力本来是各有不同但很近似。其中把本来人就有的，当作似是而非的一些才能。例如，有人将记忆和背诵能力认为是大学问。有人将善于记录优美文字的人认为是文才。有人将击掌马上判断认为是有学识。这是优秀的史学家的学识能力吗？

历史的智慧，时代的精英，天马行空而来。他们凭着气宇轩昂的风度，淡定无欺的从容，纯洁典雅的风度能说清吗？

章学诚

乾隆五十六年正月初八

第二十五章 《湖北通志》行远

　　乾隆五十六年（1791）章学诚在凄风苦雨和怀念儿孙中度过了新年。二月初二前往湖北武昌，三月中旬到达后，随即拜会了毕沅。毕沅又一次极其热情地接待了他，并同意重新开局编写《湖北通志》和《史籍考》，另外毕沅正在编《续通鉴》，让章学诚襄助校雠编写。

　　章学诚在东湖湖畔一户人家租了一处房子。虽然离湖广总督府远了点，但价格便宜。房东看他是个进士，竟然那么平易近人。好像章学诚一住到他家，他家就蓬荜生辉一样。过去老两口老吵架。老头儿嫌老婆子脑子不开化，不让他去打麻将挣钱。老婆子嫌他赌博不仅败坏了门风，而且使家中输得一贫如洗。老头儿要把十亩田和一座院子卖了去赌钱，老婆子死活不让。章学诚来住之后，每日晚上相劝老头儿，老头儿也不赌了，也不和老婆子吵了，一家也和睦了。

　　毕沅来拜访章学诚，答应由湖广总督府付房租，房东老太太高声大叫："不收房租，章学诚大人的公道就是银子，文明就是银子。"

　　毕沅认为老百姓的话有道理，这两句话真是至理名言，让师爷记下来，让章学诚将这件事和这两句话一定要写到《湖北通志》中去。

　　章学诚不以为然："一笑了之吧。"

毕沅一本正经："万事我都是认真的，你这个《湖北通志》的主编可不要马虎。这两句话就是《湖北通志》最好的开门红。"

章学诚在湖北省府衙门办公，他把自己的工作日夜运转起来。

上午主编《湖北通志》，下午审编《史籍考》，晚上编纂《续通鉴》。

乾隆五十七年（1792）三月初三，大学士翁方纲到湖北视察，毕沅到湖北黄陂迎接他。翁方纲特别急切想见见老友章学诚，总督是否帮个忙。毕沅感叹，真不凑巧，章学诚作为《湖北通志》的主编，他到常德府去搜集资料去了。他还要检查《常德府志》的撰修情况，以便为《湖北通志》提供第一手资料。翁方纲疑问，他是主编大家，这些小事他都要亲力吗？毕沅解释，他认为没有司马迁三下江南，五上朔北的实地考察，就修不好志，他这种精神难得呀！

毕沅正向翁方纲交谈，忽然见到管家在办公厅堂外面不好意思进来。把头瞧猫①的，他让管家进来，管家大惊失色的样子，总督大老爷，了不得了，你最信任的那位大文人章学诚当土匪了。毕沅一听哈哈大笑起来，天下人都当了土匪，他也不可能当土匪的。你放心吧，不出三天，章学诚会回来的。你想土匪要年轻的，他们要个五十多岁的老文人有什么用？你回去就等好消息吧！

果然不出三天，章学诚真的回来了，他和毕沅一见面，两位老友哈哈大笑了半天。毕沅笑问，章学诚你到底怎么回事？荆州知州崔龙见报告，总督大人，章先生把五十五个土匪引出山外，全部从良为民了。我要给他记一大功哪！毕沅喜悦的双眼像探询的火焰，真是让你演了一场好戏嘛，说说你怎么走到土匪窝中去了？我可是最爱听故事的。一定要真实地讲，这样才够味。

章学诚将这几天写的日记拿给毕沅看：《湖北通志》撰写了一位大孝子，赡养瘫痪母亲三十年。他十三岁时，湖北发大水，他的祖父、祖母、父亲、叔叔全被洪水冲走了。只剩下他和母亲，母亲在洪水中泡了九天九夜也站不起来了。他学会了照看母亲的方法，又将家中十亩田耕

① 湖北方言：鬼鬼祟祟在门外看人之意。

种得好好的。虽然他家景好，因为有个瘫痪母亲，谁也不敢嫁给他。他打光棍三十年，将母亲伺候得比他还年轻。三十年后，母亲站了起来能走路了。有一天一位恶霸奸污了他母亲，他一气之下将恶霸打死了。官府来抓他时，他当了土匪。《湖北通志》只收集了他照顾母亲的事迹，没说他以后当了土匪。我到乡下一调查，深感是奇人奇事，就主动去了解他的事迹，并把他的事迹写下来念给他听。他听了我写的直流泪。没想到他竟然还是土匪老大，他自己的事迹深深地感动了他自己。他决定弃匪从良，但他又不会给大家讲道理。他让我给大家讲，我就把无数史志故事讲给他们听。谁知这些当土匪的汉子全都是性情中人，他们被我讲的故事天天感动得直哭，最后五十五人全部要求从良。只是问我，崔知州要把他们怎么办？我回来和崔龙见知州一讲，他写了保证书。保证五十五个人从良后一个不杀，一个不抓。没有地种的发给三亩地，没有屋住的，荆州衙门负责给盖一座屋，这样土匪们就全部从良了。

崔龙见向毕沅汇报，章学诚为修志收集资料掉入了山崖，这太危险了。一个《湖北通志》的大主编，收集资料的事让编辑们干去，尽管写就是了。章学诚认为，不收集真实的资料就写志，那不是成了无源之水、无本之木吗？要说我掉入山崖，别人可以这么说，因为是亲眼看到了。作为我本人这都不是真的，是我故意滚下山崖的。虽然崔龙见认为，这有点儿不太可能，但是我章学诚明白，我那天由那匪首的妻子领着上了山。

毕沅疑问，你不是写他打了三十年光棍吗？怎么又有妻子了？毕沅当年参加殿试，得了状元，据说乾隆给他试卷有一句评语，"大清朝记性第一也"。

章学诚再请毕沅看他的日记：土匪头子是在伺候老娘三十年的时候，有一个荆州城里的老姑娘，因受不了父母的唠叨，她听说那个人入了《荆州志》，主动找上门来就嫁了。她目睹了恶霸强奸婆母的事情。因婆母长得太美了，而又显年轻。她却是个丑女人，恶霸连看也没看她一眼。她那天见我去调查她丈夫的事，就来了劲头儿，立即带着我要去找她丈夫。我的两个随从说啥也不让我去。我说：写志是什么，就是"我不入虎穴，谁入虎穴，我不下地狱，谁下地狱"。崔龙见认为，你应当说"不入虎穴，焉得虎子"更确切些，人们纷纷阻拦我去，"土匪们可不是虎子，是五十五只真正的大老虎啊！"其实他们认为这个女人长得奇丑，一定是个坏女人，说的是假话。我说："我就长得很丑，我是坏人吗？"他们才不拦我了，那女人把我领到一个悬崖峭壁之处。她点点头，"我丈夫就在下边"，我一看旁边有一座山坡，绿草匝地，绒毯一般，草儿青翠欲滴，花儿溜坡开放。既没有一块石头挡路，也没有一棵小树挡道。如果我直接滚下去，那不是很轻松吗？我眼睛一闭，就直接滚下去了。正好滚到了崖身半中腰，由于草花太厚，不但没把我伤着，还把我安全地挡住了。我又使劲一滚，才一下子滚到了土匪的匪巢里。我一到那里，他们看我这么勇敢，竟然是滚下崖的，说我为他们创造了奇迹。这也是他们特别尊重我的原因。最有意思的是他们刚见到我十分惊奇，还以为我是受了什么冤屈参加入伙的。进士入伙，是山寨天大的喜事，杀猪宰羊，畅快喝酒祝贺。等他们一看我只是个写志的，没有什么背景，都垂头丧气的，又看我虽然穷困却没有一点儿匪性更是失望至极。以后我混熟了匪首，他们才认可了我。

毕沅使眼色，你今年正好五十五岁，招安了五十五个土匪，这是巧合还是天意？

章学诚严肃起来，是湖北修志修对了。

毕沅越看章学诚越喜欢，一肚子都是怜惜：土匪们打你，骂你了吗？

他们一看我的进士服，都乐得欢呼雀跃，恭敬如神仙一般，哪里还会打我呢？

章学诚以自己的亲身经历，曾经上书："由官迫民反观之，则吏治一日不清，逆贼一日得藉口以惑众也。以良民胁从推之，则吏治之坏，恐亦有类于胁从者也。盖事有必至，理有固然。其最与寇患相呼吸者，情知亏空为患，而上下相与讲求弥补，谓之'法'……'设法'者巧取于民之别名耳。……盖既讲'设法'，上下不能不讲'通融'，州县有千金之通融，则胥役得乘而牟万金之利，督抚有万金之'通融'，州县得乘而谋十万之利。……侧闻所'设'之'法'，有通扣养廉，而不问有无亏项者矣；有因一州县所亏之大，而分累数州县者矣；有人地本属相宜，特因不善'设法'上司委员代署，而勒本员间坐会坡，或令代摄佐贰者矣；有贪劣有据，勒令缴出赃金，而掩覆其事者矣；有声名向属狼藉，幸未破案，而丁故回籍，或升调别省，勒令罚金若干，免其查究者矣；有膴腴之缺，不问人地宜否，但能担任'弥补'，许买升调者矣；种种意料难测，笔墨难馨之弊，皆由'设法'而生也。"①

　　章学诚上面所描写的种种"通融"，已经造成官逼民反之势，官场一日不干净，土匪强盗就会天天造谣惑众，胁迫良民造反，官场吏治之坏，恐怕也有一类当官的胁从良民闹事。一个事件的发生，一定有其是非因果。从以上章学诚揭露的这种"设法"状况，已经涉及他所谓的"笔墨难馨之弊"的封建制度。清初学者对这一点儿的攻击是不遗余力的，但在乾嘉时代的学者论说中，却是凤毛麟角，很少见到。在反对官场腐败这种立场上，他和前辈民主主义启蒙学者相似。也正是他亲身体验过，才会写得如此真实。

　　回到家中曾细君说：假如你到匪巢中去有个三长两短怎么办？哪有你这样玩命修志的。说着掉起眼泪来了。

　　我有天大的秘密，你放心吧。

　　曾细君温存地看着章学诚询问，什么秘密？

　　章学诚神秘起来，老百姓认为修志是天下文明事业，一般人认为是正大光明的清水衙门，就连土匪也认为是些正派的文化人干的事，就是土匪也是要写入志的，这样他们就会对我高抬贵手，你就放心吧！

　　曾细君撇撇嘴，你真是中国第一老天真。

　　过了一个月，有人参奏"章学诚入匪巢，通匪徒，罪不可赦"。乾隆下旨："如属实，腰斩。"毕沅一看此事非同小可，立即写信具保，马

---

① 《章氏遗书》卷二十九"上执政论时务书"。

上奏皇上说明原委，另说明了章学诚的大功和招安土匪的巨大贡献。乾隆看了奏折，对章学诚的事笑笑，御批"放也"。

章学诚一生酷爱推本溯源的修志，他在国子监，曾撰修国志《乐典》，为此他下苦功学习乐律精髓、乐谱音练。他主修的地方志，都是先采访，后撰写，全是真实的第一手材料。章学诚留下大量志书，既可见其经历是那样多灾多难，又是他五上北京，六下江南，史志资料价值很高的作品，还是他这种特殊性格的最感人的见证。清朝由盛转衰的乾隆时期的历史大动荡，注定要先有优秀的文史方志作品来表现，这个大任就落在章学诚的肩上。这是他思想的选择，也是他性格的定位。正是他不朽的史志之爱，造就了他敢于为收集资料入匪巢最真实的行远自迩的史迹。

湖广总督毕沅因五年来办事勤勉，乾隆五十九年（1794）三月十二，乾隆视察河北，巡幸天津，特批准他加入。毕沅临离开武昌时，亲自嘱咐湖北巡抚惠龄照顾章学诚。惠龄嘴里满口答应，心里却打起了小九九。你毕沅脸上风光去了，让我给你揩屁股。

此时《湖北通志》已经撰写完成，完全是按照章学诚志书分立三书和修志十议的创新理论撰写的。图、表、考、传，一应俱全，纪、科、文、谈，清晰可辨。

《湖北方志》七十三篇，二纪：皇言纪，皇朝编年纪（附前代）；三图，方舆图、沿革图、水道图；五表，职官表、封建表、选举表、族望表、人物表；六考：府县考、舆地考、食货考、水利考、艺文考、金石考；四略：经济略、循良略、捍御略、师儒略；五十三人物传记（略）。《湖北掌故》六十六篇，吏科分四目，官司员额、官司职掌、员缺繁简、吏典事宜。户科分十九目（略），礼科分十三目（略），兵科分十二目（略），刑科分六目（略），工科分十二目（略）。《湖北文征》八集，甲集上下：衰录正史列传；乙集上下：衰录经济策划；丙集上下：衰合词章诗赋；正史列传；丁集上下：衰录近人诗文。《湖北丛谈》四集：考据、轶事、琐语、异闻。[1]

    这种创新修志方法，都可让稍懂方志的人开眼。

    当年四月，章学诚将《湖北通志》整理齐备，准备在四月十八面呈惠龄。惠龄在四月十六好像听到了什么风声，把章学诚叫去，大发了一通脾气，你撰写的《湖北通志》听说写了一个状元找了一个英吉利国女人做老婆。你不要这样一味猎奇，胡编乱造，写志书一定要真实。章学诚一听大吃一惊，赶忙做解释。惠龄一句也听不进去，脾气发得更大，还自命斯文，全讲的是编修志书的外行话。章学诚就叫人把《湖北通志》全部抱来，巡抚大人，你仔细看吧，看看有没有湖北状元找英国小老婆的事。洪亮吉跑来大为不平，自古大才难觅知音，专门之学更是难觅伯乐。惠龄是个蒙古人，此人不懂得汉人文化，又不认真学习。一听人隐损文化人，他就大骂文化人。他耳朵根子太软，听风就是雨，好自以为是。虽然当过员外郎、总督、巡抚，但在文化上毫无建树。关键是他知道你是中国史志大家，他不敢骂你。只对你发了脾气，以后还有好看的呢！洪亮吉是文化界有名的直人，说话从不避人，更不会藏着掖着。他如此在修志馆放大炮，章学诚担心有人向惠龄报告，直向他使眼色。他竟然毫无知觉地说痛快就走了。这只是上午的一件小事，刚到下午上班，洪亮吉就被惠龄叫去臭骂了一顿，你们写的《湖北通志》虽然没有状元找英国小老婆的事，但没有一点儿价值，就如一堆粪土一般！

    洪亮吉轻轻笑了："你作为湖北巡抚，说话不免太轻率了。几百人干了整整五年，你一句话就把一部好端端的志书打入了十八层地狱。血口喷人也不能这么喷的，希望你作为一个巡抚，掂量掂量自己的话，再往外放出来，当官的话要放倒人，杀死人的。"

    惠龄说："我听说你在大堂上胡说八道什么？什么惠龄是棉花耳朵，汉人爱沽名钓誉，蒙古人爱好高骛远。你想干什么？为什么人身攻击本官？对于你这样的文人，杀了都没什么罪。"

---

[1]   鲍永军著《史学大师章学诚传》第210页，浙江人民出版社2007年史学评论版。

洪亮吉再也忍不住了，他站起来，一副火冒三丈的样子，和惠龄大吵大闹一番。惠龄竟然将洪亮吉关进了大牢，翁方纲正好从广东视察回京路过武昌，听说了这事，赶忙向惠龄求情，才把洪亮吉放了出来。洪亮吉一放出来，章学诚就给了些银子，让他赶快离开了湖北这个是非之地。章学诚依据毕沅从天津来信之意，主动找惠龄谈《湖北通志》的事。惠龄对这部书不满意到了极点，但又找不出具体的缺点错误。他批评状元找外国老婆的事子虚乌有，他不但不道歉，反而变本加厉地加以诋毁。章学诚义正词严又心平气和地进行了反驳。惠玲最后下令让人评议书稿。

《湖北通志》评议书稿会一直开不起来。七月，毕沅所报白莲教秘密结社不实。当时的白莲教在四川、湖北一带大量秘密结社，有的地区已达上万人。清朝的特务衙门九门提督府，首先发现这个民间教派已经成势，一旦一呼百应，将要威胁到大清江山基业，就报给乾隆。乾隆大吃一惊，就下令让毕沅细查。毕沅派了几十个探子下去查，说是只在宜昌一带出现，早让官家驱散了。九门提督府得到情报，白莲教已扩展到四川、湖北、湖南、广东、广西一带。毕沅所报出入人大，乾隆派人下来查实了后，八月毕沅以湖北邪教案奏报不实被廷议，降补山东巡抚，并罚交湖广总督养廉银五年，再罚山东巡抚养廉银三年。

官场上的事就是一人罢官，十人牵缠。毕沅离开湖北武昌前脚刚走，第二天惠龄就召开《湖北通志》审议评稿会。在会上，毕沅幕府的一些门客，为了几十两银子的小利，纷纷变脸。原因是毕沅一走，惠龄作为接任者，公开表态，不管前任薪俸的事。这些文人几十两银子就可能是一家老小一两年的衣食费用，人们越说越气。一个审稿会变成了讨债会一般。惠龄让大家安静下来，主要谈稿子，莫谈其他，人们还是愤愤不平。章学诚一言不发，惠龄拍了桌子发了脾气，人们才安静下来。

当时有一个进士陈增，是浙江嘉兴人，章学诚主编《湖北通志》期间，三番五次找到章学诚，乞求章学诚推荐他任职校刊志书，章学诚感到是浙江老乡，其日子也是过得饥寒交迫的，很同情这个人。向毕沅推荐，毕沅好像有先见之明一般，就是不表态。章学诚有一次追到毕沅家里去问，他才点了点头，算是同意了。陈熷要去家中拜访毕沅，他一次都没让去。章学诚以后套毕沅的口风，毕沅才亮了底，陈熷考进士之文，推荐给我看。我看了他写了一篇失节论的文章，我以为能写失节之文者，将来就可能是失节之人。和这样的人做朋友是极为可怕的，以后我劝你好自为之吧！事情真让毕沅说中了，陈熷在这次《湖北通志》审稿会上过河拆桥，大力驳斥《湖北通志》一文不值。甚至还提出由他来单独任主编重修的建议，不少人纷纷随声附会，大放厥词，将志稿批得体无完肤，甚至咬牙切齿，要焚书一炬而后快。

等这些说得差不多平静下来之后，惠龄火上浇油："我非常赞赏陈熷和诸位先生的发言，所议论可见其本源，这部书是大有问题的。本源已经很差，已经没有讨论的余地，刊载的余地了。"

一位章学诚的幕友胡虔这时道："皇上自古在朝廷廷议，还要听听两种人的意见。这个会就不能说点不同意见，以示公平合理，要不然怎么叫《湖北通志》评议会呢？"

惠龄听了脸上白一阵，红一阵，不得不同意别人说话，他点点头："完全可以发表不同意见。"

陈诗接过话头："我认为《湖北通志》准确鲜明地对唐宋以来的政治、经济、文化进行了实事求是的撰写，优秀的方志理论经过这次编撰实践完善起来了，这是大家的心血，大家成熟的代表作。"他话锋一转，"有些人连这部志书校订工作都没有做过，只是四处跑腿收集了几天资料，就指责这部志书荒谬无稽，因为章学诚先生太心软，让他干了点小活，这简直有点儿恩将仇报了吧！章学诚主编的这部《湖北通志》其编纂手法新颖，创新出奇，这一定不是当代人所能议论得失的。"

邵二云在旁边听了他的话，紧紧地握住他的手悄悄地写了一张纸条放在他手心里，我对陈老弟相当尊重，你工于诗学，是湖北宿学。你曾以十年之功，自己撰写《湖北旧闻》。知道写作之人是多么辛苦，不仅需要博学贯通，还要为当时的文人所推重。你听众人诽谤章学诚群而起哄，我们这些老朋友又不好说，你以燕赵多慷慨之士的公道，独识他纂修的《湖北通志》并非苟且之作，这种人品学养是多么难能可贵啊！

安徽人姚鼐虽然和章学诚多有不和，甚至有很深的成见，常常争得面红耳赤，却是一个公道人。他作为《湖北通志》修志者之一，听了陈诗的话，深深感到古今大巨著，不是有章学诚这样的学问不能胜任于它。凡写作的甘苦，不是真正了解它的人不知道有多么苦。湖北官场恶劣至极，天下都难以找到这样鄙薄的衙门。我们前后五年修成的这部《湖北通志》一句话就能说得透吗？中国小二流子文人的习气也是天下难以形容的阴险狡诈，竟然如此互相倾轧。只有陈诗能如此认识而不动摇，他相信《湖北通志》就如山河一般，是无法毁灭的国宝，我们的志书好像全在这些真理之中了。他的话好比砸碎骨头一样的真切。

陈诗和姚鼐的话一石激起千层浪，审稿会像炸了锅一般。人们纷纷把鄙夷不屑的目光投向了陈熷。大多数人无法否定为这部书付出的辛劳。陈熷看看自己大势已去，也不敢再说什么，反而说了些不痛不痒的话。惠龄本来有意把《湖北通志》重新撰修的任务交给陈熷的，一听陈熷是这样一个反复无常的小人，也临时改变了主意，只好宣布休会。毕沅得知此会的消息之后，给章学诚写信出点子，章学诚，你听说了吗，陈熷已经将自己的发言，整理成系统的文稿上报给惠龄。听说惠龄要报给朝廷，你不妨针对陈熷的胡说八道，写一篇驳议。

章学诚在极其愤怒的情况下，奋笔疾书，写出了《驳陈熷议》一卷，对陈熷的指责逐条加以驳斥：陈熷听到得多，但见识很少。随意说《湖北通志》人物传记并非传记体，甚至于说《左传》的人物传记，主要是训诂一类文章，与方志人物传记有天渊之别。这真是痰迷心窍的胡话啊。《左传》的人物传记体例，是中国志书人物传记写作的祖宗，司马迁、班固都一脉相传地使用。陈熷的胡说八道还值得一驳吗？

《湖北通志》编纂之初因毕沅总督的支持，章学诚才能别裁独断，按照正确的方志理论予以实践，当时并无一人敢有异议。后来持反对意见的人，因为毕沅总督一走，薪俸无着落，为了点银子皆见风使舵。他们缘于个人名利，并非出于学术公德，并非想致力于《湖北通志》的完善。

章学诚将自己最后《驳陈熷议》一卷，改名为《湖北通志辩例》和一部分《湖北通志》的传记。请恩师朱筠之子朱锡庚呈送给朱珪。朱珪是朱筠恩师的堂弟，曾任两广总督、兵部尚书，时任体仁阁大学士等。惠龄听说章学诚将《湖北通志》的事往上捅到了体仁阁大学士那里，一时间慌了手脚，陈熷等人也吓得魂不附体。他们只好想了个万全之计，将《湖北通志》的事交给武昌知府胡齐伦处理。胡齐伦一向对章学诚尊重有加，他提出先把大家修志的薪俸发了，我才好接手，要不然这些人会把我吃了。惠龄权衡利弊，只好给大家发了。胡齐伦就交与幕友陈诗校订。

　　章学诚对这种结局很满意，看看他在湖北的靠山已走，惠龄对自己又如此加害，想着自己年已五十八岁，四处奔波了一辈子，决心要回浙江老家去。准备走的时候，好友陈诗特来拜访："我自从撰写史书以来，虽然写的不同于你的方志史学文章，然而我深深理解，你的史志理论，在中国自成一家。这不是别人能够议论，能说什么是非得失的。出版时我就是校对其中的一些以讹传讹的话和文本方面的错字，我决不会改动《湖北通志》一点儿面目的。"

　　章学诚听了陈诗的话非常激动："你就是《湖北通志》之眼啊！"

　　《湖北通志》的事，使章学诚一直忐忑不安。他又给将要到武昌视察的自己的学生，刑部主事孙星衍写了一封信：

爱生星衍：

　　人只有在甜蜜之中时，才会抬起头来，观看春天飞翔、秋天掠日、神秘莫测的白云和十分丰富的蓝天。

　　人在痛苦时往往低下头去，想怎样摆脱这倒霉的日子和莫名其妙又挥之不去的坏心情。人大概都有同感吧！

　　我想只有你能理解我，特意给你写这封信。

　　你曾经亲自参与了《湖北通志》的编纂，并且认为《湖北通志》体例巨大而思想深沉，不愧是空前绝后的湖北之魂。而现在在另一些人眼中则是另一种样子。上至湖北巡抚，下至流放外地的官员和有文化的标营军官，却说它是怪物。湖北真正是是非之地，谁可以与之辩论呢？

《湖北通志》创造性的记叙，开拓性地自成体例。不但是志学著作的天下一绝，而且也是中国史学著作的开山国宝，还是湖北文化的创新之灵。假如你征剿苗族人造反高奏凯歌，归还武昌，这件事还可以向你申辩明白，否则只有恳求他人抄一份副本，寄到北京给你审阅。我知道你是言必信，行必果的人，一定有欣赏这部著作的佳音寄回来的。

老师见到自己有出息的学生，那种陶醉的心情，特别想站在他旁边，闭上双眼，使劲嗅着从他身上散发出来的年轻有为的气息，感到是那样的心旷神怡。

真诚不是一剂包治百病的良药，但对治疗被虚假打得伤痕累累的一颗老师的心，是特别需要又需要的，是最好又是最美的良药了。

即颂爱生。

你的老师：章学诚
乾隆六十年五月二十六

第
二
十
六
章

《
续
通
鉴
》

乾隆五十七年（1792）正月，毕沅著作"《续通鉴》修成"[1]，章学诚对一部分章节帮助进行了撰写，又反复审校。毕沅表示这部书一多半功劳是章学诚的。

毕沅经常来向他请教。有一天来告诉他，北京翁方纲在修史馆，对你把史籍分为"撰述（著作之书）和记注（为著作提供材料资料汇编）的主张，颇有微辞。我和他争辩，章学诚这是一个大创见，他只是摇头。我看应将你的想法写出来给人欣赏一番"。

章学诚挥毫泼墨，一篇小书札即成，拿给毕沅看，毕沅看后道："字字如金，好文章。"

尊敬的翁方纲友：

　　顿首

　　我平生喜爱史学，我认为史学既能养我浩然之气，又能疏朗开阔我的心胸；我近来忙于杂务，担心自己孤陋寡闻，去

---

[1] 胡适、姚名达著《章实斋年谱》第 87 页，1948 年 6 月 21 日，上海《申报》。

聆听你那黄河一般博大而且深刻的历史理论，又看到了那黄土高原般丰富的历史资料；所以意识到朋友之间有幸一会探讨学问的重要性，现只把我对史学的一些看法写出来，以求你高人的谅解。

古人一说起历史，就要一一列出历史学家的学问大作。其实我认为只有撰述和记注两家，这样分类，是纲举目张的。班固撰写的《汉书》，为一家撰述著作。刘歆、贾护的《汉记》是记注作品。司马光撰写的《资治通鉴》为一家之言的著作。二刘和范氏《通鉴长编》是提供材料的长编。这样一比较，就看出它们是不同的两个类别的著作。

微风吹起波浪，史料就是风，著作就是浪，风浪相合才能发出历史的巨响。史学著作和史学资料两家相辅相成，是不相妨害的。我以前写给你的《书法》一篇文章中，所说的是：书法，方的智慧；金石，圆的神通。史学也是这个意思。作为比较史学著作的人，一定知道写作者的意图，而所编写的资料，可使写作者根据资料汇编写得出史书来。写作者就是凭借着资料汇编，汪洋恣肆地写出了纵横变化的著作。

没有万里的风，就没有一尺的浪。没有历史的巨浪，也显不出一丝微风。风浪是一对朋友，而史著和史料就是一对亲兄弟了。两者应互为知己。要深刻地明晰：史料和著述各有渊源，绝对不可以说史料之严密而讥笑史著有所疏漏。史料之严整完备而讥笑著作之倚重倚轻的无意义的安排。写作者可比作是韩信用兵多多益善，资料汇编者可以比作萧何转调饷银完备无缺。二者缺一不可，而这两种人才，只要调换位置和地方使用，就不能成为人才了。

其实两种人都是兴国利民的大家，和你一样含垢忍辱地汇编资料的人，不也是史学大家吗？

翁方纲半月后接到这篇文章后略表歉意，章学诚，史学大家也，我误会他了，从此心知一笑泯恩仇。月底毕沅赴京，翁方纲来拜见，毕沅很得意，以文会友，文章人心，好文章就是好朋友，真是这样吗？翁方纲哈哈大笑起来。

毕沅又询问《史学例议·书后》这篇文章章学诚写得怎么样，翁方纲若有所思，这是章学诚在阅读了《史学例议》后所作的评论，认为欧阳修的《新五代史》实在是没有编修的必要。指出他是用文学的情编的史书，不是用史学家的理编的史书，所以编修的史书是失败的。这也反映了章学诚的一贯主张文人不宜修史。即使李白、苏轼、韩愈、欧阳修这样的文学大家，史学并非所长，他们一肚子都是情，怎么能编好史书呢？毕沅反驳，那也不见得，司马迁不是一肚子都是情，才编写出了千古绝唱的《史记》吗？优秀的文学家一样可以编史书。翁方纲解释，司马迁的情是史情，所以编出了《史记》，欧阳修、韩愈、柳宗元是文学之情是不能相类比的，所以章学诚是对的。又唠唠叨叨地预言，章学诚对史学和史著的分类，是中国五千年文化大创见，是对天下文明的大贡献。一百多年后全世界都会认识章学诚的大功劳。

毕沅看看翁方纲对章学诚原来骂就骂个死，现在又爱就爱个死的样子，心中不免好笑，心想这也是个文痴呀！也就不便与他争辩，就话锋一转，章学诚写的《郑学斋记·书后》你认为写得怎样，翁方纲仿佛被公道感染了一样，这是章学诚读了戴震的《郑学斋记》之后所写的感想，对戴震的学术观点给予了很高的评价，并批评了一些人在戴震生前将他说成一朵花，死后又说成豆腐渣。这是欺侮古人、欺侮历史的不良学风。人死作古成了弱者，欺侮古人是不道德的。他对戴震的真才实学进行了辩护，同时指出对于古人学问，宜择善而从。不可墨守成规，否则学术难以发展。我听说在毕总督的大力支持下，他主编的《史籍考》即将大爆发出炉了。

毕沅谈笑风生，大家给章学诚提了些意见，我也提了些看法，他正在思考修改中，他这位大家的谦虚令我好感动。人说：谦虚的人有福。噢！这里有他前几年写给我的关于编纂《史籍考》的一封求职书，我昨天翻出来又看了一遍，还是令我唏嘘不已。你不妨看看。毕沅顺手将求职书给了翁方纲。

求职书

总督阁下：恭敬地向你求职。雨露滋润，灵龟吉祥，麒麟符瑞，都祝贺总督六十大寿。

过去承蒙照顾，得以主讲文正书院，并遵你主意编《史籍考》。可是此事还没有完成，阁下就转移汉江为湖广总督。章学诚想用单子包裹着被褥跟从你去，就是因为妻子儿女没有办法寄宿吃饭，所以仍相恋归德的这一块睡觉的毡片。你前脚从河南走了，我就没有了自己的主人。你指令照顾我的下级官员，早上刚刚离开我，当地一些地方官的脸，晚上就变了，脸如黑夜一般。我拜访他们都难以通融，我就像人脸上的一个疣子，成了人家的累赘。我难过得一句话也说不出来，皮之不存，毛将焉附，这样在此地生活还能行吗？阁下在河南当巡抚多年，我没尝到你的好处。我和家人一来到归德，阁下便离开河南当湖广总督去了。进退去留离别聚合，难道是人谋划的吗？我不得不去亳州，辗转奔走于当涂、怀宁之间。好像托着一个吃饭的食钵都找不到一口饭，只好沿街乞讨谋生一样。我这个文人生在天地之间，没有大人的提携，未有先生力主使用，我穷得就如被凶险的地势阻塞一般。有如这样，你不如赶快让我做一个你手下使用的人。我愿废弃像朝堂做官一样的享受，只要使我能有一辆去你那儿的马车，安置好我的家庭之累，仍然充作你幕府中的宾客之数，获得修成《史籍考》的机会。我等待你的期许，我等待完成撰写这部书的机会。将你宴请的大寿之尊的余下的点滴食物赐给我吧！祈祷你的善行，颂扬你的美德。希望大美盛德体现你的宽容。章学诚写信不胜喜悦，望飞鸿从长江逆流而上，到达你的幕府武昌。

章学诚顿首

乾隆五十四年十二月二十九于归德

翁方纲看后有点儿懊悔,"我看了直想流泪,自愧这些年没能帮助这位老友一次。"

毕沅牵念地回忆,他这封求救我的信,反映了他当时生活多么不易。一番深情打动了我的心,加上当时两湖地区粮食大丰收,政务清闲,重开纂修志局的时机已经成熟。因此,在乾隆五十五年(1790)三月,我让章学诚得以在武昌再度主编《续通鉴》。翁方纲称赞:你做了一件大功德之事啊,中国从此有了这样一部伟大巨著。

毕沅一个激灵,"《续通鉴》还只是撰写了十之有八,也谈不上什么大巨著。钱大昕捎话要校雠《续通鉴》这部书稿,章学诚马上整理了一个副本,准备寄给他。就连给钱大昕写的编纂《续通鉴》札记都是他写的。写得风生水起,有文起八代之美呢!我只是加了几句对章学诚评价的公道话,我太忙了。哪有时间写噢!你不是要去广东吗?这篇札记和书稿副本你一起带到广东交给钱大昕。请你先看这篇文章,有否可改动之处。"

翁方纲接过一看:

钱大昕学政:

顿首

昨日接到你的佳音,盛情要校阅我的《续通鉴》真是不胜感谢!先生道德高尚,文章出众,誉为一代儒宗,有北纪(纪晓岚)南钱之称。让你考证我的书,真是不胜荣幸之至。

这部《续通鉴》全是章学诚帮忙修成的,他虽然不是总纂,但是最后的思想是他的。我只是提出一些想法,可以这样说,比如一个人,我戴了一顶金冠,脑子是我的,而身子和心却是章学诚的。

撰写史书就和进行一个又一个重大战役一般,苦斗多年,才得以粗糙囊括而成。拾遗补缺,商讨繁简。写的每一个字,没有不是搔首苦心,千思百得写成的。

这本书是对司马光《资治通鉴》的续补。从南北朝争雄天下写起，其详略仿照于《左氏春秋》那样，详尽地记述了齐国、晋国的历史。我对于宋朝、元朝的历史，也以绵薄之力进行了缜密的记述。

脸脏了就要洗净，衣服脏了就要洗涤，这是人之常情。我为什么要在这时编撰《续通鉴》呢？因为《资治通鉴》需要更加高雅纯洁啊！

对于过去一些简略书写辽朝、金朝的史料，他们记述的那些荒谬疏陋的历史，实在不忍卒读。《永乐大典》好像藏了中国最秘密的史料。而宋朝丹棱李氏《长编》全本没有收集，南渡李氏《系年要录》也没有收集。当代一些文集说：多部史料散见于《永乐大典》中，也大多数没有见到。书中缺少历史的略记，从元朝到李自成大顺前的历史荒谬简略太严重了。我在《续通鉴》撰写中收集到了以上这些资料，着力进行了大规模的续补，所以叫《续通鉴》。

月亮出现了光晕，预示着将要刮风，人身上一阵阵发潮，天就要下雨了。一个时代的文人粗枝大叶，预示着这个时代就要完了。诚信决定人的成败，质量决定着时代的兴亡啊。

《续通鉴》这部书共计二百三十五万五千字，辑录成书二百卷。我浅鄙地想，这部书比起有功的前世哲理之书是不尽如人意的。我撰写时急躁得比眉睫跳动还要快，这实在是我著书立说的通病，章学诚这样的高明者用什么办法教化我呢？

我对历史怀疑很久了，他让我看到这些历史景致，才相信历史是这么五光十色，辉煌无比啊！所以提高了我写这部书的兴趣。

我写的《续通鉴》一书，当初的书名为《宋史编年》。邵二云校对特别勤劳，商定书名的时候，他请求标示《宋元事鉴》为书名。大概邵二云先生主张不敢取《续通鉴》这个名字。章学诚引用《孟子》的话说："书名应当标明其文采意义为好。吕伯恭撰写的史书，已叫《宋元文鉴》将会与《宋元事鉴》名字并立，后人将以为是一个体例的书。我们是在司马光《资治通鉴》而后补写的书，后续者好像不会以为《续通鉴》为忌讳，并且一本书的优劣不在于名字的不同。"

我听了章学诚的话决定就叫《续通鉴》这个书名了，让后人去衡量吧！只有编写史书的人才有评论。我们编写的《续通鉴》，人们应当有评论，有评论才能成为真正的史书啊！

章学诚说："家中失火令人吃惊，众人遭遇洪水，全国震惊。撰史修志，丢失了体例，就如同国和家遇到了水火一般，真正懂行的看了都会吃惊难以咽下一口饭。这是撰史修志人的大忌啊！纪传体史书引经据典，别于其他著作。用互相注释之法，以串联起来散记的文章；编年体著作雄浑而无门派，用区别之法以清晰其类别。《续通鉴》这部书其中的道理本来就在《左传》的笔法中。"

章学诚的话真句句如金啊！

天不说话，人们接收它的温暖，地不议论，人们得到了它的丰收，这是因为天有公道，地有智慧，天公地智就是真理，优秀的史志著作不是这样的吗？

我以分离合并的方式参半撰写。我选择不出这种纂修方式的对错判断。凡是这种情况，怎么办呢？你钱先生就看着办吧！请先生大胆地品评，高明地修改吧！全书并一部副本一起呈上，荣幸让你检正评点，补正缺失，改正错误。

毕沅
乾隆五十七年二月初一

翁方纲读了这封章学诚替毕沅给钱大昕写的信拍案叫绝："毕沅总督！《续通鉴》为中国史学添鸿篇巨制，那章学诚这篇弘扬《续通鉴》的札记就是千古绝唱。他道出了你这部书的道义，你也写出了这部书写作的真理。世上大凡道理都是高人体会出来的，你们都有此番心志，这封信让我也抄录一份永世收存吧。"

《续通鉴》的事总算告一段落，再说说章学诚纂修湖北各府州县志的事。

乾隆五十八年（1793）三月三《荆州府志》正在紧张的撰修之中，事情往往是这样，按下葫芦起来瓢，有人向崔龙见打了小报告，说："章学诚想取而代之，当《荆州府志》的主编。"这事好像给崔龙见泼了一瓢冷水，他立即想解散班子，干脆不修这部志书了。他认为自己付出了巨大精力，到时候却落得个这样下场！

《荆州志》名义上是荆州知府崔龙见让人撰修，章学诚对这部志书也耗费了大量心血。全志分纪、表、考、传、掌故、文征、丛谈几部分。崔龙见在编修期间，屡次去武昌请教章学诚。有时又将章学诚请到荆州，指导众多人修志，许多修志人说："编撰《荆州志》，只见章学诚，不见崔龙见，到底谁是主编？"当地士绅审阅提出了不少意见，章学诚特意写了《复崔荆州书》做了详尽的答复。

章学诚深知州县志是湖北通志的基础，又专门向毕沅做了说明。毕沅召见了崔龙见，让崔龙见还是担任主编，并出示了章学诚对他的高度评价："崔龙见知府对于这部《荆州府志》，从来都是以巨大的精力和史学裁断纂修的，他修的这部志书，详瞻博雅，独断别裁。"崔龙见看章学诚如此大度，后再无隔阂，州志才得以撰修刊刻。

乾隆五十九年（1794）端午《麻城县志》要刊刻。因为原麻城知县黄书坤多次请教章学诚加以指导审定这部县志，也是按照章学诚方志理论纂修的。全志二十八卷，在刊印前要举行一个仪式，让他题词《麻城县志》四字。他在题写之前，想起书中记载一位老农为村民修路几十年，有的材料记载，累死了老人的两个儿子，有的记叙累死了老人的三个儿子，他就告诉刊刻的人，先不忙刊刻。如果老农死了，要把老农的妻子叫来核实一下。刊刻人员看到一个大文人如此认真，就不惜花钱雇轿子，将老夫妇抬了来。老农说："只累死了一个儿子，其他两个儿子在打石头时伤了手，发炎死了，只能算病死的。"章学诚实事求是地改正过来，才题了字，予以刊印。

从历史记载的章学诚修志过程中，一件件求真求实的小事，可以看出章学诚有着多么可贵的求实精神，读后使我们热泪盈眶。章学诚一生充满极大悲剧性的质疑精神、批判精神、实事求是的精神，在当时被视为怪物，诧为另类。正是他这些天才的思想火花，照亮了当时特别黑暗的道路，这正是章学诚最真实的传记。他勇于发问，敢于思辨。他死后一百多年其理论的博大高远才被发现，"这成为他那一代文化人最为羞辱的事"。他还有太多的人生经历和苦难不为后人所理解。因此，我们极其需要以推襟送抱的良心、设身处地的思考，走进他的时代，重新认识章学诚，进而理解他大写的历史。

乾隆六十年（1795）正月十六，湖北《石首县志》也要进行刊印。这部志也是按照章学诚的修志思想裁断纂修的，原来毕沅请章学诚代写的序。他原来对志稿进行了评阅修改，并给知县写了一封信《与石首知县王维屏论志例》，指出这部志书许多行文不规范的地方：如地名、人名用简称，人名甚至不用姓，有的用小名、绰号，小名如"狗蛋、老肥、垃圾、猪下水等"。把严肃的志书写成幽默的恶作剧一般。地名甚至于用汉朝的古名，造成后人阅读不知何地、何名，故要求书有体裁，文有法度，要进行大改。知县王维屏还比较谦虚，大改了三次，章学诚也修改了三次，才算成稿。刊印之前，章学诚又看了一遍，看到志书中将著名的华容道竟然改成了关公道，这次修志民间传扬关羽捉住曹操放掉，以释关公大义，现在立即就改叫关公道。章学诚还是坚持改了过来，仍叫华容道。他说："华容道比较规范，中性，容易被后人接受。如果一百多年后有人脑子发疯，批判起关公来，又改名怎么办？地理名称不可人云亦云。"刊刻者也觉得章学诚讲得有理，就又改成华容道。

《石首县志》的审改者虽然印的是上至湖广总督毕沅，审阅定稿的是章学诚，撰写者却只有知县王维屏一个人。这是《石首县志》最大的特点，他在序言中，又将这一条补充进去。知县王维屏热泪滚滚，高兴得里里外外走了三趟，为他的千古留名兴奋不已。

章学诚本来要立即回浙江老家去的，这时湖广各州县纂修县志的人，听说章学诚要离开湖广，他们一时急了，纷纷要将州县志赶快刊刻出来。

乾隆六十年（1795）二月二，《常德府志》也要刊刻，因章学诚原来代毕沅为此志写了序。常德知府对此志十分重视，派了百人参与修志，修得洋洋大观，但不免繁杂。有的修志人员认为修志就是要细节化。如记叙一个恶霸杀人，庖丁解牛一样记叙。先杀头部，怎么将人脑浆挖了吃了。割下舌头煮了，写怎么煮舌头的，滚了几个滚。割下鼻子扔了给狗吃，狗吃得又有多么香等等。详细得令人咋舌，让人看后恐怖而又感到血腥，直想呕吐喷饭。章学诚将这些无用拉杂之文至少删去三分之二，改了三遍才算定稿。

这次要刊刻，派来的联系人是总撰李英民。贻选乡试的同年举人，盛情要接章学诚去常德。章学诚正为《石首县志》刊刻的事忙碌，他给章学诚买了一张上等船票，回常德去了。

临走时表示，主编李大霭知府特别欣赏章先生戴的怀表，能否借上十天给李知府戴戴。章先生去常德时即还。章学诚爽快地答应了，将表给了李英民。

李英民六月十八乘船回常德，原来上省下县，都有知州幕府十几人相陪。现在修志已近完成，三个还在和他一同处理修志后事的同事，因忙于刊刻之事都羁留常德。

虽说他买了个上等客船的舱位，但一会儿进来几个恶霸青年人，自称父亲是管理长江船只的。李英民正躺着，他们把李英民叫了起来，说他们是送朋友回常德的，这个铺位不能让李英民躺着。李英民看看这些青年满身酒气，为了避让也就起来了。他们仍然不依不饶地将李英民的行李扔了出来。李英民捡起来道："你们躺，你们别扔我的书啊。"李英民就说了这么一句，领头的恶霸什么也不说，对他连打带踢。最后一踢，将他的右胯踢断了，顿时满身鲜血直流。恶霸将他打倒在地时，看到他怀里有块金表，竟然一把掠了去。这块怀表是章学诚给东阁大学士梁国治的儿子当座师时，梁国治看他教学勤勉送给他的。此表又是朝廷外国画师郎世宁送给梁国治的，毕沅都要去看了几天，甚觉奇珍宝物。恶霸打了人，抢了表逃之夭夭。李英民忍着疼痛到了常德，常德府花钱给他治好了伤腿。右腿因失去胯力成了瘸子，李英民只用一条腿又将《常德志》校对了一遍。校对完后，腿剧烈地疼痛，另一条腿几乎也失灵了。常德府找了几个好郎中，吃了几十服药，才算保住了双腿。

常德府修志的人对此事非常愤慨，向长江汉口水衙状告几个恶霸。几个恶霸相互作证，又加之长江河道汉口水衙看是个臭文人告状。告的竟然是向自己经常行贿的下级的儿子，他们官官相护，就是不接状纸。常德府又将此案告至湖北省衙门，刑名师爷说在长江上发生的事，归长江道管，我们没有管辖权。如果感到案情重大，可告至湖北巡抚。惠龄一看，章学诚的怀表丢了，他几次向章学诚要手怀表看，意思让章学诚行贿于他。可是章学诚就是不解其中之窍，对此他对章学诚万分厌恶。这次惠龄好像解了心头大恨一般地高兴，叫武昌知府管。武昌知府详细了解了案情，难过得不行，好像难过得武昌都要落泪。可一查《大清律》，他们没有属地管辖权，让他们向长江道诉讼。长江道接了状告自己下级的状子，一看是当朝一个名不见经传的举人。向下级先透了风，下级花了几万两银子向他行贿。

常德府的几个文人怕斗不过那几个恶霸，就请了讼师。谁知道这讼师心地坏透了，吃了恶霸的好处，得了恶霸们无数的钱财，竟然造假向长江道说李英民有罪，天下冤案大多是讼师和黑官府联手办案造成的。

终于等到审判那一天，由贻选作为代理诉讼人。因贻选是李英民的好友兼同学，又加上父亲那块宝贵的怀表，贻选就应了。结果在预料之中官司输了。

几个恶霸跑出长江道衙门就对着李英民和章贻选警告："告下去，就要冤死你们。再告，就要你们的小命，打死你们。"贻选回到章学诚的住处好像极为难过，不好意思对父亲说经过。

章学诚反而说："我让你们别告了，自古衙门朝南开，有理无钱莫进来，我们能打赢官司吗？"

"爹爹，我们准备怎么办？"

"离开这块伤心之地。"

"什么时候？"

"明天。"

"为什么这么快？"

"你知道那石首知县王维屏吗？"

"是王君吗？"

"可以叫他王君，而且是个真正的君子。修完了志书之后，明天朝廷说是要发一大笔薪俸的，可是前一天就让人杀了。"

"那他儿子可以领啊。"

"他无儿呀。"

"他有女儿吗？"

"中国女子不算人，女儿出嫁就是别人的人了，也不能领的。"

"就是为了一点儿钱把他害了吗？"

"还有名声，不过他们怎么也不会想到，我在序中三次提到了他知县王维屏，他们抹不去他的千秋之名。"

第二天一艘运送漕粮的船，前往浙江会稽。章学诚一生所有的家产，全装在舱内。十二只楠木箱的书，共计五千袋，"两万余卷。别无长物"。①　只有铺盖包袱两个，藤箱装的杂物两个。惠龄也前来相送，因为章学诚的学生当红的政坛人物史余村、孙星衍都来送行了，好像他也不敢不来相送。看看章学诚的行李道："文豪家产，只有学问也。"

江上吹起了一阵小风，章学诚向来相送的史余村、孙星衍等人招招手道："再见吧！"

史余村泪落几滴道："世界上老师那么多，你是我最好的老师！"

---

① 《章氏遗书》卷二二《瀚云山房乙卯藏书目记》。

第二十七章 《史籍考》

　　乾隆六十年（1795）章学诚回到了会稽城塔山下漱云山房故居。故乡最大的特点是从不抛弃它任何一个孩子，不管是衣锦还乡，还是羞于出门的穷归故里，故乡都会张开双臂欢迎的。

　　他从十四岁随父赴湖北应城，到五十八岁归里，在外奔波劳顿整整四十四年了。回家之后，他就开始整理藏书，让儿辈编出书目，排架插书。他看到有些书竟然被淋湿了，示意俞中秀是怎么回事，俞中秀回忆，在归德书院，全家被人赶了出来，辗转到了亳州，没有住的地方，只好住在别人家里。书箱放在鸡舍，鸡舍放有鸡粮，书有粮香，老鼠就啃书。全家听到响声，起来一看，成群的老鼠在吃书，只好放到天井里。当晚下起了雨夹雪，早上起来一看书全淋湿了，又赶快拿在屋子里晾，要不然现在都找不着渣了。全家对这些书，比藏金藏银还上心呢。

　　书整理好了，章学诚不由得抒发其情。所谓的漱云山房，就是父亲私自刻印一本书的地方，也就是这几间平房院落。我从湖北应城远游第一次回故乡，就带着这其中的十本书，至今已有三十六年。这些书和我六尺之躯，一同走过了崎岖坎坷的道路，它们和我的友谊已不是一天了，是我最知心的朋友。书和我的一生一样，辛劳备尝，奔驰南方北方。登陆地，涉江河，往复万里之遥，受到的残害无以复加，今日终于魂归故里。春秋佳日，随意舒卷，整理书目，排列架插于这窗明几净之间，发千古之感慨，读万世之文明。以快乐的心情，知道怎么应对这些老朋友了。这些藏书的遭遇，就是我游幕生涯最真实的一生啊！

章学诚一生热爱自然，挚爱交友，深爱史志，第四个最重要的性格就是酷爱藏书。他生于书香门第，又在国子监编书，见多识广，读书万卷，他的俸禄因用于买书，常常入不敷出。他老年回乡，别无长物，只视书为宝藏，只有书五千帙，五万卷。他一生四次被偷，都与书有关，到河南小偷半夜将他的书箱和衣物鞋袜全部偷走了，他只穿着裤衩光脚走了八十里向朋友求救。这固然反映了清朝社会读书人时乖命蹇的生活，更说明他酷爱藏书的修养。

章学诚已有二十几年没踏上故乡的土地，回乡之后专门两次去道墟省亲，祭拜了祖宗坟茔。北京的章守一听说他已归家乡，特意请他为故乡祖宗画像刻碑，族人也纷纷请章学诚为祖宗画像写传。他撰写绘画了《仲贤公三世像记》《龙文公像记》《章克毅像记》。族人深感其文笔犀利如八代之风，绘画雷霆如万里之远，纷纷提议修葺宗庙，第二年中国章氏族人大宗祠在道墟落成，族人又请他去主持祭祖大典。

族长临去世之前，拉着他的手，请他务必编一部章氏家族宗谱。他点点头，请族长放心。族长以为他是应付的话，还是拉着他的手不放，在人世间，再也没有一个人有你这样的文字。你是章家的一座高山，你的文章就是世上最好的故乡。章学诚建言，家谱虽然具有很大的社会作用和学术价值，同时也存在着严重的缺陷。主要是内容很容易失实，子孙过誉祖宗。有的将所有的好事都记在贤德人的头上以文过饰非。有的私自篡改国史，记在家谱之中。好像姓李的就一定是唐太宗老家的陇西人，姓刘的一定是汉高祖故乡的沛县人。这样的家谱之弊，还不如不修。

族长好像在交底，你所作的《和州志氏族表·序例》我们很多人都看过。我们浙江许多大文人都说：你那是中国的一部宗谱简史，你对家谱的起源和发展，进行了大胆的探索，你这是对家谱学的一大贡献啊！

一个有如此谱牒学大学问的人，难道要你编一部自己宗族的家谱，也不给我这个临死之人一个准话吗？

章学诚心紧绷绷的，族长，你知道吗，我认为章氏家谱，应由（一）表，即叙述家族信息，自上而下贯穿始终。（二）牒。一个家族列表之后，要有其人字号、历官、生卒年月、妻妾姓氏、子女嫡庶等。旁行斜出的，另编为牒。（三）传。一部家谱史传支流，关系重大，取材详备。除了所有主要成员写内传之外，优秀出嫁女也要写外传。（四）文，即宗谱得设"文征"，可与谱牒相为表里，起到教育后世子女的作用。"文征"要分内外篇，内篇录祖先之文，外篇录他姓文人为章姓所作之文。内外篇留存后世互勘补证，以此成为国家方志学和史学理论的一个有机组成部分。

族长较真起来，"章学诚啊！我以我的死答应你全部的要求，你答应我吧！"他紧紧握住章学诚的手。章学诚诺诺，我答应你。族长笑了，谢谢你。说着闭上了眼睛。一个八十八岁老人的脸立即绽开了，是那样志得意满。他哦了一声，飞上天国，松开了紧紧抓住章学诚的手。

尽管他答应了族长的以死请求，然而定居故乡，读书著述，安亨晚年，仅仅是个美好的愿望。最主要的是家庭没有经济来源，多年来，几乎没有多少积蓄，只能坐吃山空，借贷度日。因用眼过度，视力急剧衰退，耳聋比较严重。他反复斟酌感到修家谱虽然能得到族人丰厚的资金资助，但这毕竟是小事，《史籍考》一书已成十之八九，这才是国家大事，这部耗费他多年精力的著作，不能就如此功亏一篑。因此他要千方百计来完成这项未竟的事业。严酷的现实，迫使他不顾年过花甲，只好重操旧业，游幕于安徽、江苏、浙江一带。

嘉庆元年（1796）湖北爆发了白莲教农民大起义，起义军势如破竹，一举攻下当阳。嘉庆诏旨罢去毕沅官职，诏令还没有到达湖北，毕沅设计引诱，两夜猛攻，又夺回了当阳城。嘉庆又下诏恢复毕沅原职湖广总督。白莲教起义波及湖北、四川、陕西三省，毕沅一直忙于带兵镇压，无暇文事。虽然多年纵横驰骋方告结束，但以毕沅为总纂、章学诚为总撰的《史籍考》的命运却只有悬而未决。不过毕沅带信给章学诚，让他去拜访时任山东布政使的孙星衍。这说明毕沅已经给孙星衍打过招呼了，他忙给孙星衍写了一篇关于《史籍考》的札记。

孙星衍布政使：你还记得我们师生渡过的同一条河吗，我们一起探讨了《湖北通志》的写法。我想那是志河，那又是一条真诚而又美丽的史河。

《湖北通志》虽已修成，但你所费心修撰过的《史籍考》底稿也已写成八九，却无法继续下去。关键是毕沅先生到山东做官，我因《湖北通志》的事留在湖北单打独斗，总也不见一点儿眉目。我受湖北官场的钳制，那艰难困苦的日子终于过去了。现今毕沅官复湖广总督原职，但白莲教起义的事又闹得他都没有时间顾及文事了。我狼狈回到家乡之后，两年来，坐吃山空，就如在北京的苦日子，甚至还不如那时困窘之情。苦日子又算得了什么呢？就是《史籍考》重新开局修撰的事毫无着落。希望你走进这部书中，渐渐地和它亲近，让它在你心中清晰起来吧。

古时候来了喜事，就称山东人的豪爽为及时雨，你这个山东人的父母官更是一场及时雨啊！

我的学生很多，只有你如桃李一样甜到我的心里来了。

我已经想起很多学生，他们好像都忘了《史籍考》了，只有你把《史籍考》放在心里，关心《史籍考》最切。

老师：章学诚

嘉庆元年三月十八于会稽

为《史籍考》的事，章学诚又给老友朱珪写了一封帖子。因朱珪是朱筠之子，时任兵部尚书，而《史籍考》就是朱筠首议的事儿。

《史籍考》小帖

朱珪尚书：你的先父朱筠恩师第一个倡议撰写《史籍考》，

你是一个堂堂正正的人，你甚至忘了自己，心中只有国家和民族，朋友和他人。你征服所有的山河和所有的敌人，一路风光地走向了男子汉的道路。

毕沅总督和你一样，一心只理武备，要剿灭白莲教起义，他已经顾不得文化上的事了。就是湖北的土匪剿灭，他也更难以管这件事了。

我们的《史籍考》的局面，如果只依靠毕沅是怕一手难成了。假若非要让他顾及这件事，他也会深深地惋惜。爬山九冈之上，只差一步竟然停下来了，迁延观望，已经一天又是一天了。

今天为《史籍考》一书的事，我向人借贷整理书籍已经精疲力竭，我要去当铺典当我的家产当质押，家产也没有了。这部书的修撰，万难，再难以支持，我只有沿途托着食钵要饭失意地往来于肃州、梁州、徐州馆舍之间，神情恍惚地感到疲惫极了。

春风一下子拂到我的脸上，我的朋友虽然很多，我已经想不起什么人了，只有你如春风细雨一样又吹拂到我的心里。因为你是《史籍考》真正的知心朋友，对《史籍考》关心最切。

章学诚

嘉庆元年三月十九于会稽

过了十几天，洪亮吉专门来传达了朱珪的口信，让他去找阮元，朱珪是阮元的座师。阮元在任河南巡抚时，也曾写信给我洪亮吉表示，"'会稽有一个叫章学诚的人，他所有学问与我们这辈人绝对的不同。自有一种不可埋没的气象，此人不知是走的什么道路？谁能肯定他的思想和事业呢？我想这也是一个中国大奇士也。'可见三年前你章学诚早已引起了阮元的注意，他现在是浙江学政，所以朱珪让我转告你。他还是个大柱石一样的人，专门提携乡宦。"

过了一个多月，胡虔也来找章学诚，你我都当过梁国治的幕宾，谢启昆和你都是梁国治的门生，谢启昆和梁国治交情深笃。我在谢启昆手下二十多年，此人温厚善良，特别喜爱有才的人，而孙星衍让我转告你，《史籍考》的事你找谢启昆就行了。他现在是浙江布政使，在浙江说话是算数的。

章学诚请求朱珪给阮元去了一封信，让他与阮元联系，他又让孙星衍捎信给谢启昆，让他亲自去拜访，请求他们在杭州开局续修《史籍考》。

章学诚对此事也顿然开豁：促成此事后，对阮元和谢启昆都有好处。我和胡虔先生，可以利用杭州西湖孤山所藏文渊阁的藏书来编《史籍考》。同看秘密副本，同收集资料，彼此互收通力合作的好处。胡虔先生编撰之功，比我缜密，而我论撰裁断，校对稍有点儿长处，取长补短，互省功力，互增长技。对谢启昆正积极让胡虔编写的《小学》一书，也是大有好处的，我可助相辅相成之力。二是书成之后，他们的名字将列于毕沅先生之后，会像群星照耀中国。

这些设想形成之后，多次带口信，或以笔请示，却都没了下文，好像有什么奇怪的朦朦胧胧的东西笼罩着一样。章学诚透过细雨，他好像看到自己走过的路，心中涌上来一股股的苦水滔滔不绝。这时他仿佛感到《史籍考》的事却不一样，等等吧！会有一个大结局的。他总觉得朱珪是一个善良的人，他知道谁也不会亏待善良人！既然所有的人都不会抛弃他，他相信明天的日子会好起来。

仅仅过了三个月，在六月末，毕沅手足麻木，嘉庆特赐"活络丸"药。七月毕沅病死于湖南辰州军营中，享年六十七岁。嘉庆诏赠太子太保。听说他在湖广总督任内失察过多，就没加谥号。

章学诚在心中默悼，然后草书一篇：

《毕沅祭》

毕沅老友，含着极其悲痛的心情向你哀悼。

你是上天的杰作，是最仁义又最肯吃苦耐劳的人。你把做学问看成是高尚而神圣的事业，所以你对于有才的人特别能识别真伪。你曾是一个将军善于相马。在战场你受伤时，你相的马能把你安全地送回大营。应当说你不仅是一个相马大师，而且还是一个识才大师。你从见我第一面起，就委托我主编《史籍考》与《湖北通志》，从人力、财力、物力上给予了大量的支持。我们五年友谊就是五年的信用，我看浙江这些当官的，自吹办好事很多。叫他解囊之时，一个比一个涩皮，一个比一个假公济私。有哪一个比得上你大方爽快，急公好义呢？中国的当官的都也无不如此吗？

我今生今世，一直到死，你将永远是我最好的朋友。

我痛心地赋诗一首：

> 残篇自为运筹停，
> 终极前军殉大星。
> 三年落魄还依旧，
> 买山羡林泉茂空。①

章学诚

嘉庆二年八月中秋

在毕沅去世仅仅几个月后，章学诚为修《史籍考》的事，四处奔走呼号，八方找人说情，终于有了着落。谢启昆邀请章学诚在布政使官署兑丽轩，重新开始修撰《史籍考》。谢启昆为什么要支持章学诚编《史籍考》呢？在他看来，编成后，既可扬名后世，也会得到众多文人的赞扬。毕沅作为宫保下世之后，他继续修撰，将无人抢他的头功，不至于劳而无功，还可以得到一个好名声，为毕沅宫保继续修书，这是多么冠冕堂皇的大才大德啊！

嘉庆三年（1798）五月间，章学诚专门去了一趟毕沅的江苏太仓老家，取得了《史籍考》的原稿，并送上了他的《祭祀词》和那首《买

---

① 毕沅曾许愿章学诚，如果《史籍考》修成，将给他买一座山，章学诚只是一笑了之而已。

山诗》。

毕沅《史籍考》分为二百二十个子目。谢启昆认为失之繁琐，有违于分类宗旨。他让章学诚重新分类，并加以省略，分为十二纲，五十七目。

胡虔对前来共同撰修的袁枚道："从章学诚两改这个规模宏伟的总目，可以看出他当年发凡起例，具有多么博大精深的结构和远见卓识的思想。"

袁枚道："好的作品，好的史家，得有一点儿灵感的，我看不出胡兄说的这些呀。"

胡虔一看袁枚嫉贤妒能的样子，认为袁枚性格太刚，如果接上火，就会是一场大吵大闹，为了避免不必要的伤和气，这个问题，请章学诚自己谈谈吧！你们可以从中听出我的论断是决不会有错的。

章学诚写的一篇《史籍考》提纲，拿给人们看，首先《史籍考》的范围包罗很广，史稿、小说、蒙学，也收入其中，这是历史目录学上的创始之事。也是我"六经"皆史，天地间凡涉及著作之林的书都是史学的观点，从而扩大了史学的范围。袁枚看了不以为然地走了。

孙星衍感到胡虔太推重章学诚老师了，这样有点儿说不过去，好像把我们这些推荐的学生恩情都忘了一样，他有点儿愤愤不平，"胡虔兄只说《史籍考》体大思精，还没见真东西，这有点儿不合适，太不近人情了吧！"

胡虔知道孙星衍是大炮筒子，本来是章学诚的学生，对章学诚崇拜得不得了。罢官来到谢启昆幕府，看到袁枚，跟他学着作了几首诗，马上倾向于性灵说。今天竟然成了死硬至极看不起章学诚的人了。他还是以自己不使评判为由，"星衍兄，我们一说话，就得交火。我们嗓门都大，叫别人听了，以为天塌下来一般，还是让章学诚先生给你说吧！"

章学诚轻轻一笑，学术上争论是好事，只是不要伤了和气。《史籍考》创造了以类相从、暗分子目的方法，看的人可以自己得到其中的要领。如历史事件部分原分十六门，今合并为十门，传记部分原分十七门，现今也合并为十门，《史籍考》对这些都有详尽的阐述。只要认真读一读，就能领会其中的道理。

孙星衍反驳:"《墨子》与《神农本草》考证是否入列?你将这两部书博览综合,贯穿始终,但内容真伪值得探讨,序论繁芜,指责前人太过,沉学博而不专,所以不应入列。"

"星衍!你太看不起老师了,让我好伤心啊!你原在毕沅幕府时自视甚高,议论不合,动辄骂人。幕府多人群起而攻之,我帮你说情,多少次都让你的文章过了关。现在你意与袁枚探讨考证诗论,你太不自爱了,你太忘恩负义了。你想想是不是这个理?"

"那我的《问字堂集》呢,能不能入列?"

"你在书中诬诋前贤,其说无稽,不待辩也。如果将你的书入列,正如黑夜成了白天,白天成了夜晚。后人会纷纷批评争论我们的书,何时了结呢?星衍,你好好想想吧!"

孙星衍拂袖而去,将章学诚的话告诉了袁枚。

袁枚气势汹汹地来找章学诚算账。章学诚,你有什么权力攻击我的为人?

章学诚淡然一瞥,你袁枚为人谄媚权贵,公开以好色自居。你招收两百多个女弟子名义上是学诗,实则是你日夜寻欲宣淫,败坏风俗人心,引起世人侧目大哗。难道你不应当接受指责吗?

袁枚不以为然,这是我思想解放的标志,你为什么不感谢我支持你抨击程朱理学的精神!章学诚一副无所谓的样子继续说,我不需要你支持,你宣称六经尽糟粕,对圣贤诗深表不满。你论诗主张抒写性情,创造的性灵说代表作《随园诗话》就是不能入《史籍考》。你的书受到多少文人的谴责,你好好想想吧!

袁枚突然一反常态志在必得地摊牌了,《史籍考》不是你一个人说了算,你一手遮不了天,你等着瞧吧!章学诚冷冷地批驳,我等着哪,你非圣无法,丧尽天良。专以纤佻之诗陷误少年,又以浮薄之词蛊惑天下。曲到左说,文其奸邪。不知你是什么肺腑能说出那些下流话来?我决不会害怕你的威胁。

你章学诚是什么文化人?你批评人的语气,达到了如此地步?还能成为主编吗?简直是痴人说梦,除非《史籍考》成了疯子书。袁枚气昂昂地走了。

　　《史籍考》规模方面，毕沅原稿仅二百卷，经过谢启昆此次重纂后，增至三百二十二卷。尽管只是底稿，在一年多之后，增至如此规模，可见撰写神速。《史籍考》续修顺利，一方面得益于章学诚多年努力所积累的成果。另一方面是杭州文献资料丰富，给了章学诚充分施展文史才能的机会。

　　谢启昆发现章学诚和自己的一些好友如袁枚、孙星衍都合不来。以前姚鼐就写信给他说："我们很多文人在湖北撰写《湖北通志》时，实在是被章学诚这个人整得很苦，很多人不得已离开了湖北。你一定要防着章学诚啊！"

　　章学诚在杭州编《史籍考》，下定决心毕其功于一役，没用什么防备人的心机，竟然撰写杀青后就早早交稿了。谢启昆感到卸磨杀驴的时机到了，故意对章学诚有意见了，就不再重用章学诚。孙星衍和袁枚不断地告状造谣，痛奏章学诚还想总揽大权，贪天功为己功，野心勃勃等等。谢启昆使出了最后的杀手锏，彻底让章学诚靠边站了。他实在受不了这些慢待，只好在冬天去投奔到扬州曾燠幕府之中。

　　章学诚走了两个月，嘉庆四年（1799）十月，因为毕沅曾经巴结过和珅，其家被抄，夺去世职。毕沅生前为封疆大吏二十多年，仕途显赫，死后却沦为罪臣。由于毕沅问题的敏感性，谢启昆也不敢续修《史籍考》了。第三次修撰就此一年半之后中断了，谢启昆临死感到一生最对不起的人就是章学诚，忏悔一样写了一首《寄章实斋》的诗：

> 　　登弟不求官，空斋耐岁寒。
> 　　耳聋挥牍易，鼻垩运斤难。
> 　　晚境贫愈甚，芳情老未刊。
> 　　近来稽水侧，谁授故人餐。[1]

────────────

①　鲍永军著《史学大师章学诚传》第 210 页，浙江人民出版社 2007 年史学评论版。

写完之后，泪流满面。

章学诚撰修《史籍考》的事不了了之，已经使他够闷塞的了。更令人气愤的是他杭州撰修的事，竟被人诋毁为盗卖毕沅《史籍考》。诋毁的人不是别人，竟然是他的好友邵二云的次子邵秉华。如果是仇人诬陷，他会一笑了之，而对于一生最要好的朋友之子如此诽谤，使他心痛不已，大呼冤屈。

其因是恩师朱筠之子朱锡庚是邵二云的弟子。邵二云死后，朱锡庚屡次催促章学诚为其作传。章学诚为了给好友作传，向邵二云儿女求访遗著。邵秉华自命是读完父亲全书的人，看到章学诚来求请父亲著作，做出了无数惊奇猜度之态，真好像章学诚是个难以理喻的人。章学诚先是不觉，后见他有很多书就是不给，推三推四的样子。以后邵秉华到杭州，到他的办公房门前都没有进去。邵秉华走后章学诚很是怀疑，大惊，胡虔事后来告诉他，听邵秉华对别人嘀咕，章学诚白白辜负了我父亲邵二云对他的真情厚谊，甚至超过生死朋友的友谊，竟然盗卖我父亲为毕沅所修改的《史籍考》，又将我父亲一生辛苦的笔墨，献媚于谢启昆伯伯。他还想要我父亲的遗嘱，所以我不给他。

章学诚如梦初醒，大声感叹："这是人说的话吗？这二小子可知道吗？这是我一生的心血啊！他父亲只是修改了一卜，毕沅只是动了动嘴而已，这究竟是怎么一回事呢？"

胡虔摇摇头："我替你辩解了一通，说他少不更事，他竟然听也不听我的，一路摇着头走了。"

章学诚点点头："秉华是受人蛊惑，听说他近日结交一种名流，好名争胜，门户是专门害妒忌病的人，阴谋教导他的。"

"你是说阮元吗？"

"阮元在促成谢启昆重修《史籍考》是有功的。他一个浙江学政，了解这件事的底细，不会说我盗卖。"

"那就是孙星衍、袁枚之流。"

"没有证据，就不去猜那些卑鄙无耻的小人了，浪费时间。"

胡虔义愤填膺，邵秉华，我要到他家去说明：如果章学诚是一个唯利是图、阿谀奉承之人，就不会如此穷困潦倒。盗卖之说，是对其刚直不阿人格的极大侮辱。其历尽坎坷，没有一次求权谄媚，你父亲深知这一点儿。他长得那么难看，再谄媚就更难看了。他到谢启昆幕府主要是为了完成《史籍考》，决不是为了谋得什么好处。

章学诚仰起头，世上有些事，你越想说清楚，越是说不清楚，但邵秉华从此将不会和我往来了。所以年长者为人行事不使人怀疑是最难的了，现今遭到怀疑成这个样子，我也是感到愧心啊，苍天啊，我怎么办呢？

章学诚和毕沅、谢启昆商议重修的《史籍考》，三易其主。经过章学诚、胡虔、钱大昭、许瀚、邵晋涵、洪亮吉、姚鼐、孙星衍、袁枚等十余位学者努力，才完成了这部中华文明的目录学巨著。五十年后，道光二十六年（1846）河南总督潘赐恩在原稿基础上，再度对《史籍考》加以增订。两年后"完成清样三百卷，还未来得及刊刻，就在咸丰六年（1856）战火中被烧毁"①。最终不幸灰飞烟灭，怎不令人扼腕叹息，这也是世界文化史上的一大损失。

我们后人今天只能从章氏遗著中的《史籍考要略》《史考释例》以及《史籍考总目》等零星残篇中，略为窥其全貌。纵观章学诚亲自撰写十多年的《史籍考》全书至今无考。从朱筠创议到清本焚毁，《史籍考》编纂历经整整七十年的磨难。中国古人称七十年为大难大巧，这实在是中国文化的缺憾之美。

---

① 鲍永军著《史学大师章学诚传》第214页，浙江人民出版社2007年史学评论版。

第二十八章 笔削之义

　　嘉庆四年（1799）扬州的秋天，就是看丰收的日子，扬州的盐场是全国有名的，白白嫩嫩的盐粒儿，在霞光的辉映下，显得异常之美。就像带露的梨花轻飔着小曲："人要作盐才有味，人要作光才有力。"章学诚看着这一切默默地想。他到扬州投奔的两淮盐运使曾燠，是个江西老表，比章学诚小二十一岁，而他二十一岁就考中进士，是与章学诚同年及第的探花。二十四岁就任户部主事，后任两淮盐运使。他很会做官，后任湖南湖北按察使、贵州巡抚。现又任两淮盐运使，他对盐业的管理可谓轻车熟路。他当两淮盐运使就达十三年，每年上交贡银都有增加，很得清廷官员青睐。他提倡文学风流，当时延揽了一大批人，成天就是诗歌酬唱，不时就编出几部诗集出来。他听说章学诚是一代方志大家，就屡次召其来扬州，但章学诚总推说自己得了大头风，痛得要命，他时常遣医送药到杭州。

　　章学诚看看在杭州的日子再也难以待下去了，经朋友引领，找到了曾燠。曾燠对他关怀备至，想叫他修一部《两淮盐运志》以表彰曾燠的功绩。章学诚提出生不立传是中国方志人的规矩，他一看章学诚是个正派人，对章学诚肃然起敬，并带章学诚四处游玩。章学诚对这些风花雪月虽然感兴趣，但想到家中的苦日子，又不免流露难言之色。曾燠对他多有款待，除了让他吃饱喝足，养好身子，还送好些银两，让他寄回家，把他当成中国方志奇人，慢慢地又把他恭而敬之，时常地请他参加重大宴会。

有一天一群诗人吹响了螺号。因江上出现了风中之蕊，海上出现浪中之虹，盐场上出现了夜中之霓，而且蹿跳着，越来越清晰。曾燠认为这是章学诚给他们送来的千秋之美，万代之诗。他诗兴大发，为章学诚作诗一首:《赠章实斋国子监博士》。

> 章公得天秉，赢绌迥殊众。
> 岂乏美好人，此中或空洞。
> 君貌颇不扬，往往遭俗弄。
> 王氏鼻独魋，许丞听何重。
> 话仿仲车画，书如洛下讽。
> 又尝患头风，无檄堪愈痛。
> 况乃面有癥，谁将王璎咎。
> 五官半虚设，中宰独妙用。
> 试以手为口，讲学求折中。
> 有如遇然明，一语辄奇中。
> 古来记载家，庋置可充栋。
> 歧路互出入，乱丝鲜穿综。
> 散然体例纷，聚以是非讼。
> 孰持明月光，一为扫积霿。
> 赖君雅博辩，书出世争诵。
> 笔有雷霆声，句匀止市閧。
> 《续鉴》追温公，选文驳萧统。
> 乃知貌取人，山鸡误为凤。
> 武城非子羽，谁与子游共。

感君惠然来，公暇当过从。①

　　曾燠在诗中形象地描绘了章学诚的相貌，人长得确实奇丑无比。好多诗人听了大笑不已，章学诚更是笑得东倒西歪，直夸曾燠写得好。他高兴得一连喝了三大杯，得到了极大的快乐。他自信经得起这个美嘲，可以续尾群贤，借此千古不朽。

　　曾燠真不愧是诗家高手，他接着笔锋一转，就赞扬章学诚才学超群，文笔犀利，笔有雷霆，书如洛讽，汗牛充栋，孰持月光，一扫积尘，照亮了中国两千年思想的天空。这是对章学诚一生真实的写照。

　　在扬州一直玩到冬天，章学诚执意要走。曾燠说："你这个忘年交，我交定了。实话讲，我听说你日子那么苦，修书那么累，是专门请你来游玩散心的，不是让你来修志的。你以后需要散心游玩时，就来我这儿吧！"又送了好些银两，比修志的银两还多，两人洒泪而别。

　　礼送章学诚回家的马车走出去好远了，曾燠骑马又追上来说："我只有一句话说给你，你的县志序言写得之好，能不能写几部古代县志书后记留存后世，那将是千古名篇。"

　　章学诚点点头道："说得好啊。"一路马车穿村走镇，他迷迷糊糊感到曾燠是写诗歌的高手，诗歌属于智慧，写诗的人是灵动的，我不妨以他说的，写上几篇志书后记。这天到了苏州城，他下车之后，直奔苏州府，借得一本《姑苏志》读了三天。

　　他下笔写道："明代王鏊撰写的《姑苏志》六十卷，其中明显的失误之处：人物卷中，分记了名臣、孝友、烈女等十三卷，用人物传记的方式却记录了无数拉拉杂杂的事。后论卷次多少，却不以篇目为标准。人物之中竟然将忠臣义士和孝悌之人合为一卷记叙。儒士又和文学才子乱搭为一卷撰写。如此等等，不一而足。这部志书可以说没用脑子，没有体例的流俗恶烂一部志书。这不是志学家所取的，其荒谬无理，不值一提，是末流的小官吏的笔法……"

---

① 鲍永军著《史学大师章学诚传》第204页，浙江人民出版社2007年史学评论版。

老朋友吴胥石听说他来到苏州，特来拜访。看了章学诚写的《书·姑苏志·后》^①说道："章学诚，没想到你已经六十二岁了，你这杆老枪依然犀利。中国方志两千年来积习太重，流弊太多。现在需要你来清算了，我支持你。我这里正好在看《吴郡志》，我只懂史学，懂得志学皮毛点滴，还是你先睹为快吧！"

吴胥石是章学诚二十几岁时交下的老朋友，两人探讨史学方志，颇有共同语言。吴胥石走后，他将《吴郡志》看了三天，感到问题更是严重，他下笔写了《书·吴郡志·后》^②。

宋代大文学家范成大写的《吴郡志》五十卷。沿革有郡无县，那就是眉目不清。书中以平江路府代替吴郡的旧称呼，冠于全志之首，竟然不知有如此严重的错误。而且用沿革叙述进入宋代："开宝元年，吴越王改中吴军为平江军。太平兴国三年，钱俶纳吸土地，考察历史，这时改苏州。"然而志书文字却不写改州的原因。下边又突然接着说："政和三年，升苏州府为平江府。上边有改苏州的文字，忽然升州为府，写时竟然不交代改府的原因。类似这样记载，全书比比皆是。可谓混淆芜杂，也可以说扰乱了方志体例，是很不精确的一部方志，还可以说是漫漶无当的一部方志。这样修志，蛇龙不分是没有意义的。在其五十卷志书中，官名、地名称呼没有法则，人氏、名号信笔乱填一气。剪裁、笔削不合乎方志的写法，近似猥滥庸妄一流。有人以为这是宋代大文学家范成大修的志书，所以就是一部优秀志书。我认为这种说法是不正确的，是很可笑的。大文学家能写一手好诗、好散文，不一定能写出好志书。文学家灵感如同急头风，人一急，种田就会拔苗助长，当政就会好大喜功，贻害无穷，写志就会丢三落四，漫漶不清。……

他刚刚写完，吴胥石又来了。一看他疲倦之态，就建议他回会稽老家休养几天再写。章学诚说："你只要买些好酒好肉来，我明日就有了精神。"

① 章学诚著《文史通义》第 315 页，上海古籍出版社 2008 年版。
② 章学诚著《文史通义》第 312 页，上海古籍出版社 2008 年版。

吴胥石去买了两瓶好酒，炒了几个菜，章学诚吃了喝了就呼呼大睡。吴胥石看了他写的两部《志后》就批了一行字：方志源流，编撰关键，指明了中国修志体例的方向。

吴胥石给他留下苏州府借来的《武功县志》和《朝邑县志》，又给店家留些银两，让每天给他买些好吃的。看他眼睛较红，又到药店给他买了一管眼药膏。

章学诚起床后，看到两部古志，顿时喜出望外。又看到吴胥石的评价，更激起了他的战斗信心。他将两部县志看了五天，他先写了《书·武功县志·后》。

明代进士康海撰写的《武功县志》，读今存万历四十五年（1617）刻本，三卷，七目。仅有两万多字，全书内容杂乱，不值一看，且太简略，污秽不堪。王士祯赞称其文简事核，训词尔雅，这是溢美之词。把帝王后妃之事记在县志中，国史早已记载。县志记载实在是浪费人力、物力、财力的一个版本。"纪晓岚编撰的《四库全书总目提要》中赞美此书'体例谨严。认为王士祯的评语，并非溢美之词。'"① 章学诚批为："这是四库全书馆一伙人的根本不懂装懂的评语。《武功县志》写成国史，而绝不是志书。一部县志竟然从后稷写到周文王，又写到唐太宗，又节录《唐本纪》大量的语言。可以说这部县志记载不当，又芜杂又越权。这是学养见识不足，自己胡拼一套志书凡例，任自己性情胡写一气。难道不可诘责其思想吗？天下评方志的人有这样称赞其高明的吗？这是迂腐之见，荒谬无理的评价。这是一些不懂方志的泯灭了真理的人，一群无聊至极的流俗之人评价罢了。……"

他又写了《书·朝邑县志·后》。"明代王道修，韩邦靖纂修的《朝邑县志》正德十四年（1519）初刻本，分上下卷。其五千七百余字，其志书有三种荒谬之处。'滥采野史，不考察事实。一谬也。门类不清，如选举的人物，举人、进士不载其科举之年。二谬也。'② 竟将避讳写入

① 《中国方志大辞典》第185页，浙江人民出版社1988年版。
② 章学诚著《文史通义》第311页，上海古籍出版社2008年版。

方志。如作者韩邦靖记载其父亲之时，只是称韩家君的名字，根本无法知道其父亲的真实姓名。韩邦靖避讳其父，而使人不知他父亲究竟是谁，将其母亲记述为尊属，而不知他记叙的是谁的妻子，谁的母亲？而且没记载他先人行事的一点儿资料，如果记叙一些事实的话，反而不损害志书中的人物。全书只有一顶大帽子，不见有血有肉的人。三谬也。……"

纪晓岚总纂的《四库全书总目提要》认为："古今志乘之简，没能简略过这部县志的，而宏纲细目，包括略备……自明代以来关中志书，惟康海《武功县志》与《朝邑县志》最为有名。"

章学诚看了这些评语好笑得不得了。他对这些评语在《书·朝邑县志·后》文章中写道：《朝邑县志》极意求简，看了令人瞠目结舌。用志书法则来要求它，可以说是纰漏荒谬之处百出。它写的不是志书，而是写的一部无韵的《韩邑赋》，又是一篇勉强分类的《韩邑考》。无怪乎纪晓岚编纂的《四库全书》和考据学家们这样称道它。这是不了解古人修志的体例，就认为这部志书一笔一削，冒充简洁，并且希望圣哲前贤和他们一样修志，这是他们不自己度德量力。这样一分析，就大概知道他们的意思了……"

章学诚刚刚写完，吴胥石又来了，好像卡着钟点来的一样。章学诚道："你是否能掐会算？怎么这么准就来了？"

吴胥石道："我哪有那能耐，是店家告诉我，你的好酒喝完了，我就赶快跑来了。"

章学诚道："我这次批了纪晓岚，你不怕受连累吧。"

"我怕啥，他的靠山乾隆已经死了。树倒猢狲散，全局就改观。和珅都杀了头，不是凭着他那几本书，怕他也没好下场。"

"我一不整人，二不欺人，只是就事论事说的，只是为了方志的正道而写的。"

章学诚将两本志评递给吴胥石，他看后拍案叫绝道："我看了《文史通义》几十篇文章，今天又看了这几篇。我感到你提出了一整套修志理论，创立了修志体例，建立了方志学。你就是中国的方志之祖，方志之圣啊！"

"先不要这样说，免得贻笑大方。叫那一班小人知道了，不知又搞出什么疑心生暗鬼的事情来，让后人去评价吧。"

吴胥石点点头，又拿出两本书，一本是《滦志》，一本是《灵寿县志》，说："天下总有荒唐人写荒唐文，荒唐文记荒唐事。那些人对其评价甚高，你仔细看看吧！"

章学诚一看《滦志》这是个老对手，早对它进行过补偏救弊的批判，脑子一番闪电般地回忆后，决定先将《灵寿县志》看两天，写出了《书·灵寿县志·后》一文 [1]：《灵寿县志》是理学家陆陇其纂修的。理学名儒修志，哪里敢轻易议论，但确实他不懂方志学和史学。他所写的《灵寿县志》立意是善良的，然而却不懂文理，写了一部失败的志书。全篇迂腐错误，大而无当。我担心读书的人，只看他的大名，而忘掉志书中真实的错误，不得不辩于后。他在志书体例中叙述："土地贫瘠，民众贫困，当官的不可纷纷聚敛，地主不可奢侈浪费竞争着大吃大喝，这真是仁人君子的话，这大概是写作全书的主旨。"篇末又陈请当官的，将这两句话啰唆一遍，以此教育全县当政者兴废得失。他和同县的傅维元先生用反复对话的方式当体例来编写志书。方志是科学论文叙述文体，将方志写成了小说、评话、戏剧、传记的对话，可谓千古之笑谈。此书谬误还有……"

章学诚又用半天浏览了《滦志》，鼓舞了昔日的斗志，写出了言近旨远的《书·滦志·后》。[2]

"《滦志》明代陈士元撰修，嘉靖二十七年（1548）刻本，全书五卷。篇首不知何人写的序言。撰写《滦志》的陈士元先生，其书和人，都为明代人盛赞。以后又有后代滦州知府侯绍岐依例续补，由此谁也不敢议论改弦更张的事了。我观其书矫情诬人，迂腐怪异，颇为严重地染上了明代中叶的人不读书而又好奇的习气。文理散乱到了这种地步，真不知怎么评介这部志书。陈士元以博雅和高瞻远瞩自称，而《滦志》庸

---

[1] 章学诚著《文史通义》第 320 页，上海古籍出版社 2008 年版。
[2] 章学诚著，罗炳良译注《文史通义》全注全译本，第1480页，中华书局2012年版。

俗虚妄到了这样低下而又荒诞无稽的地步，著述就可想而知了。然而后人郭青螺又加以虚妄地赞美，真是不可理解。其书体例，以假借回答式阐明体要，这不是志书体例。自书自解，自问自答。既不是演员演戏，为什么用独白来写呢。其标题和内容都迂腐怪异至极，不忍卒读也。……"

中华文明冶炼的纯钢，铸造了章学诚的思辨精神、质疑精神、创造精神和他最具个性价值的批判精神。这不仅表现了他对八股文和官本位用理论和实际行动的揭露和抨击，而且他还将中国史志两千多年来的恶滥流弊之风批得体无完肤。甚至对皇家和学者们交口称赞的《四库全书》，也毫不留情给了了沦肌浃髓的迎头棒喝。中外学者认为他这种敢于揭露中国文化积弊世毒的战斗精神，表现了中国学风和文风大义担当的思路历程，具有人类文明很高的思想性和学术性。

他刚刚写完突然觉得什么也看不见了。这时有忘年交浙江萧山人王宗炎正好来拜访，他让赶快进来。一会儿吴胥石也来了，王宗炎让吴胥石好生照顾着章学诚，他立马去请来郎中一看，章学诚两眼疲劳过度，已经全瞎了。

吴胥石后悔得直流泪道："是我害了你呀，为了让你写几部志书的书评，把你的眼都累瞎了。"

郎中说："不全是累的，他也老了，眼睛原来有毛病，几个原因加起来，就是不用功，该瞎也得瞎了。"正好曾燠送他回浙江的马车夫，特意又来给他送药，就将他们三人一起送回了浙江。

回到家的第一件事，章学诚将一生所著的文稿委托友人王宗炎校订，王宗炎比他小十八岁，年仅四十四岁，年富力强，又是乾隆四十五年（1780）进士，主讲杭州紫阳书院，认为章学诚对袁枚的《随园诗话》评论公正。章学诚方志历史著作是浙江生产的最伟大的财富，其历史见识超过中国当世的人们，与南宋郑樵不分伯仲，而且文章风流，善于分类编目。尤其他看了章学诚写的最后六篇方志评论，他认为是中国方志理论的压轴之作，前无古人，难有来者。

王宗炎欣然接受章学诚的所托书稿，答应全部读完后，就编辑成册。正好曾燠送来的马车现成，就将章学诚平生所撰两大箱书稿拉回了浙江萧山王宗炎的十万卷楼。

王宗炎走后，吴胥石拉着章学诚的手说："我后悔死了。我比你大八岁，我还好好的，你竟然眼就瞎了。"

"吴胥石你放心！我没有眼了，虽然不能写了，但是我有儿子。我叫贻选写，我还有脑子，我还有口。你们多次催促我的，为邵二云写篇悼文。我现在就说，让儿子写。"

吴胥石道："你好好休息几天再说，我不催你了。"说完向章学诚鞠了一躬走了。

章学诚口述让儿子贻选抄正：

《悼邵二云文》

邵二云老朋友，今天是你逝世三周年的日子。我多次含着哀痛的心情祭祀你，今天才得以成文，来告慰你的灵魂和深情。

我一生与你交谊最深，情同手足。做学问志同道合，交朋友心心相印。我们交友二十五年，南北离合，得志不忘，互相慰悦，潦倒之时，全依靠你的帮助，我这条老命和全家才得以活下米。

记得那夜我差点病死，你为我求医拿药，止住发烧。又从京城将我用马车送回了家，把我的老命从阎王爷手中夺了回来。

文人之间的友谊不在吃喝玩乐，而在于互相学问启发。我所著的《文史通义》多是别出心裁之文，引起了京城人们或讥或议。你每见我的文章，说是就如你胸中所说的话，乍闻惊愕转为惊喜，有时甚至拍案叫绝。每每我对你的评价，一般人只知博识，而你邵二云则富有创见。一般人只会阅读，而你读后在于能判断真伪。你一生为了《宋史》耗尽精力，我劝你不要把有限的人生浪费在解释人言的考据上。你接受了我的意见来信说：只有肝胆相照的挚友才能说出这样诚恳的话。亡羊补牢，为时未晚，将已刊出《宋史》以前的史料，我以求自成一家。不久，你的《宋史》未刊行，你却去世了。浙东史学，自宋、元几百年来，素有渊源。自从你去世之后，无人整理浙东史料，浙东从此文献就没有了。你的学问从此没有传下来，生平著书没有完成，这是中国文化史上一大损失啊！

　　事情有了结之时，而友情却无法了结。文章有写完之时，哀悼却没有完啊！

章学诚

嘉庆四年十一月十五于瀚云山房

　　写完了《悼邵二云文》他又叙述了《邵二云别传》一书，直到腊八前一天才写完。仿佛邵二云给他留下了浙东学术的沉思，留下了浙东学术的一个个宽阔的胸怀。

　　到了第二年的秋天，他回到浙东四年了，浙东的心，像春天一般温暖着他，使他感觉又回到了自己人生的根据地，浙东学术首先给他一颗学术之心。任何学术都是伟大的。伟大不是复兴就是灭亡，这是任何学术都要面临的一个问题。他感到不久就要离开人世，他是浙东学术的一员，浙东学术要灵魂不死怎么办？章学诚决定写一篇议论留存后世，他的深思妙语就如中秋的爆竹问世了：

《浙东学术》

　　有人只知浙西学术的启蒙是顾炎武，却不知浙东学术的开山是黄宗羲。这只是清代的源头。

　　如果追溯渊源，浙东学术在宋代就形成了。经元明时期抒发良知，到了我们祖辈时代，高雅的良心发现，出现了万斯同、邵廷采、全祖望。到了我们后辈小子，就是邵二云和章学诚了。从古至今浙东史学的宗旨就是主张发明创造的学说一脉相承，在史学和方志学上多有贡献，有一种自然而然的智慧。浙东学术思想是师友传承。他们虽然继承的不是高贵的血统，却是一种健康向上的水平。所以他们的事业不会冷落凄清，只会光耀门庭。

黄宗羲认为：气质是浑然流行之体，公共之物也。全祖望彰明了忠义，保存了东南文献。而邵廷采的融经、史、文于一炉的著作，是五百年来罕见之书。我辈章学诚和邵二云受到了浙东学术思想的熏陶。

伟大的渊源来源于伟大的思想，伟大的思想来源于伟大的精神。浙东学术遵循的一种精神就是不给祖辈的声誉带来损害，不给这些光荣的思想抹黑，这就是把浙江学术精神发扬光大，弘扬开来。他们不管面临多少艰难困苦，不管经受多少年饥寒交迫，甚至生死存亡关头都使它光照千秋。小人为了小利区区几两银子就分手了，我们却为了浙东精神都一个个生死不渝。我和邵二云的友谊就是最好的写照。

浙东学术的特点，一是强调经世致用，反对空言著述。二是反对门户之见。三是尊崇专家之学。我辈小子把三大特点推向浙江学术的高峰，把浙东学术思想集为大成，将浙东学术精神发扬光大到了一个时代，使浙东学术的特点继往开来，独具创见。成为清代浙东史学的殿军，也成了中国方志学的殿军。

章学诚
嘉庆五年中秋

章学诚在黑暗中独卧，无数朋友的音容笑貌都出现在他的面前。

思念老友太执着，不免有点儿心惊肉跳。他决定不去想了。他脑子成了空白，与来探望的老友吴胥石讨论起白话诗来。

吴胥石笑得非常灿烂，又非常赞许地问道："听说你赞成白话诗？人们可都又好笑又议论纷纷。"

章学诚一本正经地说："我在丁巳年二月给《陈东浦方伯诗序》中说：

有人曾经推荐《汉书·艺文志》序中的诗赋一百零六家。其分为五种，却不明白班固说的分那五种的原因。我写《乐典》后，让我来校对古今的诗词歌赋，我认为这些诗赋有合乎诗赋规则的，几乎寥寥。

"有的人反问：'如何才能符合五家要求的诗赋规则呢？'

"章学诚答道：'如果推重的这五种有数的诗人，那么诗赋就会写得一点儿诗味都没有。只是些平仄押韵的工艺，而绝不是诗歌。'

"又有的人反问：'他们可以加入五家推重的撰写诗赋之流的人吗？'

"章学诚又答道：'古代诗歌去掉音节铿锵，律诗去掉其押韵对偶，去掉其谋篇布局时用典和练字练句和一切写诗工艺方法。令翻译的一辈人，只取其意义，译为通俗的生动语言。这其中可能只有一二篇有卓然超拔而不可企及的诗赋，迥然不同别人的诗词歌赋。'

"有的人反问：'将来真正的诗是什么样子的？'

"章学诚再答道：'将来真正的诗是有意义的，白话的，通俗的，老百姓喜闻乐见的诗歌，我预见一百多年后，将来中国一定成了白话诗的世界'。"

吴胥石听了大笑道："你是中国诗歌一个大辣子，而辣味最浓可谓辣极。"

章学诚义正词严地说道："古诗最大的特点，就是不和老百姓交往，表面上很严格，一副吊死鬼脸。"

吴胥石又大笑道："你不到别人家去，就不知人家有多么热情高贵。这是你听了下里巴人的话太多了，耳朵发生了点问题，多说点古文的好话吧！"

章学诚言出法随地说："我老了之后，越来越发现我们的古文阻碍社会进步，一身古人尸体味。剜肉补疮，八面求圆，削足适履，私封头衔，不达时势，画蛇添足，演员演戏，井底看天，邯郸学步，同街一牌。有十大弊病，我看是没一点儿好的，全是坏的。我相信一百多年后，将来的中国一定也是白话文的社会。"

吴胥石惊喜地说："虽然你的老朋友大多去世了，但你还不是形单影只的，我们活着的人都和你永远是一个阵营。"

章学诚吐胆倾心地说："今世读懂我的书，理解我的人，只有你吴胥石、邵二云两位老朋友。两百年后，才有人读懂我的书，理解我的心，中国人和世界上的人，才和我对话，知道学问中国就是创造中国。"

吴胥石牛气十足地笑道："且不说你那方志理论的中国奠基，两百年后，你的白话诗、白话文、创造中国论，三大预言实现了，中国人一定说你是千古圣人，如果实现不了，人家首先笑我和邵二云是千古牛犄犄了。"

儿子们将他和吴胥石的对话全记了下来。《古文十弊》一文和三大预言留存后世，为千百年中国开山振聋发聩。

过了半个月，贻选来告诉他："父亲！嘉庆从查抄和珅及其党羽的过程中，大捞一把之后，顿时踌躇满志，颇有中兴清王朝之意。已经下了几道圣旨，征求直言。你何不口述几篇文章，我来代写，以解你眼前黑暗之苦。"

章学诚觉得儿子说得确实有理，不管自己两眼黑暗，两耳重听，华发满头，步入如此垂暮之年，连续议成《上执政论时务书》等六篇文章。

章学诚过去不是朝廷要员，没有资格直言卜书。今天他要以走南闯北所了解的民间疾苦和许多丑陋的社会现象，以及他作为达官要员的幕宾，洞悉的官场黑暗和官员的奢侈腐化去议论时政，出谋划策：

首先，章学诚提出了"以吏治为急"的政治改革主张，首先对吏治腐败进行了无情的揭露。

其次，他提出社会三大主要问题：一是民众动乱。二是国库亏空。三是政治腐败。

他提出了具体的惩治腐败，改革吏治意见：

一、惩治腐败，不得不严。

二、当权者应"率先恭俭廉隅"。

三、完善举报制度。

四、理财必以治政为先。

这些主张切中时弊，比起那些醉生梦死的官僚，沉迷考据的俗儒，不知要高明多少。而这些主张也只是改良主义的，但在统治者看来，就是太过分了。他的直言上书半年多了，如石沉大海，杳无消息。

章学诚的这些政治主张，没有涉及整个封建制度的本身。相反他对封建统治，只敢竭尽维护统治者的正统地位，不得不扮演了一个老天真的角色。

久病在床的他想传记再也不能老天真了，他总结自己的一生，对家国有什么贡献呢？最重要的就是笔削之义文化了。他口述，让儿子们写了下来。

章学诚的《文史通义》和《校雠通义》笔削之义的一家之言，重要含义是什么呢？一、提出了为文"独出别裁"，笔削习固抄袭。二、文分撰述（写作）和记注（材料）两类。笔削训诂考证之伪。三、"六经皆史，六经皆器，六经皆先王政典"，笔削六经玄之又玄、神之又神之说。四、撰修方志理论。笔削叠床之文。五、数据载志。六、笔削溢美。七、亲临收集，笔削浮词。八、抗衡汉学（经学）考证和宋学（理学）杀人，笔削古诗束缚和古文十弊。

这天一早醒来，章学诚问："贻选，王宗炎将我的书稿编好了没有？"

贻选道："我计大弟去问了一下，说是著作太多，他正在一一观看，看完很快就整理出来。"

"你的几个弟弟怎么都回来了？"

"你病了那么久，他们都不放心，特意赶回来了。三弟华绥是章允功伯伯知道了你的病，特意让他从北京赶来的。"

"你的大弟怎么也回来了？"

"他在孙星衍幕府的事不多，刚刚平叛完了白莲教起义，特意赶回来探望你老人家。"

章学诚猛烈咳嗽起来，妻子俞中秀，小妾曾细君、蔡娇儿，五个儿子贻选、华绂、华绥、华纪、华练以及十个孙子，赶来站在他的身旁。他咳出痰来了。

嘉庆六年（1801）十一月二十八，章学诚躺下微笑着，眼一闭，走向了天堂，妻妾儿孙大哭，三儿子华绥从北京特意带来的，章学诚一生最爱吃的北京糖瓜粘十支，首先放在灵前吊唁。

第二十九章

国际文化名人

　　章学诚去世后，全家哭了有一个时辰，又叩头敬拜九次，依次围着章学诚的寿体走了九遭。

　　贻选对大弟提醒，父亲一生的好友吴胥石伯伯前几天走时说过，如父亲去世了，要你去赶快告诉他，他要来的。五天后的下午，华绂从浙江归安赶回来，"吴胥石伯伯亦卒于十一月二十八"。[1] 我掐算了一下，世伯和父亲同一天同一个时辰过世的。贻选惊异，这真是天意啊，两个朋友真心修成了正果。不求同年同月同日生，但求同年同月同日死。

　　吴胥石的二儿子这时来吊唁，我父临逝世特别嘱咐，章学诚世叔最喜湖笔，让我务必给他带两支来。虽然他眼睛看不见了，只要摸一摸那"锋颖"，就仿佛摸到我父亲的心了。世叔生前，让华绂老弟带去两瓶会稽黄酒，我已经放在棺椁中父亲的手旁。不知怎么的第二天，父亲的手竟然紧紧抓住了那两瓶酒。人成了神灵，更重友情了呢。贻选接过湖笔来，将其放在章学诚的手边。过了一会儿，大家谁都没看见，章学诚竟然左右手各抓着一支湖笔。

---

[1]　胡适、姚名达著《章实斋年谱》第120页，1948年6月21日，上海《申报》。

贻选非常激动，一笔一酒，天下挚友。吴胥石次子，将这句话记下带回了归安。

他的墓设在山阴县芳坞镇，以后其妻俞中秀和曾细君也葬于此。蔡娇儿去世后因章氏大宗祠的规矩分葬于泾口。

章学诚去世后，无数的老友来拜访吊唁：

他的书法之友、上书房大学士翁方纲来了，用行楷书录了章学诚著名的修志则例：

> 有二便，地近则易核，时近则迹真。有三长，识足以断凡例，明足以决去取，公足以决请托，有五难，清晰天度难，考衷古界难，调剂众议难，广征藏书难，预料是非难。有八忌：忌条理乱杂，忌详略失体，忌偏尚文辞，忌妆点名胜，忌擅翻旧案，忌浮记功绩，忌泥古不变，忌贪载传奇。有四体：国恩庆典宜作记，官师科甲宜作谱，典籍法制宜作考，名宦人物宜作记。有四要：要简，要严，要核，要雅。①

又用隶书写下了"纯正之文，方志之宗"八个大字。

华绶在跪礼中抬起头，听人说这是乾隆皇上说的话。贻选眨眨眼，道听途说不足为凭，说出去世人是要笑的。华绶点点头，大哥高见。

章学诚的学生福建巡抚史致光来了，写下了"尽人达天，千古志心"的评语。

两广总督谢启昆来了道："我们按照你的志学思想，修成了《广西通志》，你的死是中国方志的一大损失啊。"

他的诤友贵州学政洪亮吉来了，写下了"道不离器，六经皆史"。然后到他的墓前深深地鞠了一躬道：章学诚，你生前不怎么让人觉得伟大，而死后让人觉得你这个人特别伟大，你就如一座高山，使人觉得被人祭祀之后，只能让人仰视了。这就是你盖棺定论之后，给人的灵

---

① 章学诚著《文史通义》第284页，上海古籍出版社2008年版。

识吧！

世界上最难处的朋友，就是阴郁着脸，好像永远都潜伏着伤害和怀疑。只有你和我的友谊，你从来没有使我担心。因为你是个阳光的人，快人快语，让人一见到你，就像见到了一种真诚，所以我们成了一生的诤友。

章学诚，我们两个辩论了一辈子，虽然红过脸，但从未记于心。每一次都是一笑了之去喝酒，明天酒醒仍然是好友。我知道，我所以是你的诤友，因为我是与社会格格不入的人。我不能因为人们厌恶说伟人的过错，而不提你的过失，开了文人为伟人文过饰非的开端。

我想自古成一统的伟人，不是为了追求一贯正确而自以为是的。你是为了方志学说充塞于天地之间，使纂修方志的弊端得以纠正。不只是为了独善其身，而是为了使你的学问通达天下，才如此鞠躬尽瘁，死而后已。你在九泉之下有灵，一定喜欢我这个直人，实事求是评价你的。

在你的坟前，我思索这样久。我记得在武昌你我共同去过外国传教士勃思南那儿，他对我们说："中国的神全然没有一点儿错误，这是中国人讲故事的习俗造成的。外国的神也是有许多错误的，所以人神是平等的。中国人以后会觉悟的，心中也会认为，神也是有错误的。"

我说："有错误的神才是神，有个性的导师才是导师。"

你说："有缺点的人才是人，无缺点的蚊子毕竟是蚊子。"

你说完我们哈哈大笑起来。我今天大声地对你说："你虽然是伟人了，但是你也是人。你也有许多缺点错误，不过你的缺点错误和你的丰功伟绩相比，永远是瑕不掩瑜的！"

还记得你和汪中的那次辩论吗？汪中认为："只要接受了聘礼，男人如果死了，少女就得终身不嫁，这是对妇女的残害。烈女不嫁二夫，不是说少女不聘二夫。"我认为汪中的观点无疑是正确的。

你却批评汪中道："少女未婚也应当守志不嫁，少女聘嫁二夫之说，是好人和强盗没有区分的一种谬论，是黑白不分，是非不辨的胡说八道。"我当时对你这种说法颇不以为然，但我对你从不隐瞒自己观点的作风，还是由衷地佩服的。

你们争得不可开交。你唇枪舌剑，他反唇相讥。最后汪中说："你长得丑陋不堪，所以思想也是丑陋不堪的。"我们大家认为：人互相辩论，汪中人身攻击是错误的。

你也毫不犹豫地回了他说："你无疑是个强盗。抢了古人的真理，冒充当世的伯夷。"两人互不相让，你指着他的鼻子，他挥起了双拳，两人几乎要打了起来。你拿起了一把裁纸刀，他拿起了一把装订书的剪刀。不是我们大家拉着，你们就要红刀子进白刀子出了。虽然汪中的辩论是真理，是具有远见卓识的，但就在事后，我反而认为此人不过是个"汪狂"而已。

你那次辩论观点无疑是错误的，但就在此后，我却逐步认识了你，你是一个值得尊重的人，称得上我们这个时代的思想大师。因为你的风格，深深地感染了我，这是我在你们两人之中，反复考察后得出的结论。

这是为什么呢？记得你和汪中吵闹之后，我在下午就问你：'你对上午的辩论有什么想法？你对汪中有什么看法？'当时的态度，让我感到你回答得那样高贵，那么让我大笑不止。

你说："一点儿小事，不值一提，你说的是谁，我左耳朵聋，没有听到你说的是谁？"说着就大步流星地走了。我的笑，也引来同事们一片笑声。我想那种笑，是同事们对你处理问题的一种赞许。而事后我问汪中。他却骂骂咧咧，不仅骂对手，好像也骂我们大家不声援他。当时我们大家评论，一个人有没有才能，就看事后处理问题的态度。巧于处理善后，不也是一种伟大吗？

第二次我担心你又说自己耳聋，我大声地问你："你对那件红刀子进白刀子出的事怎么看？"你说："我对汪中的批评有点儿牵强附会，没有道理，应当反思。"我说："你批评他恼的原因还有一个，认为'汪中的《述学》一书，只是一部文集，却按学术著作分成了内篇和外篇，很不恰当。'这个科学论断，是有助于他的。你却说：'就是自己手中有真理，一心是为了别人好，也应当宽恕别人，不应当在言辞上出了大纰漏。'"

我又问了汪中，他对那次吵架仍然不能释怀，对你好心的批评，一点儿也不接受。我第二次询问你们后，得出了一个结论。男子汉做事就是万事能够释怀。拿得起，放得下。错了就要敢于承认，对了也要从善如流。这样的人大家才佩服他。

章学诚，你不知道，我这个人是最善于观察人的。而观察人的方法，就是暗暗地对他人进行考试。对于汪中那件事，我自始至终认为，是我对你的试金石，而当时湖广总督毕沅也是授意我这样做的。我第三次考察你，首先问你："汪中论：'墨子批判孔子，就等于孟子批判孔子。'他这种发人不敢发的立论，你以为怎样？"你还记得吗？你回答我："过去我没有很好地认识汪中这种说法的正确性，认为是荒诞至极的说法。春天是万物生发的时候，也是读书人百家争鸣的时候。真理之所以是真理，就在于给人自由，给人思想。"

我就是我，我认为，我对人永远都是平等的。我又去问汪中："你认为章学诚所说的：古人的学问，都是老师的道理。老师的道理传到官府，官府遵守其道编成书籍，因而就将老师的学问一代代地传下来了。"你真猜不出汪中竟然说出了那样的话："那个丑八怪，能有这么好的思想吗？这些话全是抄袭我的吧！我曾经说过·'古人的学问，流传到官府，官府遵守这些道理，官府如果没有了，因而专门的学问也就废了。'他的那些说法怎么和我的说法惊人的相似哪？这不是他剽窃的铁证吗？"

我说："章学诚的这些观点是乾隆三十六年（1771）写的，你的观点是在乾隆四十六年（1781）写的，他书中记载早于你十年，怎么会抄袭你的呢？你搞错了吧！"他竟然大言不惭地说："真理是俊美的，只能出于俊美之士的心中。即便一时出于那么丑陋的人的脑子里，一定是碰巧了。"

从此我悟出了一个理儿，凡是背着牛头不认账的人，难有大的发展，只能是一个狂妄而不可一世的人。而对于高人，面对真理是绝对服从。不管是诤友，还是敌手。这也就是我在酒席桌上赞美你为中国高论第一人的原因。我把这些思想和当时纂修《湖北通志》的四十八个同事商议了一番，他们和我都有同样的看法。我们大家把这些想法和毕沅说了，毕沅第二天就宣布让你担任《湖北通志》的总纂。

虽然你和毕沅再三挽留，而汪中不得不打起铺盖卷儿走人了。他临走之前，对你高声辱骂了许多难听的话，真是不堪入耳，而你却忍了。只是他走后，你大大地感叹了一番。"我原来认为汪中才华倾倒一世，现在看来名不副实。我原来以为其才甚高，学问虽然没有成为大家，但记述背诵可谓学富五车，还能写古文辞章，特别优于写文辞奏章，他可以作为我的一个很好的畏友，让我努力地向他学习。而近来在湖北湖南多所接触，认为他不过是一个狂想病患者。写出的文章也不如原来的有章法，好说大话而不知惭愧，难以对他劝告和帮助。因其思想空虚浅薄，肚子里没有什么东西。这个人做学问不是不认真的人，实在是此人有才能而没有见识，不善于使用自己的长处，激励自己的成名成家之心，只是培养自己私心杂念的智慧。在江湖上行走了很久，学得一身江湖气，客气多却不谦虚。"

你当时的这个评价，大家异口同声："一针见血。"其实是大家对毕沅宣布你当总纂的赞同啊！

山东历城好友周永年之孙周明成，一百二十年后从美国回来祭奠章学诚道："读了你的《文史通义》《校雠通义》《史籍考》《永清志》以及《湖北通志检存稿》，感到中国对世界文化的最大贡献是方志，最重要的科学贡献也是方志，方志是中国的传家宝。先生创造方志十大理论，一、方志实用论。二、方志多元论。三、志立三书论。四、体例谨严论。五、避免芜杂论。六、批驳可恕论。七、商榷公正论。八、采访勤勉论。九、绘制图表论。十、县设志科论。将是人类历史常读常新的新思想，将是世界永垂不朽的传家宝。"

好友邵二云的后人邵华来到他的墓前三鞠躬道："眼高一世，终见天日，六经皆史，治学合一，方志学说，千秋矗立。"

《少年中国说》的高论之人梁启超来了说："清代唯一的思想大师是章学诚"[1]，"只有他配得上说是中国史学集大成的人，他永垂不朽的志

---

[1] 梁启超著《中国近三百年学术史》第368页、第369页，上海古籍出版社。

学理论，使他成了中国的方志之祖。"①

章炳麟这个老同盟会员对他的墓加了三把土，磕了三个头道：

他

不学八股文

不写时令文

不留国子监

不当知县令

不入四库全书馆

他的五不精神，就是一个大写的中国人。

1905 年日本人内滕虎次郎来到他的墓前九叩首，磕了十八个响头，鞠躬三十六个，发誓写下了一部《章学诚年谱》。

1922 年何炳松特意撰文："章学诚已经当得起世界上史学界天才的称号。"②

台湾的著名史学家余英时来了，他写下了："章学诚是华夏古人另类""笔削之义……为千百年后史学开山。"③

冯友兰说："章学诚是中国哲学史的大见识。""我在章学诚这里找到了中国哲学史的洞见。"④

顾颉刚说："年轻时只读了章学诚写的一封信，就给我的一生的思想带来了深刻的革命。"⑤

侯外庐先生来了，他对章学诚的一生进行了全面的评价：

"章学诚的史学特点：一个时代各有一个时代的风气，他生在专门汉学、不谈义理的时代，他的学问不合时好，以致他的言行，在死后一

① 梁启超著《中国历史研究法补编》第 308 页、第 310 页，上海古籍出版社 1987 年版。

② 鲍永军著《史学大师章学诚传》第 302 页，浙江人民出版社 2007 年史学评论版。

③ 余英时著《论戴震与章学诚》第 174 页，生活、读书、新知三联书店 2000 年版。

④ 冯友兰：A Short History of Chinese Philosophy New York，1953 年，第 32 页。

⑤ 顾颉刚：The Antobiogphy of a Chistorian，being the Preface to a Symposium on Ansient Chineory，Arthur WHummel 译第 170—172 页。

直被埋没多年。但也正是他，在那样的时代，发出了一种对汉学的抗议。

"章学诚的史学理论'道者，万事万物之所以然'这命题是唯物论的。按照逻辑程序讲来，必先说明此所以然之道如何贯彻于历史的合乎法则的变化。但他不然，接着便说明文化的起源，立世垂教的自然理势，而得出他所要说明的文化或学术史学的理论，他的文化史学，最具特色的是，把神秘的道统论推翻，反对把圣人看作'玄之又玄'之神天通号。

"章学诚的史学思想是和他的哲学思想密切联系的。他的哲学思想，一部分是继承了他所赞许的'各得大道之一端'的诸子尤以墨子、老子、荀子、韩非子为然，一部分则是继承了清初学者的思想。但对于清初学者即以博雅如顾炎武，也不过以考证为手段，而章学诚所重视的是经世致用。顾炎武所谓'理学即经学'的主旨，章学诚并不基于扶宋学，同时他也接受反宋学的传统。他大胆地把中国封建社会所崇拜的六经教条，从神圣的宝座拉下来。

"他攻击封建统治的大胆精神，就比戴震高出一头了。"①

最近德国几位史学家才开始讲历史哲学，但他们看了章学诚的《文史通义》说："若问世界上最早讲历史哲学的人，恐怕就算章学诚了。"

法国汉学家保尔·戴密微称："章学诚是第一流的史学天才，可以和阿拉伯史学家伊本·卡尔顿或欧洲最伟大的史学家并驾齐驱。用其天才的思想火花，照亮了那个特别黑暗的世界。"②

现在章学诚的著作和研究论著已经出版了一千多部，发表论文一万多篇，召开了无数的章学诚国际学术讨论会。

美国、法国、俄罗斯、英国、日本、韩国等几十个国家，都有学者对他的学术思想进行专门研究，章学诚已经跻身于国际文化名人，世界史学家之林，他的学术思想已经成为世界文化宝库中可贵的精神财富。

---

① 侯外庐主编，《中国思想通史》第485—540页，人民出版社1956年版。
② 鲍永军著《史学大师章学诚传》封底页，浙江人民出版社2007年史学评论版。

附录一

章学诚年表

乾隆三年（1738）

六月二十八，章学诚不足月，出生于绍兴府会稽县城南善发弄。

乾隆四年（1740） 三岁

章学诚从叔章衡一，常带着他向会稽县城南善发弄酒店朱姓老板买黄酒喝，后自己索酒喝习以为常，一生故"长而善饮"。

乾隆六年（1741） 四岁

章学诚识读绍兴府会稽县城南善发弄十二坊。

乾隆七年（1742） 五岁

父亲章镳成进士。自此居乡教授。

乾隆九年（1744） 七岁

母亲"自幼诚之，自《百家姓》"。

乾隆十年（1745） 八岁

为母辩污，惊动乡绅，疑问董仲舒罢黜百家，独尊儒术学说，记录乡志。

乾隆十二年（1747） 十岁

深感中国女子和母亲伟大，质疑孔子"唯女子和小人难养也"之语。

乾隆十四年（1749） 十二岁

游曹娥江，拜全祖望，论文字狱。

乾隆十六年（1751） 十四岁

在姑家凌风书屋师王浩，表哥杜秉和被王先生鞭挞伤脑门，几死，后创愈而顶肉骨隆起不复平。表哥祖父和姑父姑母决意要开除王先生，表哥杜秉和跪地三天三夜，为师求情。章学诚讥笑表哥挨揍还没有挨够。表哥道："一日之师，一生为父。如师解聘，再无人聘。一家十几人仰其生活！打是督责吾学，无坏心也。"章学诚记下，誓要这大善千古流传。

章学诚与俞夫人结婚。

父亲得官应城知县，章学诚从父至应城。

乾隆十八年（1753） 十六岁

章学诚向妻子乞讨来头簪耳环卖掉，买来纸笔，令县衙小官吏日夜抄《春秋》，自拆分又编为：记、表、志、传百余卷，命名为《东周书》。老师柯绍庚深恨其不务正业，而后认为其是大创见。

乾隆十九年（1754） 十七岁

老师为章学诚考科举，于八股文外，禁止看杂书。他偷看《韩文考异》爱不释手，他看到了"伟大的唐代作家不满于靡烂沉醉的文风的崇高精神"。

乾隆二十年（1755） 十八岁

为了交友巧设小计谋，拜朱筠为恩师。

乾隆二十一年（1756） 十九岁

父亲章镳因轻判百姓冤狱罢官，贫不能归故乡。

乾隆二十二年（1757） 二十岁

章学诚随父亲去天门书院读书受难为离去，独异于天门山中，悟道万古云霄，精神诞生风暴，二十岁不类出一人。

乾隆二十三年（1758） 二十一岁

章学诚赴武昌参加乡试，考中秀才。

乾隆二十五年（1760） 二十三岁

章学诚赴京经过河南开封沁水县时，顺路拜访县令陈执无。他是章镳在"乾隆十八年（1753）湖北乡试时所取的举人"，章学诚遇狗咬一姑娘，夺过农民锄头将狗打死，狗的主人虽是大地主却不敢告。姑娘誓要嫁给章学诚，后为爱妾。

乾隆二十六年（1761） 二十四岁

章学诚于八月在京城南隅崇文门内参加顺天府乡试落榜。

乾隆二十七年（1762） 二十五岁

章学诚归会稽故乡。回京经过山东滕县时，得大病。遇族婿任肇元调治病愈。进国子监读书。

乾隆二十八年（1763） 二十六岁

章学诚肄业于国子监。回湖北省亲。赴陕西拜访杨震墓。

乾隆二十九年（1764） 二十七岁

天门知县授章镳修《天门县志》，章学诚受邀写序，提出《修志十议》

参加顺天府乡试又落榜。

乾隆三十年（1765） 二十八岁

回京与国子监职官论修志，寄居北京铁拐李斜街之南朱筠家，朱虽是当朝官员，年长其十岁，而章学诚和他仍宴岁风雪，高斋欢聚，脱落形骸，若不知有人。

乾隆三十一年（1766） 二十九岁

章学诚在国子监修《太学志》，监官道：你专门工作就是拿笔削去古人的陈词滥调。欧阳瑾称他为：你小子是乞求古人说错话的人，所以不是一个当今世上人士。

乾隆三十二年（1767） 三十岁

章学诚修《国子监志》，与志学监官陆宗楷等人抵牾不断。大有对他兴文字狱的苗头，独祭酒欧阳瑾首擢他第一名，司业朱棻元力挺章学诚的学说，使志学监官不敢得售其奸，侥幸相安无事。

乾隆三十三年（1768） 三十一岁

章学诚参加乡试因和陆宗楷观点相左，仅中副榜。他愤然退出国子监，父亲章镳去世，三儿子华绶送族兄章允功为后人。

乾隆三十四年（1769） 三十二岁

章学诚三月回到湖北办理父亲丧事，六月，举家扶柩附湖北粮艘北上北京。家贫至极，凝心修《乐典》。

乾隆三十五年（1770） 三十三岁

章学诚为京城章氏家族修家谱，批评司马迁、班超、韩愈、欧阳修、程颢、朱熹、王阳明，写志不合志之例，写史不合史之意。

乾隆三十六年（1771） 三十四岁

章学诚遇戴震讨论修史修志之事，在训诂问题上虽有共同语言，但又有重大分歧和思想纠结。

乾隆三十七年（1772） 三十五岁

朱筠被提拔为提督安徽学政，工作繁杂，章学诚为帮老师颠沛流离到安徽当涂，其间开始撰写《文史通义》。

乾隆三十八年（1773） 三十六岁

章学诚赴浙江宁波遇戴震，批驳戴震夸海口，不去收集资料，凭一夜思考，就能写出好文章。两人在修志问题上又进行了激烈的大辩论。戴震提出："修志当详地理沿革，不当侈言文献等。"章学诚提出："方志如国史，并非地理专门等。"章学诚理论精当，受到人们重视。戴震自感理屈。

乾隆三十九年（1774） 三十七岁

经朱筠推荐，应和州知府刘长诚之聘，章学诚由太平到了和州。编修《和州志》四十二篇。当年朱筠因下级科举舞弊撤职。新安徽提督学政秦潮不懂装懂否定《和州志》。

乾隆四十年（1775） 三十八岁

章学诚代朱筠奏写开设四库全书馆，却无缘参加四库全书馆。章学诚岸然决不参加，家贫女儿饿死。他在朱筠老师面前毅然议论方志如涌泉，见到的人全都愕然不已。

乾隆四十一年（1776） 三十九岁

家中人因贫死丧疾厄之难，授国子监典籍，深交好友周震荣。

乾隆四十二年（1777） 四十岁

经周震荣介绍，主讲定州定武书院，顺天府乡试中举人，戴震去世前去吊唁，为戴震打抱不平，人们见了大学问，反而不认识，只记住了他的缺点。

乾隆四十三年（1778） 四十一岁

顺天府会试中进士，母亲去世。父母归葬会稽。撰写《永清志》县中小吏收集的资料文多雷同。章学诚或亲自访问尚存者，或安排马车将提供资料者迎于史馆中，将第一手资料写为方志。

乾隆四十四年（1779） 四十二岁

馆座师梁国治大学士家，教其子读书。修成《永清志》书成后得危疾。周震荣百般救治，病愈后周震荣在知县衙门置酒高会，出示《永清志》给宾客观看，在座县州官员争相聘请其去修志。

乾隆四十五年（1780） 四十三岁

因朱筠病重，辞梁国治家馆学后，生活无着，第三女病死。

乾隆四十六年（1781） 四十四岁

章学诚走河南求职，受海度挖苦，得好友救助五百两银子，又中途遇盗，尽失囊箧和生平撰著，狼狈只穿短裤，向老友张维祺知县求救。聘为肥乡清漳书院讲席。张维祺移官大名府，章学诚年底也离去。

乾隆四十七年（1782） 四十五岁

周震荣邀请游畿县欢乐酬答，其忘家无宿粮。主讲永平敬胜书院，为学生撰《文学》课本。

乾隆四十八年（1783） 四十六岁

得病特危急，邵二云请医生相救，并拉到其乡下家中疗养，病中与邵二云论学。病愈仍主讲永平敬胜书院。

乾隆四十九年（1784） 四十七岁

经梁国治介绍，章学诚聘为保定莲池书院主讲。

乾隆五十年（1785） 四十八岁

仍主讲保定莲池书院，为学生撰写《论课蒙学文法》二十六通。

乾隆五十一年（1786） 四十九岁

仍主讲保定莲池书院，作《月夜游莲池记》，梁国治去世。

乾隆五十二年（1787） 五十岁

章学诚经吏部铨选得知县职位，为修志他定下不入仕志向，决计舍去受难。失去靠山梁国治，由此被保定莲池书院多方刁难，不得不辞主讲。家中马上陷入困顿之中，长孙女和小儿子冻饿而死。清廷修《续通典》成，其代拟《礼典序》

乾隆五十三年（1788） 五十一岁

二月经河南总督毕沅介绍主讲归德文正书院。毕沅九月升任湖广总督，章学诚的靠山走了，腊月章学诚失去归德文正书院主讲。全家迁移亳州官署，依靠老友亳州知州裴振为文谋生。

乾隆五十四年（1789） 五十二岁

编写《亳州志》，家贫，长子贻选之妻得病去世。

乾隆五十五年（1790） 五十三岁

家贫长孙急病，为家中开销紧，不肯治（长子贻选之子）去世。亳州知州裴振离任。《亳州志》未刊印，他和小妾曾细君赴湖北武昌投毕沅幕府。

乾隆五十六年（1791） 五十四岁

在湖北武昌毕沅幕府编《史籍考》。

乾隆五十七年（1792） 五十五岁

继续在湖北武昌毕沅幕府编《史籍考》和主编《湖北通志》。毕沅编成《续通鉴》为其校勘。

乾隆五十八年（1793） 五十六岁

在亳州家人送回浙江会稽老家，继续在湖北武昌毕沅幕府主编《湖北通志》。收集资料入匦巢，《史籍考》完成。

乾隆五十九年（1794） 五十七岁

《湖北通志》编纂完成。毕沅调任山东，进士陈熷原经章学诚介绍到湖北修志，此人恩将仇报，竟然拍湖北巡抚惠龄马屁，因惠龄不喜章学诚的文章，诋毁章学诚撰写的《湖北通志》。进士陈诗、姚鼐替《湖北通志》说公道话批陈熷。

乾隆六十年（1795） 五十八岁

章学诚编纂评稿湖北州县志书，并为之写序，回到家乡会稽。

回故乡道墟作《仲贤公三世记》多篇文章。

嘉庆元年（1796） 五十九岁

章学诚又回故乡道墟，祭祀章氏家族宗人家庙告成。作《古文十弊》。

嘉庆二年（1797） 六十岁

为修撰《史籍考》东奔西走。

嘉庆三年（1798） 六十一岁

在杭州借谢启昆之力补修《史籍考》。

嘉庆四年（1799） 六十二岁

作《书·姑苏志·后》等，直言批判方志时弊。两眼全盲，口授《上执政书》直言时弊。

嘉庆五年（1800） 六十三岁

口授《浙东学术》《文史通义·原性篇》等。

嘉庆六年（1801） 六十四岁

口授《豫室志》，十一月二十八去世，死时说："我百年后才与有思想的人对话，当今可与我言史志的人，只有两个，一个是邵二云，一个是吴胥石。"吴胥石与其同年同月同日去世。

章学诚葬山阴芳坞，后妻子俞中秀和小妾曾细君与章学诚合葬。

附录二　参考文献

1.《章实斋先生年谱》，胡适、姚名达著，1948 年 6 月 21 日，上海《申报》。

2.《章实斋先生年谱》，（日）内腾虎次郎著，（日）角川展书馆。

3.《章学诚评传》，仓修良、叶建华著，南京大学出版社。

4.《史学大师章学诚传》，鲍永军著，浙江人民出版社。

5.《章学诚文论思想及文学批评研究》，唐爱明著，上海古籍出版社。

6.《论戴震与章学诚》，余英时著，生活、读书、新知三联书店。

7.《章学诚的生平及其思想》，（美）倪德卫著，杨立华译，江苏人民出版社。

8.《列子》，列子著，珠海出版社。

9.《尉缭子》，尉缭子著，吉林文史出版社。

10.《郁离子》，郁离子著，吉林文史出版社。

11.《孔子传》，曹克德等著，花山文艺出版社。

12.《庄子传》，王新民著，花山文艺出版社。

13.《华盛顿传》，开邑编著，杨从译，湖北辞书出版社。

14.《巨人传》，（法）罗曼·罗兰著，袁莉、仇红军译，中国少年儿童出版社。

15.《阿古柏伯克传》，（英）包罗杰著，商务印书馆。

16.《叶卡捷琳娜二世传》，（波）卡·瓦力舍夫斯基著，贤居译，团结出版社。

17.《马克思传》，（德）佛·梅林著，樊集译，人民出版社。

18.《历代班禅秘传》，万胜编辑，海南出版社。

19.《梁启超传》，徐刚著，作家出版社。

20.《曹雪芹传》，周汝昌著，作家出版社。

21.《顾炎武传》，陈益著，作家出版社。

22.《王羲之传》，王兆军著，作家出版社。

23.《施耐庵传》，蒲玉生著，作家出版社。

24.《李煜传》，郭启宏著，作家出版社。

25.《纪晓岚传》，何香久著，作家出版社。

26.《东周列国志》，冯梦龙、蔡元放著，百花洲文艺出版社。

27.《史记》，司马迁著，岳麓书社出版社。

28.《汉书》，班固著，中华书局。

29.《后汉书》，范晔著，中华书局。

30.《中国方志大辞典》，董一博主编，浙江人民出版社。

31.《中国古代史学史》，仓修良著，人民出版社。

32.《中国思想通史》，侯外庐主编，人民出版社。

33.《明清启蒙学术流变》，萧萐父、许苏民著，人民出版社。

34.《中国近三百年学术史》，梁启超著，上海古籍出版社。

35.《中国历史研究法补编》，梁启超著，上海古籍出版社。

36. 冯友兰：A Short History of Chinese Philosophy（New York，1953），顾颉刚：The Antobiogphy of a Chistorian，being the Preface to a Symposium on Ansient Chineory，Arthur WHummel 译。

37.《沉思录》，（古罗马）奥勒留著，文爱艺译，中国城市出版社。

38.《弗洛伊德心理哲学》，（奥）弗洛伊德著，杨绍刚等译，九州出版社。

39.《清代学术源流》，陈祖武著，北京师范大学出版社。

40.《天皇制》，（日）井上清著，商务印书馆。

41.《亚洲的脉搏》，（美）亨丁顿著，新疆人民出版社。

42.《中国史纲要》，翦伯赞主编，人民出版社。

43.《世界史》，关于廑、齐世荣主编，高等教育出版社。

44.《先秦秦汉史论》，孟祥才著，山东大学出版社。

45.《人文大国》，倪健中主编，中国国际广播出版社。

46.《美的存在与发现》，（日）川端康成著，叶渭渠、郑民钦译，漓江出版社。

47.《中国科学技术史》，（英）李约瑟著，《中国科学技术史》翻译小组译，科学出版社。

48.《自然科学概要》，吴义生、孔慧英、钟洁林、钱俊生著，山东科学技术出版社。

49.《中国通史讲稿》，张寄谦著，北京大学出版社。

50.《辞海》，夏正农主编，上海辞书出版社。

51.《幼学琼林新注》，胡云富、李春梅、傅德林注，北京师范大学出版社。

后记

　　我到章学诚先生的遗像前，静静地站定。我看到他那真诚严谨的历史眼光，又仿佛听到了他感叹方志的深语。他依三千年文笔风骨，让我们心灵保持纯洁，他让我们心中永远闪烁着智慧之光和燃烧着真理之火。

　　一个生命渺小得如同一只柳哨，却吹出了伟大的音乐。一个乾嘉时代受尽磨难的学者，他预言之准："我的学问是不会被时人所认可的，两百年后才会被世人所认识。"现代文明人类已经公认，他是方志集大成者。国际文化界为他唱出的生命灵验之歌称奇。梁启超说："这也是他那个时代文化人最为羞辱的事。"

　　章学诚用墨染黑了中国人的黑眼珠，使我们的眼睛这样晶莹透亮。是他把笔削之义的笔，开拓了中国史志的新路。他把科学化的数字首先写入了方志，探讨了国计民生的重大课题，这让中国文化照亮了那个特别黑暗的世界。

　　写他的传记犹如寻找两百年前春天的花，就是落红遍地，也早已同我们告别，都难寻花儿芳香的踪迹。二〇一二年四月二十三日，我担任中国百位历史文化名人传记《章学诚传》的写作任务。虽然我在《渥巴锡大汗》的传记中记录了东归英雄渥巴锡和章学诚的交流，但是只有两千多字，而要写出章学诚史志大师的传记，要购买资料，一部《章氏遗书》就要近五万元，一部章学诚编写的《湖北通志检存稿》就要十几万元，日本学者内腾虎次郎百年前就写出了《章学诚年谱》但却难得看上几眼。这一切将我的信心只好托付给了真诚，我只有老老实实地走访了先生生活过的二十一个省市自治区。先生一生达两千多万字的著作浩如烟海，就连呼喊的东风，都难以表达他的心声。先生辉煌而坎坷的一生，就连永远广阔的碧空，都难以写尽他对中华民族的忠诚。要让我以准确、新鲜、生动的文字，真实性的史料，文学性、故事性、可读性的要求，来写《章学诚传》，真是不期然而然了。

灯光在那儿，章学诚高举着一支火炬，点亮了我心中的灯。作为方志之祖章学诚的后学，我自一九八九年从事地方志工作以来，就对先生的爱国情寄，人生悲剧，学问遭际，总是静静地守望着。又如浮荡杂乱的白云，没有形成一点儿理性的认识。一旦挑起这千载难逢的重担，我打乱了所有工作和生活的程序，投入到向章学诚大师学习中来了。就是吃多少苦，遭多少难，那又有什么呢，我用了十个月的时间，二○一二年除夕，完成了三十六点八万字的初稿，算算已经有一个月没有睡觉了。春天是美好的，咱中国人的春节就更美好！我也是美美地睡了五天五夜。

生命像花朵一样在春天里苏醒了，人醒觉清新愉悦，修改传记就应当站在中立的立场上，不溢美，也不贬损。这就需要有真正的文学功力外，还要有章学诚大师所具备的历史方志、政治经济、社会科学、训诂考据、音乐韵律等方面的知识结构。面对挑战，我除了调动自己的知识储备，又加紧了向书本和专家学习，这成了我修改书稿的先决条件。

中国两千多年前就创造了人物传记体的春秋笔法。而我在二○一二年十二月三十日向中国百位文化名人传记创作座谈会专家和同行请教："能否以编年体和传记体相结合的写法，让读者看清传主一生的命运？"我的不成熟的提法，受到了一些同行的质疑和否定，但也得到了与会的何建明、黄宾堂、何西来、王春渝、李炳银、孙郁、田珍颖、郭启宏等专家的大力支持和肯定。因为外国不少人物传记专家，如得过美国人物传记普利策奖的摩尔根说："中国一些古代人物传记是拦腰杀人，看不到人物一生的全貌。"章学诚大师也深恶痛绝这一点儿。我打破了中国古代传记体一点儿老写法，从章学诚出生的第一天写起，写到他逝世的最后一天。我的这种写法使专家们不得不一遍又一遍地审读，他们提出了要在事件中展现人物的个性，要在章节中叙述人生的特征，要在真实中揭示传主的平凡和伟大，要在创新中有继承，继承中有创新来显示章学诚大师生命的浓墨重彩。他们的反复修改和教诲使我受益匪浅。这也是告慰章学诚大师的人们共同的心愿。

我的母亲虽然没有多少文化，但她说的两句话，使我永志不忘："你写的字，要永远切记：国是什么，就是真啊，人是什么，就是心啊！"我想这是母亲让我"一切为了国家的质量，一切为了读者的心灵"来写作。二〇一三年除夕第二十遍二十六点五万字修改稿完成，谨以此书署笔名王作光来纪念母亲王汝君诞辰一百周年。

在本书写作过程中先后得到了中国作家协会副主席何建明，原中国社会科学院文学研究所党委书记包明德，中国百位历史文化名人传记编辑部主任黄宾堂和责任编辑史佳丽老师、工作人员原文竹亲自指导。得到了史学专家王春渝和文学专家王必胜精心审读反复修改和耐心帮助指导，还得到了浙江大学历史系原主任著名章学诚研究专家仓修良、浙江大学历史系党委书记兼副系主任鲍永军、河北保定地委史志办主任孙进柱，新疆巴音郭楞蒙古自治州史志办主任朱水涛真诚的帮助。如原稿中使用了章学诚和姚鼐打架的史料，仓修良教授和鲍永军教授认为不实，三次打来电话建议不要使用，由此可见他们对这本书的中国质量的严谨态度。仅在此一并表示感谢！

农历二〇一三年十一月二十八，章学诚已经离开我们二百一十三年了。他独出别裁的笔削之义的一家之言，人类文明才认识其底蕴，他留下的修志理论全世界方志同仁还在使用，他的文史理论和校雠理论，为建立一个创新中国和质量中国打下了他的一个时代的理论基础，我坚信太阳受到大地一吻，天下就会开满鲜花，愿章学诚大师永垂不朽。

2014 年 1 月 30 日

第一辑已出版书目	1	《逍遥游——庄子传》 王充闾 著
	2	《书圣之道——王羲之传》 王兆军 著
	3	《千秋词主——李煜传》 郭启宏 著
	4	《草泽英雄梦——施耐庵传》 浦玉生 著
	5	《戏看人间——李渔传》 杜书瀛 著
	6	《心同山河——顾炎武传》 陈益 著
	7	《孤独的绝唱——八大山人传》 陈世旭 著
	8	《泣血红楼——曹雪芹传》 周汝昌 著
	9	《旷代大儒——纪晓岚传》 何香久 著
	10	《烂漫饮冰子——梁启超传》 徐刚 著
第二辑出版书目	11	《忠魂正气——颜真卿传》 权海帆 著
	12	《化红别样——杨万里传》 聂冷 著
	13	《感天动地——关汉卿传》 乔忠延 著
	14	《西风瘦马——马致远传》 陈计中 著
	15	《此心光明——王阳明传》 杨东标 著
	16	《梦回汉唐——李梦阳传》 泥马度 著
	17	《天崩地解——黄宗羲传》 李洁非 著
	18	《幻由人生——蒲松龄传》 马瑞芳 著
	19	《儒林怪杰——吴敬梓传》 刘兆林 著
	20	《史志巨擘——章学诚传》 王作光 著

图书在版编目（CIP）数据

史志巨擘：章学诚传 / 王作光 著. -- 北京：作家出版社，2014.7

（中国历史文化名人传丛书）

ISBN 978-7-5063-7439-2

Ⅰ．①史… Ⅱ．①王… Ⅲ．①章学诚（1738～1801）－传记 Ⅳ．①B249.75

中国版本图书馆CIP数据核字（2014）第138288号

史志巨擘——章学诚传

作　　者：王作光

责任编辑：史佳丽

书籍设计：刘晓翔＋韩湛宁

责任印制：李卫东　李大庆

出版发行：作家出版社

社　　址：北京农展馆南里10号　　　　邮　编：100125

电话传真：86-10-65930756（出版发行部）

　　　　　86-10-65004079（总编室）

　　　　　86-10-65015116（邮购部）

E-mail:zuojia@zuojia.net.cn

http://www.haozuojia.com（作家在线）

印　　刷：北京汇林印务有限公司

成品尺寸：152×230

字　　数：326千

印　　张：23.75

版　　次：2014年7月第1版

印　　次：2014年7月第1次印刷

ISBN 978-7-5063-7439-2

定　　价：65.00元（精）